AF801190

पुस्तक की प्रशंसा में . . .

श्यामलाल यादव ने आर.टी.आई. कानून के जरिए बहुतों का पर्दाफाश किया है। यह महत्त्वपूर्ण पुस्तक उनकी अपनी ज़बरदस्त स्टोरीज के कुल निचोड़ से कहीं अधिक, आर.टी.आई. के संक्षिप्त इतिहास, एक लोकतांत्रिक समाज में इसकी भूमिका, और खोजी पत्रकारों के लिए एक सशक्त उपकरण के रूप में आर.टी.आई. का महत्त्व भी बताती है।

– **पी. साईनाथ**, मशहूर पत्रकार,
एवरीबडी लव्स अ गुड ड्रॉउट के लेखक

आर.टी.आई. के जरिए श्यामलाल यादव के अनुकरणीय कार्यों ने उन्हें देश के बेहतरीन खोजी पत्रकारों में शुमार कर दिया है। उनकी पुस्तक सत्य की खोज के लिए उनके उत्साह और तथ्यों के प्रति उनकी दृढ़ता प्रदर्शित करती है। मीडिया के पेशे में आने को इच्छुक किसी भी युवा के लिए यह बेहद उपयोगी संदर्भ-ग्रंथ और मार्गदर्शक साबित होगी।

– **प्रभु चावला**, प्रख्यात पत्रकार

आर.टी.आई. मात्र से खोजी पत्रकारिता चुटकी बजाकर नहीं की जा सकती। स्टोरी आइडिया जितना ज़रूरी है, उससे भी ज्यादा ज़रूरत लगन और धैर्य की है। इसे जानना और समझना हो तो यह किताब पढ़ें। इसे पत्रकारिता के पाठ्यक्रम में शामिल किया जाना चाहिए।

– **राम बहादुर राय**
जाने-माने पत्रकार; अध्यक्ष, इंदिरा गांधी राष्ट्रीय कला केंद्र

श्यामलाल यादव ने सूचना का मेल इसके उपयुक्त हकदार, यानी समाचार-पत्र से कराया, और इसे सामाजिक परिवर्तन के एक उपकरण में तब्दील कर दिया। पुस्तक की सामग्री उनकी जिज्ञासा की विविधता और गहराई को प्रकट करती है। मुझे पूरा विश्वास है कि इस कानून को जन्म देने वाले लोगों के जेहन में श्यामलाल जैसे ही किसी शख्स की तस्वीर रही होगी जो इसकी संभावनाओं की पड़ताल करके इसे आगे ले जा सकें और इसे सशक्त बनाने के साथ ही जवाबदेह भी बना सकें। आर.टी.आई. को श्यामलाल जैसे और अधिक लोगों की ज़रूरत है।

– **सत्यानंद मिश्र**, पूर्व मुख्य सूचना आयुक्त, केंद्रीय सूचना आयोग

श्यामलाल यादव ने पत्रकारिता के लिए आर.टी.आई. का एक सशक्त औजार की भांति इस्तेमाल किया है। उनकी पुस्तक में विस्तृत व्यावहारिक उदाहरणों के साथ बेहद ज़रूरी दृष्टिकोण भी हैं ताकि साथी पत्रकार और भविष्य के पत्रकार उनके अनुभवों से सीख सकें।

– **ब्रिगिट ऑव्टर**, यूरोप की एफ.ओ.आई. एक्टिविस्ट और खोजी पत्रकार

भारत का आर.टी.आई. कानून यदि इतने प्रभावशाली ढंग से लागू है, तो इसकी मुख्य वजहों में से एक श्यामलाल यादव हैं। उन्होंने न सिर्फ यह दिखाया कि सरकार से हैरत में डाल देने वाले दस्तावेज कैसे जुटाए जाएं, बल्कि यह भी कि इन तथ्यों को ऐसी सशक्त खबरों में बदला जा सकता है जो लोगों को कुछ करने के लिए प्रेरित कर सकें। जो लोग इस दौर को "पोस्ट-फैक्ट" का दौर कहते हैं, मैं उनसे कहता हूं: श्यामलाल को देखो। सूचना की स्वतंत्रता के वैश्विक आंदोलन में वह पहले ही अपना स्थान बना चुके हैं, जबकि अभी उन्होंने महज शुरुआत की है।

– **मार्क ली हंटर**, पेरिस-निवासी लेखक और खोजी पत्रकार;
यूनेस्को की *ग्लोबल इन्वेस्टिगेटिव जर्नलिज्म केसबुक* के संपादक

दुनिया भर में सूचनाधिकार कानूनों का इस्तेमाल करने में विशेषज्ञता रखने वाले पत्रकारों ने अपने अनुभव से सीखा है कि सफलता के लिए दृढ़ता की ज़रूरत होती है। श्यामलाल यादव ने अटूट धैर्य रखते हुए अपने शोध और मौलिकता के जरिए, महत्त्वपूर्ण खबरों को सामने लाने के लिए भारत के आर.टी.आई. कानून का बहुत प्रभावी इस्तेमाल किया है। यह पुस्तक बहुत असरदार ढंग से बताती है कि उन्होंने यह काम कैसे किया और उनकी मिसाल से दूसरे लोग किस तरह सीख सकते हैं।

– **मार्टिन रोसेनबॉम**
बी.बी.सी. न्यूज, लंदन में एक्जीक्यूटिव प्रोड्यूसर; एफ.ओ.आई. कानून विशेषज्ञ

आर.टी.आई. से पत्रकारिता

आर.टी.आई. से पत्रकारिता

खबर
पड़ताल
असर

श्यामलाल यादव

SAGE | bhasha

Los Angeles | London | New Delhi
Singapore | Washington DC | Melbourne

Originally Published in 2017 in English by
SAGE Publications India Pvt Ltd as *Journalism through RTI: Information, Investigation, Impact*

This edition published in 2019 by

SAGE | bhasha

SAGE Publications India Pvt Ltd
B1/I-1 Mohan Cooperative Industrial Area
Mathura Road, New Delhi 110 044, India
www.sagepub.in

Published by Vivek Mehra for SAGE Publications India Pvt Ltd and typeset in 13/15 pt Kokila by AG Infographics, Delhi.

ISBN: 978-93-532-8286-8 (PB)

Translator: Charu Chandra Pathak
SAGE Team: Syed Husain Naqvi, Abhilash Dixit

उन्हें, जो देश और दुनिया भर में सूचना पाने के लिए संघर्ष करते हुए शहीद हुए हैं
और उन्हें, जो अब भी संघर्षरत हैं।

विषय-सूची

चित्र-सूची ix
संक्षिप्ताक्षरों की सूची xi
भूमिका xv
पुरोकथन xix
आभार xxi

1 आर.टी.आई. का आगमन और मीडिया की भूमिका 1
2 मंत्रियों की विदेश यात्राएं: दुनिया के 256 चक्कर 35
3 नौकरशाहों की विदेश यात्राएं: चांद के 74 सफर 51
4 मैं घोषणा करता हूं: सार्वजनिक दायरे में सम्पत्तियों की घोषणाएं 65
5 भारत का प्रशासन तंत्रः आई.ए.एस./आई.पी.एस./आई.आर.एस. के विरुद्ध भ्रष्टाचार के मामले 93
6 गंदगी की धाराएं: आर.टी.आई. के जरिए नदियों की सफाई 108
7 सांसदों के निजी सहायकः सभी परिवार वाले 124
8 हर कोना-अंतरा रौशन कर दो: सरकार में हर जगह आर.टी.आई. 142
9 सरकार द्वारा वित्तपोषित गैर-सरकारी संगठन 187
10 बला टालने का खेल 202
11 पत्रकार किस तरह आर.टी.आई. का इस्तेमाल करें और बदलाव लाएं 217

लेखक के बारे में 229

चित्र-सूची

3.1	अक्सर उड़ान भरते अधिकारी, सरकार का काम सिर्फ उनके प्वाइंट्स का कयास लगाना	57
5.1	लेखक द्वारा डी.जी.आई.टी. (सतर्कता) को दाखिल किए गए आर.टी.आई. आवेदनों में से एक का जवाब	98
6.1	जो कभी एक नदी थी...	120
7.1	डी.ओ.पी.टी. के प्रतिबंधों निजी स्टाफ की नियुक्ति में मंत्रीगण का उल्लंघन करते हैं	126
8.1	एक रुपये का खेल	144
8.2	बड़े पदों पर बैठे लोगों को मानद उपाधियाँ	151
8.3	एल. आई. सी. का ऐतिहासिक विज्ञापन	157
8.4	देश के आधे हिस्से में लगभग 20 लाख निजी लाइसेंसी हथियार	163
8.5	एक महीने में फोन इंटरसेप्शन के 9000 आदेश	180
9.1	राजनीतिक संसाधनों का विकास	191
9.2	राजनीतिक प्रश्रय के बीज	195
10.1	आई.आई.टी. खड़गपुर से आर.टी.आई. आवेदन का जवाब	210

संक्षिप्ताक्षरों की सूची

ए.बी.आर.ए.जे.आई.	एसोसिएशन ऑफ ब्राजीलियन इंवेस्टीगेटिव जर्नलिस्ट्स
ए.सी.सी.	कैबिनेट की नियुक्ति संबंधी समिति
ए.डी.बी.	एशियन डेवलपमेंट बैंक
ए.जी.	अटॉर्नी जनरल
ए.आई.ए.डी.एम.के.	अखिल भारतीय अन्ना द्रविड़ मुनेत्र कझगम
बी.जे.पी.	भारतीय जनता पार्टी
बी.जे.डी.	बीजू जनता दल
बी.ओ.डी.	बॉयोकैमिकल ऑक्सीजन डिमांड
बी.पी.आर. एंड डी.	पुलिस अनुसंधान एवं विकास ब्यूरो
बी.आर.डी.बी.	सीमा सड़क विकास बोर्ड
बी.एस.पी.	बहुजन समाजवादी पार्टी
सी. एंड सी.ई.एस.	सीमा-शुल्क एवं केंद्रीय उत्पाद-शुल्क सेवा
कैबसेक	कैबिनेट सचिवालय
सी.बी.डी.टी.	केंद्रीय प्रत्यक्ष कर बोर्ड
सी.बी.ई.सी.	केंद्रीय उत्पाद और सीमा शुल्क बोर्ड
सी.बी.आई.	केंद्रीय अन्वेषण ब्यूरो
सी.सी.आई	कॉन्स्टिट्यूशन क्लब ऑफ़ इंडिया
सी.ई.ओ.	मुख्य निर्वाचन अधिकारी
सी.जी.ए.	केंद्रीय गंगा प्राधिकरण
सी.आई.सी.	केंद्रीय सूचना आयोग
सी.एम.ओ.	मुख्यमंत्री कार्यालय
सी.पी.	पुलिस आयुक्त
सी.पी.सी.बी.	केंद्रीय प्रदूषण नियंत्रण बोर्ड
सी.पी.आई.(एम.)	मार्क्सवादी कम्युनिस्ट पार्टी
सी.पी.डब्ल्यू.डी.	केंद्रीय लोक निर्माण विभाग
सी.एस.एस.	केंद्रीय सचिवालय सेवा
सी.वी.सी.	केंद्रीय सतर्कता आयोग
सी.डब्ल्यू.सी.	केंद्रीय जल आयोग
डी.ए.	आय से अधिक संपत्ति
डी.ए.एफ.	डॉ. आंबेडकर फाउंडेशन
डी.ई.ए.	आर्थिक मामलों का विभाग

डी.ई.ओ.	जिला निर्वाचन अधिकारी
डी.जी.एफ.टी.	विदेश व्यापार महानिदेशक
डी.जी.आई.टी.	आयकर महानिदेशक
डी.जी.पी.	पुलिस महानिदेशक
डी.एच.सी.	डेटा हार्वेस्ट कांफ्रेंस
डी.एम.के.	द्रविड़ मुनेत्र कझगम
डी.ओ.	घुली हुई ऑक्सीजन
डी.ओ.ई.	व्यय विभाग
डी.एफ.एस.	वित्तीय सेवाएं विभाग
डी.ओ.पी.टी.	कार्मिक एवं प्रशिक्षण विभाग
डी.आर.डी.ओ.	रक्षा अनुसंधान और विकास संगठन
डी.एस.टी.	विज्ञान एवं प्रौद्योगिकी विभाग
ई.सी.आई.	भारतीय निर्वाचन आयोग
ई.ओ.एल.	असामान्य अवकाश
ई.ओ.यू.	आर्थिक अपराध प्रकोष्ठ
ई.पी.	यूरोपीय संसद
एफ.ए.ए.	प्रथम अपीलीय अधिकारी
एफ.सी.आर.ए.	विदेशी अनुदान नियंत्रण कानून
एफ.आई.आर.	प्रथम सूचना रिपोर्ट
एफ.ओ.आई.	सूचना की स्वतंत्रता
एफ.आर.आर.ओ.	विदेशी क्षेत्रीय पंजीकरण कार्यालय
जी.ए.डी.	सामान्य प्रशासनिक विभाग
जी.ए.पी.	गंगा एक्शन प्लान
जी.आई.जे.सी.	ग्लोबल इनवेस्टिगेटिव जर्नलिज्म कांफ्रेंस
जी.ओ.एम.	मंत्री समूह
एच.आर.डी.	मानव संसाधन विकास
आई.ए.एस.	भारतीय प्रशासनिक सेवा
आई.सी.ए.आर.	भारतीय कृषि अनुसंधान परिषद
आई.सी.सी.पी.आर.	नागरिक और राजनीतिक अधिकारों पर अंतर्राष्ट्रीय समझौता
आई.ई.एस.	भारतीय आर्थिक सेवा
आई.एफ.एस.	भारतीय विदेश सेवा
आई.एफ.ओ.एस.	भारतीय वन सेवा

आई.आई.पी.ए.	भारतीय लोक प्रशासन संस्थान
आई.आई.एस.सी	भारतीय विज्ञान संस्थान
आई.एन.एस.ई.ए.डी.	यूरोपियन इंस्टीट्यूट ऑफ बिजनेस एडमिनिस्ट्रेशन
आई.पी.आर.	अचल संपत्ति का ब्यौरा
आई.पी.एस.	भारतीय पुलिस सेवा
आई.एस.एस.	भारतीय सांख्यिकी सेवा
जे.डी.(यू.)	जनता दल (यू.)
जे.एस.एस.	जन शिक्षण संस्थान
के.वी.के.	कृषि विज्ञान केंद्र
एल.आई.सी.	जीवन बीमा निगम
एम.ई.ए.	विदेश मंत्रालय
एम.ई.पी.	यूरोपीय संसद के सदस्य
एम.एच.ए.	गृह मंत्रालय
एम.के.एस.एस.	मजदूर किसान शक्ति संगठन
एम.एल.ए.	विधानसभा सदस्य
एम.ओ.डी.	रक्षा मंत्रालय
एम.ओ.ई.एफ.	पर्यावरण एवं वन मंत्रालय
एम.ओ.एफ.	वित्त मंत्रालय
एम.ओ.एच.आर.डी.	मानव संसाधन विकास मंत्रालय
एम.ओ.एस.	सेवा सदस्य
एम.ओ.यू.डी.	शहरी विकास मंत्रालय
एम.पी.	संसद सदस्य
एन.ए.ए.सी.	राष्ट्रीय मूल्यांकन एवं प्रत्यायन परिषद
एन.ए.सी.	राष्ट्रीय सलाहकार परिषद
एन.सी.एम.पी.	राष्ट्रीय न्यूनतम साझा कार्यक्रम
एन.सी.पी.	राष्ट्रवादी कांग्रेस पार्टी
एन.सी.पी.आर.आई.	लोगों के सूचना के अधिकार के लिए राष्ट्रीय अभियान
एन.सी.आर.बी.	राष्ट्रीय अपराध रिकॉर्ड ब्यूरो
एन.सी.टी.	राष्ट्रीय राजधानी क्षेत्र
एन.डी.ए.	राष्ट्रीय जनतांत्रिक गठबंधन
एन.डी.ए.एल.	शस्त्र लाइसेंसों का राष्ट्रीय डेटाबेस
एन.डी.टी.वी.	न्यू डेल्ही टेलीविजन

एन.जी.ओ.	गैर-सरकारी संगठन
एन.एस.जी.	राष्ट्रीय सुरक्षा गार्ड
ओ.जी.आई.	सार्वजनिक सरकारी सूचना
ओ.एम.	आधिकारिक ज्ञापन
पी.ए.	निजी सहायक
पी.ए.ओ.	वेतन और लेखा अधिकारी
पी.सी.आर.एफ.	पब्लिक कॉज रिसर्च फाउंडेशन
पी.डी.एस.	सार्वजनिक वितरण प्रणाली
पी.आई.ओ.	जन सूचना अधिकारी
पी.एम.	प्रधानमंत्री
पी.एम.ओ.	प्रधानमंत्री कार्यालय
आर.बी.आई.	भारतीय रिजर्व बैंक
आर.टी.आई.	सूचना का अधिकार
एस.आई.सी.	राज्य सूचना आयोग
एस.पी.	समाजवादी पार्टी
एस.पी.सी.बी.	राज्य प्रदूषण नियंत्रण बोर्ड
एस.पी.जी.	विशेष सुरक्षा समूह
यू.आई.एन.	विशिष्ट पहचान संख्या
यू.जी.सी.	विश्वविद्यालय अनुदान आयोग
यू.एन.	संयुक्त राष्ट्र
यूनेस्को	संयुक्त राष्ट्र शैक्षिक, वैज्ञानिक और सांस्कृतिक संगठन
यू.पी.ए.	संयुक्त प्रगतिशील गठबंधन
यू.पी.ए.-1	संयुक्त प्रगतिशील गठबंधन (2004–09)
यू.पी.ए.-2	संयुक्त प्रगतिशील गठबंधन (2009–14)
यू.पी.एस.सी	संघ लोक सेवा आयोग
डब्ल्यू.ओ.बी.	वेट ओपनबार्हेइड वॉन बेस्टूर (यानी, एफ.ओ.आई. के जरिए दस्तावेज पाना)

भूमिका

यूनिवर्सिटी ऑफ सदर्न कैलिफोर्निया, लॉस एंजेलेस में खोजी पत्रकारिता की मेरी प्रोफेसर कक्षा में जूते के एक डिब्बे में कुछ पर्चियां लेकर आईं और स्नातक प्रथम वर्ष के हम सभी विद्यार्थियों से एक-एक पर्ची उठाने को कहा। मुझे उनका पहला निर्देश मिला कि किसी से कोई बात नहीं करनी है।

मेरी पर्ची पर लॉस एंजेलेस के बाहरी इलाके की एक गली का पता लिखा हुआ था।

यह बात 1988 की है। मुझे उस शहर में कुछ ही महीने हुए थे। तब न तो गूगल था और न ही सेलफोन, लेकिन कागज की उस पर्ची और एक सरकारी बस ने मुझे कस्बे की एक पुरानी इमारत में और सरकारी दस्तावेजों के ढेर के बीच पहुंचा दिया।

नगर पालिका, अग्निशमन और परिवहन विभागों में उपलब्ध रिकॉर्ड्स; मकान-मालिकों के अभिलेख, और यहां तक कि मतदाताओं के ब्यौरों ने भी यही दर्शाया कि मुझे मिला पता डेमोक्रेटिक पार्टी के एक कार्यकर्ता का था। इन रिकॉर्ड्स ने एक झुग्गी-माफिया के बारे में स्टोरी लिखने में मेरी मदद की; और इस स्टोरी में उसके खिलाफ अदालत में चल रहे मामलों और कई नियमों-कानूनों के उल्लंघन से जुड़े कारनामे थे।

और हां, मैंने यह सब किसी से बात किए बगैर किया।

यह खोजी पत्रकारिता में मेरा पहला सबक था: आंकड़ों पर यकीन करो; रिकॉर्ड्स देखो। ये बहुत कुछ कहते हैं और शायद ही कभी झूठ बोलते हैं। ये आपके सबसे भरोसेमंद स्रोत होते हैं। इन्हें खंगालने और इनकी पड़ताल करने की कला सीखो।

श्यामलाल यादव इस कला में तेजी से महारत हासिल कर रहे हैं।

उनकी यह आसाधारण किताब बताती है कि स्टोरी का पता लगाने, उसकी पड़ताल करने, और ऐसे सच को उजागर करने के लिए उन्होंने किस तरह से उन रिकॉर्ड्स का इस्तेमाल किया जो शायद छुपे ही रह गए होते।

सोशल मीडिया द्वारा तथ्यों की विशेषता को नष्ट किए जाने से बहुत पहले और "पोस्ट-ट्रुथ" शब्द के अस्तित्व में आने से बहुत पहले ही, श्यामलाल रिकॉर्ड्स की शक्ति को समझ चुके थे – अमेरिका से उलट, यहां की व्यवस्था में रिकॉर्ड्स को सीनाजोरी के साथ छुपाया जाता है और फाइलों में बंद करके, लाल फीते से बांधकर रखा जाता है। इससे भी महत्त्वपूर्ण बात यह कि उन्हें गोपनीयता की फौलादी दीवार से इस कदर ढक दिया जाता है कि उसे तोड़ना तो दूर, देख पाना भी मुमकिन नहीं होता।

वर्ष 2005 में सूचना का अधिकार (आर.टी.आई.) कानून गोपनीयता की इस दीवार को तोड़ने वाले पहले हथौड़े की तरह सामने आया।

अपने विश्वसनीय औज़ार की तरह इस कानून का इस्तेमाल करके गोपनीयता की इस दीवार को परत-दर-परत तोड़ना शुरू करने वाले पहले पूर्णकालिक पत्रकार, यकीनन, श्यामलाल ही थे। इसका जबर्दस्त असर हुआ।

इस पुस्तक में दर्ज कहानियां इस असर को साफ दर्शाती हैं।

शीर्षस्थ नौकरशाहों के विरुद्ध भ्रष्टाचार के मामलों से लेकर करदाताओं के खर्च पर परिजनों को निजी स्टाफ के रूप में नियुक्त करने वाले सांसदों तक; मंत्रियों की विदेश यात्राओं से लेकर नदियों की सफाई के नाम पर खर्च की गई रकम की स्थिति तक के बारे में इस पुस्तक में विस्तार से चर्चा की गई है।

ये खोजी खबरें हमें इन्वर्टेड पिरामिड (उल्टा पिरामिड) की बेहद पुरानी रीति वाले पांच 'डब्ल्यू' और एक 'एच' (कौन, क्यों, क्या, कहां, कब और कैसे) के दायरे से आगे ले जाती हैं। इस तरह की खबरों के लिए जुझारू वृत्ति, रिकॉर्ड्स, उनकी पड़ताल, और उनके बीच छिपी विसंगतियों को खोलकर रखने की ज़रूरत पड़ती है, और फिर संबंधित लोगों से बात करके और फील्ड रिपोर्टिंग के जरिए पुख्ता किया जाता है। लब्बोलुआब यह कि ये हमें अव्वल दर्जे की पत्रकारिता के सूत्र देती हैं।

नवंबर 2011 से *इंडियन एक्सप्रेस* में श्यामलाल के संपादक के रूप में, मुझे उनकी काम करने की प्रक्रिया का अंग बनने का अवसर मिला है। साथ ही, मैं उनके सबसे मजबूत पैरोकारों में से एक बना। *एक्सप्रेस* के देश भर के न्यूजरूम्स में श्यामलाल और उनका काम रोल मॉडल हैं।

मुझे खुशी है कि इस पुस्तक में उन्होंने न सिर्फ हर स्टोरी के लिए की गई रिपोर्टिंग के बारे में विस्तार से लिखा है, बल्कि यह भी बताया है कि दूसरे लोग इसे कैसे कर सकते हैं। इन सभी वजहों से यह पुस्तक संवाददाताओं, संपादकों, शोधकर्ताओं और पत्रकारिता पढ़ाने वाले शिक्षकों के साथ ही, आम नागरिकों के लिए भी निश्चित तौर पर संग्रहणीय और पठनीय पुस्तक बन गई है। इसके जरिए अब आम नागरिक तक यह अनुभव कर सकते हैं कि दस रुपये का एक पोस्टल आर्डर और एक सशक्त कानून क्या कुछ करने में समर्थ हैं।

वर्तमान समय संभवतः इस पुस्तक के प्रकाशन के लिए सर्वाधिक उपयुक्त है।

पत्रकारिता के नाम पर आजकल ट्विटर पर मसखरेबाजी, ओछी टिप्पणियों, एक-दूसरे को नीचा दिखाने, डींगें हांकने, या फिर बेसिर-पैर की बातें करने जैसी बहुत-सी चीजें हो रही हैं। जिस तरह सरकारें और सत्ता प्रतिष्ठान लगातार अधिकाधिक अभेद्य होते जा रहे हैं, नेतागण अपने वोटरों से सोशल मीडिया पर एकतरफा संवाद कर रहे हैं, कार्यकुशलता के नाम पर सरकारी संस्थाएं मनचाहे ढंग से जनता से संपर्क तोड़ रही हैं, ऐसे में आज पत्रकारिता से पहले से कहीं ज्यादा अपेक्षा की जाती है कि वह सरकार, कारोबार और

राजनीतिक क्षेत्रों में शीर्ष पदों पर बैठे दक्षिणपंथियों, वामपंथियों सभी से सवाल करे और उन्हें जवाबदेह बनाने का प्रयास करे।

श्यामलाल का काम इसी तरह की पत्रकारिता का नमूना है।

मुझे उम्मीद ही नहीं, पक्का विश्वास है कि यह पुस्तक संवाददाताओं और संपादकों की नई पीढ़ी के लिए, ज़रूरी खबरें पाने के वास्ते गोपनीयता के विरुद्ध उनके संघर्ष में, एक प्रेरणा-स्रोत का काम करेगी।

राजकमल झा
प्रधान संपादक
इंडियन एक्सप्रेस

पुरोकथन

अप्रैल 2007 में उस दिन *इंडिया टुडे* में न्यूज कोऑर्डिनेटर एस. सहाय रंजीत ने मुझे संपादक प्रभु चावला का एक ई-मेल संदेश भेजा। बाद में पता चला कि वह ई-मेल *इंडिया टुडे* के प्रत्येक संवाददाता को भेजा गया था। प्रभु चाहते थे कि हम कम-से-कम तीन ऐसे स्टोरी आइडिया दें जिनकी आर.टी.आई. के जरिए पड़ताल की जा सके।

और मैंने ये तीन स्टोरी आइडिया भेजे: पहला, सी.बी.आई. से पिछले 15 वर्षों में आई.ए.एस., आई.पी.एस. और आई.आर.एस. अधिकारियों के विरुद्ध दर्ज किए गए भ्रष्टाचार-विरोधी मामलों की स्थिति का पता लगाना; दूसरा, उच्चतम न्यायालय से 10 सबसे पुराने लंबित मुकदमों के ब्यौरे और उनकी स्थिति का पता लगाना; और तीसरा, प्रधानमंत्री कार्यालय से केंद्रीय मंत्रियों द्वारा की गई विदेश यात्राओं के ब्यौरे प्राप्त करना। जैसे ही प्रभु के पास मेरा ई-मेल पहुंचा, उसके थोड़ी देर बाद *इंडिया टुडे* के उस वक्त के प्रबंध संपादक शंकर अय्यर ने मुझे बुलाया। उन्होंने सिर्फ इतना कहा कि "तुम्हें अब उन्हीं स्टोरीज पर ज्यादा ध्यान केंद्रित करना है जिनकी आर.टी.आई. के जरिए पड़ताल की जा सकती हो।"

इस तरह मैंने अपनी स्टोरीज के लिए आर.टी.आई. का उपयोग करना शुरू किया। तब तक आर.टी.आई. कानून के लागू हो जाने के बारे में पढ़ा था, लेकिन मैं इससे ज्यादा कुछ नहीं जानता था। उस वक्त तक मैंने कोई आर.टी.आई. आवेदन दाखिल नहीं किया था, लेकिन शीघ्र ही मुझे आर.टी.आई. में छुपी खोजी पत्रकारिता की संभावनाओं का अंदाजा लगा और महसूस हुआ कि कोई भी इंसान आर.टी.आई. कानून के बारे में जाने बिना या इसे पढ़े बिना भी इसका इस्तेमाल कर सकता है, और यही इस ऐतिहासिक कानून की खूबसूरती है।

बाद के दिनों में मैंने योजनाबद्ध ढंग से काम किया और आर.टी.आई. के रास्ते की जा सकने वाली और अधिक खबरों की रूपरेखा तैयार की। लुटियंस दिल्ली से लेकर देश के सुदूरतम दक्षिणी हिस्सों तक, राष्ट्रपति सचिवालय और प्रधानमंत्री कार्यालय से लेकर जिला अधिकारियों और जिला पुलिस अधीक्षकों तक के यहां कई हजार आर.टी.आई. आवेदन दाखिल किए। यह अभी भी जारी है। ये सब-के-सब आवेदन बिना किसी भय, भ्रम, पूर्वाग्रह और पक्षपात के सिर्फ और सिर्फ खबर खोजने के लिए हैं। कुछ के जरिए खबरें मिलीं और कुछ व्यर्थ साबित हुए। लेकिन, देश के प्रत्येक हिस्से से मिले जवाबों को इकट्ठा करना, उन्हें सूचीबद्ध करना, और फिर अनेक सूचनाओं की तस्दीक करना मेरे लिए किसी रोमांचक सफर जैसा रहा। ऐसी कम ही स्टोरीज होंगी जो सिर्फ एक आर.टी.आई. से पूरी हो जाएं, जबकि अपनी एक स्टोरी-लिए निजी लोगों को जारी किए गए हथियारों के लाइसेंस पर देश भर से आंकड़े एकत्रित करने-के लिए मुझे चार वर्षों के दौरान 700 से अधिक आवेदन दाखिल करने पड़े। इसी तरह विश्वविद्यालयों द्वारा दी जाने वाली मानद उपाधियों

के ब्यौरे जुटाने के लिए भी 500 से ज्यादा आर.टी.आई. लगानी पड़ी। फिर इतने अधिक आंकड़ों और सूचना को समझकर उनसे अर्थ निकालना बहुत ही बोझिल और उबाऊ काम है। परंतु, भगवद्गीता (अध्याय 4, श्लोक 17) में बताई गई जानकारी की अहमियत को देखते हुए यह सार्थक कार्य लगा:

कर्मणो ह्यपि बोद्धव्यं, बोद्धव्यं च विकर्मणः।
अकर्मणश्च बोद्धव्यं, गहना कर्मणो गतिः।।

(कर्म का स्वरूप भी जानना चाहिए और अकर्म का स्वरूप भी जानना चाहिए तथा विकर्म का स्वरूप भी जानना चाहिए, क्योंकि कर्म की गति गहन है।)

अंततः, इस काम ने मुझे एक नई पहचान दी। इस पुस्तक को लिखने का सुझाव कई अलग-अलग क्षेत्रों के लोगों से आया जिनमें मेरे काम से परिचित पत्रकार, आर.टी.आई. का इस्तेमाल करने वाले आम जन और आर.टी.आई. का सामना करने वाले सरकारी अधिकारी शामिल हैं। खोजी खबरों के लिए एक उपकरण के रूप में आर.टी.आई. का इस्तेमाल करना मेरे पेशेवर जीवन का सबसे अहम और संतुष्टि प्रदान करने वाला पक्ष है। इस पुस्तक के जरिए मैं अपने पाठकों के साथ पत्रकारिता के अपने इस सफर को साझा कर रहा हूँ। इसमें सैद्धांतिक पक्ष पर कम और व्यावहारिक पहलुओं पर ज्यादा जोर दिया गया है ताकि जो लोग चाहें, इसे पढ़कर इस सफर को आगे बढ़ा सकें। संक्षेप में, यह आर.टी.आई. पर आधारित मेरे खुलासों की कहानी है। कोई भी ऐसा कागज कभी हाथ लगा जो थोड़ा भी महत्त्वपूर्ण लगता था, तो उसे संजोकर रखा। अपनी यह आदत इस पुस्तक के काम आई है।

अधिकांश अध्यायों में बताया गया है कि स्टोरी की परिकल्पना किस तरह से की गई, निरंतर प्रयासों से सूचना किस तरह एकत्रित की गई, स्टोरी को कैसे अंतिम शक्ल दी गई और इसके यथोचित असर पर ध्यान केंद्रित रखते हुए उसका फॉलोअप कैसे किया गया। ये खबरें इस बात का उदाहरण हैं कि ऑफबीट या गैर-पारंपरिक किस्म की पत्रकारिता के जरिए, किस तरह से व्यवस्था को अपने में सुधार लाने के लिए प्रेरित किया जा सकता है।

यह किसी किस्म की आत्म-स्तुति का प्रयास नहीं है, बल्कि दिलचस्पी रखने वाले अन्य पाठकों के अलावा पत्रकारिता के क्षेत्र में सहयात्री बनने के इच्छुक छात्रों के साथ अपने अनुभवों को साझा करने की दिली इच्छा है।

मुझे उम्मीद है कि पुस्तक का यह हिंदी संस्करण दिल्ली से दूर ग्रामीण अंचलों, जिलों, राज्यों तक में, खासकर मेरे पेशे में, आर.टी.आई. के ऐसे उपयोगकर्ता तैयार करने में सफल होगा जो शासन-प्रशासन की कार्यप्रणाली पर निष्पक्ष रहकर नजर रखने के लिए पारदर्शिता कानून का जनहित में उपयोग करें।

आभार

किसी ने कहा है कि "कोई भी कर्तव्य धन्यवाद अदा करने से ज्यादा ज़रूरी नहीं होता।" *इंडियन एक्सप्रेस* के प्रधान संपादक राजकमल झा ने हमेशा पूरे दिल से मेरे काम में सहयोग और समर्थन दिया इसके लिए मैं हार्दिक रूप से उनका आभारी हूं। उनका मार्गदर्शन और मेरे प्रति उनका धैर्य ही बड़ी खबरों की खोजबीन में जुटने और उनका सच सामने लाने का उत्साह हमेशा बनाए रखता है। मेरे संपादक उन्नी राजन शंकर और कार्यकारी संपादक रितु सरीन हमेशा मेरी ढाल बनकर खड़े रहते हैं। उन्होंने हमेशा ही नए-नए सुझाव देकर मेरी मदद की और हमेशा प्रोत्साहित करते आए हैं। पेशे के प्रति उनकी प्रतिबद्धता और बारीकियों पर पैनी नजर रखने के लिए मैं उनका कायल हूं।

अपने संपादकीय में मुझे "इंडिफैटिगेबल" (कभी न थकने वाला) कहकर संबोधित करने वाले, *इंडिया टुडे* के प्रधान संपादक अरुण पुरी के प्रति मैं अभिवादन और सम्मान प्रकट करता हूं। साथ ही *इंडिया टुडे* में अपने संपादकों, खासकर प्रभु चावला, शंकर अय्यर और जगदीश उपासने का भी मैं दिल से आभारी हूं जिन्होंने मुझ पर भरोसा किया, मुझे हमेशा नए सुझाव दिए और मुझे अपने तरीके से काम करने की छूट दी। प्रभु ने मुझे इस काम में लगाया और शंकर ने प्रशिक्षित किया। *इंडिया टुडे* के संपादक राज चेंगप्पा और वहां प्रबंध संपादक रहे दिलीप बॉब ने ज़रूरत के वक्त हमेशा मदद की और अपनी सलाह दी, इसके लिए मैं उनका आभारी हूं।

साथ ही, *इंडिया टुडे* में अशोक दामोदरन "दामू", अशोक कुमार, शारदा उगरा का, और *इंडियन एक्सप्रेस* में राकेश सिन्हा, मोनोजित मजूमदार, अजय शंकर और वाई.पी. राजेश का भी शुक्रगुजार हूं जिन्होंने मेरी खोजी खबरों को पठनीय बनाया। मैं इन दोनों संस्थानों के सभी संपादकीय सह-कर्मियों को भी धन्यवाद देता हूं जिन्होंने मेरी खबरों का संपादन किया और उन्हें पाठकों के लिए परोसा।

मैं उन सभी का आभारी हूं जिन्होंने मुझे यह पुस्तक लिखने के लिए प्रोत्साहित किया और इसे लिखने के दौरान जब कभी भी ज़रूरत पड़ी, मुझे कीमती सलाह दी: पत्रकारिता का पहला पाठ पढ़ाने वाले राम बहादुर राय से लेकर प्रबाल मैत्र, के.एस. सच्चिदानंद मूर्ति, सुषमा यादव, शिवकेश मिश्र, श्रीकांत सिंह, सुशांत सिंह, योगेश देशमुख, अंशुमन यादव, ओमकार चौधरी, अजमेर सिंह, आशुतोष शुक्ल, मथुरा प्रसाद यादव, राजेश मल्होत्रा, विद्या भूषण अरोड़ा, भूपेंद्र कुमार, नलिन चौहान, पंकज नयन पांडेय और महेंद्र परिहार। साथ ही, विदेशों से ब्रिगिट ऑव्टर और स्टैफन डेलॉफ (डेनमार्क), इडिस डेब्रुएन (बेल्जियम), मार्टिन रोसेनबॉम (यू.के.), शीला कोरोनेल और जेनीफर लाफ्लुएर (अमेरिका), मार्क ली हंटर (फ्रांस), मार्सेलो मोरीरा (ब्राजील), अनुष्का डेलिक (स्लोवेनिया), उमर चीमा

(पाकिस्तान), और जितार्थ राय भारद्वाज (आस्ट्रेलिया)। मैं सुधीर पिल्लै का भी आभारी हूं जिन्होंने विभिन्न अध्यायों को आकार देने में मदद की। सेज प्रकाशन में, शंभू साहू और राजेश डे को भी धन्यवाद देता हूं जिन्होंने पांडुलिपि को पुस्तक का रूप देने के लिए मुझ पर लगातार दबाव बनाए रखा। इस पुस्तक के प्रोडक्शन का काम संभालने के लिए मैं गुनीत कौर गुलाटी को धन्यवाद देता हूं। हिंदी संस्करण लाने के लिए कई तरफ से मुझे सुझाव आए, पर इसे परिणति तक ले जाने में सेज प्रकाशन की श्रुति पंडित, सैय्यद हुसैन नक़वी, विनायक दुबे, अभिलाष दीक्षित ने लगातार मशक्कत की, मैं उन सभी का आभारी हूं।

उत्तर प्रदेश में प्रतापगढ़ जिला मुख्यालय से कोई 60 किलोमीटर दूर, बहादुरपुर नामक गांव में मैं पला-बढ़ा। मैंने कभी नहीं सोचा था कि एक पत्रकार के रूप में मुझे इतना कुछ देखने-समझने को मिलेगा जितना मिल रहा है। इसकी बुनियाद मेरे स्वर्गीय पिता राम सुमेर यादव थे जो हमेशा मेरी संगत को लेकर चिंतित रहते थे और मेरी मां प्यारी यादव जो मेरी आदतों पर नजर रखती थीं। मेरे शिक्षक जगदेव प्रसाद मौर्य, देवेंद्र प्रताप सिंह, वी.पी. सिंह, चंद्रमोहन मिश्र और अशोक उपाध्याय ने मुझे न सिर्फ पाठ्यपुस्तकों से शिक्षा दी बल्कि मुझे सपने देखना भी सिखाया और समझाया कि धैर्य रखना क्यों ज़रूरी होता है। एक सरकारी स्कूल में प्राथमिक स्तर पर मौर्य और हाई स्कूल के मेरे शिक्षक देवेंद्र प्रताप सिंह ने हमेशा अपने जातिवादी सहकर्मियों से झगड़कर भी सुनिश्चित किया कि उनके पूर्वाग्रहों के कारण मेरी योग्यता को नुकसान नहीं पहुंचे। मैं हमेशा अपने गुरुजनों और उनकी कही बातों को सम्मान के साथ याद रखता हूं। मेरे पथप्रदर्शक स्वर्गीय ज्योति स्वरूप की यह बात भी मेरे दिल के बहुत करीब है कि 'जो भी काम करो, दीवानों की तरह करो।' एक पत्रकार के रूप में काम करते हुए, मैं संत कबीर की इस बात को भी अपनाने की कोशिश करता हूं: ना काहू से दोस्ती, ना काहू से बैर। जीवन के अब तक के सफर में जिनसे भी संपर्क हुआ, उनसे रिश्ते टूटने नहीं दिए। ऐसे अपने हर जानने-चाहने वाले का मैं शुक्रगुजार हूं।

अपनी अर्धांगिनी रेणु, भतीजी ललिता, बेटे शिखर और बेटी श्रीति के जिक्र के बगैर मेरी पुस्तक की दास्तान अधूरी ही रहेगी। सच तो यह है कि करीब तीन वर्ष मैंने अपनी साप्ताहिक छुट्टी के ज्यादातर दिन यह पुस्तक लिखने में गुजारे हैं और तब मेरा परिवार हमेशा मेरे साथ रहा है। उसके बिना यह काम संभव नहीं होता।

1 आर.टी.आई. का आगमन और मीडिया की भूमिका

ज्ञान हमेशा ही अज्ञानता पर शासन करेगा: और जो जनता अपना शासन अपने हाथ में रखना चाहती है उसे ज्ञान द्वारा प्रदत्त शक्ति से स्वयं को लैस करना ही होगा।

– जेम्स मैडिसन, अमेरिकी संविधान के मुख्य रचनाकार, 1822 में

भारत में आर.टी.आई. कानून (Right to Information Act) के बीज

भारतीयों को सूचना का अधिकार (आर.टी.आई.), अत्यधिक विलंब के बाद, 12 अक्टूबर, 2005 को मिला। आर.टी.आई. कानून को भारतीय संविधान के अनुच्छेद 19(1)(क) का विस्तार माना गया है, जिसके अनुसार: "सभी नागरिकों को वाक् और अभिव्यक्ति की स्वतंत्रता का अधिकार होगा।"[1] भारतीय संविधान के निर्माताओं ने प्रेस की स्वतंत्रता को वाक् और अभिव्यक्ति की स्वतंत्रता का अभिन्न अंग माना, और अनुच्छेद 19(2) के तहत इस पर पाबंदियां भी लगाई गईं।[2] संविधान का यह प्रावधान ही भारत में प्रेस की आजादी का आधार है।

आर.टी.आई. को इसके वर्तमान स्वरूप में कानून बनाने के प्रयास शुरू होने से पहले ही, उच्चतम न्यायालय ने बार-बार इस बात पर बल दिया कि आर.टी.आई. को वाक् और अभिव्यक्ति की स्वतंत्रता में शामिल माना जाए। उत्तर प्रदेश राज्य बनाम राज नारायण एवं अन्य के 24 जनवरी, 1975 के मशहूर मामले में, उच्चतम न्यायालय ने कहा:

> देश की जनता को सार्वजनिक पदों पर बैठे लोगों की हर एक गतिविधि, हर एक बात को, जानने का हक है। उसे हरेक सरकारी लेन-देन को पूरी तरह से जानने का अधिकार है। जानने का अधिकार काफी हद तक अभिव्यक्ति की आजादी की अवधारणा में समाहित है और यह चिंता की बात है कि ऐसे लेन-देन का भी खुलासा नहीं किया जाता जिसका लोक सुरक्षा पर कोई प्रभाव न पड़ने वाला हो। रोजमर्रा के कामकाज को गोपनीयता की आड़ में छुपाना जनता के हित में नहीं है।[3]

ऐसे कई मामले हैं जिनमें उच्चतम न्यायालय ने यही बात दोहराई है। *इंडियन एक्सप्रेस न्यूजपेपर्स (बॉम्बे) प्रा. लि.* बनाम भारत संघ के मामले में, उच्चतम न्यायालय ने कहा था,

---

[1] भारत का संविधान, अनुच्छेद 19(1)(क)।

[2] भारत का संविधान, अनुच्छेद 19(2)।

[3] उत्तर प्रदेश राज्य बनाम राज नारायण एवं अन्य (24 जनवरी, 1975)।

"वाक् और अभिव्यक्ति की स्वतंत्रता का बुनियादी उद्देश्य यह है कि सभी नागरिक अपनी आस्थाएं कायम करने और उन्हें स्वतंत्र रूप से दूसरों को संप्रेषित करने में सक्षम हों। कुल मिलाकर, इसमें जनता के जानने के अधिकार का मौलिक सिद्धांत निहित है।"[4] *बेनेट कोलमैन* मामले में,[5] आर.टी.आई. को संविधान में गारंटी दिए गए वाक् और अभिव्यक्ति की स्वतंत्रता के अधिकार में शामिल माना गया था। एस.पी. गुप्ता मामले में,[6] प्रत्येक सार्वजनिक कृत्य के बारे में और सार्वजनिक पदों पर बैठे लोगों द्वारा किए गए प्रत्येक सार्वजनिक लेन-देन को जानने के लोगों के अधिकार का वर्णन किया गया था। क्रिकेट एसोसिएशन ऑफ बंगाल के मामले में,[7] इलेक्ट्रॉनिक मीडिया से सूचना प्रसारित करने और प्राप्त करने के अधिकार को वाक् और अभिव्यक्ति की स्वतंत्रता में शामिल किया गया था। पीपुल्स यूनियन फॉर सिविल लिबर्टीज के मामले में,[8] शासन को पारदर्शी और जवाबदेह बनाने के लिए आर.टी.आई. को आवश्यक मानते हुए इसका दर्जा मानवाधिकार के स्तर तक उन्नत कर दिया गया था। इस बात पर भी बल दिया गया था कि शासन को भागीदारीपूर्ण होना चाहिए।

सूचना का अधिकार अभिव्यक्ति की स्वतंत्रता के अधिकार में निहित है, उच्चतम न्यायालय द्वारा दिए गए ऐसे अनेक फैसलों के बावजूद, उच्चतम न्यायालय के पहले निर्णय के बाद से परवर्ती सरकारों द्वारा नागरिकों को अंततः आर.टी.आई. कानून प्रदान करने में लगभग 30 साल लग गए। आजादी के 58 वर्ष बाद और भारत के संविधान को लागू करने के 55 वर्ष बाद यह हो सका।

संयुक्त राष्ट्र (यू.एन.) की वकालत

स्वीडन पहला राष्ट्र था जहां एंडर्स चिडेनियस[9] द्वारा पेश किया गया आर.टी.आई. वर्ष 1766 में द *ऑर्डिनेंस ऑन फ्रीडम ऑफ राइटिंग एंड ऑफ द प्रेस* के रूप में लागू हुआ था।[10] अडॉल्फ फ्रेडरिक के शासनकाल के दौरान लागू हुआ स्वीडन का यह कानून विश्व में सूचना की स्वतंत्रता (एफ.ओ.आई.) का पहला कानून माना जाता है।

लेकिन बीसवीं शताब्दी में, द्वितीय विश्वयुद्ध की समाप्ति के बाद संयुक्त राष्ट्र (यू.एन.) ने 'सूचना की स्वतंत्रता' के विचार को स्वीकार किया। इससे पहले, 6 जनवरी, 1941 को

[4] इंडियन एक्सप्रेस न्यूजपेपर्स (बॉम्बे) प्रा. लि. बनाम भारत संघ (6 दिसंबर, 1984)।

[5] बेनेट कोलमैन बनाम भारत संघ (30 अक्टूबर, 1972)।

[6] एस.पी. गुप्ता बनाम भारत संघ (30 दिसंबर, 1981)।

[7] सचिव, सूचना एवं प्रसारण मंत्रालय, भारत सरकार बनाम क्रिकेट एसोसिएशन ऑफ बंगाल (9 फरवरी, 1995)।

[8] पीपुल्स यूनियन फॉर सिविल लिबर्टीज बनाम भारत संघ, 2004 (2) एस.सी.सी. 476.

[9] एंडर्स चिडेनियस (1729–1803) फिनलैंड के एक पादरी और स्वीडिश रिक्सडैग ऑफ एस्टेट्स (स्वीडन की संसद) के सदस्य थे।

[10] इसे सूचना की स्वतंत्रता का विश्व का पहला कानून माना जाता है।

अमेरिकी राष्ट्रपति फ्रैंकलिन डी. रूज़वेल्ट ने अमेरिकी संसद को संबोधित किया और चार स्वतंत्रताओं पर बल दिया: भाषण और अभिव्यक्ति की स्वतंत्रता, पूजा करने की स्वतंत्रता, अभाव से स्वतंत्रता, और भय से स्वतंत्रता।[11] रूज़वेल्ट की मृत्यु और द्वितीय विश्वयुद्ध की समाप्ति के बाद, उनकी विधवा एलेनॉर रूज़वेल्ट ने इस विचार को आगे बढ़ाया और इसे मानवाधिकारों की सार्वभौम घोषणा (यू.डी.एच.आर.) में प्रतिष्ठापित करने में मदद की।[12] वे इस घोषणा का मसौदा तैयार करने में सहभागी बनीं, जिसे यू.एन. ने 1948 में अंगीकार किया। 14 दिसंबर 1946 को संयुक्त राष्ट्र ने कहा, "सूचना की स्वतंत्रता एक मौलिक मानवाधिकार है और यह उन सभी स्वतंत्रताओं की कसौटी है जिनके लिए संयुक्त राष्ट्र प्रतिबद्ध है।"[13] सूचना की स्वतंत्रता (एफ.ओ.आई.) का दुरुपयोग किए बिना इसके विशेषाधिकारों को लागू करने की इच्छाशक्ति और सामर्थ्य का होना बेहद आवश्यक है। एक बुनियादी विषय के रूप में, इसके लिए बिना किसी पूर्वाग्रह के तथ्यों का पता लगाने और बिना किसी दुर्भावना के ज्ञान का प्रसार करने की नैतिकता आवश्यक है।[14] 16 दिसंबर, 1948 को घोषित मानवाधिकारों की सार्वभौम घोषणा के अनुच्छेद 19 में कहा गया है: "प्रत्येक व्यक्ति को विचार और अभिव्यक्ति की स्वतंत्रता का अधिकार है; इस अधिकार में बिना हस्तक्षेप के राय रखने और किसी भी माध्यम के जरिए तथा सीमाओं की परवाह किए बिना सूचना और विचारों की खोज करने, प्राप्त करने और प्रसारित करने की स्वतंत्रता शामिल है।"

इसके साथ-साथ, स्वतंत्रता और आजादी के प्रकारों पर अकादमिक विमर्श भी जारी था। वर्ष 1958 में पहली बार प्रकाशित एक प्रसिद्ध निबंध में, आइसेया बर्लिन[15] ने स्वतंत्रता की दो अवधारणाओं, नकारात्मक और सकारात्मक, का जिक्र किया। इस तरह के सूचकों का इस्तेमाल करने की दो वजहें हैं: पहली, स्वतंत्रता का अर्थ किसी चीज की अनुपस्थिति (यानी, दूसरों की तरफ से पेश होने वाली बाधाओं, अवरोधों, अड़चनों या हस्तक्षेप) प्रतीत होता है, जबकि दूसरी तरफ, इसके लिए किसी चीज की उपस्थिति (यानी, नियंत्रण, आत्म-कुशलता, आत्म-दृढ़ता, या आत्मानुभूति) की आवश्यकता प्रतीत होती है।[16]

---

[11] See http://www.history.com/this-day-in-history/franklin-d-roosevelt-speaks-of-four-freedoms, accessed December 29, 2016.

[12] See http://www.un.org/press/en/2015/dsgsm924.doc.htm, accessed December 29, 2016.

[13] See https://documents-dds-ny.un.org/doc/RESOLUTION/GEN/NR0/033/10/IMG/NR003310.pdf?OpenElement, accessed December 29, 2016.

[14] Ibid.

[15] आइसेया बर्लिन (1909–97) ब्रिटिश दार्शनिक, विचारों के इतिहासवेत्ता, राजनीतिक विचारक, शिक्षक और निबंधकार थे। उन्होंने 1958 में *टू कांसेप्ट्स ऑफ़ लिबर्टी* एवं 1969 में *फोर एसेज ऑन लिबर्टी* की रचना की।

[16] Ian Carter, "Positive and Negative Liberty," in *The Stanford Encyclopedia of Philosophy* (Fall 2016 Edition), ed. Edward N. Zalta, http://plato.stanford.edu/archives/fall2016/entries/liberty-positive-negative, accessed December 29, 2016.

यू.एन. की जनरल असेम्बली द्वारा 1966 में अपनाए गए नागरिक और राजनीतिक अधिकारों पर अंतर्राष्ट्रीय शपथ-पत्र (इंटरनेशनल कॉवनेंट ऑन सिविल एंड पॉलिटिकल राइट्स यानी आई.सी.सी.पी.आर.) में कहा गया है:

> प्रत्येक व्यक्ति के पास अभिव्यक्ति की स्वतंत्रता का अधिकार है; इस अधिकार में, सीमाओं की परवाह किए बिना, मौखिक, लिखित, मुद्रित, चित्रित रूप में, या अपनी पसंद के किसी भी अन्य माध्यम के जरिए सूचना और सभी किस्म के विचारों का पता लगाने, प्राप्त करने और प्रसारित करने की स्वतंत्रता शामिल है।[17]

वर्ष 1946 में संकल्प-पत्र स्वीकार करने के बाद से, संयुक्त राष्ट्र शैक्षिक, वैज्ञानिक एवं सांस्कृतिक संगठन (यूनेस्को) ने अभिव्यक्ति की स्वतंत्रता और आर.टी.आई. को बढ़ावा देने के लिए एक वैश्विक अभियान शुरू किया। संयुक्त राष्ट्र के संगठनों द्वारा बार-बार इसकी वकालत की गई। प्लान ऑफ एक्शन[18] का पैराग्राफ 10(बी) कहता है: "सरकारों को चाहिए कि विभिन्न संचार माध्यमों के जरिए, जिनमें इंटरनेट उल्लेखनीय है, सार्वजनिक आधिकारिक सूचना तक पर्याप्त पहुंच प्रदान करें। सूचना तक पहुंच बनाने और सार्वजनिक डेटा का संरक्षण करने, विशेषकर नई प्रौद्योगिकियों के क्षेत्र में, कानून बनाए जाने चाहिए।" मीडिया और सुशासन पर यूनेस्को की डकार (सेनेगल) घोषणा (3 मई, 2005) "सूचना तक पहुंच बनाने के लिए राष्ट्रीय कानून बनाने और सूचना तक पहुंच बनाने पर अंतर्राष्ट्रीय सिद्धांतों को विकसित करने" का आह्वान करती है।[19]

लेकिन स्वीडन में विश्व का पहला सूचना की स्वतंत्रता (एफ.ओ.आई.) कानून लागू होने के बाद, इसे अमेरिका पहुंचने में और 200 वर्ष का समय लगा और यह अमेरिका में 1966 में लागू हुआ। इससे पहले, स्वीडन में 1766 में ऐसा पहला कानून पास होते समय इसका हिस्सा रहा फिनलैंड वह पहला राष्ट्र था जिसने द्वितीय विश्वयुद्ध के बाद सामान्य दस्तावेजों तक सार्वजनिक पहुंच की गारंटी देने वाला कानून 1951 में लागू किया था। इस कानून में कहा गया है कि सरकारी अधिकारियों द्वारा निर्मित या प्राप्त किए गए सामान्य प्रकृति के दस्तावेजों तक फिनलैंड के सभी नागरिकों की बिना किसी समय-नियंत्रण के पहुंच होनी चाहिए, और इसमें उन मुद्दों की सूची दी गई है जिनकी कुछ विशेष फाइलों को सरकार इस प्रकटीकरण से बाहर कर सकती है।

---

[17] See http://www.ohchr.org/en/professionalinterest/pages/ccpr.aspx, accessed December 29, 2016.

[18] World Summit on the Information Society, Geneva, December 12, 2003, http://www.itu.int/net/wsis/docs/geneva/official/poa.html, accessed December 29, 2016.

[19] Dakar Declaration, World Press Freedom Day conference, Dakar, *Senegal*, May 1–3, 2005.

सार्वजनिक दस्तावेजों तक पहुंच प्रदान करने वाले, अमेरिका के 1966 के सूचना की स्वतंत्रता (एफ.ओ.आई.) कानून को कई अन्य देशों ने अपनाया। आर.टी.आई. और एफ.ओ.आई. कानूनों के संदर्भ में विगत दो दशकों में दुनिया भर में एक क्रांति आई है। जहां वर्ष 1990 तक सिर्फ दर्जन भर देशों ने आर.टी.आई. या एफ.ओ.आई. कानूनों को अपनाया था, वहीं आज 125 से अधिक देशों ने अपने नागरिकों को सूचना तक पहुंच प्रदान करने का अधिकार देने वाले कानून लागू कर दिए हैं। इसके अतिरिक्त, यू.एन. के कई अन्य सदस्य देश इसे अपनाने की प्रक्रिया में हैं।

वर्ष 1967 में नॉर्वे ने कुछ विशेष सरकारी दस्तावेजों तक पहुंच बनाने के लिए एक कानून अपनाया। फ्रांस ने इसका अनुकरण करके 1978 में एक कानून पास किया जिसके पहले हिस्से का शीर्षक "फ्रीडम ऑफ एक्सेस टू एडमिनिस्ट्रेटिव डॉक्युमेंट्स" है। वर्ष 1978 में, नीदरलैंड्स ने भी सरकारी दस्तावेजों तक पहुंच प्रदान करने के लिए इससे मिलता-जुलता कानून अपनाया। आस्ट्रेलिया ने 1982 में एफ.ओ.आई. कानून अपनाया। वर्ष 1982 से कनाडा में 'एक्सेस टू इंफॉर्मेशन एक्ट' और साथ ही एक "प्राइवेसी एक्ट" भी है। जापान ने 1999 में प्रशासनिक अंगों द्वारा रखी सूचना तक पहुंच का कानून (आर.टी.आई. एक्ट) को मंजूरी दी जिसे 2001 में क्रियान्वित किया गया। यहां तक कि ऐसा लगता है कि चीन में भी पारदर्शिता को स्थान मिल रहा है; वर्ष 2007 में किया गया एक अध्ययन बताता है: "चीन में एक अजीब परंतु दिलचस्प घटना घट रही है। एक ऐसा देश जिसे लंबे समय तक बाहर के लोग बंद, सर्वसत्तावादी और गुप्तता रखने वाला देश मानते रहे थे, वह बहुत तेजी से और व्यापक रूप में सूचना की स्वतंत्रता (एफ.ओ.आई.) कानून को अपनाने वाला देश बनता दिख रहा है।" शंघाई (एक विशेष म्युनिसिपैलिटी), अन्य नौ प्रांतों और एक अन्य विशेष म्युनिसिपैलिटी (चांगचिंग) ने ऐसे मिलते-जुलते कानून को अपनाया।[20] वर्ष 2003 में, पीपुल्स रिपब्लिक ऑफ चाइना ने स्टेट काउंसिल के विधि-निर्माण एजेंडा में ओपन गवर्नमेंट इंफॉर्मेशन (ओ.जी.आई.) अधिनियम पेश किया जिसे 2007 में स्वीकार कर लिया गया।[21] परंतु इनके उचित क्रियान्वयन में कई बाधाएं हैं।

दक्षिण एशिया में, सूचना की स्वतंत्रता अध्यादेश को 2002 में क्रियान्वित करने वाला पहला देश पाकिस्तान था।[22] अप्रैल 2013 में, पाकिस्तान ने संविधान में 18वां संशोधन

---

[20] Rick Snel and Weibing Xiao, *Freedom of Information Returns to China*, https://www.law.yale.edu/system/files/documents/pdf/Intellectual_Life/CL-OGI-Snell-Weibing-English.pdf, accessed December 29, 2016.

[21] See https://www.article19.org/resources.php/resource/38163/en/country-report:-the-right-to-information-in-china, accessed December 29, 2016.

[22] Media Brief, Pakistan Institute of Legislative Development and Transparency, Islamabad, September 2015.

पास किया जिसने आर.टी.आई. को अनुच्छेद 19ए के तहत एक मौलिक अधिकार के रूप में प्रतिष्ठापित किया।[23] भारत ने आर.टी.आई. कानून 2005 में पास किया। मालदीव्स ने जनवरी 2014 में आर.टी.आई. कानून पास किया। फरवरी 2014 में भूटान ने भी आर.टी.आई. कानून पास किया। वर्ष 2015 में अफगानिस्तान ने भी सूचना तक पहुंच कानून लागू किया। श्रीलंका ने 2004 से जारी अभियान के परिणामस्वरूप सूचना तक पहुंच का अधिकार कानून 26 जून 2016 को पास किया। श्रीलंका में आर.टी.आई. कानून 4 फरवरी 2017 से क्रियान्वित किया गया है। नेपाल ने आर.टी.आई. कानून 2007 में स्वीकार किया और यह पोलैंड के बाद ऐसा दूसरा देश है जिसने अपने राजनीतिक दलों को आर.टी.आई. कानून के दायरे में शामिल किया है। बांग्लादेश ने 2009 में आर.टी.आई. कानून लागू किया। आर.टी.आई. को तेजी से अनेक देशों द्वारा एक मौलिक मानवाधिकार के रूप में माना जा रहा है।

दिनांक 15 सितंबर 2015 को, यू.एन. ने 17 सतत विकास के लक्ष्य (एस. डी. जी.) स्वीकार किए[24] और उनमें 16वां लक्ष्य 'शांति, न्याय और संस्थाएं' पर है। यह लक्ष्य सभी सदस्य देशों को भ्रष्टाचार और रिश्वतखोरी के सभी रूपों को प्रभावी रूप से कम करने; सभी स्तरों पर कारगर, जवाबदेह और पारदर्शी संस्थान विकसित करने, सूचना तक जनता की पहुंच सुनिश्चित करने; और राष्ट्रीय कानून और अंतर्राष्ट्रीय समझौतों के अनुसार मौलिक स्वतंत्रताओं की हिफाजत करने के लिए 2030 तक की समयसीमा देता है। आर. टी. आई. से जुड़े इन लक्ष्यों की दिशा में क्या काम हो रहे हैं, इस बारे में यूनेस्को ने 21–23 नवम्बर 2018 को एक अहम् बैठक बुलाई जिसमे लेखक को भी खासतौर पर आमंत्रित किया गया।

यूनेस्को ने 17 नवंबर 2015 को यह निर्णय लिया[25] कि प्रत्येक वर्ष 28 सितंबर का दिन सूचना तक सार्वभौम पहुंच के लिए अंतर्राष्ट्रीय दिवस के रूप में मनाया जाएगा। यह दिन शुरुआत में बुल्गेरिया स्थित सोफिया में "जानने के अधिकार का दिन" के रूप में मनाने के लिए प्रस्तावित था, जहां 26 से 28 सितंबर, 2002 को आयोजित एक सम्मेलन के दौरान 15 देशों से अभिव्यक्ति की स्वतंत्रता के अनेक पैरोकार सरकारों की पारदर्शिता और जवाबदेही को प्रोत्साहित करने के लिए एकत्रित हुए थे। इस आयोजन में भाग लेने वाले देशों में अल्बानिया, अर्मेनिया, बोस्निया और हर्जेगोविना, जॉर्जिया, हंगरी, भारत, लाटविया, मकदूनिया, मेक्सिको, मॉल्दोवा गणराज्य, रोमानिया, स्लोवाकिया, दक्षिण अफ्रीका और संयुक्त राष्ट्र अमेरिका थे। सम्मेलन के समापन दिवस, यानी 28 सितंबर को

---

[23] Ibid.

[24] See http://www.un.org/sustainabledevelopment/peace-justice/, accessed December 29, 2016.

[25] See http://www.freedominfo.org/2015/11/right-out-access-used-instead-for-new-unesco-day/, accessed December 29, 2016.

इस बात पर भी सहमति बनी कि इसे जानने के अधिकार का दिन तय किया जाए और इसे प्रत्येक वर्ष मनाया जाए। अब यह फैसला लिया गया है कि इसे सूचना तक सार्वभौम पहुंच के लिए अंतर्राष्ट्रीय दिवस के रूप में मनाया जाएगा।

भारत में आर.टी.आई. के लिए संघर्ष

भारत में, आर.टी.आई. कानून की प्रस्तावना[26] में कहा गया है:

> यह प्रत्येक लोक प्राधिकारी के कामकाज में पारदर्शिता और उत्तरदायित्व के संवर्धन के लिए, लोक प्राधिकारियों के नियंत्रणाधीन सूचना तक नागरिकों की सुरक्षित पहुंच सुनिश्चित करने के लिए सूचना के अधिकार की व्यावहारिक व्यवस्था कायम करने के लिए एक अधिनियम है... भारत के संविधान ने लोकतंत्रात्मक गणराज्य की स्थापना की है; और लोकतंत्र सूचित नागरिक वर्ग तथा ऐसी सूचना की पारदर्शिता की अपेक्षा करता है, जो सरकार के कार्यकलापों तथा भ्रष्टाचार को रोकने के लिए भी और सरकारों तथा उनके उपकरणों को शासन के प्रति उत्तरदायी बनाने के लिए अनिवार्य है....

केंद्र सरकार का आर.टी.आई. कानून लागू होने से पहले, देश के विभिन्न हिस्सों में जनांदोलनों से बढ़ते दबाव की बदौलत, असम, गोवा, मध्य प्रदेश, राजस्थान, तमिलनाडु, जम्मू और कश्मीर, कर्नाटक, महाराष्ट्र, और राष्ट्रीय राजधानी क्षेत्र (एन.सी.टी.) दिल्ली जैसे राज्यों ने इस तरह के कानून पहले ही पास कर दिए थे। केंद्र सरकार द्वारा पास किया गया नया कानून केंद्र सरकार के साथ-साथ सभी राज्यों के सभी लोक अधिकारियों और स्थानीय स्तर के लोक अधिकारियों (जम्मू और कश्मीर को छोड़कर, जिसकी विधानसभा ने वहां के लिए एक पृथक आर.टी.आई. कानून) पर लागू है।

आर.टी.आई. कानून का एक क्रांतिकारी कानून के रूप में स्वागत हुआ। इसके क्रियान्वित होने के साथ ही, विभिन्न सरकारों की काम करने की शैली में जबर्दस्त बदलाव आए। सरकार की कार्यप्रणाली में, आर.टी.आई.-पूर्व और आर.टी.आई.-पश्चात जैसे शब्द पैदा हुए। आर.टी.आई. कानून के तहत, भारत का कोई भी नागरिक केंद्र सरकार, राज्य सरकार, और केंद्र शासित प्रदेशों से या केंद्र सरकार और राज्य सरकार/केंद्र शासित प्रदेश के प्रशासन द्वारा स्थापित, निर्मित, स्वामित्व वाले, नियंत्रित, या इनके द्वारा प्रत्यक्ष अथवा अप्रत्यक्ष रूप से प्रदान की धनराशि द्वारा वित्तपोषित सार्वजनिक प्राधिकरण से सूचना देने का अनुरोध कर सकता है। परंतु, ऐसे कुछ निश्चित संगठन[27] हैं जिनसे व्यक्ति सिर्फ मानवाधिकारों के उल्लंघन और भ्रष्टाचार के बारे में ही सूचना मांग सकता है। इनमें मूलतः

---

[26] आर.टी.आई. कानून 2005 की प्रस्तावना।

[27] Second Schedule of the RTI Act-2005: http://www.righttoinformation.gov.in/webactrti.htm, accessed December 29, 2016.

खुफिया और सुरक्षा एजेंसियां और साथ ही केंद्रीय अन्वेषण ब्यूरो (सी.बी.आई) भी है जिसे बाद में इसमें जोड़ा गया। सूचना[28] को इस प्रकार परिभाषित किया गया है:

> "सूचना" से किसी भी इलेक्ट्रॉनिक रूप में धारित अभिलेख, दस्तावेज, ज्ञापन, ई-मेल, मत, सलाह, प्रेस विज्ञप्ति, परिपत्र, आदेश, लॉगबुक, संविदा, रिपोर्ट, कागजपत्र, नमूने, मॉडल, आंकड़ों संबंधी सामग्री और किसी प्राइवेट निकाय से संबंधित ऐसी सूचना सहित, जिस तक तत्समय प्रवृत्त किसी अन्य विधि के अधीन किसी लोक प्राधिकारी की पहुंच हो सकती है, किसी रूप में कोई सामग्री अभिप्रेत है।[29]

इसके अतिरिक्त, इसमें 'अभिलेख' शब्द को परिभाषित करते हुए कहा गया है कि इसमें "निम्नलिखित सम्मिलित हैं: (क) कोई दस्तावेज, पांडुलिपि और फाइल; (ख) किसी दस्तावेज की कोई माइक्रोफिल्म, सूक्ष्मिका और फैक्स प्रति; (ग) ऐसी माइक्रोफिल्म में सन्निविष्ट प्रतिबिंब या प्रतिबिंबों का किसी भी प्रकार का पुनरुत्पादन; और (घ) किसी कंप्यूटर या किसी अन्य युक्ति द्वारा उत्पादित कोई अन्य सामग्री।"[30] इसके अलावा, आर.टी. आई. कानून के तहत 'सूचना का अधिकार' में निम्नलिखित अधिकार शामिल हैं:

> (i) कार्यों, दस्तावेजों, अभिलेखों का निरीक्षण; (ii) दस्तावेजों या अभिलेखों के नोट्स, उद्धरण या प्रमाणित प्रतिलिपियां लेना; (iii) सामग्री के प्रमाणित नमूने लेना; (iv) डिस्क, फ्लॉपी, टेप, वीडियो कैसेट के रूप में या किसी अन्य इलेक्ट्रॉनिक तरीके से या प्रिंटआउट के माध्यम से सूचना प्राप्त करना, जहां ऐसी सूचना किसी कंप्यूटर या किसी अन्य रूप में संकलित है।[31]

आर.टी.आई. कानून में सूचना के प्रकटीकरण से कुछ खास छूटें[32] दी गई हैं जिनमें कहा गया है:

> इस अधिनियम में निहित किसी बात के बावजूद, किसी भी नागरिक को निम्नलिखित सूचना देने की कोई बाध्यता नहीं होगी: (क) सूचना, जिसके प्रकटन से भारत की संप्रभुता और अखंडता, राज्य की सुरक्षा, रणनीतिक, वैज्ञानिक या आर्थिक हितों पर, विदेश से

---

[28] Section 2 of the RTI Act-2005: http://www.righttoinformation.gov.in/webactrti.htm, accessed December 29, 2016.

[29] Section 2(f) of the RTI Act-2005: http://www.righttoinformation.gov.in/webactrti.htm, accessed December 29, 2016.

[30] Section 2(i) of RTI Act-2005: http://www.righttoinformation.gov.in/webactrti.htm, accessed December 29, 2016.

[31] Section 2(j) of RTI Act-2005: http://www.righttoinformation.gov.in/webactrti.htm, accessed December 29, 2016.

[32] Section 8(1)(a) to Section 8(1)(j) of the RTI Act: http://www.righttoinformation.gov.in/webactrti.htm, accessed December 29, 2016.

संबंध पर प्रतिकूल प्रभाव पड़ता हो या कोई अपराध करने के लिए उकसावा मिलता हो; (ख) सूचना, जिसके प्रकाशन को किसी न्यायालय या अधिकरण द्वारा अभिव्यक्त रूप से निषिद्ध किया गया है जिसके प्रकटन से न्यायालय की अवमानना होती है; (ग) सूचना, जिसके प्रकटन से संसद या किसी राज्य के विधानमंडल के विशेषाधिकार का उल्लंघन होगा; (घ) सूचना, जिसमें वाणिज्यिक विश्वास, व्यापार गोपनीयता या बौद्धिक संपदा सम्मिलित है, जिसके प्रकटन से किसी तृतीय पक्ष वाले व्यक्ति की प्रतिस्पर्द्धी स्थिति को नुकसान पहुंचता हो, बशर्ते कि सक्षम प्राधिकारी इस बात से संतुष्ट नहीं हो जाता है कि ऐसी सूचना का प्रकटन व्यापक लोक हित में है; (ङ) किसी व्यक्ति को उसकी विश्वास पूर्ण रिश्तों के चलते उपलब्ध सूचना, बशर्ते कि सक्षम प्राधिकारी इस बात से संतुष्ट नहीं हो जाता है कि ऐसी सूचना का प्रकटन व्यापक लोक हित में है; (च) किसी विदेशी सरकार से विश्वास में प्राप्त सूचना; (छ) सूचना जिसको प्रकट करना किसी व्यक्ति के जीवन या शारीरिक सुरक्षा को खतरे में डालेगा या जो विधि प्रवर्तन या सुरक्षा प्रयोजनों के लिए विश्वास में दी गई किसी सूचना या सहायता के स्रोत की पहचान करेगा; (ज) सूचना, जिससे अपराधियों की खोजबीन, पकड़े जाने या अभियोजन की प्रक्रिया में अड़चन पड़ेगी; (झ) मंत्रिमंडल (कैबिनेट) के कागजपत्र, जिसमें मंत्रिपरिषद, सचिवों और अन्य अधिकारियों के विचार-विमर्श के अभिलेख सम्मिलित हैं: बशर्ते कि मंत्रिपरिषद के निर्णय, उनके कारण तथा वह सामग्री, जिसके आधार पर वे निर्णय लिए गए थे, निर्णय लिए जाने और विषय के पूरा या समाप्त होने के पश्चात जनता को उपलब्ध कराए जाएंगे, पुनः बशर्ते वे विषय, जो इस धारा में विनिर्दिष्ट छूटों के अंतर्गत आते हैं, प्रकट नहीं किए जाएंगे; (ञ) सूचना, जो व्यक्तिगत प्रकार की है, जिसका प्रकटन किसी लोक क्रियाकलाप या हित से संबंध नहीं रखता है या जिससे व्यक्ति की निजता का अनावश्यक अतिक्रमण होगा, बशर्ते कि, स्थिति के अनुसार, केंद्रीय लोक सूचना अधिकारी या राज्य लोक सूचना अधिकारी या अपील प्राधिकारी इस बात से संतुष्ट नहीं हो जाता है कि ऐसी सूचना का प्रकटन व्यापक लोक हित में न्यायोचित है: ऐसी सूचना के लिए, जिसे संसद या किसी राज्य विधानमंडल को देने से इनकार नहीं किया जा सकता है, किसी व्यक्ति को दिए जाने से इनकार नहीं किया जा सकेगा।

आर.टी.आई. कानून का इस्तेमाल करना बहुत आसान है। इसका कोई प्रारूप नहीं है और कोई भी व्यक्ति सादे कागज पर, सिर्फ अपना नाम/पता और आवश्यक सूचना के विवरण लिखकर संबंधित सार्वजनिक प्राधिकरण से सूचना देने का अनुरोध कर सकता है। अलग-अलग प्राधिकरणों में निर्धारित शुल्क अलग-अलग होता है, लेकिन अधिकांशतः केंद्र सरकार द्वारा निर्धारित किए गए नियमों का पालन किया जाता है जिसके तहत प्रति आवदेन-पत्र निर्धारित शुल्क रु. 10 है और अतिरिक्त प्रभार[33] इस प्रकार है:

(क) प्रति पृष्ठ हेतु (ए-3 या इससे छोटे आकार के कागज में) रुपये दो (रु. 2); (ख) इससे ज्यादा बड़े आकार के कागज में फोटोकॉपी का वास्तविक खर्च या मूल्य; (ग) नमूनों या

---

[33] See http://rti.gov.in/RTICorner/Guide_2013-issue.pdf, accessed December 29, 2016.

मॉडल्स के लिए वास्तविक खर्च या मूल्य; (घ) प्रति डिस्क या फ्लॉपी रुपये पचास (रु. 50); और (ङ) किसी प्रकाशन के लिए निर्धारित मूल्य या प्रकाशन से फोटोकॉपी के लिए रुपये दो प्रति पृष्ठ। (च) पचास रुपये से अधिक की सूचना की आपूर्ति के लिए डाक शुल्क भी देने होते हैं। अभिलेखों का निरीक्षण करने के लिए, लोक प्राधिकरण पहले घंटे तक कोई शुल्क नहीं लेता है। परंतु, इसके बाद के प्रत्येक घंटे (या घंटे के हिस्से के लिए) रुपये पांच (रु. 5) का शुल्क लिया जाएगा।

साथ ही, यदि लोक प्राधिकरण समय पर जानकारी प्रदान करने में असफल रहता है तो उसके विरुद्ध प्रति दिन रु. 250 से लेकर अधिकतम रु. 25,000 तक का जुर्माना लगाने का भी प्रावधान है। इन उपायों और आर.टी.आई. कानून के इस्तेमाल की सरलता ने सामान्य भारतीयों को सरकारी विभागों से उनकी भूमिका और जिम्मेदारियों के ब्यौरों के साथ ही सूचना मांगने का भी साहस प्रदान किया है। अक्टूबर 2005 से आम लोगों द्वारा मनचाही सूचनाएं मांगने और प्राप्त करने की सफल कहानियां एक आम बात हो गई।

आर.टी.आई. कानून का लागू होना आसान नहीं था। वर्ष 1975 में उच्चतम न्यायालय के फैसले में आर.टी.आई. को अभिव्यक्ति की स्वतंत्रता का हिस्सा माने जाने और वर्ष 2005 में आर.टी.आई. कानून को वास्तव में लागू किए जाने के दौरान इसके लिए बहुत कुछ कहा और किया गया। वर्ष 1982 में, न्यायाधीश (सेवानिवृत्त) के.के. मैथ्यू की अध्यक्षता में दूसरे प्रेस कमीशन ने अपनी रिपोर्ट में यह सिफारिश की कि ऑफिशियल सीक्रेट्स एक्ट यानी शासकीय गोपनीयता कानून 1923 के अनुच्छेद 5.5 को समाप्त किया जाए और राष्ट्रीय सुरक्षा और राज्य के अन्य महत्त्वपूर्ण हितों से जुड़ी जरूरतें पूरी करने वाले प्रावधानों तथा राज्य के जिन कार्यों से जनता प्रभावित होती है उन्हें जानने के अधिकार से संबंधित अन्य प्रावधानों द्वारा प्रतिस्थापित किया जाए।[34] सरकार और नेताओं ने नागरिकों के लिए आर.टी.आई. की वकालत करना जारी रखा, लेकिन लंबे समय तक कानून बनाने के लिए कोई कदम नहीं उठाया गया। भ्रष्टाचार के खिलाफ किए गए अपने वायदों के आधार पर 1989 में लोकसभा चुनाव जीते तत्कालीन प्रधानमंत्री वी.पी. सिंह ने वर्ष 1989 में नई सरकार के नजरिए की घोषणा करते हुए कहा:

लोकतंत्र के पूरी तरह से फलने-फूलने के लिए शासन की खुली कार्यप्रणाली अनिवार्य है। सरकार की ओर से जनता तक सूचना के मुक्त प्रवाह से न सिर्फ प्रबुद्ध और सूचित जनमत का निर्माण होगा बल्कि सार्वजनिक पदों पर बैठे लोगों की जवाबदेही भी तय होगी। पिछले कुछ समय में, हमें अपनी सूचना प्रणाली में अनेक दोष मिले हैं। कई बार गोपनीयता का

---

[34] A.G. Noorani, First and Second Press Commission: Press Commission Report-1. *Whizcom* (blog), January 23, 2011, http://whizcom.blogspot.in/2011/01/first-and-second-press-commission.html, accessed December 29, 2016.

> पर्दा थोड़ा हटाया गया लेकिन ऐसा राष्ट्रीय सुरक्षा के हित में नहीं, बल्कि दोषी को बचाने, तुच्छ स्वार्थों की पूर्ति करने, या फिर लिए गए फैसलों में हुई भारी त्रुटियों को ढंकने के लिए किया गया। इसीलिए, राष्ट्रीय मोर्चा सरकार ने सूचना के अधिकार को मौलिक अधिकार बनाने का फैसला किया है।[35]

लेकिन उनकी सरकार अपना कार्यकाल पूरा नहीं कर पाई और उनका यह वायदा भी अधूरा रह गया।

वर्ष 1994 से, आर.टी.आई. ने जनांदोलन का रूप ले लिया। अरुणा रॉय के नेतृत्व वाले मजदूर किसान शक्ति संगठन (एम.के.एस.एस.) ने राजस्थान के राजसमंद जिले में एक अभियान शुरु किया और आर.टी.आई. पर लोगों के हक का दावा करते हुए स्कूलों, दवाखानों, छोटे बांधों और सामुदायिक केंद्रों के निर्माण के समय जिन लोगों को मजदूरी का भुगतान किया गया था और हाजिरी रजिस्टर में जिनके नाम लिखे गए थे उनकी जानकारी तथा बिलों और रसीदों की प्रतिलिपियां मांगीं। वर्ष 1994–95 के दौरान, एम.के.एस.एस. ने कई जन सुनवाइयां आयोजित कीं। लोगों को आधिकारिक सूचना पाने का अधिकार है, इस मांग के साथ एक गांव से शुरू यह आंदोलन शीघ्र ही राजस्थान के अन्य क्षेत्रों और कुछ अन्य राज्यों तक फैल गया। नब्बे के दशक के मध्य में, 'लोगों के सूचना के अधिकार हेतु राष्ट्रीय अभियान' (एन.सी.पी.आर.आई.) द्वारा एक राष्ट्रीय कानून बनाने की मांग की गई। भारतीय प्रेस परिषद के तत्कालीन अध्यक्ष न्यायमूर्ति (सेवानिवृत्त) पी.बी. सावंत आर.टी. आई. कानून की मांग से प्रभावित हुए और आर.टी.आई. पर एक विधेयक का मसौदा तैयार करने के लिए उन्होंने 10–11 अगस्त, 1996 को आर.टी.आई. पर एक कार्यशाला का आयोजन किया। न्यायमूर्ति सावंत ने कहा:

> सूचना पाने में आने वाली अड़चन ही समाज में भ्रष्टाचार का सबसे बड़ा कारण है। इसकी वजह से चोरी-छिपे सौदे होते हैं, मनमाने ढंग से निर्णय लिए जाते हैं, छल-छद्म और धोखाधड़ी में मदद मिलती है। लेन-देन में पारदर्शिता रखना और इनके हरेक ब्यौरे आम जनता के लिए खुले तौर पर उपलब्ध कराना, सार्वजनिक जीवन से भ्रष्टाचार मिटाने में प्रभावकारी साबित होगा।[36]

उन्होंने इस बात पर जोर दिया कि लोकतंत्र में जनता स्वामी होती है और सार्वजनिक संसाधनों का इस्तेमाल करने वाले और लोकसत्ता को चलाने वाले लोग जनता के एजेंट होते हैं।[37]

---

[35] See http://www.rrtd.nic.in/RIGHT%20TO%20INFORMATION.html, accessed December 29, 2016.

[36] Ibid.

[37] Ibid.

आर.टी.आई कानून बनाने के लिए चलाए जा रहे आंदोलनों के दौरान, कुलदीप नय्यर, प्रभाष जोशी और निखिल चक्रवर्ती जैसे अनेक अग्रणी पत्रकार इनसे सक्रिय रूप में जुड़े हुए थे। प्रेस काउंसिल की एक रिपोर्ट कहती है:

> भारत भ्रष्टाचार, अनैतिक आचरणों और घोटालों में शब्दशः गले तक डूबा हुआ है और पिछले 50 वर्ष से यही सब चल रहा है, इस बात को ध्यान में रखते हुए कार्यशाला का यह विचार था कि सवाल जितने ज्यादा होंगे और जांच जितनी अधिक गहन होगी, व्यवस्था की निगरानी भी उतनी ही बेहतर होगी।[38]

यह उल्लेखनीय है कि विधेयक का यह प्रारूप अक्टूबर 1995 में लाल बहादुर शास्त्री राष्ट्रीय प्रशासन अकादमी, मसूरी में सामाजिक कार्यकर्ताओं, नौकरशाहों और वकीलों की एक बैठक के दौरान तैयार किए गए एक पूर्ववर्ती मसौदे से प्रभावित था।[39] हैदराबाद स्थित राष्ट्रीय ग्रामीण विकास संस्थान ने भी 1997 में एक ऐसे ही विधेयक का मसौदा तैयार किया था। इसी पृष्ठभूमि में, प्रधानमंत्री एच.डी. देवेगौड़ा के नेतृत्व वाली सरकार ने 2 जनवरी, 1997 को उपभोक्ता अधिकार कार्यकर्ता एच.डी. शौरी के नेतृत्व में एक कार्यकारी समूह नियुक्त किया। कार्यकारी समूह ने 24 मई 1997 को अपनी रिपोर्ट दाखिल की जिसमें अन्य बातों के अलावा यह सिफारिश की गई थी कि विधेयक का नाम फ्रीडम ऑफ इन्फॉर्मेशन (एफ.ओ.आर.) विधेयक रखा जाए। सिफारिशों के आधार पर, मुख्यमंत्रियों का एक सम्मेलन आयोजित किया गया लेकिन संयुक्त मोर्चा सरकार अपना कार्यकाल पूरा नहीं कर पाई इसलिए सभी कोशिशें कुछ समय के लिए फिर जस-की-तस रह गईं।

सौभाग्य से, आर.टी.आई. लागू किए जाने के लिए जारी अभियान के कारण, इसे 1998 के आम चुनावों में राजनीतिक दलों के चुनावी वायदों में महत्त्वपूर्ण स्थान मिला। भारतीय जनता पार्टी (भाजपा) ने अपने घोषणापत्र में कहा:[40]

> भाजपा विश्वास कायम करने के एक उपाय के तौर पर सरकार की कार्यप्रणाली में पारदर्शिता को बढ़ावा देने वाले ठोस कदम उठाने पर यकीन करती है। सरकार की कार्यप्रणाली न सिर्फ पारदर्शी होनी चाहिए बल्कि इसे पारदर्शी दिखना भी चाहिए। इसीलिए, हम सरकार के कार्य के बारे में सूचना को साझा करने के सिद्धांत का समर्थन करते हैं। भाजपा ये काम करेगी: 1. सूचना तक जनता की पहुंच अधिकतम व्यावहारिक सीमा तक बढ़ाएगी;

[38] फ्यूचर ऑफ प्रिंट मीडिया, भारतीय प्रेस परिषद, नई दिल्ली, 132.

[39] See http://www.humanrightsinitiative.org/programs/ai/rti/india/articles/The%20Movement%20for%20RTI%20in%20India.pdf, accessed December 29, 2016.

[40] See http://www.bjp.org/documents/manifesto/bjp-election-manifesto-1998/chapter-3, accessed December 29, 2016.

2. गोपनीयता से संबंधित नियमों और कानूनों की समीक्षा करेगी; 3. विकास कार्यक्रमों, खासकर ग्रामीण क्षेत्रों में सामाजिक लेखा-परीक्षण की शुरुआत करेगी।

दूसरी तरफ, कांग्रेस ने वायदा[41] किया कि "सूचना की स्वतंत्रता का कानून लागू करेगी और गोपनीयता की संस्कृति को समाप्त करेगी और प्रशासन में खुलापन लाएगी। अपने मंत्रियों के सभी विवेकाधीन कार्यों को जनता की जांच-पड़ताल के लिए सार्वजनिक करेगी।"

भाजपा के नेतृत्व वाले राष्ट्रीय जनतांत्रिक गठबंधन (एन.डी.ए.) की सरकार ने 19 मार्च, 1998 को शपथ ली, लेकिन 17 अप्रैल 1999 को सरकार गिर गई जिसके कारण 1999 में पुनः चुनाव हुए। वर्ष 1999 के आम चुनावों के लिए अपने घोषणापत्र में कांग्रेस ने कहा[42]: "नागरिकों को सभी स्तरों पर सूचना तक आसान पहुंच प्रदान करने के लिए सूचना की स्वतंत्रता और सूचना के अधिकार पर शीघ्र ही एक विधेयक लाया जाएगा।" वर्ष 1999 के आम चुनावों से पहले भाजपा के नेतृत्व वाले एन.डी.ए. ने 'एजेंडा फॉर ए प्राउड, प्रॉस्पेरस इंडिया: लोक सभा 1999'[43] जारी किया, लेकिन घोषणापत्र में इसकी कोई चर्चा नहीं थी। परंतु, जब 1999 में एन.डी.ए. सरकार वापस आई, तो बात आगे बढ़ती नजर आने लगी। यह महत्त्वपूर्ण है कि 17 अक्टूबर, 1998 को शहरी विकास और गरीबी उन्मूलन मंत्रालय ने मंत्री राम जेठमलानी के मार्फत एक आदेश जारी किया कि कोई भी नागरिक मंत्रालय में किसी भी फाइल की जांच करने और फोटोकॉपी कराने के लिए अधिकृत है। परंतु अटल बिहारी वाजपेयी के नेतृत्व वाली सरकार इस संबंध में पहले ही एक विधेयक लागू करने की प्रक्रिया शुरू कर चुकी थी, इसलिए तत्कालीन कैबिनेट सचिव प्रभात कुमार ने जेठमलानी के मंत्रालय को अपना आदेश लागू करने से रोक दिया।

जब वाजपेयी सरकार ने जेठमलानी के मंत्रालय को रोका, तो प्रशांत भूषण के *सेंटर फॉर पब्लिक इंटरेस्ट लिटिगेशन* और एच.डी. शौरी के कॉमन कॉज ने निम्नलिखित तीन राहतें पाने के लिए उच्चतम न्यायालय में एक याचिका दाखिल की:

1. कि जेठमलानी के आदेश पर कैबिनेट सचिव द्वारा लगाई गई रोक को असंवैधानिक और नागरिकों के सूचना के अधिकार का उल्लंघन करने वाला घोषित किया जाए; 2. कि ऑफिशियल सीक्रेट्स एक्ट के अनुच्छेद 5 को, जो किसी लोक सेवक द्वारा अपनी आधिकारिक क्षमता में पता चली किसी सूचना को प्रकट करना एक अपराधिक कृत्य बनाता है, असंवैधानिक घोषित किया जाए; 3. कि भारत सरकार को प्रेस परिषद के

---

[41] See http://allindiacongress.com/admin/upload/pdf/Manifesto%201998.pdf, accessed December 29, 2016.

[42] Ibid.

[43] See http://www.bjp.org/en/documents/manifesto/nda-agenda-for-a-proud-prosperous-india-lok-sabha-1999, accessed December 29, 2016.

> सूचना के अधिकार विधेयक की तर्ज पर उपयुक्त प्रशासनिक निर्देश तैयार करने और जारी करने का आदेश दिया जाए जो इस विषय पर उपयुक्त विधेयक के कारण लंबित है, ताकि नागरिकों के सूचना के अधिकार को लागू किया जा सके।[44]

इसी बीच, भारतीय प्रेस परिषद ने 20 फरवरी 2000 को आर.टी.आई. पर एक सेमिनार आयोजित किया, और प्रस्तावित विधेयक के संदर्भ में इसके कुछ सुझाव सरकार को भेजे गए थे। अंततः, 25 जुलाई 2000 को एफ.ओ.आई. विधेयक, 2000 लोकसभा में पेश किया गया। इसके बाद इसे गृह मामलों पर संसद की स्थायी समिति के पास भेज दिया गया। समिति ने ठीक एक साल बाद, 25 जुलाई, 2001 को संसद के दोनों सदनों के सामने अपनी रिपोर्ट पेश की।

उच्चतम न्यायालय ने अपनी तरफ से यह निर्देश दिया कि यदि सुनवाई की अगली तारीख (जनवरी 2003) से पहले तक यह विधेयक पास नहीं होता है, तो यह मामले की गंभीरता पर विचार करेगा और आदेश जारी करेगा। उच्चतम न्यायालय ने यह निर्देश भी दिया कि भले ही विधेयक पास हो जाए, परंतु न्यायालय इस बात की पड़ताल करेगा कि यह विधेयक न्यायालय द्वारा की गई आर.टी.आई. की व्याख्या के अनुरूप है या नहीं।[45] इस तरह से, एफ.ओ.आई. विधेयक, 2002 लोक सभा में 3 दिसंबर 2002 को पास हुआ, और राज्य सभा में 16 दिसंबर 2002 को पास हुआ। इसके बाद, 6 जनवरी, 2003 को इसे राष्ट्रपति से सहमति मिली, और 7 जनवरी 2003 को यह दि गैजेट ऑफ इंडिया में प्रकाशित किया गया। परंतु, नियम निर्धारित नहीं किए गए थे, इसलिए इसे क्रियान्वयन के लिए अधिसूचित नहीं किया गया।

इसी बीच, एन.डी.ए. सरकार ने 2004 में निर्धारित समय से पहले आम चुनाव कराने का फैसला किया। कांग्रेस ने अपने चुनावी घोषणापत्र में वायदा[46] किया किः

> सूचना का अधिकार कानून को जनता के लिए अधिक प्रगतिशील, अर्थपूर्ण और उपयोगी बनाया जाएगा। इस कानून की निगरानी और क्रियान्वयन को अधिक सहभागितापूर्ण बनाया जाएगा और जनता को दी जाने वाली सूचना की आपूर्ति से संबंधित विलंब, गैर-कानूनी इनकार तथा अन्य कमियों से संबंधित जुर्माने के उपनियमों को शीघ्र ही लागू किया जाएगा।

संयुक्त प्रगतिशील गठबंधन (यू.पी.ए.) के नेशनल कॉमन मिनिमम प्रोग्राम (एन.सी.एम.पी.) में दोहराया गया कि "सूचना का अधिकार कानून को अधिक प्रगतिशील, सहभागितापूर्ण और अर्थपूर्ण बनाया जाएगा।"[47]

---

[44] See http://www.freedominfo.org/2002/12/freedom-of-information-law-approved-in-indi/, accessed December 29, 2016.

[45] Ibid.

[46] वर्ष 2004 के लोकसभा चुनावों के लिए कांग्रेस का घोषणापत्र।

[47] See http://nceuis.nic.in/NCMP.htm, accessed December 29, 2016.

वर्ष 2004 के चुनावों के बाद, कांग्रेस के नेतृत्व वाली यू.पी.ए. सरकार बनी और डॉ. मनमोहन सिंह ने प्रधानमंत्री के रूप में शपथ ली। मनमोहन सिंह ने निर्देश दिया कि "पहली वरीयता पास हुए कानून को लागू करने की होनी चाहिए..."[48] और कार्मिक एवं प्रशिक्षण विभाग (डी.ओ.पी.टी.) ने इस संबंध में तैयार किए गए मसौदा नियमों का अध्ययन शुरू कर दिया। लेकिन, सोनिया गांधी के नेतृत्व वाली राष्ट्रीय सलाहकार परिषद (एन.ए.सी.) की सिफारिशों के आधार पर यह फैसला किया गया कि वाजपेयी सरकार द्वारा पास किए गए पूर्ववर्ती कानून को रद्द कर दिया जाए। इस प्रकार, डी.ओ.पी.टी. ने 13 दिसंबर 2004 को एफ.ओ.आई. कानून, 2002 को रद्द करने का प्रस्ताव पेश किया, और यू.पी.ए. सरकार ने 23 दिसंबर 2004 को संसद में आर.टी.आई. विधेयक पेश किया। फिर इसे कार्मिक, लोक शिकायत और कानून एवं न्याय पर स्थायी समिति के पास भेज दिया गया। दिनांक 15 दिसंबर 2004 को हुई कैबिनेट की एक बैठक में, तत्कालीन रक्षा मंत्री प्रणब मुखर्जी के नेतृत्व में आठ-सदस्यी मंत्रि-समूह (जी.ओ.एम.) गठित करने का फैसला किया गया ताकि यह "केंद्र सरकार द्वारा राज्य सरकारों और स्थानीय निकायों तक पर लागू करने के लिए एक कानून बनाने की संभावना पर विचार कर सके; जुर्माने के प्रावधानों और आर.टी.आई. आवेदनों के लिए निर्धारित शुल्क की"[49] पड़ताल कर सके। इसी बीच, सोनिया गांधी ने 14 जनवरी 2005 को प्रधानमंत्री को एक पत्र लिखा ताकि आर.टी.आई. विधेयक, 2004 को भारत के संविधान की सूची 1 की सातवीं अनुसूची (अनुच्छेद 246) की प्रविष्टि 97 (सूची II या सूची III में अवर्णित अन्य कोई भी मामले, जिसमें इन दोनों सूचियों में से किसी में भी अवर्णित कोई कर शामिल है) के तहत क्रियान्वित करने की संभावना की पड़ताल की जा सके।[50] यह सामाजिक कार्यकर्ताओं से मिले उन सुझावों पर गौर करने के लिए था कि "इस विधेयक को न सिर्फ केंद्र सरकार और इसके स्वामित्व या नियंत्रण वाले निकायों, बल्कि राज्यों, स्थानीय निकायों या प्राधिकरणों तक पर लागू किया जाना चाहिए।"[51] मंत्रि-समूह ने 3 मई 2005 को अपनी रिपोर्ट दी। अंततः, 11 मई 2005 को लोक सभा ने, और अगले दिन 12 मई 2005 को राज्य सभा ने आर.टी.आई. विधेयक पास कर दिया गया। राष्ट्रपति से 15 जून 2005 को इस पर सहमति मिलने के बाद, आर.टी.आई. कानून, 2005 को गैजेट

---

[48] File No. RTI DoPT 34011–6(S)2004-ESTT-B II_Notes. Available on http://persmin.nic.in/DOPT_RTICorner_ImpFiles.asp, accessed December 29, 2016.

[49] PMO's communication dated January 27, 2005. Available on http://persmin.nic.in/DOPT_RTICorner_ImpFiles.asp, accessed December 29, 2016.

[50] See Article 246 of Constitution of India: http://www.constitution.org/cons/india/shed07.htm, accessed December 29, 2016.

[51] From the files available on http://persmin.nic.in/DOPT_RTICorner_ImpFiles.asp, accessed December 29, 2016.

ऑफ इंडिया में 21 जून 2005 को अधिसूचित कर दिया गया, और 12 अक्टूबर, 2005 से यह लागू हो गया।

तत्कालीन प्रधानमंत्री मनमोहन सिंह ने 11 मई, 2005 को आर.टी.आई. विधेयक पर चर्चा के दौरान कहा:

> इस विधेयक का सफर शासन की हमारी प्रक्रियाओं में एक नए युग का आगाज होते हुए देखेगा, यह कार्य-प्रदर्शन और कार्य-कुशलता का युग होगा; यह एक ऐसा युग होगा जो सुनिश्चित करेगा कि तरक्की हमारी जनता के सभी वर्गों तक पहुंचे, यह ऐसा युग होगा जो भ्रष्टाचार के अभिशाप को दूर करेगा, यह ऐसा युग होगा जो आम आदमी के सरोकारों को शासन की सभी प्रक्रियाओं के केंद्र तक पहुंचाएगा, यह एक ऐसा युग होगा जो हमारे गणराज्य की नींव रखने वाले महापुरुषों की आशाओं को वास्तव में साकार करेगा।[52]

अनेक मायनों में, इस नए कानून ने लोक सभा में दिए गए मनमोहन सिंह के संबोधन में कही गई बातों की सच्चाई को प्रमाणित करना आरंभ कर दिया। पहले जहां आम नागरिक के पत्रों और आवेदनों पर सरकारी विभागों द्वारा गौर करना तो दूर की बात थी, अधिकांश मामलों में उनका कोई जवाब तक नहीं मिलता था, आर.टी.आई. कानून के लागू हो जाने पर, यह आम नागरिक के हाथों में एक महत्त्वपूर्ण उपकरण बन गया। आर.टी.आई. कानून ने आम आदमी को वह हौसला दिया जिससे वह सरकारी अधिकारियों से उनके लंबित कामों और साथ ही उनके फैसलों के बारे में सवाल करने लगा।

आर.टी.आई. के प्रति नरेंद्र मोदी के नेतृत्व वाली एन.डी.ए. सरकार का रवैया

एन.डी.ए. सरकार अपनी "पारदर्शिता की चाहत"[53] का दंभ भरती है और प्रधानमंत्री नरेंद्र मोदी पिछली सरकार से एक कदम आगे दिखते हैं, क्योंकि उनका कहना है कि:

> नागरिकों को न सिर्फ दस्तावेजों की प्रतिलिपियां मांगने बल्कि उन्हें लोक प्राधिकारियों से सवाल पूछने का अधिकार भी होना चाहिए, चाहिए और उनसे जवाबदेही की मांग भी करनी चाहिए, क्योंकि सवाल पूछने का अधिकार लोकतंत्र की बुनियाद है और यह लोकतंत्र में उनकी आस्था को अधिक सुदृढ़ करेगा... यदि हम आर.टी.आई. को सिर्फ सवालों के जवाब देने तक सीमित कर देंगे, तो शासन में कोई भी बदलाव नहीं आएंगे। हमें आर.टी.आई. के सवालों का विश्लेषण करना होगा और इस बात पर विचार करना होगा कि नीतिगत मामलों में क्या बदलाव करने की ज़रूरत है।[54]

---

[52] See http://archivepmo.nic.in/drmanmohansingh/speech-details.php?nodeid=118, accessed February 11, 2017.

[53] See http://www.pmindia.gov.in/en/quest-for-transparency/, accessed December 29, 2016.

[54] नरेंद्र मोदी, प्रधानमंत्री, सी.आई.सी. सम्मेलन में, विज्ञान भवन, नई दिल्ली (16 अक्टूबर, 2015)।

इतना ही नहीं, मोदी ने कांग्रेस से आर.टी.आई. कानून लागू करने का श्रेय छीनने का प्रयास करते हुए कहा कि 'अटलजी (अटल बिहारी वाजपेयी) के समय में सूचना की स्वतंत्रता का कानून था, जबकि आप सूचना का अधिकार कानून ले आए।'[55] गौरतलब है कि जब मनमोहन सिंह ने 14 अक्टूबर 2011 को आर.टी.आई. कानून के तहत "परेशान करने वाले आर.टी.आई. आवेदनों" की आलोचना की, तब तत्कालीन भाजपा अध्यक्ष राजनाथ सिंह ने कहा:

> ऐसा लगता है कि प्रधानमंत्री सूचना का अधिकार कानून की मदद से सारे घोटालों के सामने आ जाने से डरे हुए हैं। इस समय कांग्रेस के नेतृत्व वाली यू.पी.ए. सरकार अवसाद के दौर से गुजर रही है और अवसादग्रस्त है। यदि सरकार इस कानून को कमजोर करने का प्रयास करती है, तो भाजपा इसका विरोध करेगी।[56]

केंद्रीय वित्त मंत्री अरुण जेटली ने 16 अक्टूबर 2015 को केंद्रीय सूचना आयोग (सी. आई.सी.) के सम्मेलन में कहा:

> आर.टी.आई. एक अनुकरणीय कानून है। इसने समाज को परिवर्तित किया है और भारत सभ्य शासन के पहले चरण से गुजर चुका है। कई बार बहुत अधिक खुलापन भी शासन के लिए बुरा माना जाता है। इस कानून के प्रशासकों को इसका दुरुपयोग रोकने के लिए अपने विवेक का इस्तेमाल करना चाहिए। यह कानून समाज के लिए बहुत उपयोगी है और यह अधिकाधिक उपयोगी होता रहेगा और परिपक्वता प्राप्त करेगा।[57]

नरेंद्र मोदी सरकार आने के बाद डी.ओ.पी.टी. ने कई परिपत्र जारी किए जो यह दर्शाता है कि वर्तमान सरकार आर.टी.आई. कानून के प्रति उतनी ही वचनबद्ध है जितना कि यू.पी.ए. थी। इन परिपत्रों में आवेदकों को सूचना प्रदान किए जाने के प्रारूप को समाप्त करना,[58] आर.टी.आई. कानून के तहत आर.टी.आई (शुल्क एवं लागत) के नियमों और अपील प्रक्रिया के नियमों[59] को समरूप बनाना, आर.टी.आई. कानून के अनुच्छेद 4 के तहत

---

[55] राज्य सभा में नरेंद्र मोदी, राष्ट्रपति के संबोधन के लिए धन्यवाद ज्ञापन पर चर्चा का जवाब देते हुए। मोदी ने कांग्रेस सरकार पर आरोप लगाया कि उन्होंने वाजपेयी के नेतृत्व वाली एन.डी.ए. सरकार द्वारा शुरु की गई योजनाओं की नकल की थी (3 मार्च, 2015)।

[56] See http://www.andhranews.net/India/2011/Rajnath-Singh-slams-PM-over-remarks-9162.htm, accessed on February 11, 2017.

[57] See http://pib.nic.in/newsite/AdvSearch.aspx, accessed December 29, 2016.

[58] See http://ccis.nic.in/WriteReadData/CircularPortal/D2/D02rti/10_1_2013-IR-06102015.pdf, accessed December 29, 2016.

[59] See http://ccis.nic.in/WriteReadData/CircularPortal/D2/D02rti/1–5-2011-IR_10–07-2015.pdf, accessed December 29, 2016.

स्वतः (suo motu) प्रकटीकरण[60] को लागू करने के प्रयास, आर.टी.आई. के जवाबों को संबंधित मंत्रालयों/विभागों की वेबसाइटों पर अपलोड करना,[61] अक्सर पूछी जानी वाली जानकारी वेबसाइट पर डालना, और केंद्र सरकार के सभी लोक प्राधिकरणों को आर.टी. आई. आवेदनों को प्राप्त करने और उनका निपटारा करने की ऑनलाइन सुविधाओं के अधिकतम इस्तेमाल के बारे में प्रशिक्षित करना शामिल है। डी.ओ.पी.टी. का एक परिपत्र कहता है "सार्वजनिक प्राधिकरणों को सलाहकार समितियां गठित करनी चाहिए जिसमें प्रमुख हिस्सेदारों, एसोसिएशन के पदाधिकारी चक्रीय क्रम के आधार पर शामिल हों ताकि लोक प्राधिकरणों के अधिकारियों के बीच व्यवस्थित और नियमित रूप से बातचीत हो और यह सलाह मिल सके कि किस जानकारी को सुओ मोटो (स्वतः) अपलोड किया जाए।"[62] यह परिपत्र आगे कहता है,

> प्रत्येक लोक प्राधिकरण में, आर.टी.आई. आवेदनों और अपीलों से निपटने का गहन अनुभव रखने वाले पी.आई.ओ. और एफ.ए.ए. की एक समिति स्थापित है ताकि सूचना की उन श्रेणियों की पहचान की जा सके जिन्हें आवेदकों द्वारा अक्सर मांगा जाता है। ऐसी जानकारी निश्चित रूप अपने आप ही सार्वजनिक कर देनी जानी चाहिए ताकि इसे अधिक उपयोगी बनाया जा सके और साथ ही नियमित अंतराल पर इसकी समीक्षा की जानी चाहिए।[63]

हालांकि आर.टी.आई. कानून के तहत होने वाले पर्दाफाशों से सरकारें शर्मसार होती रही हैं जिसके कारण वे आर.टी.आई. कानून की शक्ति कम करने की कोशिशें करती रहेंगी, "इसमें कोई संदेह नहीं है कि इस कानून की शक्ति को धीरे-धीरे कम करने के प्रयास होंगे, नौकरशाही की औपचारिक और तकनीकी शब्दावली में सूचना देने से इनकार किया जाएगा और इसमें विलंब किया जाएगा, छांट-छांट कर सूचना जारी करके घोटालों पर परदा डाला जाएगा।"[64]

दिनांक 26 मई 2014 को केंद्र में सत्ता-परिवर्तन के साथ, जब नरेंद्र मोदी ने मनमोहन सिंह की जगह ली, तो पूर्ववर्ती सरकार की कई नीतियों में संशोधन किए जा रहे थे, लेकिन तब तक इस बात के कोई लक्षण नहीं दिखे कि नई सरकार आर.टी.आई. कानून को कमजोर करना चाहती है। लेकिन ऐसे कई अधिकारी हैं (केंद्र सरकार में लगभग 2,500 केंद्रीय लोक सूचना अधिकारी हैं) जिन्होंने सत्ता-परिवर्तन के बाद आर.टी.आई. के प्रावधानों को हल्के में लेना शुरू कर दिया। इसके कुछ उदाहरण हैं: जब वित्त मंत्रालय ने लेखक का एक

---

[60] See http://ccis.nic.in/WriteReadData/CircularPortal/D2/D02rti/RTI-29062015.pdf, accessed December 29, 2016.

[61] See http://ccis.nic.in/WriteReadData/CircularPortal/D2/D02rti/1_1_2013-IR-1-A.pdf, accessed December 29, 2016.

[62] Official Memorandum F. No. 1/34/2013-IR dated June 30, 2016, of DoPT.

[63] Ibid.

[64] शंकर अय्यर, *एक्सीडेंटल इंडिया, अ हिस्ट्री ऑफ नेशन्स पैसेज थ्रू डिग्री क्राइसिस एंड चेंज* (नई दिल्ली: ए.एल.ई.पी.एच., 2012), 287.

आर.टी.आई. आवेदन खारिज कर दिया, तो पहली अपील दायर की जिसमें प्रधानमंत्री कार्यालय की वेबसाइट पर लिखे गए 'पारदर्शिता की चाहत' की याद दिलाई और कहा कि:

> मेरे विचार से, सूचना देने से इनकार करके विद्वान सी.पी.आई.ओ. ने माननीय प्रधानमंत्री नरेंद्र मोदी और माननीय वित्त मंत्री अरुण जेटली की छवि धूमिल करने का प्रयास किया है, क्योंकि वे पारदर्शिता और आर.टी.आई. कानून के अत्यधिक पक्षधर हैं।[65]

परिणाम यह हुआ कि इसके बाद वांछित जानकारी प्रदान कर दी गई। गृह मंत्रालय सहित अन्य मंत्रालयों में भी इससे मिलते-जुलते वाकये हुए।[66]

भारत के आर.टी.आई. कानून को प्रभावी बनाने के दो मुख्य तरीके हैं: जन सरोकार की सूचना के स्वतः प्रकटीकरण के जरिए, और सूचना और अपील के लिए, यदि आवश्यक हो, अनुरोध करने और उन पर जवाब देने की एक व्यवस्था के जरिए। प्रशासन के सभी स्तरों पर सार्वजनिक सूचना की प्रभावी ढंग से आपूर्ति के लिए सरकार के सर्वोच्च स्तर से दृढ़ राजनीतिक इच्छाशक्ति की और सरकार के सभी स्तरों पर पारदर्शिता के लिए नेक इरादों की आवश्यकता होती है। साथ ही, इस बात की भी ज़रूरत है कि कानून के प्रावधान के उचित क्रियान्वयन के लिए सरकारें पर्याप्त संसाधन मुहैया कराएं। सबसे ज्यादा ज़रूरत इस बात की है कि ढंकने-छिपाने की संस्कृति को त्यागकर खुलेपन की नई संस्कृति अपनाई जाए। इसके लिए पारदर्शिता के प्रति प्रतिबद्ध राजनीतिक नेताओं के साथ ही, व्यापक जनहित की सूचना पाने के लिए बेचैन रहने वाले पत्रकारों और सामाजिक कार्यकर्ताओं की ज़रूरत है। इसके लिए नौकरशाही के अंदर विचारों में बदलाव लाने की ज़रूरत है। यह तथ्य है कि किसी व्यक्ति को सूचना मिलेगी या नहीं, यह लोक सूचना अधिकारी की कुर्सी पर बैठने वाले व्यक्ति पर निर्भर करता है। यदि वह सूचना देना चाहे, तो वह प्रकटीकरण के पक्ष में आर.टी.आई. कानून की व्याख्या करता/करती है और यदि वह सूचना छिपाना चाहे, तो वह इससे विपरीत व्याख्या करके सूचना से इनकार कर देगा/देगी और आप कानून लड़ाई के पचड़े में फंस जाएंगे और भले ही सूचना बाद में दे दी जाए, इससे सूचना प्राप्त करने का बुनियादी उद्देश्य ही ध्वस्त हो जाता है।

दूसरी तरफ, यू.पी.ए. सरकार का हिस्सा रहे नेताओं की ओर से आर.टी.आई. पर हमले करने की घटनाएं देखी जाती रहीं हैं। कांग्रेस नेता राजीव शुक्ला ने कहा:[67] "आर.टी.आई. कानून का अत्यधिक दुरुपयोग किया गया है और लोग इसके गलत फायदे उठा रहे हैं। लोगों ने 'आर.टी.आई. कार्यकर्ता' जैसे विजिटिंग कार्ड्स छपवा रखे हैं, मानो यह कोई पद हो। लोग ब्लैकमेल कर रहे हैं, पैसे कमा रहे हैं..."। यू.पी.ए.-प्रथम (2004–09) में,

---

[65] लेखक द्वारा दाखिल की गई अपील संख्या DOFSR/A/2016/60407 पर वित्त मंत्रालय का जवाब।

[66] लेखक द्वारा दाखिल की गई अपील संख्या MHOME/A/2016/60066 पर एम.एच.ए. का जवाब।

[67] राज्य सभा में 28 अप्रैल, 2016 को प्रश्न सत्र में।

जब आर.टी.आई. कानून पास हुआ था, नागरिक उड्डयन मंत्री रहे प्रफुल्ल पटेल ने कहा कि "वस्तुपरकता (निर्णय लेने की प्रक्रिया से) खत्म हो चुकी है... अब हर कोई इस बात से चिंतित है कि यह कानून जल्दबाजी में पास कर दिया गया था। एक पनवाड़ी से लेकर चाय बेचने वाला तक 10 रुपये का भुगतान करके कोई भी सूचना मांग सकता है। उसे यह जानकारी भी मिल सकती है कि देश में मिसाइल किसने बनाई..."।[68] और आर.टी.आई. कानून लागू करते समय यू.पी.ए. सरकार को समर्थन देने वाली समाजवादी पार्टी (सपा) से सांसद (एम.पी.) रहे (अब भाजपा में) नरेश अग्रवाल ने कहा कि आर.टी.आई. कानून को "अमेरिका के दबाव में"[69] पास किया गया था; जबकि कांग्रेस के सांसद जयराम रमेश ने इस कथन का विरोध किया था।[70] संसद के मानसून सत्र जुलाई 2018 में केंद्र सरकार ने आर.टी. आई कानून में संशोधन का प्रस्ताव किया जिसके तहत सूचना आयुक्तों का ओहदा घटाना था। लेकिन कांग्रेस अध्यक्ष राहुल गांधी सहित विपक्षी दलों के प्रबल विरोध के चलते सरकार ने अपने कदम पीछे खींच लिए। यह सब दर्शाता है कि शासक वर्ग चाहे पारदर्शिता से कितना भी परेशान क्यों न हो, फिर भी केंद्र सरकार की ओर से इस कानून को हल्का करने की मंशा पूरी होने के आसार नहीं हैं।

भारतीय लोगों के मन में, सामान्यतः, यह प्रासंगिक नहीं है कि आर.टी.आई. कानून किसने लागू किया। हालांकि, इस कानून के दुरुपयोग के विरुद्ध बोलने वाले मनमोहन सिंह ने 2014 के लोक सभा चुनावों में अपनी पार्टी की हार के बाद से आर.टी.आई. पर कुछ नहीं कहा, लेकिन सोनिया गांधी और राहुल गांधी जैसे नेताओं ने 2014 के चुनावों में केंद्र से अपनी सरकार के बेदखल होने के बाद भी इस कानून की प्रशंसा ही की है। सोनिया गांधी ने हमेशा ही इसे यू.पी.ए. सरकार की पहली उल्लेखनीय उपलब्धि कहा है। मई 2015 में उन्होंने लोक सभा में कहा: "इसी कानून की बदौलत लाखों लोगों को अपनी सरकार से इस तरह के सवाल पूछने की शक्ति मिली कि योजनाओं और सरकारी कार्यक्रमों को किस तरह से लागू किया जा रहा है और लोक प्राधिकरण किस तरह से काम कर रहे हैं।"[71] राहुल गांधी ने कहा: "यदि आप इस बात पर गौर करें कि भ्रष्टाचार के संदर्भ में हमने क्या किया है। भ्रष्टाचार के खिलाफ आर.टी.आई. सबसे बड़ा हथियार है।"[72] तथ्य यह है कि राजनीतिक दल और उनके नेता विपक्ष में होने पर इस कानून का इस्तेमाल कर रहे हैं।

---

[68] Ibid.

[69] Ibid.

[70] Ibid.

[71] Sonia Gandhi, Congress President, in Lok Sabha on May 6, 2015, http://www.inc.in/In-focus/420/Congress-President-Smt-Sonia-Gandhis-speech-in-Lok-Sabha, accessed December 29, 2016.

[72] माउंट कार्मेल कॉलेज, बंगलुरु के छात्रों के साथ बातचीत में, 25 नवंबर, 2015 को।

साथ ही यह भी एक तथ्य है कि मनमोहन सिंह द्वारा कही गई तमाम बड़ी-बड़ी बातों के बावजूद, सामाजिक कार्यकर्ताओं और मीडिया द्वारा डाले गए दबाव के कारण ही यू.पी.ए. सरकार इस कानून को हल्का करने के लिए बड़े संशोधन करने से पीछे हटने को बाध्य हुई थी।

विजय शर्मा के शब्दों में, "कोई बदलाव नहीं आया है (नई सरकार में आर.टी.आई. के प्रति) क्योंकि आर.टी.आई. कानून को, इसकी प्रणाली को, नियमित कर दिया गया है और इसे एक निश्चित दिशा दे दी गई है। आर.टी.आई. व्यापक तौर पर जीवनरेखा मान ली गई है।"[73] उनके पूर्ववर्ती सत्यानंद मिश्र, जिन्होंने राजनीतिक दलों को आर.टी.आई. कानून के तहत लाने का आदेश देने वाली सी.आई.सी. खंडपीठ का नेतृत्व किया था, कहते हैं: "मुझे नहीं लगता कि कोई भी सरकार आर.टी.आई. को समाप्त कर सकती है। आर.टी.आई. कानून को सचमुच खत्म करने के लिए, करीब-करीब निरंकुश दृष्टिकोण रखने की हद तक के असाधारण साहस की ज़रूरत होगी।"[74]

आर.टी.आई. और मीडिया

आर.टी.आई. कानून के पास होने से बहुत पहले, भारतीय प्रेस परिषद और मीडिया के कुछ दिग्गज इस विधेयक की मांग कर रहे सामाजिक कार्यकर्ताओं के साथ सक्रिय रूप से जुड़े हुए थे। मीडिया के लिए आर.टी.आई. की महत्ता प्रेस काउंसिल की उस रिपोर्ट में प्रतिबिंबित हुई, जिसे मार्च 2001 में जारी किया गया था। यह रिपोर्ट कहती है:

> वर्तमान में, खोजी, विश्लेषणात्मक और लोकप्रिय पत्रकारिता की राह की अड़चनों में से एक अड़चन आधिकारिक सूचना तक पहुंच में पेश आने वाली कठिनाई है। नौकरशाही, पुलिस, सेना, न्यायपालिका और यहां तक कि विधायिका भी सबसे साधारण विषयों तक से संबंधित सूचना की हिफाजत जबर्दस्त उत्साह से करती है। सिर्फ कुछ ही पत्रकार आधिकारिक असहयोग के इस लौह-द्वार को तोड़ने में समर्थ हैं। सूचना का अधिकार पत्रकारों और समाज को सरकारी मामलों के बारे में और अधिक सवाल पूछने के लिए प्रोत्साहित करेगा और यह सार्वजनिक क्षेत्र की बेलगाम गतिविधियों पर अंकुश लगाने का सशक्त हथियार होगा और यह जवाबदेही को भी बढ़ावा देगा। इससे पत्रकारों को

---

[73] Vijay Sharma, "You can't use RTI to light up every corner," *The Indian Express* (December 22, 2015), http://indianexpress.com/article/india/india-news-india/you-cant-use-rti-to-light-up-every-corner-chief-information-commissioner-vijai-sharma/, accessed December 29, 2016.

[74] Ritu Sarin, "'There is a problem in demanding far too much freedom for our institutions. How do you establish their accountability?'" *The Indian Express* (November 11, 2012), http://archive.indianexpress.com/news/-there-is-a-problem-in-demanding-far-too-much-freedom-for-our-institutions.-how-do-you-establish-their-accountability–/1029862/, accessed December 29, 2016.

> अटकलबाजी, अफवाह, अनधिकृत स्रोतों से आने वाली सूचना पर निर्भर नहीं रहना होगा। इस विधेयक के लागू हो जाने पर ऐसे तुच्छ हितों का अंत होगा जो सूचना को छिपाने या उनकी गलत व्याख्या करने का प्रयास करते हैं या फिर जो गलत सूचना देकर मीडिया को प्रत्यक्ष या अप्रत्यक्ष रूप से भ्रमित करने का प्रयास करते हैं। इस विधेयक के जरिए, सार्वजनिक, पेशेवर, सामाजिक और व्यक्तिगत जीवन में पारदर्शिता लाई जा सकती है।[75]

दिनांक 17 फरवरी, 2009 को, "फ्यूचर ऑफ प्रिंट मीडिया" विषय पर आयोजित एक सेमिनार में, प्रेस परिषद के तत्कालीन अध्यक्ष, न्यायमूर्ति (सेवानिवृत्त) जी.एन. रे ने कहा था:

> स्थानीय स्तर से लेकर राष्ट्रीय स्तर तक के सभी प्राधिकरणों से और निजी या सार्वजनिक क्षेत्र के ऐसे सभी संस्थानों से, जिनकी गतिविधियों का जनकल्याण पर असर पड़ता है, सूचना प्राप्त करने वाले विधेयक पर जोर डाला जाना चाहिए। अंततः, यह मीडिया ही ऐसी जानकारी के फायदों को लोगों तक पहुंचा सकता है और इसकी तलाश जारी रख सकता है। ऐसे में, मीडिया को भी लोगों को सूचित और शिक्षित करने के लिए अटकलबाजी या गैर-भरोसेमंद, अनधिकृत सूचना पर निर्भर नहीं रहना पड़ेगा।[76]

पत्रकारों के लिए एफ.ओ.आई. या आर.टी.आई. को हमेशा ही एक आवश्यक उपकरण माना गया। यूनेस्को ने 1979 में आयरलैंड के सीन मैकब्राइड की अध्यक्षता में एक कमीशन का गठन किया जिसमें भारतीय पत्रकार बी.जी. वर्गीस भी एक सदस्य थे। कमीशन ने 1980 में अपनी रिपोर्ट पेश की जिसमें कहा गया था:

> इसमें कोई संदेह नहीं है कि प्रत्येक व्यक्ति को सूचना की मांग और प्रसार करने के अधिकार का और विचार व्यक्त करने के अधिकार का लुत्फ उठाना चाहिए। पत्रकारों को तो अपना काम प्रभावी ढंग से करने की बुनियादी शर्त के रूप में इन अधिकारों का प्रयोग करना होता है, और वे लोक प्राधिकरणों द्वारा लगाए गए नियंत्रणों से खास तौर पर समस्या का सामना करते हैं। वे चाहें या न चाहें, वे खुद को अक्सर ही स्वतंत्रता की हिफाजत करने वाले लोगों की अग्रिम पंक्ति में खड़ा पाते हैं।[77]

मैकब्राइड कमीशन आगे कहता है:

> किसी पत्रकार की पेशेवर क्षमताओं को निर्धारित करने के मापदंडों में से एक उसके द्वारा जनहित में सक्रिय रूप से तथ्यों की खोज करना और उन्हें प्रकट करना है। एक खोजी पत्रकार का काम शीर्ष पदों पर बैठे सभी लोगों से सवाल करने और उनके कार्यों की

---

[75] फ्यूचर ऑफ प्रिंट मीडिया (नई दिल्ली: भारतीय प्रेस परिषद), 135, 136.

[76] न्यायमूर्ति (सेवानिवृत्त) जी.एन. रे, अध्यक्ष, भारतीय प्रेस परिषद द्वारा 17 फरवरी, 2009 को सुरेंद्रनाथ कॉलेज फॉर वुमेन, कोलकाता में आयोजित "फ्यूचर ऑफ प्रिंट मीडिया" विषय पर आयोजित एक सेमिनार में उद्घाटन भाषण।

[77] Many Voices, One World, Sean MacBride Commission Report (UNESCO, 1980), 233.

पड़ताल करना और जब कभी भी सत्ता का दुरुपयोग हो, अक्षमता, भ्रष्टाचार या अन्य प्रकार के विचलन हों तो उनका पर्दाफाश करना है।[78]

मैकब्राइड कमीशन ने सिफारिश की कि:

> किसी लोकतांत्रिक समाज में संचार की जरूरतों को पूरा करने के लिए, सूचित होने के अधिकार, सूचना देने के अधिकार, निजता के अधिकार, सार्वजनिक संचार में भाग लेने के अधिकार जैसे कुछ विशेष किस्म के अधिकार दिए जाने चाहिए - ये सभी अधिकार एक नई अवधारणा, यानी संचार के अधिकार, के तत्व हैं। हम इसे सामाजिक अधिकारों का एक नया युग कह सकते हैं जिसे विकसित करने के लिए हमारा सुझाव है कि संचार के अधिकार के सभी निहितार्थों की और अधिक पड़ताल की जानी चाहिए।[79]

बहुत-से देशों में जहां आर.टी.आई. या एफ.ओ.आई. कानून लागू हो चुका है, वह अब इसे खोजी पत्रकारिता का एक उपकरण माना जाता है। आर.टी.आई. के एक अग्रणी पैरोकार कहते हैं: "सरकार में भ्रष्टाचार और गलत कार्यों का मुकाबला करने के लिए भी सूचना का अधिकार एक प्रमुख अस्त्र है। गलत कामों का पर्दाफाश करने और इसे जड़ से मिटाने में मदद करने के लिए खोजी पत्रकार और वॉचडॉग गैर-सरकारी संगठन (एन.जी.ओ.) सूचना तक पहुंच के अधिकार का इस्तेमाल कर सकते हैं।"[80] यूनेस्को की महानिदेशक (डी.जी.) कहती हैं: "लोग यदि सूचना की आजादी नहीं पाते, तो सामाजिक न्याय, सशक्तीकरण, और विकास सभी को नुकसान पहुंचता है। सूचना तक पहुंच का संबंध, उन बुनियादी सेवाओं और सामाजिक कार्यक्रमों से है जिनके लिए वे अधिकृत हैं, या उन शैक्षणिक अवसरों से है जिसमें लोगों का कायाकल्प करने की शक्ति है।"[81] उनकी कही बातों में, मीडिया के लिए आर.टी.आई. का इस्तेमाल करने और नागरिकों के सशक्तीकरण में उनकी मदद करने का संदेश देखा जा सकता है। यूनेस्को ने 'मीडिया और सुशासन' पर 2005 में एक सम्मेलन का आयोजन किया जिसमें "सूचना तक पहुंच प्रदान करने वाले राष्ट्रीय विधेयक को अपनाए जाने का प्रोत्साहन करने और सूचना तक पहुंच बनाने के लिए अंतर्राष्ट्रीय सिद्धांत विकसित करने का"[82] आह्वान किया गया।

भारत में, आर.टी.आई. लागू होने के शुरुआती वर्षों में देखा गया कि आम लोग राशन कार्ड, पासपोर्ट, स्कूल में दाखिले, विभाग की कार्यवाहियों, बिजली के बिल, और रोजमर्रा के जीवन से जुड़ी इसी तरह की व्यक्तिगत समस्याओं पर केंद्रित आवेदन-पत्र देते थे। धीरे-धीरे,

[78] Ibid., 234.

[79] Ibid., 265.

[80] टोबी मेंडल, *द राइट टू इंफॉर्मेशन इन लैटिन अमेरिका*, यूनेस्को, 2009.

[81] इरिना बोकोवा, यूनेस्को की महानिदेशक, ब्रिस्बेन, आस्ट्रेलिया, 2 मई, 2010.

[82] डकार डिक्ल्यरेशन, डकार, सेनेगल, 3 मई, 2010.

सामान्य नागरिकों तक ने इस कानून का इस्तेमाल जन सरोकार के मुद्दों की पड़ताल करने के लिए शुरू कर दिया। सुदूर उत्तर-पूर्व से लेकर दक्षिणी राज्यों के सुदूरवर्ती छोरों तक, जम्मू और कश्मीर के दूर-दराज के इलाकों से लेकर ओडीशा, बिहार, उत्तर प्रदेश और महाराष्ट्र तक, हर जगह बड़ी संख्या में आर.टी.आई. कार्यकर्ता उपजे हैं। कुछ ऐसे सामान्य नागरिक भी हैं जो सरकारी कार्यालयों में सैकड़ों और हजारों आर.टी.आई. आवेदन दाखिल करने का दावा करते हैं। परंतु पत्रकार बिरादरी में ऐसे एक्टिविस्ट्स की संख्या ज्यादा नहीं है।

देश के दूर-दराज के इलाकों से आर.टी.आई. का इस्तेमाल करने वालों की सफलता की कहानियों से प्रेरित होकर, संपादकों का विश्वास अधिक सुदृढ़ हुआ कि आर.टी.आई. को खोजी पत्रकारिता के लिए कारगर उपाय में तब्दील किया जा सकता है। *इंडिया टुडे*, *इंडियन एक्सप्रेस* जैसे मीडिया संस्थानों के दिल्ली स्थित पत्रकारों और रांची स्थित *प्रभात खबर* और उत्तर भारत के एक अन्य अग्रणी हिंदी दैनिक *अमर उजाला* जैसे मीडिया संस्थानों के दिल्ली से बाहर स्थित पत्रकारों ने भी खोजपरक खबरों की पड़ताल के लिए आर.टी.आई. कानून का सहारा लेना आरंभ किया। अपनी खोजी पत्रकारिता के लिए विख्यात *इंडियन एक्सप्रेस* 2005 में आर.टी.आई. कानून के लागू होने के बाद से ही इसका इस्तेमाल कर रहा है। इस समाचार-पत्र के संवाददाताओं को खोजी पत्रकारिता के इस नए उपकरण के इस्तेमाल के बारे में नियमित प्रशिक्षण दिया जा रहा है, और वे खबरों की पड़ताल करने और इन्हें प्रकाशित करने के लिए नियमित रूप से इस कानून का इस्तेमाल कर रहे हैं।

भारत में जब आर.टी.आई. कानून लागू हुआ, तब सुभाष अग्रवाल[83] जैसे सामान्य नागरिकों ने आर.टी.आई.-आधारित खबरों तक पहुंच बनाने में मीडिया के लोगों की मदद की। वे वर्षों तक आर.टी.आई.-आधारित खबरों तक नियमित रूप से पहुंच बनाते रहे और पत्रकारों तक ये खबरें पहुंचाते रहे और ये खबरें प्रमुखता से प्रकाशित हुईं। उच्चतम न्यायालय और उच्च न्यायालय के न्यायाधीशों के लिए संपत्ति की घोषणा करने की व्यवस्था जैसे मामलों में, उन्होंने सी.आई.सी., दिल्ली उच्च न्यायालय, और उच्चतम न्यायालय में जबर्दस्त कानूनी लड़ाइयां लड़ीं।[84] सरोकार रखने वाले किसी नागरिक के तौर पर उन्होंने शानदार काम किया, लेकिन भारतीय मीडिया ऐसे दर्जनों लोगों को एक्टिविस्ट बना सकती थी जो खबरों की पड़ताल करने और व्यवस्था में परिवर्तन लाने के लिए आर.टी.आई. का इस्तेमाल कर सकें।

परंतु, कुछ अपवादों को छोड़ दें, तो समाचार-पत्रों, टी.वी. चैनलों और अन्य मीडिया संस्थानों में आर.टी.आई.-आधारित अधिकांश रिपोर्टें महज आर.टी.आई. से जुड़ी गतिविधियों

---

[83] दिल्ली स्थित सुविख्यात आर.टी.आई. कार्यकर्ता।

[84] See https://en.wikipedia.org/wiki/Subhash_Chandra_Agrawal, accessed December 29, 2016.

की, सी.आई.सी. और राज्य सूचना आयोगों (एस.आई.सी.) के फैसलों की, और सामान्य नागरिकों, गैर-सरकारी संगठनों (एन.जी.ओ.), तथा आर.टी.आई. कार्यकर्ताओं द्वारा प्राप्त की गई सूचनाओं की रिपोर्टें रहीं हैं। यह सच है कि कई बार कार्यकर्ता जनहित के प्रमुख मुद्दों को उद्घाटित करते हैं, परंतु उनमें से अनेक अपने निहित स्वार्थों द्वारा प्रेरित होते हैं। इसीलिए, गैर-सरकारी संगठनों (एन.जी.ओ.) तथा कार्यकर्ताओं द्वारा प्राप्त की गई सूचना का इस्तेमाल करते हुए, मीडिया को जनहित की सूचना का खुद पता लगाने और उसकी पड़ताल करने की और फिर उन खबरों पर स्वयं फॉलो-अप करने की ज़रूरत है। मीडिया जनों द्वारा किए गए कुछ प्रयास वास्तव में बहुत कारगर रहे हैं।

आर.टी.आई. द्वारा खोजी गई कुछ खबरों ने गहरा प्रभाव डाला है। दिसंबर 2015 में, जब उच्चतम न्यायालय ने निर्देश[85] दिया कि रिजर्व बैंक ऑफ इंडिया (आर.बी.आई.) को बैंकों के संबंध में सूचना प्रदान करनी होगी तो *इंडियन एक्सप्रेस* के उत्कर्ष आनंद ने बिना देर किए आर.बी.आई. में एक आवेदन दाखिल किया। उन्हें जो जानकारी मिली उसमें कहा गया था कि वित्तीय वर्ष 2013 से 2015 के बीच सार्वजनिक क्षेत्र के 29 बैंकों ने कुल रुपये 1,140 अरब के बराबर डूबे कर्ज को माफ कर दिया है, जो पिछले नौ वर्ष में माफ किए गए डूबे कर्ज से कहीं अधिक राशि थी। आर.बी.आई. ने उजागर किया कि मार्च 2012 में समाप्त होने वाले वित्तीय वर्ष के लिए कर्ज के कुल डूबे रुपये 155.51 अरब रुपये थे, जो मार्च 2015 के अंत तक तीन गुना बढ़कर रुपये 525.42 अरब रुपये तक पहुंच गए थे। इस खबर का वांछित असर पड़ा क्योंकि उच्चतम न्यायालय ने सुओ मोटो (स्व-संज्ञान लेना) आर.बी.आई. से डिफॉल्टर्स की सूची प्रदान करने को कहा।[86]

आर.टी.आई. के जरिए हुए खुलासों में इशरत जहां का मामला भी है। यह मामला पिछले कुछ वर्षों के दौरान हुए भारत के सबसे बड़े राजनीतिक विवादों में से एक है। सच यह है कि लगभग एक दशक तक यह मामला दस्तावेजों की ढेर सारी परतों में छिपा था। न्यूज चैनल, टाइम्स नाउ ने आर.टी.आई. का इस्तेमाल करके गृह मंत्रालय (एम.एच.ए.) से इशरत जहां से जुड़ी फाइल हासिल की। इस फाइल में सरकारी टिप्पणियों, हस्ताक्षरों, कानूनी दस्तावेजों, और संलग्नकों के 70 पृष्ठ थे और इन्हें पहले कभी सार्वजनिक नहीं किया गया था।[87]

लोकसभा के सदस्य 2004 से ही अपनी परिसंपत्तियों की घोषणा करते रहे हैं और उनसे वार्षिक तौर पर इसे अपडेट करने की अपेक्षा की जाती है। वर्ष 2008 में एक आर.टी.आई.

---

[85] See http://supremecourtofindia.nic.in/FileServer/2015–12-16_1450252953.pdf, accessed December 29, 2016.

[86] See http://indianexpress.com/article/india/india-news-india/bad-debts-rbi-supreme-court-bank-defaulters/, accessed December 29, 2016.

[87] See http://timesofindia.indiatimes.com/india/Ishrat-Jahan-encounter-case-Chidambaram-had-also-signed-first-affidavit/articleshow/51886383.cms, accessed February 11, 2017.

आवेदन के जवाब में *इंडियन एक्सप्रेस* की रितु सरीन को पता चला कि 14वीं लोक सभा के महज 10 सदस्यों ने ही 2004 में चुने जाने के बाद से अपनी परिसंपत्तियों की दाखिल की गई सूची अपडेट की थी। कांग्रेस उपाध्यक्ष और सांसद राहुल गांधी इनमें से एक थे। दिनांक 24 जुलाई 2006 को दाखिल किए गए एक घोषणापत्र में उन्होंने बताया था कि उन्होंने दक्षिणी दिल्ली के साकेत स्थित एक भव्य मेट्रोपोलिटन मॉल में रुपये 1 करोड़ 34 लाख मूल्य की दो दुकानें भी खरीदी थीं।[88]

मनमोहन सिंह की सरकार जून 2004 में सत्ता में आई। इसके लगभग चार वर्ष बाद, *इंडियन एक्सप्रेस* के रवीश तिवारी ने एक अनूठा प्रयास किया। उन्होंने आर.टी.आई. का इस्तेमाल करके उस समय तक मनमोहन सिंह सरकार के दौर में हुई कैबिनेट की सभी बैठकों से जुड़े दस्तावेजों की जांच की।[89] यह खबर बताती है कि जून 2008 तक प्रधानमंत्री ने कैबिनेट की 217 बैठकें (लगभग 1 बैठक प्रति सप्ताह) की थीं जिनमें 1,800 से अधिक प्रस्तावों पर विचार-विमर्श हुआ। लेकिन वरिष्ठ कैबिनेट मंत्री जैसे कि वस्त्र मंत्री शंकरसिंह वाघेला, वाणिज्य मंत्री कमल नाथ, और रेल मंत्री लालू प्रसाद यादव ने कैबिनेट की कुल बैठकों में से आधे से कम में भाग लिया था। कुल बैठकों में से सिर्फ 35 प्रतिशत में भाग लेने वाले वाघेला, अनुपस्थित मंत्रियों की सूची में सबसे ऊपर थे और उनके बाद कमल नाथ और लालू का नंबर था। सिर्फ 13 मंत्रियों ने 70 प्रतिशत से अधिक बैठकों में भाग लिया था। अनेक मंत्री उन बैठकों में भी उपस्थित नहीं थे जिनमें उनके मंत्रालय द्वारा पेश किया गया प्रस्ताव ही बैठक के एजेंडा में था। इस सूची में मानव संसाधन विकास मंत्री अर्जुन सिंह शीर्ष पर थे जो अपने मंत्रालय द्वारा चर्चा के लिए पेश किए मामलों के दौरान 22 अवसरों पर अनुपस्थित थे, इसके बाद लालू (21 बैठकें), वित्त मंत्री पी. चिदंबरम (19 बैठकें), और विदेश मंत्रालय के मंत्री प्रणब मुखर्जी (19 बैठकें) रहे। परंतु, मुखर्जी की 19 अनुपस्थितियों में से 10 ऐसी थीं जो उनके द्वारा 2006 में विदेश मंत्रालय का प्रभार लिए जाने के बाद दर्ज की गई थीं जिसमें अक्सर ही विदेश यात्रा की ज़रूरत होती है।

सैकत दत्ता की ऐसी ही एक खबर *आउटलुक* में प्रकाशित हुई थी।[90] वर्ष 2007 में, केंद्र ने भारत में खाद्य सुरक्षा को सुदृढ़ करने के लिए गैर-बासमती चावल और 25 प्रतिशत टूटा चावल के निर्यात पर रोक लगा दी। यह बढ़ती मुद्रास्फीति को रोकने और यह सुनिश्चित करने के लिए किया गया था कि देश के अंदर हमेशा ही खाद्यान्न इतनी पर्याप्त मात्रा में रहें ताकि

---

[88] See http://archive.indianexpress.com/news/rahul-updates-his-assets-list-two-shops-for-rs-1.34crore-in-south-delhi-mall/378051/0, accessed December 29, 2016.

[89] See http://archive.indianexpress.com/news/the-case-of-the-missing-cabinet/355477/, accessed December 29, 2016.

[90] See http://www.outlookindia.com/magazine/story/whose-name-on-a-grain-of-rice/250566/, accessed January 2, 2017.

इन्हें गरीबी रेखा से नीचे रहने वाले लोगों तक सार्वजनिक वितरण प्रणाली (पी.डी.एस.) के तहत वितरित किया जा सके। इसके बाद जल्दी ही अंतर्राष्ट्रीय बाजार में चावल की कीमतें बेतहाशा बढ़ गईं क्योंकि भारत चावल का प्रमुख निर्यातक है। वर्ष 2007 में प्रतिबंध लगाए जाने के लगभग तीन महीने बाद, सरकार ने तय किया कि चूंकि प्रतिबंध के कारण विदेशी बाजार में कमी आ गई थी, इसलिए यदि अधिक गरीब देशों से चावल के लिए अनुरोध आते हैं, तो मानवीय आधार पर खाद्यान्न भेज दिए जाएंगे। इस तरह, बाईस देशों को, जिनमें अधिकांश अफ्रीकी देश थे, प्रतिबंध से राहत दे दी गई। इसी समय निजी कंपनियों ने सरकारी अधिकारियों के साथ गुपचुप ढंग से अधिकांश मांग पूरी की।[91] दत्ता ने उपभोक्ता मामले, खाद्य एवं सार्वजनिक वितरण के मंत्रालय, वाणिज्य और उद्योग मंत्रालय, विदेश मंत्रालय (एम.ई.ए.), और विदेश व्यापार के महानिदेशक (डी.जी.एफ.टी.) में आर.टी.आई. आवेदन दाखिल किए ताकि वह इस अधिसूचना के मुद्दे से संबंधित सभी दस्तावेजों की जांच कर सकें। इन दस्तावेजों ने यह उजागर किया कि सभी प्रक्रियाओं का उल्लंघन किया गया था। आखिरकार इस मामले को सी.बी.आई. के पास भेज दिया गया।

यह तथ्य है कि अन्य अनेक देशों की तुलना में भारतीय मीडिया ने आर.टी.आई. कानून की संभावनाओं की पड़ताल करने का पर्याप्त प्रयास नहीं किया। उदाहरण के लिए, यूरोप में पत्रकार वॉबिंग[92] डच भाषा में, Wet Openbaarheid van Bestuur (WOB) का सहारा लेते हैं जिसे पत्रकारिता की सामान्य बोलचाल में एफ.ओ.आई. के जरिए दस्तावेज प्राप्त करना कहा जाता है। यूरोप में पत्रकारों के ऐसे कुछ समूह हैं जो अपनी खबरों के लिए विशेष रूप से एफ.ओ.आई. कानून का इस्तेमाल करते हैं। वे नियमित तौर पर जानकारी एकत्रित करके अपने अनुभवों को साझा करते हैं और नई-नई तकनीकों का प्रशिक्षण प्राप्त करते हैं। टोनी ब्लेयर के प्रधानमंत्री रहते हुए यू.के. में एफ.ओ.आई. कानून लागू हुआ था, लेकिन इस नए कानून के इस्तेमाल से मीडिया द्वारा एक के बाद एक किए गए अनेक पर्दाफाशों के कारण टोनी ब्लेयर को बहुत शर्मिंदा होना पड़ा था और इसी कारण उन्होंने इसके बारे में अपने संस्मरणों में कहा:

> सूचना की स्वतंत्रता। तीन अहानिकारक शब्द। मैं इन शब्दों को लिखता हूं, देखता हूं और फिर सोचता हूं कि मैं इस मूर्खता को कैसे परिभाषित करूं- अरे बेवकूफ। तुम गंवार, मूर्ख, गैर-जिम्मेदार बेवकूफ हो। सचमुच इस मूर्खता का कोई वर्णन नहीं हो सकता है, चाहे यह कितना ही विविधतापूर्ण क्यों न हो, हर वर्णन अपर्याप्त है। मैं इसके डर से कांप उठता हूं।[93]

---

[91] See http://www.rtiawards.org/saikatdutta.html, accessed December 29, 2016.

[92] See http://www.wobbing.eu/ and http://journalismfund.eu/, accessed December 29, 2016.

[93] *अ जर्नी*, टोनी ब्लेयर के संस्मरण, 1 सितंबर, 2010 को प्रकाशित, रैंडम हाउस, पृ. 516.

ब्लेयर ने आगे लिखा:

> एफ.ओ.आई. कानून का इस्तेमाल अधिकतर 'जनता' ने नहीं किया। इसका इस्तेमाल पत्रकारों ने किया। राजनीतिक नेताओं के लिए यह कुछ ऐसा था, मानो कोई छड़ी से तुम्हारे सिर पर चोट कर रहा हो और तुम उसके हाथ में मूसल पकड़ाकर कहो, 'अरे, सुनो, इससे अच्छा इसे आजमाकर देखो'.... इसका इस्तेमाल हथियार की तरह किया गया।[94]

उन्होंने आगे कहा, "किसी को न बख्शने वाले मीडिया के हाथ में इसकी (एफ.ओ.आई. कानून की) ताकत भयंकर थी। हमने इसे सावधानी के साथ, लेकिन अदूरदर्शी ढंग से लागू किया।"[95]

यह वही टोनी ब्लेयर थे जिन्होंने 1996 में एफ.ओ.आई. अभियान के पुरस्कारों के समारोह में कहा था:

> सूचना की स्वतंत्रता कानून के रूप में हम जो प्रस्तावित कर रहे हैं वह कोई पृथक संवैधानिक सुधार नहीं है। यह पूरी तरह से एक ऐसा बुनियादी बदलाव है कि जिसके जरिए हम अगले कुछ वर्षों में इस देश में राजनीति बदलते हुए देखना चाहते हैं... सूचना शक्ति है और जनता के साथ सूचना को साझा करने के बारे में किसी सरकार का दृष्टिकोण वास्तव में यह बताता है कि स्वयं सत्ता के बारे में उसका क्या नजरिया है और वह स्वयं अपने और उसे चुनने वाली जनता के बीच के संबंध को किस प्रकार देखती है...। आज लोग अक्सर मुझसे कहते हैं कि सत्ता में आने से पहले हर कोई यह कहता है, लेकिन सत्ता में आने के बाद वे स्क्रीन पर लिखी सरकार की इबारत पढ़ने लगते हैं और आखिरकार वे उतने नासमझ नहीं दिखाई देते हैं।[96]

लेबर पार्टी के 1997 के घोषणापत्र में एफ.ओ.आई. की बात की गई थी - यह लगातार छठी बार था जब पार्टी ने 1970 के दशक की शुरुआत के बाद से मतदाओं से इसका वायदा किया था।[97] वर्ष 1997 में टोनी ब्लेयर यू.के. के प्रधानमंत्री बने और वह 2007 तक इस पद पर बने रहे। उनकी सरकार यू.के. में एफ.ओ.आई. लेकर आई जिसे 1 जनवरी, 2005 को लागू किया गया था।

पहली बार, सभी यूरोपीय सदस्य देशों का प्रतिनिधित्व करने वाले पत्रकारों ने साथ मिलकर यूरोपियन पार्लियामेंट (ई.पी.) के खिलाफ यूरोपियन कोर्ट ऑफ जस्टिस में शिकायतें दाखिल कीं। उन्हें यह सूचना देने से इनकार कर दिया गया था कि यूरोपीय संसद के 751 सदस्यों

---

[94] Ibid., 517.

[95] Ibid., 127.

[96] Tony Blair, leader of the Labour Party, March 25, 1996 https://www.cfoi.org.uk/?s=Tony+Blair, accessed December 29, 2016.

[97] See https://www.opendemocracy.net/ourkingdom/maurice-frankel/roots-of-blairs-hostility-to-freedom-of-information, accessed December 29, 2016.

(एम.ई.पी.) ने अपने भत्तों को किस तरह से खर्च किया है। यह यूरोपीय पत्रकारों के समन्वयित प्रयास का एक उदाहरण है और स्लोवेनिया की तेजतर्रार पत्रकार अनुष्का डेलिक के नेतृत्व में 29 सदस्यों वाले इस दल ने 13 नवंबर 2015 को कोर्ट ऑफ जस्टिस में शिकायतें दाखिल की थीं।[98] हालांकि कोर्ट ऑफ़ जस्टिस ने 25 सितंबर 2018 को अपने फैसले में कहा कि 4416 यूरो प्रतिमाह के इस भत्ते के खर्च के ब्यौरों का खुलासा नही किया जायेगा।

यू.के. और अन्य यूरोपीय देशों में मीडिया द्वारा सक्रिय ढंग से एफ.ओ.आई. का इस्तेमाल किया जा रहा है और इनके अलावा जहां कहीं भी आर.टी.आई. या एफ.ओ.आई. कानून है, वहां इस कानून ने मीडिया द्वारा की जाने वाली रिपोर्टिंग पर अपना असर डाला है। उदाहरण के लिए, आस्ट्रेलिया में एफ.ओ.आई. कानून 1982 में संघीय स्तर पर लागू किया गया था और, इसके बाद के वर्षों में वहां के राज्यों में अलग-अलग विधेयक पास किए गए थे। उदाहरण के लिए, क्वीन्सलैंड (आस्ट्रेलिया) में, आर.टी.आई. कानून 2009 में लागू हुआ था और आर.टी.आई. कानून से पहले और बाद के दौर में मीडिया द्वारा की गई रिपोर्टिंग पर उनके ऑफिस ऑफ इंफॉर्मेशन कमिश्नर ने एक अध्ययन किया और कहा: "आर.टी.आई. लागू किए जाने के बाद से सरकारी सूचना तक पहुंच बनाने, समस्या की पड़ताल या समाधान सहित समस्याओं पर खुली चर्चा करने, और सरकार की पारदर्शिता से जुड़े मुद्दों पर मीडिया का ध्यान ज्यादा आकर्षित हुआ है। खबरों के स्रोत के तौर पर एफ.ओ.आई. और आर.टी.आई. का जिस ढंग से इस्तेमाल किया गया है उसमें अंतर बिल्कुल स्पष्ट है।"[99]

अमेरिका में,[100]

> पत्रकारों और विद्वानों ने एफ.ओ.आई. कानून, फेडरल एडवाइजरी कमेटी कानून और सनशाइन कानून का इस्तेमाल विभिन्न प्रकार की खबरों और ऐतिहासिक घटनाओं की जांच-पड़ताल के लिए किया है। प्राप्त दस्तावेजों या देखी गईं चर्चाओं पर आधारित उनकी खोजें अक्सर ही सार्वजनिक जीवन के अनेक पहलुओं में महत्त्वपूर्ण बदलाव लाई हैं।

अमेरिका के एफ.ओ.आई. कानून का इस्तेमाल करने के लिए, व्यक्ति को देश का नागरिक होने की आवश्यकता नहीं है।

ब्राजील में आर.टी.आई. कानून 2012 में लागू किया गया था, और वहां एसोसिएशन ऑफ ब्राजिलियन इंवेस्टिगेटिव जर्नलिस्ट्स (ए.बी.आर.ए.जे.आई.) 25 गैर-सरकारी

---

[98] See http://gijn.org/2015/11/20/european-parliament-taken-to-court-by-journalists-from-all-eu-countries/, accessed December 29, 2016.

[99] See https://www.oic.qld.gov.au/__data/assets/pdf_file/0009/7794/research-rcport1-changes-media-reporting-after-rti-laws-qld.pdf, accessed December 29, 2016.

[100] See http://www.rcfp.org/federal-open-government-guide/introduction, accessed December 29, 2016.

संगठनों के एक समूह का समन्वय करती है जिसका नाम फोरम फॉर द राइट टू एक्सेस पब्लिक इंफॉर्मेशन है। कानून के लागू होने के सिर्फ एक वर्ष बाद ही, ए.बी.आर.ए.जे. आई. ने तीन समाचार-पत्रों का (जिनके नाम हैं, फोल्हा दे एस. पाउलो, ओ एस्तादो दे एस. पाउलो, और ओ ग्लोबो) एक अध्ययन किया और यह पाया कि: "सूचना तक पहुंच के कानून को न्यूजरूम्स की दिनचर्या में शामिल कर लिया गया है। पता चला कि तीन समाचार-पत्रों के छह दर्जन से अधिक रिपोर्टरों ने इस कानून का इस्तेमाल किया है जो यह दर्शाता है कि सार्वजनिक सूचना प्राप्त करना अब तक पत्रकारिता संबंधी जांच-पड़तालों में एक नियमित उपकरण बन चुका है।"[101] ए.बी.आर.ए.जे.आई. के अध्यक्ष मार्सेलो मोरीरा कहते हैं: "सूचना तक पहुंच के कानून को मंजूरी मिलना हाल के वर्षों में ब्राजील की पत्रकारिता की सबसे महत्त्वपूर्ण उपलब्धि है और इसने अधिकांश रिपोर्टरों और संपादकों को उस सूचना तक पहुंच बनाने की सुविधा दी है जिस तक पहुंचना पहले कठिन था।"[102]

पाकिस्तान में पत्रकारों के एक समूह ने इस कानून का अत्यधिक इस्तेमाल करके शासक वर्ग में शर्मिंदगी की स्थिति उत्पन्न कर दी। पत्रकारों को प्रभावित करने के लिए पाकिस्तानी सरकार के गुप्त फंड के बारे में, और साथ ही प्रधानमंत्री और अन्य की विदेश यात्राओं पर किए गए भारी खर्च के बारे में भी वहां के पत्रकारों ने ब्रेकिंग स्टोरीज कीं।[103]

भारत में, कुछ थोड़े-से अपवादों को छोड़ दें, तो शायद ही किसी सरकारी अधिकारी ने इस वजह से सूचना छिपाने का प्रयास किया हो कि उसे मीडिया द्वारा इसका इस्तेमाल किए जाने का डर है। शायद ही किसी वरिष्ठ राजनीतिक नेता ने मीडिया द्वारा आर.टी.आई. का इस्तेमाल किए जाने से डर जताया हो। निश्चित ही, ऐसी शिकायतें और आलोचनाएं हैं कि लोगों ने इसका अत्यधिक इस्तेमाल किया है और इस तरह इस कानून का 'दुरुपयोग' भी किया है। जिन आवेदनों को कानून का दुरुपयोग कहा जा रहा है उनमें से अधिकांश के मामले में इस तरह की बातें अगंभीर, अस्पष्टतापूर्ण और भ्रामक होती हैं। लोक प्राधिकरणों को ऐसे सवालों के बारे में सूचना प्रदान करना कठिन लगता है, और हो सकता है कि उनकी चिंताएं वाजिब भी हों क्योंकि ऐसे बहुत-से आवेदन काफी परेशान करने वाले और समय की बर्बादी वाले हो सकते हैं। इस कानून के दुरुपयोग के एक उदाहरण के तौर पर, भारत सरकार के एक संवेदनशील विभाग से ताल्लुक रखने वाले अधिकारियों को एक आवेदन मिला जिसमें आवेदक ने पूछा था कि "देश में महात्मा गांधी की कितनी मूर्तियां लगाई गई हैं.... जवाहरलाल नेहरू की कितनी मूर्तियां हैं.... (उसने इसी तरह की सूचना लगभग 60

---

[101] मरीना इमिनी अतोजी, एग्जेक्युटिव मैनेजर, ए.बी.आर.ए.जे.आई. द्वारा लेखक के साथ साझा किए गए अध्ययन के ब्यौरे।

[102] मार्सेलो मोरीरा, ए.बी.आर.ए.जे.आई. के अध्यक्ष की लेखक के साथ हुई बातचीत।

[103] इस्लामाबाद आधारित खोजी पत्रकार उमर चीमा के साथ लेखक की बातचीत।

महापुरुषों के बारे में मांगी थी).... एक सवाल यह भी था कि क्या उसकी (आवेदक की) मूर्ति भी इस देश में कहीं लगाई जा सकती है?"[104] इसके अलावा, 20 पृष्ठों से भी ज्यादा में सवाल पूछे गए थे और ये किसी खास जानकारी के लिए अनुरोध नहीं, बल्कि प्रश्न थे। प्रत्येक कानून के क्रियान्वयन में ऐसी चीजें होती हैं, और प्रत्येक कानून का अक्सर दुरुपयोग होता है। लेकिन ये महज अपवाद हैं, फिर चाहे यह आर.टी.आई. कानून, 2005 हो, या फिर दहेज निवारण कानून, 1961 जैसा कोई अन्य कानून हो। यह समस्या किसी न किसी तरह से सामान्य भारतीयों की जागरूकता और शिक्षा के स्तर से जुड़ी हुई है, और इनमें निश्चित तौर पर धीरे-धीरे बदलाव आएगा।

आर.टी.आई. का क्रियान्वयन सरकारी कर्मचारियों को किसी किस्म का अतिरिक्त पारिश्रमिक दिए बिना किया गया था। यह देखा गया है कि अधिकांश लोक प्राधिकरण सूचना प्रकट करने से नहीं डरते हैं, लेकिन यह तथ्य है कि काम के अतिरिक्त घंटे, पारिश्रमिक नहीं होना, और कर्मचारियों की कमी के कारण वे स्वयं अपनी हताशा के कारण आर.टी.आई. की आलोचना करते हैं। यही वजह है कि इसके क्रियान्वयन के छठे वर्ष के अवसर पर मनमोहन सिंह के भाषण में उनकी आवाज प्रतिबिंबित हुई:

> स्थिति यह है कि एक लोक प्राधिकारी के पास ऐसी सूचनाओं के लिए अनुरोध की बाढ़ आ जाती है जिनका जनहित से कोई लेना-देना नहीं होता और जो अवांछनीय होती हैं। इसलिए, हमें अपनी समस्त बुद्धि, ज्ञान और अपने अनुभवों को जुटाकर यह समाधान निकालना होगा कि किस तरह से सूचना के अफसोसजनक आवेदनों की बाढ़ से निपटा जाए कि जनहित के लिए सूचना की मांग करने वालों तक इसका प्रवाह बाधित नहीं हो।[105]

पुनः, एक वर्ष बाद, मनमोहन सिंह ने सी.आई.सी. के एक सम्मेलन में कहा:

> इस कानून के दुरुपयोग को लेकर चिंताएं हैं क्योंकि ऐसी सूचनाएं प्रकट करने की मांग की जाती हैं जो संभवतः किसी भी तरह से जन हित की पूर्ति नहीं कर सकती हैं। कई बार एक तीर से कई शिकार करने वाले अंदाज में, लंबी समय-अवधि से जुड़ी सूचना या बहुत सारे मामलों से जुड़ी सूचना मांगी जाती है और इसका उद्देश्य किसी तरह की विसंगति या चूक की तलाश करना होता है ताकि इसकी आलोचना की जा सके। ऐसी जिज्ञासाएं सामाजिक उद्देश्य की शायद ही कोई पूर्ति करती हैं और साथ ही लोक प्राधिकरणों के संसाधनों और बहुमूल्य समय की बर्बादी भी करती हैं, जिन्हें बेहतर इस्तेमाल में लगाया जा सकता था।[106]

---

[104] एक अधिकारी ने लेखक को यह आवेदन-पत्र दिखाया।

[105] प्रधानमंत्री द्वारा 14 अक्टूबर, 2011 को नई दिल्ली में सूचना आयुक्तों के 6वें वार्षिक सम्मेलन में दिया गया भाषण।

[106] प्रधानमंत्री द्वारा 12 अक्टूबर, 2012 को नई दिल्ली में सूचना आयुक्तों के 7वें वार्षिक सम्मेलन में दिया गया भाषण।

लेकिन तथ्य यह है कि आर.टी.आई. उपयोगकर्ताओं की बड़ी संख्या स्वयं सरकार से भी है। विजय शर्मा कहते हैं, "असंतुष्ट कर्मचारियों के बीच किसी खुन्नस या बदले की भावना से प्रेरित होकर आवेदन दाखिल करने का रुझान दिखता है। आर.टी.आई. कानून इस उद्देश्य के लिए नहीं है। लेकिन कानून उन्हें आर.टी.आई. आवेदन दाखिल करने से रोक भी नहीं सकता है।"[107] उनके मुकाबले, दूसरे मुख्य सूचना आयुक्त, ए.एन. तिवारी बिल्कुल अलग अनुभव पेश करते हैं:

> कमीशन ने देखा है कि लोक कर्मचारी आर.टी.आई. कानून का इस्तेमाल अनुशासनिक और सतर्कता संबंधी मामलों से स्वयं को बचाने के लिए कर रहे हैं। यदि हम विश्लेषण करें, तो हमें लगभग 15 प्रतिशत मामले इस श्रेणी में मिल रहे हैं। पी.एस.यू. और यहां तक कि गृह मंत्रालय और डी.ओ.पी.टी. जैसे विभागों में भी यह रुझान जबर्दस्त है। सरकारी कर्मचारी इस कानून का इस्तेमाल अपने विरुद्ध कार्यवाहियों को टालने और भ्रमित करने के लिए कर रहे हैं और हमें इसका कोई समाधान निकालना है।[108]

जनता को प्रामाणिक जानकारी प्रदान करने के लिए मीडिया सक्रिय ढंग से इस ऐतिहासिक कानून का इस्तेमाल करके इस स्थिति को बदल सकती है।

उच्चतम न्यायालय ने दिनांक 9 अगस्त 2011 के अपने आदेश में इस बात पर गौर करके कहा कि: "राष्ट्र एक ऐसी स्थिति नहीं चाहता जहां लोक प्राधिकरणों के 75 प्रतिशत कर्मचारी अपने समय का 75 प्रतिशत हिस्सा अपने नियमित दायित्वों का निर्वाह करने के बजाय आवेदकों के लिए सूचना एकत्रित करने और प्रदान करने में गंवा दें।"[109] लेकिन कई मामलों में, उच्च्तम न्यायालय को सूचना प्राप्त करने की चाह रखने वालों की हिमायत में खड़ा देखा गया। 16 दिसंबर 2015 को उच्चतम न्यायालय ने कहा:

> लंबे समय से हमारे ध्यान में यह बात आई है कि लोक सूचना अधिकारी (पी.आई.ओ.) आर.टी.आई. कानून के अनुच्छेद 8 के तहत दिए गए अपवादों में से किसी की भी आड़ में आम जनता को वह जायज सूचना देने से पल्ला झाड़ते हैं जिसे पाने के लिए वे अधिकृत हैं।[110]

---

[107] See http://indianexpress.com/article/india/india-news-india/you-cant-use-rti-to-light-up-every-corner-chief-information-commissioner-vijai-sharma/, accessed December 29, 2016.

[108] See http://indianexpress.com/article/news-archive/web/rti-used-as-a-tool-not-to-give-information, accessed December 29, 2016.

[109] दिनांक 9 अगस्त, 2011 को न्यायमूर्ति आर.वी. रवींद्रन और ए.के. पटनायक।

[110] भारतीय रिजर्व बैंक बनाम जयंतीलाल एन. मिस्त्री और अन्य में न्यायमूर्ति एम.वाई. इकबाल और न्यायमूर्ति सी. नागप्पन।

मीडिया और आर.टी.आई. के सामान्य उपयोगकर्ताओं की सफलताओं की कहानियां भी हैं जिनमें उन्होंने केंद्र और राज्य सरकारों के कुकृत्यों का पर्दाफाश किया। 2005 में आर.टी.आई. कानून लागू होने के बाद जिन घोटालों से पर्दा उठा उनमें से एक आदर्श हाउसिंग घोटाला था जिसके परिणामस्वरूप महाराष्ट्र के मुख्यमंत्री अशोक चव्हाण से कुर्सी छिन गई। आर.टी. आई. का इस्तेमाल 2जी, कोयला ब्लॉक आबंटन, और कॉमनवेल्थ गेम्स से जुड़े घोटालों को सामने लाने में भी व्यापक रूप से किया गया था जिसके परिणामस्वरूप सरकारों को बहुत अधिक शर्मिंदगी उठानी पड़ी और अनेक नेताओं को अपमानित होना पड़ा। इस कानून ने कमजोर लोगों को थोड़ी शक्ति दी, फिर चाहे वह सामान्य नागरिक हों, विपक्षी दलों के नेता हों, शोषित-प्रताड़ित नौकरशाह हों, अन्य सरकारी कर्मचारी हों, और चाहे समाज के अन्य हिस्से हों जो आर.टी.आई. की मदद से ताकतवर लोगों से सवाल कर सकते हैं। इस कानून ने सत्ताधारी वर्गों को और देश के उच्च पदों पर बैठकर शासन चला रहे लोगों को शर्मसार किया है, और यही वजह है कि उनके बीच से कभी-कभी इसके विरोध के स्वर उभरते हैं।

मीडिया क्या कर सकता है

सरकारी तंत्र तक पहुंच होने और उसकी कार्यप्रणाली की समझ होने के कारण, इसने पत्रकारों के लिए दिल्ली स्थित केंद्र सरकार से लेकर जमीनी स्तर तक के सरकारी विभागों में जनहित के मुद्दों की पहचान करने और सरकारी प्राधिकरणों के कुकृत्यों, पद के दुरुपयोग, सरकारी धन के दुरुपयोग का पर्दाफाश करने, और उन्हें सुधार लाने को बाध्य करना आसान बना दिया।

आर.टी.आई. कानून ने मीडिया को एक अवसर दिया है कि वह सार्वजनिक धन के कुप्रबंधन को उजागर करे और लोक सेवकों की गलतियों का पर्दाफाश करे, लेकिन सामान्यतः यह अब तक ऐसा करने में उतने कारगर ढंग से सफल नहीं रहा है जितना कि इसे होना चाहिए था। खोजी पत्रकारिता के लिए आर.टी.आई. कानून का इस्तेमाल करने के लिए बहुत अधिक धैर्य, निरंतर प्रयास की ज़रूरत होती है और साथ ही यह मानकर चलना पड़ता है कि संभवतः इनमें से बहुत सारे प्रयास अक्सर व्यर्थ चले जाएं। प्रिंट, इलेक्ट्रॉनिक और हाल ही में सोशल मीडिया में जबर्दस्त वृद्धि हुई है, ऐसे में पत्रकारिता के पेशे में आने वाले समर्पित पेशेवरकर्मियों की संख्या में हुई बढ़ोत्तरी से यह उम्मीद की जा सकती है कि वे रिपोर्टिंग को लेकर अपने नजरिए और शैली में बदलाव लाएंगे। कई पत्रकारों को अपनी ज़रूरत के आर.टी.आई. दाखिल करने के लिए सामाजिक कार्यकर्ताओं के पास जाना ज्यादा मुफीद लगता है। पत्रकारों की व्यापक संख्या को यह स्वीकार करना होगा कि खबरों की जांच-पड़ताल के लिए आर.टी.आई. कानून एक महत्त्वपूर्ण उपकरण है।

खोजी पत्रकारिता, पत्रकारिता का आधारस्तंभ है और सच कहें तो पत्रकारिता का मतलब ही खोजी पत्रकारिता है। देश की राजधानी से लेकर सुदूर ग्रामीण अंचलों तक

प्रिंट और इलेक्ट्रॉनिक मीडिया का विस्तार हो रहा है और सभी के सामने चुनौती अपनी प्रासंगिकता और प्रभाव बनाने और बढ़ाने की है। शासन-प्रशासन के निचले स्तर पर खोजी पत्रकारिता की उतनी ही ज़रूरत है जितनी दिल्ली में। ग्राम पंचायतों, स्थानीय निकायों तक में आर.टी.आई के माध्यम से आर्थिक कुप्रबंधन और पद के दुरुपयोग को उजागर करने की जिम्मेदारी भी मीडिया की है। आर.टी.आई के उपयोग के लिए मीडिया को हर स्तर पर प्रशिक्षण की आवश्यकता है और देश भर में फैले पत्रकारिता प्रशिक्षण संस्थानों में इसे भली प्रकार पढ़ाए जाने की भी। ऐसे संस्थानों में छात्रों की आर.टी.आई दाखिल करने में झिझक और संकोच खत्म करनी है तो उन्हें इस कानून के इस्तेमाल की बारीकियों का प्रशिक्षण देने की आवश्यकता है। आर.टी.आई का असली परिणाम तब सामने आएगा जब यह हर न्यूज रूम में बैठे संवाददाताओं और अन्य पत्रकारों का एक आवश्यक अस्त्र बन जाए। अंग्रेजी के साथ-साथ हिंदी, मराठी, गुजराती, पंजाबी, बांग्ला, ओडिया, तमिल, तेलुगु, मलयालम, कन्नड़ आदि हर भाषा के पत्रकार इसका बढ़-चढ़कर इसका उपयोग करें तभी यह कारगर साबित हो सकता है।

हालांकि, आर.टी.आई. कानून के बारे में प्रत्येक भारतीय को शिक्षित किया जाना चाहिए, लेकिन पत्रकारों को इसके ज्ञान और रणनीति की समझ होना वक्त की ज़रूरत है क्योंकि तभी वे इसका इस्तेमाल असर डालने वाले और सुधार लाने वाले कानून के रूप में कर पाएंगे। यह निश्चित तौर पर पत्रकारों के काम को अधिक प्रासंगिक, अधिक कारगर और अधिक सुधारोन्मुखी बनाएगा। पत्रकारों द्वारा मुद्दों पर आधारित आर.टी.आई. का इस्तेमाल करने से इसकी आलोचना से भी बचा जा सकेगा क्योंकि तब संभवतः इसमें अनावश्यक परेशान करने वाले सवाल नहीं होंगे। पत्रकारों के लिए यह ज़रूरी है कि वे इसे संविधान के अनुच्छेद 19-1(क) के समान ही महत्त्वपूर्ण समझें और सूचना के लिए सामाजिक कार्यकर्ताओं पर निर्भर रहने के बजाय स्वयं इसका इस्तेमाल करें। और, यह ज़रूरी है कि वे सरकारों द्वारा इसे हल्का बनाए जाने की किसी भी आशंका से इसकी हिफाजत करने के लिए हमेशा हर संभव सावधानी बरतें।

2 मंत्रियों की विदेश यात्राएं: दुनिया के 256 चक्कर

विदेश यात्राएं, इन पर खर्च होने वाले समय और धन दोनों के संदर्भ में महंगी होती हैं, और साथ ही इनसे कार्य में रुकावट भी पड़ती है, इसलिए इनमें यथासंभव कटौती की जानी चाहिए। बेशक, कुछ विशेष यात्राएं ज़रूरी होती हैं और इन्हें टाला नहीं जा सकता है। महत्त्वपूर्ण अंतर्राष्ट्रीय सम्मेलन और अंतर्राष्ट्रीय संगठनों की बैठकें, जिनमें देश का प्रतिनिधित्व करना आवश्यक होता है, वे इसी श्रेणी में आती हैं। इनके अलावा, मंत्रियों की अन्य विदेश यात्राएं सिर्फ तभी होनी चाहिए जब ऐसा करना अपरिहार्य हो।[1]

– कैबिनेट सचिवालय का केंद्र सरकार के सभी विभागों को
21 अगस्त 1996 को जारी निर्देश

तालिका 2.1: केंद्रीय मंत्रियों की विदेश यात्राओं पर सूचना पाने के लिए दाखिल आर.टी.आई. की झलक

सूचना	केंद्रीय मंत्रियों की विदेश यात्रा
विभाग	प्रधानमंत्री कार्यालय, कैबिनेट सचिवालय और सभी केंद्रीय मंत्रालय
समस्याएं	पी.एम.ओ. ने शहर/देश का नाम और यात्रा की तिथियां दीं। खर्चों के लिए, मुझे प्रत्येक मंत्रालय और विभाग तक पहुंच बनानी पड़ी; इसके बावजूद, कई मंत्रालयों ने खर्चों के ब्यौरे नहीं दिए – कम से कम तीन ने जवाब नहीं दिए।
आवेदन और अपीलें	पहली स्टोरी के लिए 59 (इनमें फॉलोअप के लिए दाखिल आवेदन शामिल नहीं हैं)।
लगा समय	चार माह से अधिक
स्टोरी	सैर पर सरकार: 71 केंद्रीय मंत्रियों ने साढ़े तीन वर्ष में दुनिया के 256 चक्कर लगाने के बराबर दूरी की विदेश यात्राएं कीं। (*इंडिया टुडे*, 20 फरवरी, 2008)।
इम्पैक्ट	प्रधानमंत्री मनमोहन सिंह ने केंद्रीय मंत्रियों को विदेश यात्रा पर किए जाने वाले खर्चों में कटौती करने को पत्र लिखा।
मेरे द्वारा फॉलोअप	मंत्रियों की विदेश यात्राओं के अन्य अनेक पहलुओं की जांच की गई, जैसे कि उनके माइलेज प्वाइंट्स का इस्तेमाल कौन करता है, वे किसके साथ यात्रा करते हैं, और व्यक्तिगत यात्राओं पर वे कहां जाते हैं।
दूसरों द्वारा फॉलोअप	अन्य मीडिया संस्थानों ने व्यापक रूप से फॉलोअप किया।

स्रोत: लेखक।

[1] DO No 21/1/7/95-Cab dated August 21, 1996: http://cabsec.nic.in/showpdf.php?type=circulars_f21aug1996&special, accessed December 30, 2016.

जुलाई 1991 में, उदारीकरण, निजीकरण और वैश्वीकरण की अपनी नई आर्थिक नीति की घोषणा के साथ ही, भारत ने बाहरी दुनिया के लिए अपने दरवाजे खोलना शुरू कर दिया और आर्थिक सुधार और विदेशी निवेश को प्रोत्साहित किया। आज, एक अत्यधिक समावेशी विश्व में, भारत सर्वाधिक जीवंत अर्थव्यवस्थाओं में से एक के रूप में, वैश्विक-राजनीति में प्रमुख भूमिका रखने वाले देश के रूप में, और, जैसा कि हम दावा करते हैं, दुनिया के सबसे बड़े लोकतंत्र के रूप में उभरा है। एक अरब छब्बीस करोड़ से अधिक की आबादी के साथ, भारत की अर्थव्यवस्था की हालिया वृद्धि और विकास हमारे वक्त की सबसे महत्त्वपूर्ण उपलब्धियों में से एक रही है और अंतर्राष्ट्रीय मंच पर भारत की बढ़ती उपस्थिति इसके विशाल आकार और संभावना-संपन्नता के अनुरूप रही है।

इस परिदृश्य में, यह पहले से कहीं अधिक ज़रूरी है कि हम वैश्विक मंच पर अपनी उपस्थिति महसूस कराएं, और ऐसा करने के लिए मंत्रियों और सरकारी अधिकारियों को विदेश यात्राएं करनी पड़ती हैं। ऐसा लगता है कि मनमोहन सिंह के नेतृत्व में यू.पी.ए. सरकार ने इस बात को कुछ ज्यादा ही गंभीरता से ले लिया था क्योंकि मंत्री और नौकरशाह अभूतपूर्व तेजी से फ्रीक्वेंट-फ्लायर माइल्स का इस्तेमाल करने लगे थे। विदेश यात्रा के लाभों का इस्तेमाल कभी भी इतने व्यापक स्तर पर नहीं लिया गया था। हमारे देश की आर्थिक प्रगति को हर कदम पर भ्रष्टाचार से चोट पहुंची और भ्रष्टाचार को व्यापक तौर पर एक ऐसी महामारी के रूप में स्वीकार किया गया जो राजनीति और समाज के प्रत्येक पहलू को भारी नुकसान पहुंचा रहा है।

एक बार जब मुझे खोजी पत्रकारिता के लिए पारदर्शिता कानून का इस्तेमाल करने का काम सौंपा गया तो मैं आर.टी.आई. के जरिए पड़ताल करने के कई मुद्दों के बारे में सोचने लगा। विभिन्न विभागों की कार्यप्रणाली के बारे में संबंधित विभागों की वेबसाइटों पर नजर डालकर, सरकारी विभागों में अपने संपर्कों के साथ चर्चा करके, और रिपोर्टें तथा अन्य उपलब्ध दस्तावेज पढ़कर, जनहित के कई विचार दिमाग में आ रहे थे। पारदर्शिता कानून के इस्तेमाल से केंद्रीय मंत्रियों द्वारा की गई विदेश यात्राएं पहली बड़ी खोज बनी। व्यय विभाग (डी.ओ.ई. यानी डिपार्टमेंट ऑफ़ एक्सपेंडिचर) और कैबिनेट सचिवालय की वेबसाइटों पर केंद्रीय मंत्रियों और सरकारी अधिकारियों की विदेश यात्रा के संबंध में उपलब्ध परिपत्रों या निर्देशों को पढ़कर या इस तरह के परिपत्रों को संकलित करने वाली कुछ पुस्तकें पढ़कर, प्रधानमंत्री कार्यालय में एक आर.टी.आई. आवेदन दाखिल किया गया जिसमें केंद्रीय मंत्रियों के विदेशी दौरों के ब्यौरे देने का अनुरोध किया गया। सरकार से पत्रकारिता के उद्देश्य के लिए आर.टी.आई. के जरिए अन्वेषणात्मक जानकारी प्राप्त करके तैयार की गई यह मेरी पहली स्टोरी थी। आवेदन पत्र का मसौदा पारदर्शिता कानून को पढ़े बिना तैयार किया गया था। प्रधानमंत्री कार्यालय से सीधे-सपाट शब्दों में केंद्रीय मंत्रियों द्वारा की गई विदेश यात्राओं के बारे में पूछा गया था: "कृपया आर टी आई. कानून के तहत

निम्नलिखित जानकारी प्रदान करें: मंत्री का नाम, जिन देशों/शहरों की यात्रा की गई, यात्रा की तिथियां, खर्च हुई कुल धनराशि।"[2]

यह विनम्र शुरुआत ही आगे चलकर पत्रकारिता का मेरा प्रमुख लक्षित काम बनने वाला था। यह रास्ता मुझे एक लंबे, समय खपाने वाले और कभी-कभार हतोत्साहित कर देने वाले सफर पर ले गया जो इन सबके साथ एक दिलचस्प दास्तान बना।

मेरे पहले आर.टी.आई. आवेदन का जवाब जल्दी ही आ गया और प्रधानमंत्री कार्यालय से आए इस पत्र में प्रति पृष्ठ रु. 2 के हिसाब से फोटोकॉपी के लिए रु. 66 का भुगतान करने को कहा गया था क्योंकि मांगी गई जानकारी 33 पृष्ठों में थी। फिर भी, प्रधानमंत्री कार्यालय से जवाब पाकर मैं बहुत खुश हुआ और मुझे इस बात का यकीन हो गया था कि आर.टी. आई. के बगैर ऐसा संभव नहीं था। शुल्क का भुगतान कर दिया गया और सूचना मिल गई थी (लेकिन जल्दी ही मुझे पता चलने वाला था कि यह सूचना अधूरी ही है)।

मुझे एहसास हुआ कि प्रधानमंत्री कार्यालय से मिले जवाब में मंत्रियों द्वारा की गई यात्राओं के पूरे ब्यौरे भी नहीं दिए गए थे, और फिर इसके लिए एक अलग रास्ता अपनाया: मंत्रियों की विदेश यात्राओं के ब्यौरे निकालने के लिए प्रत्येक केंद्रीय मंत्रालय के दरवाजे पर दस्तक दी। आखिरकार, पंचायती राज मंत्रालय[3] और दो अन्य मंत्रालयों के सिवाय, बाकी ज्यादातर से जवाब मिल गया। इस सूचना की बार-बार जांच की गई ताकि यह पक्का हो सके कि सबकुछ ठीक था। फिर, प्रधानमंत्री कार्यालय द्वारा और संबंधित मंत्रालयों द्वारा मिले अन्य जवाबों की सावधानी के साथ तुलना की गई।

इसके बाद, मनमोहन सिंह के नेतृत्व वाली यू.पी.ए.-प्रथम की सरकार के प्रत्येक मंत्री द्वारा की गई विदेश यात्राओं के सभी पहलुओं के ब्यौरे दर्शाने वाली एक एक्सेल शीट बहुत मेहनत से तैयार की गई। नटवर सिंह और गुलाम नबी आजाद के ब्यौरे इसमें नहीं थे क्योंकि नटवर सिंह ने वोल्कर समिति की रिपोर्ट से हुए खुलासे के बाद इस्तीफा दे दिया था और गुलाम नबी आजाद जम्मू और कश्मीर के मुख्यमंत्री बन गए थे। प्रधानमंत्री के विदेश के दौरों को भी इससे बाहर कर दिया गया। और फिर अंतिम हिसाब-किताब सामने आया: 30 नवंबर, 2007 तक के यू.पी.ए. सरकार के 1,287 दिनों में, केंद्र के 78 मंत्रियों में से 71 ने (सात ने देश से बाहर की यात्राएं नहीं की थीं) विदेशों के 786 दौरे किए थे और इनमें 3,798 दिन बिताए।[4]

जांच शुरू हुए तीन महीने का समय गुजर गया था और तब, *इंडिया टुडे* के तत्कालीन मैनेजिंग एडिटर शंकर अय्यर ने बहुत दिलचस्प सलाह दी। उन्होंने इस समय के दौरान प्रत्येक मंत्री द्वारा की गई यात्रा की कुल दूरी की गणना करने को कहा। वेबसाइट और 700 से अधिक

---

[2] लेखक द्वारा दिनांक 27 सितंबर, 2007 को दाखिल आर.टी.आई. आवेदन।

[3] Shyamlal Yadav, "Frequent Fliers," *India Today* (February 8, 2008), http://m.indiatoday.in/technology/story/Frequent+fliers/1/4364.html, accessed December 30, 2016.

[4] Ibid.

पन्नों में फैले दस्तावेजों की मदद से, 71 मंत्रियों द्वारा तय की गई दूरी की किलोमीटर में गणना करने और इन आंकड़ों को एक्सेल शीट में डालने में 15 दिन से अधिक का समय लगा।

हैरान करने वाला 1.02 करोड़ किलोमीटर की दूरी का आंकड़ा सामने आया। फिर इस आंकड़े को पृथ्वी की परिधि (40,008 किमी) से विभाजित किया गया और नतीजा 256 आया। यह संख्या ही स्टोरी की पंच लाइन बनी: यू.पी.ए. के 71 मंत्रियों ने साढ़े तीन वर्ष से कम समय में दुनिया के 256 चक्कर के बराबर विदेश यात्राएं कीं। इसके बाद मुख्य स्टोरी लिखी गई और प्रत्येक मंत्री पर सूचना-तालिका दी गई थी।

यह आर.टी.आई. के इस्तेमाल से की गई पहली बड़ी जांच-पड़ताल की कहानी थी, लेकिन इस स्टोरी को प्रकाशित होने में अभी और वक्त लगना था क्योंकि यह महसूस किया गया कि इस स्टोरी की तुलना पिछली सरकारों के मंत्रियों के विदेश भ्रमण के साथ करने की आवश्यकता है। इसमें कोई शक नहीं है कि एन.डी.ए. सरकार के दौरान की गई इसी किस्म की यात्राओं के साथ तुलनात्मक आकलन का बेहतर प्रभाव पड़ता, लेकिन गुजरे हुए लगभग चार वर्षों के ब्यौरे निकालना बहुत मुश्किल था। इसीलिए, इस विचार को त्याग दिया गया और यू.पी.ए. वाली स्टोरी ही तय मानी गई। इसे 14 पृष्ठों में फैली कवर स्टोरी के रूप में प्रकाशित किया गया।

इस स्टोरी के कुछ उद्धरण इस प्रकार हैं:[5]

> यह ऊंची उड़ान भरने वाली सरकार है। आज भूमंडलीकरण के दौर की इस दुनिया में सरकारी कामकाज का ऐसा स्वरूप बन गया है कि धरती के अलग-अलग हिस्सों की यात्राएं की जाती हैं, नए दोस्त बनाए जाते हैं, दुश्मनों की संख्या कम करने के प्रयास किए जाते हैं और लोगों को प्रभावित किया जाता है। भारत की बढ़ती आर्थिक शक्ति के नाते आज यह शायद ज्यादा महत्त्वपूर्ण हो गया है कि अंतरराष्ट्रीय मंचों पर आपकी मौजूदगी प्रभावशाली हो। लेकिन यूपीए सरकार इस मामले में कुछ ज्यादा ही सक्रिय मालूम होती है, इसके मंत्री दनादन विदेशी दौरों में व्यस्त हैं...चाहे गतिशील लोकतंत्र का मामला हो या नई विश्व व्यवस्था का, विदेशी यात्राओं का ऐसा इस्तेमाल पहले कभी नहीं किया गया।

इस स्टोरी को दी गई प्रमुखता और महत्त्व के बावजूद, मुझे अरुण पुरी और प्रभु चावला द्वारा लिखे गए 'संपादक की ओर से पत्र' ने ज्यादा प्रोत्साहित किया। उनके संपादकीय में कहा गया था कि:[6]

> वर्ष 2005 में सूचना का अधिकार (आर.टी.आई.) कानून का स्वागत शासन में पारदर्शिता लाने वाले अद्भुत कानून के रूप में किया गया था। सूचनाओं के लिए सरकारी परकोटों

---

[5] Ibid.

[6] अरुण पुरी, "लेटर फ्रॉम एडिटर," *इंडिया टुडे* (अंग्रेजी 18 फरवरी, 2008) और प्रभु चावला, *इंडिया टुडे* (हिंदी, 20 फरवरी, 2008)

से सिर टकराने और जरा-सी भी वक़त रखने वाले हर कारिंदे की मिजाजपुर्सी करने वाले मीडियाकर्मियों के लिए तो यह कानून वरदान ही साबित हुआ। हमने आर.टी.आई. कानून का इस्तेमाल करके जांच-पड़तालों की एक श्रृंखला पेश करने का फैसला किया जिससे यह पता चल सके कि सरकार अपनी धनराशियों का इस्तेमाल कैसे करती है।

यह अंक जांच-पड़तालों की इसी श्रृंखला का पहला आलेख प्रस्तुत कर रहा है....

इस सप्ताह की हमारी कवर स्टोरी में करदाताओं के पैसे से किए गए खर्च का विस्तृत विवरण पेश किया गया है। इस पर शोध *इंडिया टुडे* हिंदी के हमारे कभी न थकने वाले (इनडिफैटिगेबल) प्रमुख संवाददाता श्यामलाल यादव ने किया है जो अब आर.टी.आई. कानून पर इन-हाउस विशेषज्ञ बन गए हैं। हम जो जानकारी प्राप्त करना चाहते थे उसे प्राप्त के लिए उन्होंने चार महीनों से भी अधिक समय में 59 आवेदन दाखिल किए और बहुत दृढ़ता से इस कार्य में लगे रहे। हमें पता चला कि यू.पी.ए. सरकार में विदेश यात्रा करने की भूख अदम्य है और यह कि आर.टी.आई. कानून का पूरा इस्तेमाल करने के लिए किसी ओलंपिक खिलाड़ी जितने दम-खम की ज़रूरत होती है।

.... कारण चाहे जो भी हो, ऐसा लगता है कि अगर आप यू.पी.ए. कैबिनेट में शामिल हो जाएं, तो आप विश्व भ्रमण कर सकते हैं - और बेशक वह भी किसी और के खर्चे पर।

इंडिया टुडे अंग्रेजी कवर का शीर्षक *द फ्लाइंग कैबिनेट* और *इंडिया टुडे* हिंदी का कवर शीर्षक *सैर पर सरकार* काफी चर्चा का विषय बना। इस कहानी ने मुझे ऐसी पहचान दी जिसे मैं पहले हासिल नहीं कर सका था। हालांकि मैं पहले ही कुछ पुरस्कार जीत चुका था जिनमें ग्रामीण भारत पर लिखी स्टोरीज के लिए प्रतिष्ठित स्टेट्समैन रूरल रिपोर्टिंग अवार्ड (पहला पुरस्कार) शामिल था, लेकिन *इंडिया टुडे* में प्रकाशित इस आर.टी.आई.-आधारित स्टोरी के बाद मुझे अनपेक्षित हलकों से बधाई के फोन आए जिनमें कांग्रेस के नेताओं समेत कुछ राजनेताओं और कई वरिष्ठ पत्रकारों के फोन शामिल थे।

स्टोरी का इम्पैक्ट और फॉलो-अप

विस्तृत आंकड़ों के साथ 71 मंत्रियों के यात्रा विवरणों को प्रकाशित करने के बाद, यह आशंका थी कि अब इसके बाद गुस्से से भरे अनेक पत्र आएंगे और खंडन छापने की मांगें की जाएंगी। सौभाग्यवश, हमें ऐसी ज्यादा चिट्ठियां नहीं मिलीं। राज्य मंत्री चंद्रशेखर साहू[7] का फोन आया कि उनके खर्चों के आंकड़े गलत थे। लेकिन जब मूल दस्तावेजों से उद्धृत करके उन्हें पर्याप्त प्रमाण दिए गए, तो वह संतुष्ट हो गए थे।[8]

---

[7] साहू राज्य मंत्री थे, उन्हें श्रम एवं रोजगार मंत्रालय, और बाद में मनमोहन सिंह के नेतृत्व में यू.पी.ए.-प्रथम के दौरान ग्रामीण विकास मंत्रालय का प्रभार दिया गया था।

[8] लेखक के अपने रिकॉर्ड्स।

हमारे पास तथ्य थे, दस्तावेज थे, और आर.टी.आई. कानून के तहत मिली सूचना की प्रमाणित प्रतिलिपियां थीं। यह महसूस हुआ कि खोजी पत्रकारों के लिए आर.टी.आई. कानून कितना सशक्त और असरदार है, क्योंकि सूचना का प्रत्येक अंश स्वयं सरकार के पास से आधिकारिक रूप में आया था। एक पत्रकार के लिए यही आर.टी.आई. कानून की उपयोगिता थी।

इसका प्रभाव स्पष्ट था। 4 जून 2008 को प्रधानमंत्री मनमोहन सिंह ने अपने मंत्रियों को एक पत्र[9] लिखा:

> इससे इनकार नहीं किया जा सकता है कि यात्रा और प्रशासन पर होने वाले खर्च को कम करने की पर्याप्त गुंजाइश है। जिस तरह हम लोगों से अपने तेल आयात के वित्तीय बोझ का कुछ अंश वहन करने को कहते हैं, उसी तरह हमारे लिए न सिर्फ संसाधनों की बचत के लिहाज से यह ज़रूरी है बल्कि यह हमारा नैतिक दायित्व भी है कि हम भी बेकार के सभी खर्चों में कटौती करें.... इसीलिए, मैं इस पत्र के जरिए आपसे आग्रह करता हूं कि आप हवाई यात्राओं पर, खासकर विदेश यात्राओं पर किए जाने वाले खर्चों में भारी कटौती करें, जब तक कि ऐसी यात्राएं करना बिल्कुल ही ज़रूरी न हो जाए। इस मितव्ययिता को आप तत्काल स्वयं पर और साथ ही अपने मंत्रालय के सभी वरिष्ठ पदाधिकारियों पर लागू कर सकते हैं.... हालांकि कैबिनेट सचिवालय को विदेश यात्रा संबंधी प्रस्तावों की ज्यादा कठोर जांच करने के निर्देश जारी किए जाएंगे, लेकिन आप स्वयं अपने और अपने कार्यालय के विदेश और स्थानीय यात्रा के संबंध में अपने स्तर पर स्व-विवेक का इस्तेमाल कर सकते है। इस महत्त्वपूर्ण और बेहद आवश्यक मसले पर मैं आपसे पूर्ण सहयोग की अपेक्षा रखता हूं।

प्रधानमंत्री की ओर से लिखा गया यह पत्र इस स्टोरी में उठाए गए मुद्दों को अत्यधिक वाजिब साबित करता है।

इसके बाद, फॉलोअप स्टोरीज के लिए, प्रधानमंत्री कार्यालय, कैबिनेट सचिवालय और विभिन्न मंत्रालयों को नियमित रूप से आर.टी.आई. आवेदन भेजे जा रहे थे। बाद में, वेतन और लेखा कार्यालय (पे एंड अकाउंट्स ऑफिस या पी.ए.ओ.) ने सूचित किया[10] कि केंद्रीय मंत्रियों (कैबिनेट मंत्रियों और राज्य मंत्रियों) की विदेश यात्रा का खर्च जहां वर्ष 2007–08 के दौरान रुपये 1.2279 अरब था, वहीं 2008–09 में यह घटकर महज रुपये 20.35 करोड़ रह गया था। हालांकि, वर्ष 2006–07 में केंद्रीय मंत्रियों की विदेश यात्रा का खर्च रुपये 14.98 करोड़ था, जबकि वर्ष 2007–08 में इस मद में बेतहाशा बढ़ोत्तरी हुई थी। स्पष्ट है कि स्टोरी ने अपना असर दिखाया था जिसकी वजह से सरकार ने मितव्ययिता के कठोर कदम उठाए और इससे अगले वित्तीय वर्ष में सार्वजनिक राजकोष के 1 अरब रुपये से अधिक की बचत हुई।

---

[9] लेखक द्वारा प्रधानमंत्री कार्यालय से आर.टी.आई. कानून के तहत यह पत्र प्राप्त किया गया था।

[10] लेखक को आर.टी.आई. पर दिनांक 16 अक्टूबर, 2009 का मिला पत्र।

एयर इंडिया और फ्रीक्वेंट-फ्लायर माइलेज प्वाइंट्स

मंत्रियों की विदेश यात्राओं पर नजर रखने के लिए, एयर इंडिया में एक आर.टी.आई. आवेदन दाखिल किया गया ताकि यह पता लगाया जा सके कि यू.पी.ए.-प्रथम के मंत्रियों ने अपनी विदेश यात्राओं से कितने फ्रीक्वेंट-फ्लायर माइलेज प्वाइंट्स हासिल किए थे और इन प्वाइंट्स का इस्तेमाल किसने किया था। उत्सुकता थी कि अपने सरकारी दौरों से मिले माइलेज प्वाइंट्स का इस्तेमाल मंत्रीगण कैसे करते हैं।

अनुमान था कि मंत्रियों को निश्चित ही माइलेज प्वाइंट्स मिलते होंगे और वे उनका इस्तेमाल अपनी निजी यात्रा और अपने रिश्तेदारों और मित्रों की यात्रा के लिए करते होंगे। आवेदन दाखिल करने के एक सप्ताह के अंदर, एयर इंडिया के उप महानिदेशक, भरत चतुर्वेदी का एक जवाब[11] मिला, जिसमें कहा गया था[12] कि "हम आपका आवेदन अपने मुख्यालय को अग्रेषित कर रहे हैं और आपको जवाब देंगे।" एक महीने से अधिक के इंतजार के बाद चतुर्वेदी को रिमाइंडर भेजा गया। उन्होंने उसी दिन इसका जवाब[13] दिया: "यह बहुत विस्तृत काम है और इस पर काम चल रहा है। इसे लगभग अगले सप्ताह तक पूरा कर लिया जाएगा। इन सबके मद्देनजर, हम आपको यथाशीघ्र जवाब देंगे, संभवतः 20 मार्च, 2008 से पहले।" अपनी दी हुई तारीख 20 मार्च को, चतुर्वेदी ने जवाब दिया,[14] "मुख्यालय से हमें मिली जानकारी के अनुसार, आपके प्रश्न से संबंधित जानकारी संकलित की जा रही है और वहां से जवाब मिलने पर हम आपको जवाब देंगे।"

लेकिन इसके बाद एयर इंडिया के केंद्रीय लोक सूचना अधिकारी (सी.पी.आई.ओ.) की ओर से एक जवाब[15] मिला:

> आपके द्वारा मांगी गई जानकारी वाणिज्यिक हितों से संबंधित है, जिसका प्रकटीकरण यात्रियों और साथ ही एयरलाइन के प्रतिस्पर्द्धी हित को नुकसान पहुंचाएगा और आर.टी. आई. कानून के अनुच्छेद 8(1)(घ) के तहत इसके प्रकटीकरण से छूट मिली हुई है। इसके अतिरिक्त, हमारे पास उपलब्ध सूचना आपसी विश्वास पर आधारित है और हमें नहीं लगता कि व्यापक जनहित में इस सूचना को प्रकट किया जाना चाहिए।

जब मैंने संबंधित अधिकारी को फोन करके इस अप्रत्याशित जवाब का कारण समझना चाहा, तो उन्होंने स्पष्ट किया कि उनके पास सारी जानकारी संकलित करके रखी हुई है, लेकिन इसे भेजने से पहले उन्होंने संबंधित संयुक्त सचिव से मशविरा किया जिसने सूचना

---

[11] आर.टी.आई. पर दिनांक 30 जनवरी, 2008 का एयर इंडिया से प्राप्त हुआ पत्र।

[12] लेखक को आर.टी.आई. पर दिनांक 5 फरवरी, 2008 का पत्र।

[13] दिनांक 6 मार्च, 2008 का चतुर्वेदी से प्राप्त ई-मेल।

[14] लेखक को दिनांक 20 मार्च, 2008 को प्राप्त ई-मेल।

[15] लेखक को आर.टी.आई. पर 31 मार्च, 2008 का एयर इंडिया से प्राप्त जवाब।

नहीं भेजने की सलाह दी और सूचना देने से इनकार करने के आशय का पत्र भेजने को कहा।[16] इस तरह, जनहित की महत्त्वपूर्ण जानकारी को प्रकट नहीं किया गया और यह गोपनीयता के पर्दे में छिपी रही।

उसी दिन एयर इंडिया में कॉरपोरेट कम्युनिकेशंस के एग्जेक्युटिव डायरेक्टर, जितेंद्र भार्गव के समक्ष पहली अपील दाखिल की गई। उन्होंने सी.पी.आई.ओ. के जवाब को सही ठहराते हुए जवाब[17] दिया:

> हालांकि मैं आपसे सहमत हूं कि आपके द्वारा मांगी गई सूचना जनहित में है, लेकिन इसका एक अन्य पहलू यह है कि यह एयर इंडिया के वाणिज्यिक हितों से भी जुड़ी हुई है। यदि एयर इंडिया केंद्रीय कैबिनेट के मंत्रियों द्वारा अर्जित किए गए फ्रीक्वेंट-फ्लायर माइलेज के इस्तेमाल से संबंधित सूचना सार्वजनिक करती है, तो इससे एयरलाइन के सामने इनमें से कुछ मंत्रियों और साथ ही अन्य सरकारी अधिकारियों के साथ व्यापार की हानि का खतरा खड़ा हो जाएगा जो सामान्यतः एयर इंडिया में ही यात्रा करते हैं और इससे वे निजी विमान सेवाओं के पास जाने पर विचार कर सकते हैं।

इस जवाब पर, 21 अप्रैल 2008 को सी.आई.सी. के समक्ष दूसरी अपील दाखिल की गई। इस अपील पर 17 जुलाई 2008 को सुनवाई हुई और यह किसी सूचना आयुक्त के सामने मेरी पहली पेशी थी। जब मैं आयुक्त एम.एम. अंसारी के सामने पेश हुआ, तब तक एयर इंडिया का प्रतिनिधि वापस जा चुका था। मुझे अच्छी तरह याद है कि अंसारी ने उस दिन मुझसे क्या पूछा था: "इस सूचना का आप क्या करेंगे?"[18] मैंने कहा कि एक पत्रकार होने के नाते मुझे न्यूज स्टोरी के लिए इसकी ज़रूरत है। मामले की सुनवाई के दौरान, अंसारी ने कहा कि मेरे द्वारा मांगी गई सूचना व्यक्तिगत है और वाणिज्यिक हितों से जुड़ी है।[19] मैंने उन्हें याद दिलाया कि मंत्री सार्वजनिक शख्सियत होते हैं और उनसे जुड़ी सूचना जनहित में थी और फिर मैं उनके कक्ष से बाहर निकल गया।

कुछ दिन बाद यह आदेश सी.आई.सी. की वेबसाइट पर अपलोड कर दिया गया जिसमें सी.पी.आई.ओ. और प्रथम अपीलीय अधिकारी (एफ.ए.ए.) के फैसलों को सही ठहराया गया था। सी.आई.सी. के आदेश[20] में कहा गया था कि:

> लगभग सभी एअरलाइंस यात्रियों को, चाहे उनकी आधिकारिक स्थिति कुछ भी हो, इंसेंटिव्स या प्रोत्साहन दे रही हैं। सरकार या लोक सेवक प्रतिवादी (एयर इंडिया) से और

[16] लेखक के अपने रिकॉर्ड्स।

[17] लेखक को आर.टी.आई. के तहत पहली अपील पर मिला 8 अप्रैल, 2008 का भार्गव का जवाब।

[18] लेखक के अपने रिकॉर्ड्स।

[19] Ibid.

[20] See http://www.rti.india.gov.in/cic_decisions/MA-17072008–03.pdf, accessed December 30, 2016.

> इसकी प्रतिस्पर्द्धी अन्य एयरलाइंस द्वारा दिए जाने वाले ये इंसेंटिव्स लेते रहे हैं। चिह्नित मंत्रियों के संदर्भ में सूचना के प्रकटीकरण का इस्तेमाल किसी भी यात्री को बदनाम और उत्पीड़ित करने के लिए किया जा सकता है। लगभग प्रत्येक वाणिज्यिक संस्थान अपने व्यापार को प्रोत्साहित करने के लिए कुछ खास इंसेटिव्स देते हैं और प्रतिवादी इसका अपवाद नहीं है। इसके मद्देनजर, कानून के अनुच्छेद 8(1)(घ) के तहत वाणिज्यिक हितों के आधार पर सूचना देने से इनकार करना न्यायोचित है।

यह अधिकाधिक स्पष्ट होता जा रहा था कि यह स्पष्टतः दोहरे मापदंडों का मामला था। मंत्रियों को उनकी आधिकारिक यात्राओं से मिले माइलेज प्वाइंट्स का अपने निजी उपयोग के लिए इस्तेमाल करने से रोकने के कोई प्रावधान नहीं थे। डी.ओ.ई. ने सरकारी अधिकारियों के लिए आधिकारिक यात्राओं से मिले माइलेज प्वाइंट्स के अपनी निजी यात्रा के लिए इस्तेमाल करने से रोकने को एक परिपत्र[21] जारी कियाः

> सरकारी अधिकारियों द्वारा आधिकारिक यात्रा के लिए खरीदे गए टिकटों पर मिलने वाले सभी माइलेज प्वाइंट्स का इस्तेमाल संबंधित विभाग द्वारा अपने अधिकारियों की अन्य आधिकारिक यात्रा के लिए किया जाना चाहिए। यह सुनिश्चित करना संबंधित अधिकारी की जिम्मेदारी है कि मुफ्त माइलेज प्वाइंट्स का इस्तेमाल सिर्फ आधिकारिक यात्रा के लिए ही किया जाए, निजी दौरों के लिए नहीं।

जब डी.ओ.ई. से पूछा गया कि क्या यह परिपत्र केंद्रीय मंत्रियों पर भी लागू होता है, तो जवाब मिला:[22] "आदेश सिर्फ केंद्र सरकार के कर्मचारियों पर लागू है।" इस तरह, मंत्रियों ने पहले की तरह ही अपने आधिकारिक दौरों से मिले माइलेज प्वाइंट्स का उपभोग अपनी निजी यात्राओं के लिए करना जारी रखा।

बाद में, उपभोक्ता मामलों, खाद्य और सार्वजनिक वितरण मंत्रालय ने जवाब दिया कि 13 सितंबर, 2009 और फरवरी 2012 के बीच मंत्री की तीन विदेश यात्राओं के दौरान उनकी पत्नी निःशुल्क साथी के रूप में उनके साथ गई थीं।[23] अल्पसंख्यक मामलों के मंत्रालय ने भी सूचित किया[24] कि मई 2010 में मंत्री की पत्नी उनकी निःशुल्क साथी के रूप में उनके साथ अमेरिका गई थीं। यह चलन अन्य मंत्रालयों में भी है, लेकिन अन्य मंत्रालयों ने लेखक द्वारा पूछे गए सवालों के जवाब नहीं दिए या ऐसी कोई सूचना प्रदान नहीं की।

---

[21] F. No.7(1)/E.Coord./2008 dated July 17, 2008: http://www.rti.india.gov.in/cic_decisions/MA-17072008–03.pdf, accessed December 30, 2016.

[22] लेखक को आर.टी.आई. पर दिनांक 2 फरवरी, 2009 का डी.ओ.ई. से मिला जवाब।

[23] लेखक को आर.टी.आई. पर दिनांक 27 जून, 2012 का मंत्रालय से मिला जवाब।

[24] लेखक को आर.टी.आई. पर दिनांक 17 जुलाई, 2012 का मंत्रालय से मिला जवाब।

मोंटेक सिंह अहलुवालिया की स्टोरी: हर नौ दिन में एक विदेश दौरा

'सैर पर सरकार' वाली स्टोरी और इसके लिए एकत्रित किए गए आंकड़ों से इसके बाद बहुत सारे विचार सामने आए। सूचना से ऐसे बहुत सारे नाम सामने आए जो केंद्रीय मंत्री या राज्य मंत्री के समकक्ष पदों पर थे, लेकिन उनके नाम फ्रीक्वेंट-फ्लायर वाली स्टोरी में शामिल नहीं किए गए थे बल्कि इसमें सिर्फ केंद्रीय मंत्रिमंडल के सदस्य ही शामिल थे। प्रधानमंत्री कार्यालय से मिली सूची से इस बात पर ध्यान गया कि योजना आयोग के उपाध्यक्ष मोंटेक सिंह अहलुवालिया सर्वाधिक विदेश यात्राएं करने वालों में से थे। इसलिए, इससे संबंधित अधिक ब्यौरे प्राप्त करने के लिए, 11 फरवरी, 2008 को एक अन्य आर.टी. आई. आवेदन दाखिल किया गया जिसमें पदभार ग्रहण किए जाने के बाद से अहलुवालिया द्वारा की गई विदेश यात्राओं के ब्यौरे मांगे गए थे।

संबंधित सी.पी.आई.ओ. ने समय पर जवाब नहीं दिया, इसलिए एफ.ए.ए. के पास पहली अपील दाखिल की गई। जून 2004 में अहलुवालिया द्वारा पदभार ग्रहण किए जाने के बाद से, उनके और योजना आयोग के अन्य सदस्यों द्वारा की गई विदेश यात्राओं के बारे में 11 अप्रैल, 2008 को बहुत सारे ब्यौरे प्राप्त हुए।[25] लेकिन जानकारी अपर्याप्त थी इसलिए और भी आवेदन दाखिल किए गए। सूचना अनेक टुकड़ों में मिली लेकिन यह दिलचस्प थी। दिनांक 21 जनवरी, 2011 को योजना आयोग ने एक अन्य आर.टी. आई. पर अहलुवालिया की विदेश यात्राओं पर अपडेट प्रदान किया। परंतु सूचना में अनेक विसंगतियां थीं, इसलिए 28 मार्च, 2011 को फिर से आवेदन दाखिल किया गया जिसमें जून 2004 के बाद से अहलुवालिया की सभी विदेश यात्राओं के ब्यौरे मांगे गए थे। इस तरह, उनकी सभी यात्राओं के ब्यौरे[26] मिल गए, जिसमें यात्रा की तिथियां, यात्रा वाले देशों/ शहरों के नाम, साथ गए यात्रियों के नाम, और इनमें हुए कुल खर्चे शामिल थे। ये ऐसी यात्राएं थीं जो उन्होंने आधिकारिक क्षमता में की थीं।

उनकी यात्राओं की गणना के आधार पर, यह पता चला कि जून 2004 में पदभार ग्रहण किए जाने के बाद से, अहलुवालिया ने विदेशों की 42 आधिकारिक यात्राएं की थी और विदेशों में 274 कार्यदिवस बिताए थे।[27] इससे यह चौंकाने वाला तथ्य सामने आया कि उन्होंने सात वर्ष के अपने कार्यकाल में प्रत्येक नौवां दिन विदेश में गुजारा था और इसमें उनका यात्रा समय शामिल नहीं था! यह पता चला कि उनके 42 दौरों में से 23 अमेरिका के थे जबकि अन्य स्थानों में यू.के., मस्कट, दुबई, इथियोपिया, आस्ट्रेलिया, दक्षिण कोरिया, कनाडा, मोरक्को, बहरीन, सिंगापुर, जापान और चीन शामिल थे।

---

[25] लेखक द्वारा दाखिल किए गए एक आर.टी.आई. के जवाब में।

[26] लेखक द्वारा दाखिल किए गए एक आर.टी.आई. के जवाब में दिनांक 26 अप्रैल, 2001 को।

[27] श्यामलाल यादव, "वन इन एवरी नाइन डेज..." *इंडिया टुडे* (23 मई, 2011)।

मंत्रियों की आधिकारिक यात्रा में हुए व्यय की एकदम सही गणना करना मुश्किल काम था क्योंकि इनमें बहुत सारे अधिकारी शामिल थे, लेकिन योजना आयोग द्वारा स्वयं दी गई सूचना की मानें (तीन जवाबों में अंतर्विरोधी आंकड़े थे, इसलिए स्टोरी में सबसे कम धनराशियों को लिया गया है), तो उन्होंने इन यात्राओं में 2 करोड़ 34 लाख रुपये खर्च किए थे। यह स्पष्ट नहीं था कि क्या इन खर्चों में विदेशों में स्थित भारतीय दूतावासों द्वारा लिमोजिन गाड़ियां किराए पर लेने जैसे खर्चे भी शामिल थे या नहीं। लेकिन एक बात स्पष्ट थी कि उनके इस विश्व-भ्रमण ने योजना आयोग के कामों को निश्चित तौर पर प्रभावित किया था क्योंकि बारहवीं पंचवर्षीय योजना के लिए जिस दृष्टिकोण पत्र को 2010 के अंत तक तैयार कर लिया जाना था उसे मई 2011 तक दाखिल नहीं किया गया था।

इस स्टोरी को प्रकाशन के लिए भेजे जाने से पहले इस पर अहलुवालिया का पक्ष प्राप्त करना कठिन था। ई-मेल और फोन के जरिए बार-बार याद दिलाए जाने के बावजूद, उनके स्टाफ से एक सूत्रवाक्य मिलता था कि हमारा अनुरोध अहलुवालिया के पास भेजा जा चुका है और यह कि सिर्फ वही जवाब देंगे। अंततः, जब सारे प्रयास कर लिए जाने पर भी उनसे जवाब नहीं मिला, तो स्टोरी छाप दी गई। यह स्टोरी एक पृष्ठ में प्रकाशित हुई।[28]

अपेक्षा के अनुसार, इस स्टोरी का शुरुआत में किसी किस्म का प्रभाव नहीं पड़ा। लेकिन प्रख्यात पत्रकार और मैग्सेसे पुरस्कार विजेता पी. साईनाथ ने बाद में *द हिंदू* [29] में इस बारे में लिखकर इसके प्रभाव को रेखांकित कर दिया:

> डॉ. अहलुवालिया स्वयं कितनी मितव्ययिता का पालन करते हैं यह, दो आर.टी.आई. आवेदनों में पूछे गए सवालों से स्पष्ट है। ये दोनों आर.टी.आई. आधारित पत्रकारिता के बढ़िया उदाहरण हैं, लेकिन इन्हें वह तव्वजो नहीं मिल सकी जिसके ये हकदार थे। ये दोनों ही उनकी मितव्ययिता की पड़ताल करते हैं। इनमें से एक स्टोरी श्यामलाल यादव द्वारा *इंडिया टुडे* (जून 2004 से जनवरी 2011 के बीच डॉ. अहलुवालिया द्वारा की गई विदेश यात्राओं के संबंध में) में लिखी गई थी। इस पत्रकार (वे अब *इंडियन एक्सप्रेस* के साथ हैं) ने अतीत में भी आर.टी.आई. आधारित शानदार स्टोरीज लिखी हैं।

व्यक्तिगत विदेशी दौरे: दुबई का संदिग्ध जुड़ाव

विदेश यात्रा से जुड़े ढेर सारे आंकड़ों को देखते हुए, एक और विचार आया: केंद्रीय मंत्रियों और नौकरशाहों द्वारा की गई व्यक्तिगत विदेश यात्राओं के ब्यौरे प्राप्त किए जाएं। आर.टी.आई. आवेदन नियमित रूप से दाखिल किए जाते रहे और आंकड़े मिलते रहे।

---

[28] Ibid.

[29] पी. साईनाथ, "ऑस्टेरिटी ऑफ द एफ्लूएंट," *द हिंदू*, नई दिल्ली (21 मई, 2012)।

उनके जवाबों से एक और दिलचस्प रुझान देखने को मिला: केंद्रीय मंत्रियों द्वारा बार-बार दुबई की यात्राएं की गई थीं।

संयुक्त अरब अमीरात का सबसे ज्यादा आबादी वाला शहर, दुबई टैक्स बचाने की अपनी व्यवस्था, जमीन-जायदाद की कम कीमतों और निवेश की आकर्षक संभावनाओं के लिए जाना जाता है। इसलिए, दुनिया भर से निवेशक दुबई का रुख करते हैं। और तथ्य साफ तौर पर दर्शाते हैं कि केंद्रीय मंत्रियों द्वारा की गई हर पांच में से एक व्यक्तिगत यात्रा दुबई की थी।

संयुक्त प्रगतिशील गठबंधन (यू.पी.ए.-द्वितीय) के 20 महीनों में 39 मंत्रियों द्वारा की गई 128[30] व्यक्तिगत विदेश यात्राओं में से 27 यात्राएं यू.ए.ई., खासकर दुबई की थीं। दिनांक 15 जून, 2009 से व्यक्तिगत रूप से विदेश यात्राएं करने वाले 39 केंद्रीय मंत्रियों में से 15 ने अगर ज्यादा नहीं भी तो कम से कम एक बार यू.ए.ई. की यात्रा की थी। इन मंत्रियों में वस्त्र मंत्री दयानिधि मारन, मानव संसाधन विकास (एच.आर.डी.) मंत्री कपिल सिब्बल, कानून मंत्री एम. वीरप्पा मोइली, विदेशी मामलों के राज्य मंत्री ई. अहमद, शहरी विकास मंत्री कमल नाथ, भारी उद्योग मंत्री प्रफुल्ल पटेल, कृषि मंत्री शरद पवार, कोयला मंत्री श्रीप्रकाश जायसवाल, नवीन एवं नवीकरणीय ऊर्जा स्रोत मंत्री फारुख अब्दुल्ला, सूचना एवं प्रसारण के राज्य मंत्री एस. जगतरक्षकन, उपभोक्ता मामलों के राज्य मंत्री के.वी. थॉमस, रेल राज्य मंत्री के.एच. मुनियप्पा, आदिवासी मामलों के राज्य मंत्री महादेव एस. खंडेला, पेट्रोलियम और प्राकृतिक गैस के राज्य मंत्री आर.पी.एन. सिंह, और पर्यटन राज्य मंत्री सुल्तान अहमद शामिल थे।

हालांकि इनमें से कुछ अपने परिवार के साथ गए थे, लेकिन विदेश मंत्रालय द्वारा दिए गए स्पष्टीकरण में अन्य मंत्रियों के साथियों के नाम नहीं दिए गए थे। यह स्टोरी *इंडिया टुडे* में प्रकाशित हुई थी।[31] यह जांच का विषय है कि भारतीय राजनेताओं में से अधिकांश व्यक्तिगत दौरों पर बार-बार दुबई क्यों जाते हैं। हालांकि आयकर विभाग इस बात की छानबीन कर रहा है कि क़रीब 7500 भारतीयों ने कैसे दुबई में सम्पत्तियां अर्जित की हैं।[32]

इंडिया टुडे में मंत्रियों की विदेश यात्रा पर स्टोरीज प्रकाशित होने के बाद भी, स्टोरी के अन्य पहलुओं की, खासकर मंत्रियों द्वारा इस पर किए गए खर्च की, छानबीन करने के प्रयास जारी रखे थे। यह बहुत कठिन था। इस विषय पर पहली आर.टी.आई. के जवाब में, प्रधानमंत्री कार्यालय ने मंत्रियों की विदेश यात्राओं के ब्यौरे प्रदान किए थे, लेकिन इसमें हुए खर्च के ब्यौरे देने से इनकार कर दिया था। इसमें कहा गया था कि:[33] "मांगे गए खर्चों

[30] लेखक द्वारा 2009–12 के दौरान विदेश मंत्रालय और पी.एम.ओ. (प्रधानमंत्री कार्यालय) में दाखिल किए गए विभिन्न आर.टी.आई. आवेदनों के आधार पर।

[31] श्यामलाल यादव, "हाय, दुबई," *इंडिया टुडे* (16 मई, 2011)।

[32] Under IT scanner.... , Khushboo Narayan, *The Indian Express*, Mumbai, October 19, 2018.

[33] लेखक को आर.टी.आई. पर मिला दिनांक 2 नवंबर, 2007 का पी.एम.ओ. का पत्र।

में प्रत्येक यात्रा में हुआ खर्च शामिल नहीं है और इनका रख-रखाव इस कार्यालय में नहीं किया जाता है और इन्हें प्रत्येक मंत्रालय से अलग-अलग प्राप्त किया जा सकता है।" जब अलग-अलग मंत्रालयों से संपर्क किया गया, तो उनमें से अधिकांश ने बताया कि मंत्रियों के खर्च का उनसे कोई संबंध नहीं है और पी.ए.ओ., कैबिनेट मामले से संपर्क करने की सलाह दी:[34] "मंत्रियों की विदेश यात्राओं पर हुए अनुमानित खर्च के ब्यौरों की रख-रखाव करने वाला लोक प्राधिकरण पी.ए.ओ., कैबिनेट मामले है।"

लेकिन, पी.ए.ओ., कैबिनेट मामले ने बार-बार लगभग एक जैसा ही जवाब दिया[35]: "मौजूदा नियमों के अनुसार, संबंधित व्यक्तियों को किए गए सभी भुगतानों के ब्यौरे आहरण और संवितरण अधिकारी (ड्राइंग एंड डिसबर्सिंग ऑफिसर या डी.डी.ओ.) के जरिए किए जाते हैं। इसीलिए, संपूर्ण आरंभिक रिकार्ड्स संबंधित मंत्रालय के डी.डी.ओ. द्वारा संभाले जाते हैं।"

ऐसा लगा मानो हम अंधी गली में फंस गए हों।

इसके बाद, 29 मार्च, 2011 को मुख्य सूचना आयुक्त सत्यानंद मिश्र ने कैबिनेट सचिवालय को एक निर्देश[36] भेजा:

> हमारा विचार है कि केंद्रीय मंत्रियों की घरेलू और विदेश यात्रा के बारे में कुछ प्रमुख सूचना यदि कैबिनेट सचिवालय में केंद्रीय रूप से रखी जा सके, तो यह पारदर्शिता के हित में होगा क्योंकि वेतन के भुगतान और उनके यात्रा खर्च की अदायगी के लिए समस्त हिसाब के ब्यौरे रखने की जिम्मेदारी इसके तहत आने वाले पी.ए.ओ. की है। सी.पी.आई.ओ. निर्देश देते हैं कि उचित कार्यवाही के लिए इसे कैबिनेट सचिवालय में सक्षम प्राधिकारी के ध्यान में लाए।

बाद में, डी.ओ.पी.टी. ने केंद्र सरकार के सभी विभागों को एक आधिकारिक ज्ञापन (ओ.एम.)[37] जारी किया:

> लोक प्राधिकरणों को बार-बार आर.टी.आई. आवेदन मिल रहे हैं जिनमें मंत्रियों और संबंधित मंत्रालयों/विभागों के अन्य अधिकारियों द्वारा की गई सरकारी यात्राओं के ब्यौरे मांगे जा रहे हैं। आर.टी.आई. कानून, 2005 के अनुच्छेद 4 के प्रावधानों के अनुपालन में, यह सलाह दी जाती है कि मंत्रियों और संयुक्त सचिव और इससे ऊपर के अधिकारियों एवं विभाग प्रमुखों द्वारा किए गए विदेशी और घरेलू यात्राओं के ब्यौरे, 1 जनवरी 2012 के बाद से, लोक प्राधिकरण सार्वजनिक कर दें। और 1 जुलाई 2012 से

---

[34] लेखक द्वारा दाखिल किए गए आर.टी.आई. आवेदनों पर 2008–09 के दौरान एक दर्जन से अधिक मंत्रालयों ने इसी ढंग से जवाब दिया।

[35] लेखक के आर.टी.आई. पर कैबिनेट अफेयर्स, गृह मंत्रालय का जवाब।

[36] See http://www.rti.india.gov.in/cic_decisions/CIC_WB_A_2010_000015-SM_M_54250.pdf, accessed December 30, 2016.

[37] डी.ओ.पी.टी. का आधिकारिक ज्ञापन F. No.1/8/2012-IR दिनांक 11 सितंबर, 2012.

> इसे नियमित अपडेट करते जाएं। सूचना में आधिकारिक यात्रा की प्रकृति, गंतव्य स्थानों के नाम, अवधि, शिष्टमंडल में शामिल लोगों की संख्या और इस तरह से की गई यात्रा का कुल खर्च शामिल हो सकते हैं।

आधिकारिक ज्ञापन (ओ.एम.) के अनुसार, यह सलाह सुरक्षा खुफिया संस्थानों और लोक प्राधिकरणों के मुख्य सतर्कता अधिकारियों (सी.वी.ओ.) पर लागू नहीं होगी।

सी.आई.सी. के 29 मार्च, 2011 के आदेश को उद्धृत करते हुए, जब पी.ए.ओ., कैबिनेट मामले से प्रत्येक मंत्री की विदेश यात्रा पर हुए खर्च के ब्यौरों के बारे में पूछा गया,[38] तो जवाब[39] मिला कि, "यह फैसला किया गया है कि मंत्रियों द्वारा किए गए खर्च के संबंध में जानकारी मांगने वाले आर.टी.आई. आवेदन का जवाब गृह मंत्रालय देगा।" वहां से सिर्फ वर्ष 2011–12 के दौरान केंद्रीय कैबिनेट मंत्रियों की विदेश यात्रा पर खर्च हुई कुल धनराशि के रूप में 6.61 अरब रुपये और राज्य मंत्रियों की विदेश यात्रा पर खर्च हुई कुल धनराशि के रूप में 4.99 करोड़ रुपये; वर्ष 2012–13 के दौरान क्रमशः 216.9 करोड़ रुपये और 4.86 करोड़ रुपये; और वर्ष 2013–14 के दौरान (31 जुलाई, 2013 तक का) क्रमशः 19.45 करोड़ रुपये और 1.139 करोड़ रुपये का ब्यौरा मिला।[40]

जब डी.ओ.पी.टी. से 1 फरवरी, 2013 को पूछा गया कि कितने विभागों ने दिनांक 11 सितंबर, 2012 के आधिकारिक ज्ञापन का अनुपालन किया, और कितने विभागों ने नहीं किया, तब डी.ओ.पी.टी. ने जवाब दिया:[41] "संबंधित आधिकारिक ज्ञापन को लागू करने के लिए मंत्रालयों/विभागों को कोई अंतिम समय-सीमा प्रदान नहीं की गई थी। कितने विभागों ने आदेश का अनुपालन किया इस संदर्भ में ऐसी कोई सूचना नहीं रखी जाती है।"

यह दिलचस्प है कि, हालांकि कैबिनेट अफेयर्स ने मंत्री-वार सूचना के लिए गेंद गृह मंत्रालय के पाले में डाल दी, परंतु गृह मंत्रालय ने भी कहा[42] कि

> गृह मंत्रालय का संबंध मंत्रियों (कैबिनेट और राज्य मंत्री, दोनों) के दौरों के लिए समग्र रूप में एक वित्तीय वर्ष के लिए सिर्फ बजट संबंधी प्रावधान बनाने से ही है। प्रक्रिया के अनुसार, इसकी मंजूरी संबंधित मंत्रालय द्वारा जारी करनी होती है और ऐसे खर्चों के बिलों के भुगतान के लिए वेतन और लेखा कार्यालय (पे एंड अकाउंट्स ऑफिस), कैबिनेट अफेयर्स के पास भेजा जाता है।

[38] आर.टी.आई. के तहत लेखक द्वारा।

[39] लेखक को आर.टी.आई. पर दिनांक 15 जुलाई, 2013 का मिला जवाब।

[40] लेखक को आर.टी.आई. पर दिनांक 23 जुलाई, 2013, और 10 सितंबर, 2013 का मिला जवाब।

[41] लेखक के आर.टी.आई. आवेदन पर दिनांक 8 फरवरी, 2013 का मिला जवाब।

[42] लेखक को आर.टी.आई. के तहत दिनांक 13 नवंबर, 2013 का मिला जवाब।

बदलते रुझान

प्रधानमंत्री के रूप में नरेंद्र मोदी द्वारा शपथ लिए जाने के बाद, नई सरकार ने अपने मंत्रियों को उनकी विदेश यात्राओं में कटौती करने की सलाह दी, और कम से कम शुरुआत में ऐसा लगा कि इस सलाह का असर पड़ा है। जब मोदी सरकार के शुरुआती छह महीनों में की गई विदेश यात्राओं की सूचना की तुलना यू.पी.ए.-द्वितीय की पिछले वर्ष की इसी अवधि के साथ की गई, तो एक दिलचस्प बदलाव देखने को मिला कि अपेक्षाकृत कम मंत्रियों को विदेश यात्राओं की अनुमति दी गई थी, जबकि तुलनात्मक रूप में वरिष्ठ अधिकारियों ने ज्यादा विदेश यात्राएं कीं। विदेश मंत्रालय ने 26 मई (भाजपा के नेतृत्व वाली सरकार द्वारा प्रभार ग्रहण करने का दिन) से 25 नवंबर के बीच 23 मंत्रियों को 74 विदेश यात्राओं की अनुमति दी थी। वर्ष 2013 में इसी अवधि के दौरान, यू.पी.ए. के 64 मंत्रियों को 221 विदेश यात्राओं की अनुमति दी गई थी।[43] इसका एक कारण यह है कि 9 नवंबर तक मोदी सरकार में सिर्फ 44 मंत्री थे। बाद में हुए कैबिनेट के विस्तार से मंत्रियों की संख्या बढ़कर 65 हो गई थी। लेकिन इसमें कोई संदेह नहीं है कि मोदी सरकार के तहत सरकारी दौरों पर विदेश जाने वाले वरिष्ठ नौकरशाहों की संख्या अधिक थी - 136 सचिवों और उनके पद के अधिकारियों को 285 दौरों की अनुमति मिली थी। यू.पी.ए.-द्वितीय के इसी समय के दौरान, विदेश मंत्रालय ने सिर्फ 58 अधिकारियों को विदेश के 67 दौरों की मंजूरी दी थी। स्पष्ट है कि पिछली सरकार की तुलना में सचिवों और उनके पद के अधिकारियों द्वारा की गई विदेश यात्राओं की संख्या में चार गुना की बढ़ोत्तरी हुई थी।

परंतु, प्रधानमंत्री नरेंद्र मोदी ने अपने दो पूर्ववर्तियों, यानी अटल बिहारी वाजपेयी और मनमोहन सिंह की तुलना में ज्यादा विदेश भ्रमण किया था। प्रधानमंत्री कार्यालय की वेबसाइट पर जारी किए गए आंकड़ों[44] के अनुसार, नरेंद्र मोदी ने लगभग हर नौवां दिन (17 नवम्बर 2018 तक) विदेश में गुजारा था, जबकि मनमोहन सिंह ने अपना हर 11वां दिन, और वाजपेयी ने अपना हर 17वां दिन विदेश में गुजारा।[45] प्रधानमंत्री कार्यालय ने वर्ष 1998 के बाद से तीनों प्रधानमंत्रियों द्वारा की गई सभी विदेश यात्राओं के ब्यौरे वेबसाइट में पेश कर रखे हैं। जहां वाजपेयी ने अपने 2,255 दिन के कार्यकाल में 19 विदेश यात्राएं की और 133 दिन विदेश में गुजारे, वहीं मनमोहन सिंह ने अपने 3,289 दिन के कार्यकाल में 73 विदेश यात्राओं के दौरान 317 दिन विदेश में गुजारे थे। लेकिन मोदी ने अपने 1630 दिन के कार्यकाल में (17 नवम्बर 2018 तक) 47 विदेश यात्राएं कि और 182 दिन विदेश

---

[43] श्यामलाल यादव, "द कॉइन फ्लिप्स..." *इंडियन एक्सप्रेस*, नई दिल्ली (21 दिसंबर, 2014)।

[44] तीन प्रधानमंत्रियों के ब्यौरे अब पी.एम.ओ. की वेबसाइट www.pmindia.gov.in पर पोस्ट कर दिए गए हैं।

[45] पी.एम.ओ. की वेबसाइट पर उपलब्ध आंकड़ों (17 नवम्बर 2018 तक) के आधार पर लेखक की गणना।

में गुजारे। मोदी ने अपने दोनों पूर्ववर्तियों से ज्यादा यात्राएं की हैं, लेकिन उनकी सरकार के पहले वर्ष में उनके मंत्रियों की विदेश यात्राओं में कमी के रुझान दिखे।[46]

आर.टी.आई. आधारित स्टोरीज और उनकी फॉलोअप स्टोरीज के कारण, मंत्रियों की विदेश यात्रा मीडिया में चर्चा का विषय बन गई। यदि आर.टी.आई. कानून नहीं होता, तो इन तथ्यों और आंकड़ों को सरकार के रिकॉर्ड्स से बाहर निकाल पाना असंभव न सही, परंतु बहुत कठिन होता। पिछले कुछ वर्षों में मंत्रियों की विदेश यात्रा के खर्चों में कटौती करने के लिए सरकार ने एक के बाद एक परिपत्र जारी किए और नए प्रधानमंत्री ने मंत्रियों के विदेश दौरों को हतोत्साहित करना शुरू किया। इसे पारदर्शिता कानून के इस्तेमाल की वजह से की गई स्टोरीज की बड़ी सफलता के रूप में देखा जा सकता है।

परंतु, सी.आई.सी. के 2011 के आदेश और डी.ओ.पी.टी. के 2012 के आधिकारिक ज्ञापन के बावजूद, अधिकांश मंत्रालयों और विभागों ने मंत्रियों और सरकारी पदाधिकारियों की विदेश यात्राओं के ब्यौरे अपनी वेबसाइटों पर नहीं डाले। प्रधानमंत्री कार्यालय उन विभागों में से एक है जो नियमित तौर पर विदेश यात्रा संबंधी ब्यौरों को वेबसाइट पर डाल रहा है और उन्हें नियमित रूप से अपडेट कर रहा है। कुछ विभागों ने शुरुआत में ऐसा किया था, लेकिन इन्हें कभी अपडेट नहीं किया। इस तरह, जहां मंत्रीगण विदेश यात्रा के लुत्फ उठाते हैं वहीं उनके विभागों द्वारा ब्यौरों को लगातार छिपाना और सरकार की कार्यप्रणाली को पारदर्शी और खुला बनाने में रुकावट डालना जारी है।

---

[46] Shyamlal Yadav, "Foreign trips for NDA Ministers less than half of UPA's, reveals RTI reply," *The Indian Express*, New Delhi, July 18, 2015, http://indianexpress.com/article/india/india-others/foreign-trips-for-nda-ministers-less-than-half-of-upas/, accessed December 30, 2016.

3 नौकरशाहों की विदेश यात्राएं: चांद के 74 सफर

माइलेज प्वाइंट्स प्राप्त करके इनका इस्तेमाल निजी यात्रा में करने के लिए सरकारी अधिकारियों में हवाई यात्रा की प्रवृत्ति बढ़ती जा रही है। सरकारी कर्मचारियों द्वारा सरकारी यात्रा के लिए खरीदे गए टिकटों पर मिले सभी माइलेज प्वाइंट्स का इस्तेमाल संबंधित विभाग द्वारा सिर्फ सरकारी यात्रा के लिए किया जाना चाहिए। किसी अधिकारी द्वारा इन माइलेज प्वाइंट्स का इस्तेमाल निजी यात्रा के लिए किए जाने पर उचित कार्रवाई की जानी चाहिए।[1]

– न्यायमूर्ति (सेवानिवृत्त) बी.एन. श्रीकृष्ण की अध्यक्षता वाला छठा वेतन आयोग

तालिका 3.1: नौकरशाहों की विदेश यात्रा पर सूचना पाने के लिए दाखिल आर.टी.आई. आवेदनों की झलकियां

सूचना	केंद्र सरकार के नौकरशाहों की विदेश यात्रा
प्राधिकरण	सभी केंद्रीय मंत्रालय और विभाग
समस्याएं	अधिकांश विभागों ने देश/शहर का नाम/तिथियां/उद्देश्य/खर्चे/सहयात्री जैसी मांगी गई सूचनाएं प्रदान कीं
आवेदन और अपीलें	पहली स्टोरी के लिए 80 (इनमें फॉलोअप के लिए दाखिल आवेदन शामिल नहीं हैं)
लगा समय	छह माह से अधिक
स्टोरी	बाबू'स फ्लाइट्स ऑफ फैंसी: 46 केंद्रीय मंत्रालयों के 1,576 अधिकारियों ने 5,65,62,426 किलोमीटर की यात्रा की, जो 74 बार चांद तक जाने और वापस आने के बराबर है। वे सभी कुल मिलाकर 24,458 दिन (67 वर्ष से अधिक) विदेशों में ठहरे (*इंडिया टुडे*, 15 सितंबर, 2008)
प्रभाव	वित्त मंत्रालय ने एक परिपत्र जारी करके उनके आधिकारिक दौरों से मिले माइलेज प्वाइंट्स का उनकी निजी यात्राओं के लिए इस्तेमाल करने पर रोक लगाई
मेरे द्वारा फॉलोअप	नौकरशाहों की विदेश यात्राओं के अन्य अनेक पहलुओं की जांच की गई, जैसे कि उनके माइलेज प्वाइंट्स का इस्तेमाल कौन करता है, और उनके अपने विभागों से विस्तृत ब्यौरे मांगे गए
दूसरों द्वारा फॉलोअप	अन्य मीडिया संस्थानों ने व्यापक रूप से फॉलोअप किया

स्रोत: लेखक।

[1] Government of India, Para 4.2.31, Report of the Sixth Central Pay Commission, 237, http://finmin.nic.in/6cpc/6cpcreport.pdf, accessed January 4, 2017.

यदि कारगर ढंग से इस्तेमाल किया जाए, तो आर.टी.आई. खोजी पत्रकारिता के लिए एक शक्तिशाली और अक्सर मारक उपकरण साबित हो सकता है। महत्त्वपूर्ण बात यह है कि आपके पास अच्छे आइडिया, अटल धैर्य और जबर्दस्त लगन के साथ अपनी स्टोरीज को पूरा करने की क्षमता होनी चाहिए। सुस्त सरकारी तंत्र को अपनी कार्यप्रणाली में और सरकारी पदाधिकारियों को अपनी सोच में बदलाव लाने और सुधार करने के लिए बाध्य किया जा सकता है, बशर्ते कि मीडिया निरंतर प्रयास करते हुए जनहित के मुद्दों का फॉलोअप करना जारी रखे। व्यवस्था के क्षरण के प्रति चिंतित बहुत-से सरकारी कर्मचारी सूचना लेकर आते हैं और कई बार वे स्वयं ही नए आइडिया सुझाते हैं, खासकर तब जबकि उन्हें यह महसूस होता है कि सूचना प्राप्त करने वाला व्यक्ति जनहित में ऐसा कर रहा है।

इस सबके बावजूद, और आर.टी.आई. कानून के बाद भी, सरकार से महत्त्वपूर्ण जानकारी प्राप्त करना एक कठिन, समय खपाने वाला और अक्सर बहुत टेढ़ा काम होता है।

विदेश यात्रा वाली स्टोरी मंत्रियों के साथ ही खत्म नहीं हुई। राजनीतिक हलकों और विभिन्न मंत्रालयों में कनिष्ठ स्तर के अधिकारियों के बीच मेरे अनेक मित्रों ने यह महसूस किया कि अभी तक जिसका पर्दाफाश हुआ है वह तो एक झलक मात्र है। इस तरह हमने वरिष्ठ नौकरशाहों की विदेश यात्रा के रिकॉर्डों की पड़ताल भी शुरू की।

सरकारी अधिकारियों की विदेश यात्राओं पर कई परिपत्र और दिशा-निर्देश लागू हैं, जिनमें एक वर्ष के दौरान किसी विशेष अधिकारी की विदेश यात्राओं को सीमित करने से लेकर कनिष्ठ स्तर के अधिकारियों को भी विदेश यात्रा के अवसर देना और संबंधित विदेश यात्राओं से जुड़े सिर्फ तकनीकी विशेषज्ञों और अधिकारियों को ही भेजना शामिल है, लेकिन हमेशा वरिष्ठ अधिकारी ही जाना पसंद करते हैं और तकनीकी विशेषज्ञता और काम के साथ सीधे जुड़ाव के पहलू को शायद ही कभी ध्यान में रखा जाता है। तथ्य यह है कि बेहतर जगहों पर आसीन और वरिष्ठ नौकरशाहों और राजनीतिक आकाओं से अच्छे संबंध रखने वाले अधिकारियों को ही अक्सर विदेश यात्राओं पर भेजा जाता है और इसके लिए सभी लागू नियमों, निर्देशों, और परिपत्रों में मौजूद लचीलेपन का इस्तेमाल किया जाता है।

अपने संपर्कों की सलाह से और कमोबेश मंत्रियों की स्टोरी की पड़ताल वाले ढंग से, सभी केंद्रीय सरकारी विभागों में नए आर.टी.आई. आवेदन दाखिल कर दिए गए लेकिन अंतरिक्ष विभाग और परमाणु ऊर्जा विभाग जैसे कुछ संवेदनशील विभागों को छोड़ दिया गया और विदेश मंत्रालय को भी छोड़ दिया गया क्योंकि विदेश यात्रा उनके काम का अंग है। इनको छोड़कर बाक़ी विभागों से निदेशक और इससे ऊपर के पद के अधिकारियों द्वारा की गई विदेश यात्राओं के ब्यौरे मांगे गए और इन विदेश यात्राओं की अवधि लगभग वही थी जो मंत्रियों वाले मामले में थी। उस समय, केंद्र सरकार में लगभग 1,200 निदेशक,

लगभग 300 संयुक्त सचिव, लगभग 150 अतिरिक्त सचिव, और 120 सचिव और समकक्ष पद के अधिकारी थे।[2] वांछित सूचना को एकत्रित करने में छह माह से अधिक का समय लगा और यह 1,297 पृष्ठों से ज्यादा में फैली अत्यंत विस्तृत जानकारी थी।[3]

इस थका डालने और अक्सर हताश कर देने वाले काम में, 80 से ज्यादा आर.टी.आई. आवेदन, स्पष्टीकरण, अपीलें और स्मरण पत्र दाखिल किए गए थे। कुछ मंत्रालयों ने तो तभी जवाब दिया जब उनके सी.पी.आई.ओ. से व्यक्तिगत रूप से संपर्क किया गया और उनसे सूचना निकलवाने के लिए बहुत अधिक प्रयास करने पड़े। कुछ मामलों में, उनके अपील अधिकारी के समक्ष पहली अपील दाखिल करने के बाद ही कहीं जवाब मिल पाए। इन सभी प्रयासों के बावजूद, रेल, पृथ्वी विज्ञान, और डी.ओ.पी.टी. ने सूचना नहीं दी।

पहले की ही तरह, आंकड़ों को एक एक्सेल फाइल में डाला गया और इस तरह हमने 1,576 अधिकारियों द्वारा की गई लगभग 10,000 विदेश यात्राओं के ब्यौरे हासिल किए थे।[4] फेलोशिप और छात्रवृत्तियों के लिए की गई दीर्घावधि यात्राओं को इस सूची से बाहर रखा गया था। इस विस्तृत सूचना की दोबारा जांच करना बहुत थका देने वाला काम था, लेकिन गल्तियों से बचने के लिए बार-बार इसकी जांच की गई वरना खंडन आना निश्चित था। इसमें सिर्फ कागजों से आंकड़ों को संकलित करने का ही काम नहीं था, बल्कि प्रत्येक यात्रा की दूरी की गणना और इसे एक्सेल सीट में डालना भी था।

इस सूची में ऐसे अनेक वरिष्ठ नौकरशाह थे जो एक अकेली त्रुटि होने पर ही पलटवार कर देते। हरेक छोटी से छोटी जानकारी की बार-बार जांच करने के बाद, अंततः यात्रा संबंधी सारी जानकारी एक्सेल फाइल में संकलित कर ली गई, इसे कम से ज्यादा और ज्यादा से कम के क्रम में लगाया गया, विदेश यात्राओं की कुल संख्या और तय की गई कुल दूरी इसमें शामिल की गई। दूरियों की गणना जियोबाइट्स[5] की मदद से की गई।

इस स्टोरी का कुल निचोड़ यह था: निदेशक और इससे ऊपर के पद के 1,576 अधिकारियों ने 40 महीने की अवधि (1 जनवरी, 2005 से लेकर 30 अप्रैल, 2008 तक) के दौरान रुपये 56,38,03,300 से भी अधिक खर्च करके 5.65 करोड़ किलोमीटर से अधिक दूरी की यात्रा की थी और 24,458 दिन (67 वर्ष से भी अधिक समय) विदेशों में बिताए थे। यानी, बाबुओं ने चांद तक आने-जाने की 74 यात्राओं के बराबर विदेश यात्रा की थी,[6] हालांकि इसमें हुए खर्च के संपूर्ण ब्यौरे उपलब्ध नहीं कराए गए थे। सबसे अधिक

---

[2] लेखक द्वारा किया गया अनौपचारिक शोध।

[3] Shyamlal Yadav, "Babus' Flights of Fancy," *India Today* (September 15, 2008).

[4] Ibid.

[5] www.geobytes.com

[6] Shyamlal Yadav, "Babus' Flights of Fancy," *India Today* (September 15, 2008).

उड़ान भरने वालों की सूची में वाणिज्य मंत्रालय अव्वल था जिसके 101 अधिकारियों ने रुपये 899 लाख की धनराशि खर्च करके 112 लाख किलोमीटर से अधिक दूरी की यात्रा की थी और विदेश में 5,751 दिन बिताए थे। छह अन्य मंत्रालयों - जल संसाधन, वित्त, गृह, सूचना एवं प्रसारण, कृषि, तथा विज्ञान एवं प्रौद्योगिकी मंत्रालयों - भी सबसे अधिक उड़ान भरने वालों की सूची में शामिल थे। इनमें से प्रत्येक मंत्रालय के अधिकारियों ने विदेश यात्रा में 1,000 दिन या इससे अधिक समय व्यतीत किया था।

फ्रीक्वेंट-फ्लायर माइलेज प्वाइंट्स

"बाबू'स फ्लाइट्स ऑफ फैंसी" शीर्षक से यह स्टोरी *इंडिया टुडे* में प्रकाशित हुई थी। इसने सरकार को न्यायमूर्ति (सेवानिवृत्त) बी.एन. श्रीकृष्ण के नेतृत्व में छठे वेतन आयोग की एक विशेष सिफारिश लागू करने के लिए प्रेरित किया जिसके अनुसार यदि कोई सरकारी अधिकारी अपनी सरकारी हवाई यात्रा के चलते फ्रीक्वेंट-फ्लायर माइलेज प्वाइंट्स अर्जित करता है, तो इन प्वाइंट्स का इस्तेमाल उसकी निजी यात्राओं के लिए नहीं, बल्कि अन्य अधिकारियों की यात्रा या उसी अधिकारी के अन्य आधिकारिक दौरों के लिए किया जाना चाहिए। आयोग ने अपनी रिपोर्ट में कहा[7]: "सरकारी अधिकारियों के बीच यह प्रवृत्ति बढ़ती जा रही है कि वे माइलेज प्वाइंट्स हासिल करने के लिए हवाई यात्राएं करते हैं और फिर इनका इस्तेमाल निजी यात्रा के लिए करते हैं।" आयोग ने यह सिफारिश भी की कि: "सरकारी कर्मचारियों द्वारा अपनी आधिकारिक यात्रा के लिए खरीदे गए टिकटों पर मिलने वाले सभी माइलेज प्वाइंट्स का इस्तेमाल संबंधित विभाग द्वारा आधिकारिक यात्रा के लिए ही किया जाना चाहिए। किसी भी अधिकारी द्वारा इन माइलेज प्वाइंट्स का इस्तेमाल निजी यात्रा के लिए किए जाने की स्थिति में इस पर उचित कार्रवाई की जानी चाहिए।"[8]

इस स्टोरी के प्रकाशित होने के लगभग दो सप्ताह बाद, डी.ओ.ई. ने एक परिपत्र[9] जारी किया जिसमें कहा गया कि:

> सरकारी कर्मचारियों द्वारा सरकारी यात्रा के लिए खरीदे गए टिकटों पर मिलने वाले सभी माइलेज प्वाइंट्स का इस्तेमाल संबंधित विभाग द्वारा अपने अधिकारियों की अन्य आधिकारिक यात्रा के लिए ही किया जाना चाहिए। यह सुनिश्चित करना संबंधित अधिकारी की जिम्मेदारी है कि मुफ्त माइलेज प्वाइंट्स का इस्तेमाल व्यक्तिगत यात्राओं के लिए नहीं बल्कि सिर्फ आधिकारिक यात्रा के लिए किया जाए। अन्य किन्हीं भी इंसेटिव्स

[7] भारत सरकार, पैरा 4.2.31, छठे केंद्रीय वेतन आयोग की रिपोर्ट।

[8] Ibid.

[9] http://finmin.nic.in/6cpc/TA%20Allowance.pdf dated September 23, 2008; http://finmin.nic.in/6cpc/TA%20Allowance.pdf

> और निःशुल्क सहयात्री इत्यादि जैसे पैकेज के संबंध में मंत्रालय/विभागों द्वारा इस प्रकार से मोलभाव किया जाना चाहिए ताकि इसका फायदा विभाग को मिले।

ये 'मितव्ययिता संबंधी उपाय' सिर्फ सरकारी कर्मचारियों पर ही लागू थे, मंत्रियों पर नहीं।[10] इसके बाद, सरकार ने 1 अक्टूबर 2008 को भी मितव्ययिता संबंधी कुछ और उपाय जारी किए।[11]

छठे वेतन आयोग की सिफारिशों और डी.ओ.ई. के परिपत्रों ने विदेशी गंतव्य स्थलों की ओर उमड़ती बाबुओं की भीड़ को रोकने के लिए सरकार द्वारा पेश किए जा रहे मितव्ययिता के उपायों की धुएं की चादर खड़ी की। केंद्र सरकार के लिए यह एक परिपाटी-सी बन गई है कि यह जून-नवंबर के दौरान मितव्ययिता के उपाय लागू करती है और गर्मियां शुरू होते-होते इसमें छूट की घोषणा करने लगती है। कई बार, ऐसे निर्देश प्रत्येक वर्ष जारी किए जाते हैं, तो कई बार हर तीसरे वर्ष जारी किए जाते हैं। लेकिन किसी भी सरकारी विभाग ने माइलेज प्वाइंट्स की पाबंदी को गंभीरता से नहीं लिया, और जल्दी ही अधिकारियों के लिए निःशुल्क साथी वाली योजना शुरू कर दी गई। मितव्ययिता से संबंधित परिपत्र के जारी होने के सिर्फ आठ महीने बाद ही, डी.ओ.पी.टी. ने 3 जून, 2009 को एक स्पष्टीकरण[12] जारी किया जिसमें कहा गया था कि:

> वित्त मंत्रालय के साथ परामर्श करके इन निर्देशों (1 अक्टूबर और 23 सितंबर, 2008 के) की समीक्षा की गई और कथित आधिकारिक ज्ञापन में निहित इन निर्देशों को संशोधित करने का फैसला लिया गया है कि सरकारी अधिकारियों को विदेश यात्रा के लिए एयरलाइंस द्वारा पेश की गई निःशुल्क सहयात्री के टिकटों का लाभ उठाने की अनुमति होगी।

अब भी बहुत-से विभागों में ऐसी कोई व्यवस्था लागू नहीं है जो डी.ओ.ई. के परिपत्र में सुझाए गए ढंग से माइलेज प्वाइंट्स के लाभकारी इस्तेमाल को सुनिश्चित कर सके। इसीलिए, अधिकांश अधिकारियों ने अपने और अपने रिश्तेदारों की व्यक्तिगत यात्राओं के लिए माइलेज प्वाइंट्स का अधिकतम इस्तेमाल करना जारी रखा है; और जो ज्यादा सतर्क हैं वे उनका इस्तेमाल नहीं करते हैं, और ये प्वाइंट्स बर्बाद हो जाते हैं। यदि सरकारी विभागों ने छठे वेतन आयोग की सिफारिशों का पालन किया होता और परिपत्र को अमल में उतारा गया होता, तो इससे अन्य सरकारी अधिकारियों की आधिकारिक यात्राओं के

[10] लेखक की आर.टी.आई. पर डी.ओ.ई. का दिनांक 2 फरवरी, 2009 का जवाब।

[11] http://finmin.nic.in/the_ministry/dept_expenditure/notification/emre/ExpMangement_TADA2008.pdf, accessed March 22, 2017.

[12] See http://ccis.nic.in/WriteReadData/CircularPortal/D2/D02est/11013_7_2008-Estt.(A)0001.pdf, accessed December 30, 2016.

लिए सैकड़ों निःशुल्क दौरे मिले होते। दिलचस्प है कि परिपत्र में चेतावनी दी गई थी कि यह सुनिश्चित करना संबंधित अधिकारी की जिम्मेदारी है कि मुफ्त माइलेज प्वाइंट्स का इस्तेमाल व्यक्तिगत यात्राओं के लिए नहीं बल्कि सिर्फ आधिकारिक यात्रा के लिए किया जाए। परंतु, प्रधानमंत्री कार्यालय सहित, सरकार ने इन बदलावों को लागू करने की इच्छाशक्ति या साहस नहीं दर्शाया। इसीलिए, किसी ने भी पाबंदियों को सख्ती से लागू नहीं किया, कोई कार्रवाई नहीं की गई, और अत्यधिक माइलेज प्वाइंट्स का या तो दुरुपयोग हुआ या फिर वे बर्बाद हो गए, और इस तरह छठे वेतन आयोग की मंशा के अनुसार इससे सरकारी राजकोष को कोई फायदा नहीं पहुंचा।

नौकरशाहों का खेल

इस मुद्दे की पड़ताल करने के लिए सतत प्रयास जारी थे, लेकिन आर.टी.आई. आवेदनों पर मिले जवाब आंखें खोल देने वाले थे। यह स्पष्ट था कि जब नौकरशाह मन बना लेते हैं कि उनके लिए क्या अच्छा है और क्या उनके सर्वोत्तम हित में है, तब कोई भी इसके विपरीत कुछ लागू नहीं करा सकता है। सबसे अच्छा यह होता कि सरकार ने एयरलाइंस से संपर्क करके उन्हें माइलेज प्वाइंट्स प्रदान करने की उनकी कार्यप्रणाली में बदलाव करने को राजी किया होता लेकिन जो कुछ भी किया गया वह महज औपचारिकता थी। प्रधानमंत्री कार्यालय सहित कई विभागों ने राष्ट्रीय विमान सेवा एयर इंडिया सहित अन्य एयरलाइंस से संपर्क किया कि वे विभागों के नाम पर कॉरपोरेट खाते खोलें और यह सुनिश्चित करें कि किसी अधिकारी द्वारा प्राप्त किए गए माइलेज प्वाइंट्स को अन्य अधिकारियों या उनके विभागों के प्वाइंट्स के साथ जोड़ें। परंतु इन एअरलाइंस ने विभागों को अपनी मौजूदा कार्यप्रणाली के बारे में संतुष्ट कर लिया। आर.टी.आई. के तहत विभागों से मिले सभी जवाब सरकार के अंदर व्याप्त दुखद स्थितियों की पुष्टि करने वाले थे कि किस तरह से वरिष्ठ अधिकारियों ने सरकारी परिपत्र की परवाह तक नहीं की थी और यह कि सरकार किस तरह से एयरलाइंस पर अपना फैसला लागू नहीं कर सकी थी। या फिर, जिस बात की अधिक आशंका है वह यह कि विभागों की एयरलाइंस के साथ मिलीभगत रही होगी ताकि वे पुरानी प्रथा को जारी रखें। चित्र 3.1 इस स्थिति की व्याख्या करता है।

बेखबर प्रधानमंत्री कार्यालय

यहां पर प्रधानमंत्री कार्यालय, की असहायता पर एक नजर डालने की ज़रूरत है। 2 जुलाई, 2009 को एक आर.टी.आई. सवाल के जरिए प्रधानमंत्री कार्यालय से पूछा गया कि डी.ओ.ई. के 1 अक्टूबर, 2008 के परिपत्र के अनुसार सरकारी अधिकारियों द्वारा अपनी आधिकारिक यात्राओं के एवज में अर्जित किए गए माइलेज प्वाइंट्स का इस्तेमाल करने के लिए इसने क्या कार्यप्रणाली विकसित की है। प्रधानमंत्री कार्यालय का

चित्र 3.1: अक्सर उड़ान भरते अधिकारी, सरकार का काम सिर्फ उनके प्वाइंट्स का कयास लगाना

Officials fly frequently, their points keep govt guessing

Austerity drive meant to club frequent flier points in departments, it remains a non-starter 3 years later

SHYAMLAL YADAV
NEW DELHI, MAY 31

IN October 2008, the Department of Expenditure announced a "austerity measure" over the use of frequent flier mileage points earned by government employees from official air travel in India and abroad. Three years on, not only does the measure appear a non-starter but any possible misuse of such points for personal travel, too, continues unchecked.

The Department of Expenditure under the Finance Ministry had issued a circular stating: "All mileage points earned by government employees on tickets purchased for official travel shall be utilised by the concerned department for other official travel by their officers." It added that it would be the responsibility of the officer concerned to ensure that free mileage points are used only for official travel and not for personal trips.

Some departments, including the Prime Minister's Office, had suggested a scheme where frequent flier points earned during official travel could be clubbed into a corporate account for subsequent use.

Replies received from departments through the Right To Information (RTI) route, however, reveal that most ministries and departments have not maintained any record of mileage points earned by their officials or of points transferred to the department. Those that have tried to abide by the circular are still trying to figure out how the points should be transferred for travel of other officials.

While many departments provided the number of points acquired by officers from air travels, they have admitted they do not have any information whether the officers deposited these points with departments' accounts — considering there are no such accounts in the first place.

Shortly after the 2008 circular was issued, the PMO had written to seven airlines, including Air India, to find a way of implementing the Ministry of Finance's instructions. An RTI reply shows that the PMO requested airlines to "Open a corporate account of PMO for domestic and foreign travels which could be quoted by officers of this office while booking tickets".

THERE IS no information if officers have deposited their points into departments' accounts — there are no such accounts

However, airlines categorically said such measures were difficult to enforce. Air India, for instance, informed the PMO that "We are not in a position to club mileage points of different members or open corporate mileage accounts."

The most detailed response has been received from divisions of the Ministry of Defence. A calculation shows that the headquarters of the integrated defence staff and the finance division amassed 4,19,290 frequent flier points between 2008 and January 2010 from travel of 26 senior officers.

However, the MoD admitted, "On liaison with Air India it has emerged that mileage points can only be awarded to the individual undertaking the journey. There is no government account in which these mileage points can be credited."

A bureaucrat of joint secretary rank posted with the PMO recently compiled all his mileage points earned over a period of three-and-a-half years and is in the process of dispatching it to the DoE for them to devise a method to credit or utilise them.

On behalf of the DoE, the spokesperson of the Finance Ministry, D S Malik, said the circular was issued "in the nature of policy guidelines/instructions and their implementation rests with the respective departments/ministries".

स्रोत: इंडियन एक्सप्रेस (1 जून, 2012)।

जवाब था:[13] "इस कार्यालय ने एयर इंडिया और अन्य छह निजी एयरलाइंस से प्रधानमंत्री के कार्यालय के लिए एक कॉरपोरेट अकाउंट खोलन का अनुरोध किया है ताकि उल्लिखित परिपत्र को लागू किया जा सके। एयर इंडिया को छोड़कर अन्य किसी से भी कोई जवाब नहीं मिला है।" निजी एयरलाइंस, यानी जेट एयरवेज, किंगफिशर एयरलाइंस, अमेरिकन एयरलाइंस, ब्रिटिश एयरवेज, स्पाइसजेट एयरलाइंस और इंडिगो एयरलाइंस ने प्रधानमंत्री कार्यालय के अनुरोध का जवाब तक देने की जहमत नहीं उठाई। एयर इंडिया ने प्रधानमंत्री कार्यालय को जवाब दिया[14] कि: "वर्तमान कार्यक्रम की रूपरेखा और नियमों को देखते हुए, हम इस स्थिति में नहीं हैं कि विभिन्न सदस्यों के माइलेज प्वाइंट्स को एकसाथ जोड़ सकें या कॉरपोरेट माइलेज अकाउंट्स खोल सकें।" एक तरफ प्रधानमंत्री कार्यालय ने परिपत्र का अनुपालन सुनिश्चित करने में अपनी असहायता दर्शाई, तो वहीं विदेश मंत्रालय का रूखा और पूर्वानुमानित उपेक्षापूर्ण जवाब[15] भी बहुत ही दुखद था: "एयर इंडिया विभिन्न सदस्यों के माइलेज प्वाइंट्स को एकसाथ जोड़ने, या कॉरपोरेट माइलेज अकाउंट्स खोलने पर राजी नहीं है। इसीलिए, मंत्रालय अब मुफ्त माइलेज प्वाइंट्स की यह सुविधा नहीं ले रहा है।" एक अन्य आर.टी.आई. के जवाब में, रक्षा मंत्रालय (एम.ओ.डी.)[16] ने भी इसी तरह की भावनाएं प्रकट कीं: "एयर इंडिया के साथ बातचीत में यह सामने आया कि माइलेज प्वाइंट्स सिर्फ यात्रा करने वाले व्यक्ति को ही दिए जा सकते हैं। ऐसा कोई सरकारी अकाउंट नहीं है जिसमें इन माइलेज प्वाइंट्स को जमा किया जा सके।"

चंद जागरूक अधिकारी

यह कोशिश की कमी या इच्छाशक्ति की कमी का मुद्दा नहीं था। स्पष्ट दिशा-निर्देशों के अभाव में, इस मुद्दे पर स्पष्टता का संपूर्ण अभाव था। आर्थिक मामलों के विभाग (डी.ई.ए.) के तत्कालीन संयुक्त सचिव के.पी. कृष्णन जैसे अधिकारियों ने क्रियान्वयन में झोल की तरफ लगातार इशारा किया। उन्होंने अपनी छह यात्राओं का जिक्र करते हुए डी.ओ.ई. को लिखा[17]: "आपसे सलाह की दरख्वास्त है कि इन माइल्स को किसके नाम पर जमा कराना है और इसकी क्या प्रक्रिया है।" डी.ओ.ई. ने यथासंभव अस्पष्टता बनाए रखते हुए जवाब दिया:[18]

> आर्थिक मामलों के विभाग (जहां कृष्णन नियुक्त थे) को सलाह दी जाती है कि वह मामले को एयरलाइंस के सामने उठाए ताकि यह सुनिश्चित हो सके कि किस ढंग से लाभों को

[13] लेखक की आर.टी.आई. पर प्रधानमंत्री कार्यालय से प्राप्त दिनांक 1 अगस्त, 2009 का पत्र।

[14] एयर इंडिया का दिनांक 20 फरवरी, 2009 का पत्र।

[15] लेखक को मिला दिनांक 21 अगस्त, 2009 का पत्र।

[16] लेखक को रक्षा मंत्रालय से मिला दिनांक 24 फरवरी, 2010 का पत्र।

[17] दिनांक 9 अप्रैल, 2009 को, लेखक द्वारा आर.टी.आई. के तहत डी.ओ.ई. से प्राप्त किया गया पत्र।

[18] दिनांक 22 अप्रैल, 2009 को, लेखक द्वारा आर.टी.आई. के तहत डी.ओ.ई. से प्राप्त किया गया पत्र।

> प्रशासनिक विभाग तक पहुंचाया जा सकता है। इसके विकल्प के रूप में, अधिकारियों द्वारा अर्जित किए गए माइलेज प्वाइंट्स का इस्तेमाल वे भविष्य में अपनी स्वयं की आधिकारिक यात्रा के लिए कर सकते है।

व्यवस्था में मौजूद सड़न और तदर्थवादी रवैया ही इसके लिए जिम्मेदार थे। कैबिनेट सचिवालय ने डी.ओ.ई. को लिखा[19] कि "उपरोक्त निर्देशों को लागू करने के लिए प्रक्रिया के अनुपालन संबंधी स्पष्ट निर्देशों के अभाव में, सचिवालय को इस मामले में निर्देशों को लागू करने में समस्या आ रही है। इसलिए, डी.ओ.ई. से अनुरोध है कि वह इस मामले में ज़रूरी सलाह प्रदान करे।" कैबिनेट सचिवालय ने डी.ओ.ई. को फिर से लिखा[20] कि "कृपया यह स्पष्ट करें कि क्या व्यय विभाग ने संबंधित मंत्रालय/विभाग के मार्फत उस मंत्रालय/विभाग के अधिकारियों/कर्मचारियों द्वारा की जाने वाली अन्य आधिकारिक यात्रा के लिए सरकारी कर्मचारियों द्वारा अपनी सरकारी यात्रा के लिए खरीदे गए टिकटों पर प्राप्त माइलेज प्वाइंट्स के इस्तेमाल के लिए कोई दिशा-निर्देश तैयार किए हैं या नहीं।" इसका जवाब[21] भी पूर्ववत था।

इस कथित मितव्ययिता वाले परिपत्र के क्रियान्वयन के संदर्भ में राज्य सभा सचिवालय और डी.ओ.ई. के बीच हुआ एक दिलचस्प पत्राचार गौरतलब है। राज्य सभा सचिवालय ने लिखा:[22]

> सरकारी कर्मचारियों द्वारा सरकारी यात्रा के लिए खरीदे गए टिकटों पर उनकी व्यक्तिगत फ्रीक्वेंट फ्लायर पंजीकरण संख्या पर अर्जित किए गए माइलेज प्वाइंट्स का संबंधित विभाग द्वारा इस्तेमाल किए जाने की कार्यप्रणाली को स्पष्ट करें। एक स्पष्टीकरण विशेष रूप से आवश्यक है क्योंकि वर्तमान में यह प्रतीत होता है कि एयरलाइंस द्वारा फ्रीक्वेंट फ्लायर नंबर सिर्फ व्यक्तियों को दिया जाता है विभागों को नहीं।

डी.ओ.ई. ने जवाब दिया:[23] "यह स्पष्ट किया जाता है कि सरकारी यात्रा के लिए खरीदे गए टिकटों पर सरकारी कर्मचारियों को मिलने वाले माइलेज प्वाइंट्स को एकत्रित करना और अपने विभाग के अन्य अधिकारियों की यात्रा के लिए इसका इस्तेमाल करना संबंधित विभाग का दायित्व है।"

---

[19] दिनांक 1 दिसंबर, 2008 को, डी.ओ.ई. को, लेखक द्वारा आर.टी.आई. के तहत डी.ओ.ई. से प्राप्त किया गया पत्र।

[20] दिनांक 23 जुलाई, 2009 को, डी.ओ.ई. को, लेखक द्वारा आर.टी.आई. के तहत डी.ओ.ई. से प्राप्त किया गया पत्र।

[21] लेखक ने आर.टी.आई. के तहत डी.ओ.ई. से कैबिनेट सचिवालय को भेजे गए दिनांक 28 जुलाई, 2009 के पत्र तक पहुंच प्राप्त की।

[22] दिनांक 10 दिसंबर, 2008 के पत्र के जरिए, लेखक द्वारा आर.टी.आई. के तहत राज्य सभा से प्राप्त किया गया पत्र।

[23] डी.ओ.ई. से राज्य सभा को भेजे गए दिनांक 17 दिसंबर, 2008 के पत्र तक लेखक ने आर.टी.आई के तहत पहुंच प्राप्त की।

डी.ओ.ई. के जवाब से असंतुष्ट, राज्य सभा सचिवालय ने फिर से डी.ओ.ई. को लिखा[24]:

> वर्तमान में मौजूद फ्रीक्वेंट फ्लायर योजना लाभकर्ताओं के व्यक्तिगत अकाउंट्स के आधार पर चलती है। इसमें किसी विभाग के नाम पर कोई अकाउंट (फ्रीक्वेंट-फ्लायर नंबर) खोलने का प्रावधान नहीं है। इस योजना में माइलेज प्वाइंट्स को एक अकाउंट से दूसरे अकाउंट में स्थानांतरित करने का भी कोई प्रावधान नहीं है। ऐसे में, यह स्पष्ट नहीं है कि सरकारी यात्राओं के लिए अधिकारियों को अपने व्यक्तिगत अकाउंट्स में मिले माइलेज प्वाइंट्स का इस्तेमाल विभाग द्वारा अन्य आधिकारिक यात्राओं के लिए किस प्रकार किया जा सकता है।

इस पत्र के जवाब[25] में डी.ओ.ई. ने राज्य सभा सचिवालय को सलाह दी: "फ्रीक्वेंट फ्लायर अकाउंट्स अवर सचिव/उप-सचिव के नाम पर खोले जा सकते हैं। ये प्वाइंट्स इस साझा अकाउंट में जमा होंगे और इनका इस्तेमाल संबंधित मंत्रालय/विभाग द्वारा केंद्रीय रूप से किया जा सकेगा।"

लेकिन राज्य सभा सचिवालय इस जवाब से भी संतुष्ट नहीं था, तब उसने फिर से डी.ओ.ई. को लिखा।[26]

> यह योजना इस बात की इजाजत नहीं देती कि एक व्यक्ति द्वारा की गई यात्राओं पर मिले माइलेज प्वाइंट्स को किसी अन्य व्यक्ति के नाम पर मौजूद अकाउंट में जमा किया जाए। ऐसे में, यदि अवर सचिव/उप-सचिव के नाम पर कोई फ्रीक्वेंट फ्लायर अकाउंट खोल भी दिया जाए, तो इसमें सिर्फ उसी अवर सचिव/उप-सचिव द्वारा की गई यात्राओं के लिए मिले माइलेज प्वाइंट्स ही जमा होंगे जिनके नाम पर अकाउंट खोला गया है और इस सचिवालय के अन्य अधिकारियों द्वारा की गई यात्रा के लिए मिलने वाले प्वाइंट्स उनके अपने अकाउंट में जमा होंगे। संक्षेप में, यह योजना व्यक्ति आधारित है और इस बात की इजाजत नहीं देती कि व्यक्तियों के एक समूह को मिले प्वाइंट्स किसी एक अकाउंट में जमा किए जाएं। इसे देखते हुए, व्यय विभाग के संबंधित सरकारी ज्ञापन में वर्णित ढंग से आधिकारिक यात्राओं पर मिलने वाले माइलेज प्वाइंट्स के संबंध में नए दिशा-निर्देशों को लागू करना व्यावहारिक नहीं जान पड़ता।

इस बार, डी.ओ.ई. ने अपने जवाब[27] में गेंद दूसरे पाले में डाल दी: "राज्य सभा सचिवालय को सलाह दी जाती है कि वह इस मामले को एयरलाइंस के पास ले जाए, ताकि यह सुनिश्चित हो सके कि लाभों को किस ढंग से प्रशासनिक विभाग के पास पहुंचाया जा सकता

[24] दिनांक 27 जनवरी, 2009 को, लेखक द्वारा आर.टी.आई के तहत डी.ओ.ई. से प्राप्त किया गया पत्र।

[25] दिनांक 18 फरवरी, 2009 को, लेखक द्वारा आर.टी.आई के तहत डी.ओ.ई. से प्राप्त किया गया पत्र।

[26] दिनांक 6 अप्रैल, 2009 को, लेखक द्वारा आर.टी.आई के तहत डी.ओ.ई. से प्राप्त किया गया पत्र।

[27] दिनांक 17 अप्रैल, 2009 को, लेखक द्वारा आर.टी.आई के तहत डी.ओ.ई. से प्राप्त किया गया पत्र।

है। इसके विकल्प के रूप में, अधिकारियों द्वारा अर्जित किए गए माइलेज प्वाइंट्स का इस्तेमाल वे भविष्य में अपनी स्वयं की आधिकारिक यात्रा के लिए कर सकते हैं।"

निःशुल्क सहयात्री और अन्य मामले

भारत सरकार के अधिकारियों द्वारा सरकारी यात्रा के लिए हवाई यात्रा पर किए जाने वाले खर्च के मामले में, डी.ओ.पी.टी. ने नौकरशाहों की अंतर्राष्ट्रीय यात्रा के लिए निःशुल्क सहयात्री योजना को प्रतिबंधित करने वाले अपने दिशा-निर्देश को साल भर के अंदर ही वापस ले लिया, हालांकि इसे अर्थव्यवस्था पर प्रभाव डालने वाले मितव्ययिता उपायों की शुरुआत के रूप में अत्यधिक प्रचारित किया गया था। जब कई अधिकारियों ने यह जानना चाहा कि क्या यह कथित योजना घरेलू यात्रा पर भी लागू होगी, तो व्यय विभाग ने डी.ओ.पी.टी. को स्पष्टीकरण दिया:[28] "घरेलू यात्रा के मामले में, पूरा किराया शुल्क का भुगतान करने के एवज में मिलने वाली निःशुल्क सहयात्री/जीवनसाथी टिकट की पेशकशों का लाभ नहीं उठाया जा सकता है।"

विभिन्न विभागों के पास आर.टी.आई. आवेदन दाखिल करके फ्रीक्वेंट-फ्लायर माइलेज प्वाइंट्स के निजी इस्तेमाल को प्रतिबंधित करने वाले परिपत्र के क्रियान्वयन के बारे में पूछा गया। कुछ विभागों ने बहुत ही दिलचस्प ढंग से जवाब दिए[29]: जब उनसे पूछा गया, "क्या आपका विभाग कथित परिपत्र को लागू कर रहा है?" उन्होंने जवाब दिया, "हां।" जब उनसे पूछा गया, "क्या आपके विभाग को कथित परिपत्र के क्रियान्वयन में कोई समस्याएं पेश आईं?" उन्होंने कहा, "नहीं।" जब उनसे पूछा गया, "क्या विदेश की यात्रा करने वाले किसी भी अधिकारी ने आपके विभाग के अकाउंट में कोई फ्रीक्वेंट-फ्लायर माइलेज प्वाइंट्स जमा किए हैं?" उनका जवाब था, "नहीं।" और, अंततः, जब उनसे पूछा गया, "सरकारी यात्राओं पर मिलने वाले माइलेज प्वाइंट्स का इस्तेमाल करने के लिए आपके विभाग ने क्या कार्यप्रणाली विकसित की है?" तब अधिकांश विभागों ने जवाब दिया, "हमने कथित परिपत्र की एक प्रतिलिपि संबंधित अधिकारियों तक प्रसारित कर दी है।"

जब ये सवाल संचार मंत्रालय के सामने रखे गए, तो वहां से जवाब मिला[30]:

> इस मामले में इस कार्यालय में हवाई यात्रा के लिए अर्हता-प्राप्त सभी अधिकारियों को निर्देश जारी कर दिए गए हैं। किसी भी अधिकारी द्वारा अर्जित किन्हीं भी माइलेज प्वाइंट्स की जानकारी अब तक नहीं मिली है... यह सुनिश्चित करना संबंधित अधिकारी की

---

[28] दिनांक 22 जुलाई, 2010 का पत्र देखें, लेखक द्वारा आर.टी.आई के तहत डी.ओ.ई. से प्राप्त किया गया पत्र।

[29] खनन मंत्रालय, भू विज्ञान मंत्रालय, मानव संसाधन विकास मंत्रालय जैसे अनेक मंत्रालयों से 2009–10 के दौरान मिले जवाबों के आधार पर।

[30] लेखक को 27 जनवरी, 2010 और 14 मई, 2010 को भेजे गए पत्र।

जिम्मेदारी है कि निःशुल्क माइलेज प्वाइंट्स का इस्तेमाल सिर्फ आधिकारिक यात्रा के लिए किया जाए।

डी.ओ.पी.टी. से यह भी पूछा गया था कि क्या मितव्ययिता परिपत्र के उल्लंघन के लिए किसी भारतीय प्रशासनिक सेवा (आई.ए.एस.) अधिकारी के विरुद्ध कार्रवाई की गई। डी.ओ.पी.टी. ने जवाब[31] दिया कि उसे "उपरोक्त वर्णित परिपत्र के जारी होने के बाद से ऐसे किसी आई.ए.एस. अधिकारी के विरुद्ध अनुशासनिक कार्रवाई शुरु करने के लिए कोई प्रस्ताव प्राप्त नहीं हुआ है।"

इन सभी जवाबों में अंतर्निहित संदेश स्पष्ट था कि मितव्ययिता के ये सभी उपाय व्यावहारिक ब्यौरों की गहराई में उतरे बिना सिर्फ औपचारिकतावश जारी किए गए थे। कुछ विभागों ने बाद में अधिकारियों के नामों की सूची के साथ उनमें से प्रत्येक द्वारा अपने विदेश दौरों के लिए मिले फ्रीक्वेंट-फ्लायर माइलेज प्वाइंट्स के ब्यौरे प्रदान किए। कुछ अधिकारियों ने कहा कि उन्हें प्वाइंट्स मिले थे लेकिन उन्होंने इनका इस्तेमाल नहीं किया। अधिकांश अधिकारियों ने कहा कि उन्हें प्वाइंट्स मिले थे लेकिन उन्होंने इन्हें इस्तेमाल किए जाने का ब्यौरा नहीं दिया। यह स्पष्ट था कि अनेक अधिकारियों ने माइलेज प्वाइंट्स का इस्तेमाल करना जारी रखा है, लेकिन उनके विभाग को इसकी जांच करने में कोई दिलचस्पी नहीं है। संभवतः कुछ अधिकारी अपने माइलेज प्वाइंट्स का इस्तेमाल इसलिए नहीं कर रहे होंगे क्योंकि उन्हें विभागीय कार्रवाई का डर होगा और उनके प्वाइंट्स बर्बाद हो रहे होंगे, इसलिए सरकारी राजकोष को इन निर्देशों से कुछ हासिल नहीं हुआ।

ऐसा लगता है कि विदेश यात्रा के सवाल पर नौकरशाहों और मंत्रियों के बीच शायद एक सुखद गठजोड़ है। यदि आर.टी.आई. कानून नहीं होता, तो इस समस्या की प्रत्येक चरण पर पड़ताल करना और इस समस्या को सामने लाना संभव नहीं हो पाता।

संयुक्त सचिवों और उनके समकक्ष पद के अधिकारियों की विदेश यात्रा के प्रस्ताव संबंधित मंत्रियों द्वारा पास किए जाते हैं, जबकि सचिवों और उनके समतुल्य पद के अधिकारियों के दौरों को कैबिनेट सचिव के नेतृत्व वाली सचिवों की समित से मंजूरी मिलती है। दूसरी तरफ, मंत्रियों के विदेश दौरों की, चाहे यह व्यक्तिगत यात्रा हो या आधिकारिक दौरा, मंजूरी प्रधानमंत्री कार्यालय से मिलती है। आधिकारिक दौरों के लिए, विदेश मंत्रालय से राजनीतिक मंजूरी मिलना अनिवार्य है और यदि व्यक्तिगत यात्राओं के दौरान विदेशी आतिथ्य-सत्कार शामिल हो, तो इसके लिए गृह मंत्रालय से भी विदेशी अंशदान विनियमन अधिनियम (फॉरेन कांट्रीब्यूशन रेग्युलेशन एक्ट) मंजूरी प्राप्त करना ज़रूरी है।

---

[31] दिनांक 2 सितंबर, 2011 को, लेखक द्वारा आर.टी.आई. के तहत प्राप्त किया गया पत्र।

नई एन.डी.ए. सरकार ने 26 मई, 2014 को प्रभार ग्रहण करने के बाद, सचिवों के दौरों में कटौती करने के लिए कुछ अतिरिक्त कदम लागू किए। कैबिनेट सचिव अजित सेठ ने केंद्र सरकार के सभी विभागों को एक पत्र लिखा[32] जिसमें कहा गया था कि "विदेश यात्रा के प्रस्ताव के संदर्भ में, प्रधानमंत्री का निर्देश है कि 'सचिवों के विदेश और साथ ही घरेलू दौरों की योजना भी सिर्फ तभी बनाई जानी चाहिए जबकि संयुक्त सचिव/अतिरिक्त सचिव स्तर के अधिकारियों यात्रा से काम न चलता हो।" उन्होंने आगे लिखा[33] कि प्रधानमंत्री के अनुमोदन के लिए "कृपया घरेलू और विदेश के दौरों से संबंधित किसी भी प्रस्ताव पर विचार करते समय इसे ध्यान में रखें।"

प्रक्रियाओं को सरल बनाने का प्रयास करते हुए, नरेंद्र मोदी के नेतृत्व वाली नई सरकार ने अधिकारियों की विदेश यात्रा के प्रस्तावों को दाखिल करने के प्रारूप को संशोधित[34] किया। पुराने प्रारूप में (जिसे 11 दिसंबर, 2007 को आखिरी बार संशोधित किया गया था) 24 प्रश्न थे; नए प्रारूप में सिर्फ 19 प्रश्न रखकर इसे अंतिम रूप दिया गया। वित्त मंत्रालय के तहत डी.ओ.ई. ने 2 जुलाई, 2014 को नया प्रारूप जारी किया, और इस कथित परिपत्र के पैराग्राफ 15(iv) में कहा गया: "न्यायोचित ढंग से यह बताया जाए कि क्यों इस (वीडियो कांफ्रेंसिंग) सुविधा का इस्तेमाल नहीं किया जा सकता है।" पैराग्राफ 15(i) कहता है: "बड़े अधिकारियों को भेजने के बजाय, क्रियात्मक स्तर, जैसे निर्देशक/उप-सचिव आदि पर अधिकारियों को भेजकर उद्देश्य की पूर्ति क्यों नहीं की जा सकती है।" समस्या यह है कि वरिष्ठ अधिकारीगण किसी विषय का अध्ययन करते के लिए विदेश जाते हैं पर वापस आने पर उनमें से अनेक का स्थानांतरण कर दिया जाता है जिससे उनकी विदेश यात्रा बेकार चली जाती है और उसका फायदा संबंधित विभाग को नहीं मिल पाता। इसी कारण 'क्रियात्मक स्तर' के अधिकारियों को विदेश भेजे जाने पर जोर दिया गया जिसकी वजह से नई दिल्ली नगरपालिका परिषद (एन.डी.एम.सी.) ने कुछ जमीनी स्तर के कर्मचारियों[35] को नवंबर 2015 में टोक्यो और दक्षिण कोरिया की यात्रा पर भेजा जिनमें सफाईकर्मी और बेलदार शामिल थे।

---

[32] Letter dated September 26, 2014, by Ajit Seth. Available on http://cabsec.nic.in/showpdf.php?type=circulars_f26sep2014&special, accessed December 30, 2016.

[33] Ibid.

[34] See http://indianexpress.com/article/india/india-others/foreign-trips-under-scanner-why-fly-when-you-can-talk/, accessed December 30, 2016.

[35] Shyamlal Yadav, "Delhi sweepers to fly to Japan, S. Korea for hygiene lessons," *The Indian Express*, New Delhi (November 14, 2015). Available on http://indianexpress.com/article/india/india-news-india/delhi-sweepers-to-fly-to-japan-south-korea-for-hygiene-lessons/, accessed December 30, 2016.

हालांकि सरकारी विदेश यात्राओं से वापस आने के बाद विस्तृत रिपोर्ट दाखिल करने के निर्देश हैं, परंतु इसका पालन किया भी जाता है, तो यह महज औपचारिकता है। आर.टी. आई. एक हथियार के रूप में सामने आया जिसके इस्तेमाल से सरकारी कार्यालयों में घुसना और आधिकारिक रिकॉर्डों में स्टोरीज की पड़ताल करना आसान हुआ है। नौकरशाहों की विदेश यात्रा की विशाल सूचना तक पहुंच बनाई गई, इसका विश्लेषण किया गया और इसे प्रकाशित किया गया जिसका कुछ हद तक असर भी पड़ा। यदि आर.टी.आई. कानून नहीं होता, तो यह करना संभव नहीं होता। यह एक और ऐसा मुद्दा है जो यह साबित करता है कि आर.टी.आई. में सरकारी व्यवस्था की कार्यप्रणाली में सुधार लाने के लिए विवश करने की शक्ति है।

4 मैं घोषणा करता हूं: सार्वजनिक दायरे में सम्पत्तियों की घोषणाएं

पहली बात, हमें कानून और संविधान के अनुसार (यदि इस प्रावधान को असरदार बनाना है) न सिर्फ मंत्रियों से, उनके पदभार ग्रहण करते समय उनकी परिसंपत्तियों और उनकी देयताओं की घोषणा करवानी चाहिए, बल्कि साथ ही हमें दो अनुपूरक प्रावधान भी बनाने चाहिए। पहला यह कि हर मंत्री को अपने पद से हटते समय अपने इस्तीफे या पदत्याग के दिन भी अपनी परिसंपत्तियों की घोषणा करनी चाहिए, ताकि कोई भी यह जान सके कि उस मंत्री की परिसंपत्तियों में कितनी वृद्धि हुई है और क्या यह वृद्धि उनकी आमदनी की बचत से संभव है या नहीं... दूसरा प्रावधान यह होगा कि यदि हमें यह पता चलता है कि मंत्री द्वारा अपने पद का त्याग करने के दिन उसकी संपत्ति में हुई वृद्धि को उसकी बचत के माध्यम से होने वाली सामान्य वृद्धि से कहीं ज्यादा है तो उस वृद्धि का कारण जानने के लिए उस मंत्री पर अभियोग चलाने के लिए एक तीसरा प्रावधान भी होना चाहिए। मेरी समझ में, यदि आप इस धारा को कारगर बनाना चाहते हैं, तो, जैसा मैंने बताया, इसके लिए तीन प्रावधानों का होना ज़रूरी है। एक है शुरुआत में घोषणा करना, दूसरा है पद का त्याग करते समय घोषणा करना, तीसरा है, परिसंपत्तियों में हुई असामान्य वृद्धि के बारे में समझाने की जिम्मेदारी और चौथा यह है कि इसे अपराध घोषित करना और इसके लिए सजा देना या जुर्माना लगाना।[1]

–संविधान सभा के सदस्य के.टी. शाह और एच.वी. कामथ के इस प्रस्ताव पर कि मंत्रियों द्वारा पदभार ग्रहण करने से पहले उनके लिए अपने हितों, अधिकारों, और संपत्तियों की घोषणा करने की अनिवार्यता होनी चाहिए, डॉ. भीम राव आंबेडकर द्वारा 31 दिसंबर, 1948 को संविधान सभा में दिया गया जवाब।

तालिका 4.1 से यह साफ होगा कि आजादी हासिल करने के बाद से ही भ्रष्टाचार ने सार्वजनिक जीवन में अपने कुरूप चेहरे से नकाब उठा लिया था। भ्रष्टाचार को खत्म करना महज एक नैतिक ज़रूरत ही नहीं है, बल्कि विकसित देशों की बराबरी करने की आकांक्षा रखने वाले किसी देश के लिए यह एक आर्थिक अनिवार्यता भी है।

अपने मंत्रियों की परिसंपत्तियों और देयताओं पर नजर रखने के सरकार के प्रयासों का इतिहास वर्ष 1964 से माना जा सकता है।[2] केंद्रीय मंत्रिपरिषद ने केंद्र और राज्य में मंत्रियों

[1] See http://164.100.47.192/Loksabha/Debates/Result_Nw_15.aspx?dbsl=609, accessed February 11, 2017.

[2] गृह मंत्री वाई.बी. चव्हाण का दिनांक 10 जून, 1969 का पत्र, जिसे सी.एच.आर.आई. के वेंकटेश नाइक द्वारा आर.टी.आई का इस्तेमाल करके प्रधानमंत्री कार्यालय के दिनांक 10 नवंबर, 2009 के पत्र के जरिए देखा गया था।

तालिका 4.1: मंत्रियों की परिसंपत्तियां जानने के लिए दाखिल की गई आर.टी.आई. की झलकियां

सूचना	केंद्रीय मंत्रियों की परिसंपत्तियां
प्राधिकरण	प्रधानमंत्री कार्यालय और कैबिनेट सचिवालय
समस्याएं	दोनों कार्यालयों ने एक.दूसरे को आवेदन अग्रसारित किए। उनके पत्रों की प्रतिलिपियां लेखक द्वारा एक-दूसरे को भेजी गईं। यह गड़बड़झाला भी अपने आप में एक कहानी थी।
आवेदन और अपीलें	पहली स्टोरी के लिए पांच (इनमें फॉलोअप और अन्य संबंधित स्टोरीज के लिए दाखिल आवेदन शामिल नहीं हैं)।
लगा समय	दो माह से अधिक
स्टोरी	दि ओपन सीक्रेट: पारदर्शिता के प्रधानमंत्री के दावे के बावजूद, आर.टी.आई. कानून के तहत सूचना प्राप्त करने के प्रयासों को अक्सर बाधित किया जाता है। (*इंडिया टुडे*, 30 जून, 2008)
प्रभाव	वर्ष 2009 में नई सरकार के सत्ता में आने के बाद, सभी मंत्रियों ने निर्धारित समय में अपनी परिसंपत्तियों की घोषणा की।
मेरे द्वारा फॉलोअप	केंद्रीय मंत्रियों, राज्य सरकारों के मंत्रियों, नौकरशाहों, संसद सदस्यों, विधानसभा सदस्यों से संबंधित कई और आवेदन भी दाखिल किए गए थे और ये स्टोरीज सामने लाई गईं। इन सभी ने परिसंपत्तियां दाखिल करने की एक उचित कार्यप्रणाली के लिए रास्ता तैयार किया।
दूसरों द्वारा फॉलोअप	अन्य मीडिया संस्थानों ने व्यापक रूप से फॉलोअप किया

स्रोतः लेखक।

के लिए एक आचार संहिता अपनाने के लिए एक संकल्प पारित किया जिसमें किसी भी बदलाव को वार्षिक तौर पर अपडेट करने के प्रावधान मौजूद थे। यह तय किया गया कि सभी केंद्रीय मंत्री अपना पदभार ग्रहण करने के बाद प्रधानमंत्री को अपनी परिसंपत्तियों और देनदारियों का ब्यौरा देंगे। कहा गया था कि यह राज्य के मंत्रियों पर भी लागू होगी और वे यही घोषणाएं मुख्यमंत्री को देंगे।

आचार संहिता कहती है:[3]

> मंत्री के रूप में अपना पदभार ग्रहण करते ही, किसी भी व्यक्ति को संविधान के प्रावधानों का पालन करना होगा, जन प्रतिनिधित्व कानून, 1951, और उस समय लागू अन्य किसी भी कानून का पालन करना होगा तथा किसी भी स्थिति में पदभार ग्रहण करने के दो माह के अंदर, यह करना होगाः (क) अपने और अपने परिवार के सदस्यों की परिसंपत्तियों और देयताओं, व्यापारिक हितों के ब्यौरे प्रधानमंत्री या मुख्यमंत्री, स्थिति के अनुसार, को देने होंगे। सार्वजनिक रूप से घोषित ब्यौरों में सभी अचल संपत्तियों का विवरण और निम्नलिखित सभी का कुल अनुमानित मूल्य शामिल होगा (i) शेयर और डिबेंचर्स, (ii) नकदी और (iii) आभूषण, (ख) मंत्री के रूप में नियुक्त होने से पहले जिस किसी भी

[3] लेखक द्वारा आर.टी.आई के तहत 2008 में हासिल किया गया, जो अब गृह मंत्रालय की वेबसाइट पर उपलब्ध है।

> व्यापार के संचालन और प्रबंधन में उनकी सहभागिता थी, उसके स्वामित्व से स्वयं को वंचित करते हुए सभी संबंध विच्छेद करने होंगे, और (ग) संबंधित सरकार या उस सरकार के उपक्रमों (वाणिज्य या व्यापार के सामान्य चलन के अतिरिक्त और मानक या बाजार मूल्यों को छोड़कर) को उत्पादों और सेवाओं की आपूर्ति करने वाले व्यवसाय के संदर्भ में, या जो व्यवसाय मुख्यतः संबंधित सरकार से मिले या मिलने वाले लाइसेंस, परमिट, कोटा, लीज इत्यादि पर निर्भर करते हैं उनके संदर्भ में, वह कथित व्यवसाय से और साथ ही उसके प्रबंधन में अपने सभी हितों से स्वयं को अलग कर लेंगे।

सरकार ने समय-समय पर इसे संशोधित किया।

आचार संहिता के अलावा, सरकार ने मंत्रियों के आश्रितों के रोजगार के प्रश्न पर भी ध्यान दिया। तत्कालीन गृह मंत्री वाई.बी. चव्हाण द्वारा सभी केंद्रीय मंत्रियों को लिखे एक गोपनीय पत्र में कहा गया था[4]

> आपको याद होगा कि 1964 में हमने केंद्र सरकार के मंत्रियों के लिए एक आचार संहिता अपनाई थी, और साथ ही राज्य सरकारों से भी अनुरोध किया था कि राज्य सरकार के मंत्रियों के संदर्भ में इसे अपनाएं।
>
> आचार संहिता कई पहलुओं पर मार्गदर्शन प्रदान करती है, लेकिन इसमें विदेशी सरकारों के भारत या विदेश स्थित दूतावासों में या अन्य विदेशी संस्थानों में (जिनसे वाणिज्यिक सरोकार जुड़े हैं) मंत्रियों के बेटों और बेटियों या आश्रितों के रोजगार के संदर्भ में किसी तरह के दिशा-निर्देश मौजूद नहीं हैं। यह महसूस किया गया है कि इस संदर्भ में कुछ तौर-तरीके अपनाए जाने की ज़रूरत है। हाल ही में, संसद में इस किस्म के रोजगार से संबंधित एक प्रश्न भी पूछा गया था।
>
> इस समस्या पर सावधानी से विचार करते हुए प्रधानमंत्री का मत है कि मंत्रियों की पत्नियों और आश्रितों को भारत या विदेश में किसी विदेशी सरकार के अधीन या किसी विदेशी संस्था (जिनसे वाणिज्यिक सरोकार जुड़े हैं) में उनके (प्रधानमंत्री के) पूर्व अनुमोदन के बिना रोजगार स्वीकार नहीं करना चाहिए...मैं राज्यों के मुख्यमंत्रियों को भी लिख रहा हूं कि वे राज्य सरकारों के मंत्रियों के संदर्भ में ऐसी ही व्यवस्था अपनाने पर विचार करें।

पत्र की प्रतिलिपियों को प्रत्येक राज्य सरकारों को अग्रेषित किया गया ताकि वे इस पर कदम उठा सकें, परंतु चूंकि यह अनिवार्य नहीं था, इसलिए इस पर उतना ध्यान नहीं दिया गया जितना दिया जाना चाहिए था।

शपथ ग्रहण करते समय, प्रत्येक मंत्री को आचार संहिता की एक प्रतिलिपि दी जाती है जिसमें अन्य बातों के अलावा यह लिखा होता है कि मंत्रियों को प्रधानमंत्री कार्यालय को

---

[4] गृह मंत्री वाई.बी. चव्हाण का दिनांक 10 जून, 1969 का पत्र, जिसे सी.एच.आर.आई के वेंकटेश नाइक द्वारा आर.टी.आई का इस्तेमाल करके प्रधानमंत्री कार्यालय के दिनांक 10 नवंबर, 2009 के पत्र के जरिए देखा गया था।

अपनी और अपने परिवार के सदस्यों की परिसंपत्तियों, देयताओं और व्यावसायिक हितों का ब्यौरा देना चाहिए।

मनमोहन सिंह ने यू.पी.ए. सरकार का नेतृत्व करने के दौरान, पारदर्शिता के हित में इस परंपरा को बरकरार रखने के लिए जोर लगाया। वर्ष 2007 के मध्य में, इस तरह की रिपोर्टें मिलीं कि प्रधानमंत्री अपने मंत्रियों द्वारा उनकी परिसंपत्तियों और देयताओं के ब्यौरे जमा कराने से संबंधित कैबिनेट सचिवालय द्वारा बार-बार जारी किए गए अनुस्मारकों की अनदेखी किए जाने से नाखुश थे। लेकिन अंततः प्रधानमंत्री के प्रयास महज जुबानी जमाखर्च ही साबित हुए।

***

इसके क्रियान्वयन की स्थिति को समझने के लिए, मैंने 6 नवंबर, 2007 को प्रधानमंत्री कार्यालय और कैबिनेट सचिवालय में अलग-अलग आर.टी.आई. आवेदन दाखिल किए। उनसे उन मंत्रियों की सूची उपलब्ध कराने का अनुरोध किया गया जिन्होंने अपनी परिसंपत्तियों और देयताओं के ब्यौरे दाखिल किए थे, और जिन्होंने नहीं किए थे। उनसे यह ब्यौरे जमा नहीं कराने वाले मंत्रियों को भेजे गए अनुस्मारकों, यदि कोई भेजे गए हों, की प्रतिलिपियां उपलब्ध कराने को भी कहा गया। दोनों कार्यालयों ने शीघ्र जवाब भेजे, लेकिन थोड़े में कहें, तो उनके जवाब बेहद शर्मनाक थे। प्रधानमंत्री कार्यालय साउथ ब्लॉक में है और कैबिनेट सचिवालय राष्ट्रपति भवन परिसर के अंदर है, इन दोनों के बीच 300 मीटर से भी कम की दूरी है। लेकिन, संबंधित प्रस्ताव को स्वीकार किए जाने के 43 वर्ष बाद, आर.टी.आई. आवेदनों पर मिले जवाब यह दर्शाते हैं कि इन दोनों शीर्ष कार्यालयों को इस बात की जानकारी तक नहीं थी कि आवश्यक सूचना के रख-रखाव के लिए कौन-सा विभाग जिम्मेदार है।

प्रधानमंत्री कार्यालय ने आर.टी.आई. आवेदन को यह कहते[5] हुए कैबिनेट सचिवालय के पास अग्रेषित किया कि “ऊपर उल्लिखित विषय पर श्री श्यामलाल यादव से प्राप्त दिनांक 6 नवंबर, 2007 के आवेदन को आर.टी.आई. कानून के अनुच्छेद 6 (3) के अंतर्गत उपयुक्त कार्रवाई के लिए भेजा गया है।” इस पत्र की प्रतिलिपि आवेदक को भी भेजी गई थी। एक सप्ताह बाद, साफ तौर पर मामले को टालने के लिए, कैबिनेट सचिवालय ने आवेदन का जवाब[6] दिया: “यह बताया जाता है कि मांगी गई सूचना प्रधानमंत्री कार्यालय से संबंधित है और कैबिनेट सचिवालय का इस विषय से प्रत्यक्ष रूप से कोई सरोकार नहीं है।” जवाबी कार्रवाई के तौर पर, थोड़े बदलाव के साथ, दोनों जवाबों को वापस भेजने का फैसला लिया

[5] प्रधानमंत्री कार्यालय का दिनांक 19 नवंबर, 2007 का पत्र जिसकी पुष्टि लेखक द्वारा भी की गई थी।

[6] कैबिनेट सचिवालय का दिनांक 26 नवंबर, 2007 का पत्र जिसकी पुष्टि लेखक द्वारा भी की गई थी।

गया। कैबिनेट सचिवालय का जवाब प्रधानमंत्री कार्यालय को और प्रधानमंत्री कार्यालय का जवाब कैबिनेट सचिवालय को भेजा गया। स्पष्टतः, मामले से पल्ला झाड़ने के लिए, कैबिनेट सचिवालय ने अब जवाब दिया:[7] "यह मामला सक्षम प्राधिकारी के विचारधीन है और उचित समय पर आपको सूचना/जवाब भेज दिया जाएगा।"

लेकिन एक के बाद एक तीन अनुस्मारक[8] भेजने के बावजूद, जन सूचना अधिकारी और कैबिनेट सचिवालय के प्रथम अपीलीय अधिकारी में से किसी ने भी कोई जवाब नहीं दिया। दिनांक 13 मार्च, 2008 को भेजे गए तीसरे अनुस्मारक में उनसे पूछा गया कि इस प्रकार के प्रश्नों के जवाब देने के लिए क्या कोई समय सीमा तय की गई थी, और यह भी पूछा गया कि वे आवेदनों का जवाब कब तक देंगे। आर.टी.आई. कानून के अंतर्गत, उनसे अपेक्षा की जाती है कि वे सभी प्रश्नों के जवाब 30 दिन के अंदर दें। कैबिनेट सचिवालय के अधिकारियों के नजरिए से निराश होकर, 17 मार्च, 2008 को जन सूचना अधिकारी के पास एक शिकायत भेजी गई। शिकायत के लिए यह कारण बताया गया कि जन सूचना अधिकारी और प्रथम अपीलीय अधिकारी, दोनों ने ही सूचना उपलब्ध नहीं कराई।

मई 2008 के अंत में, प्रधानमंत्री मनमोहन सिंह ने यू.पी.ए. सरकार के चार साल पूरा होने के उपलक्ष्य में एक समारोह में अपनी सरकार की उपलब्धियों का बहुत गर्व से बखान किया, जिसमें पारदर्शी प्रशासन का भी खास तौर पर जिक्र किया गया:[9] उन्होंने इस बात पर जोर दिया कि "यू.पी.ए. सरकार ने शासन में जवाबदेही और पारदर्शिता की एक नई मिसाल कायम की है।"

मनमोहन सिंह ने ऐसा उस समय कहा जब मैं सूचना पाने के लिए संघर्ष कर रहा था और एक के बाद एक अनुस्मारक भेज रहा था, और प्रधानमंत्री कार्यालय और कैबिनेट सचिवालय से जवाब पाने में विफल हो रहा था। तब यह महसूस हुआ कि सूचना देने से इनकार किए जाने पर भी एक अच्छी स्टोरी बनेगी। यह *इंडिया टुडे* में प्रकाशित हुई।[10]

समझ से परे सी. आई. सी. का फैसला

ऊपरी तौर पर, यह स्टोरी वांछित असर नहीं डाल पाई। लेकिन और अधिक सूचनाएं प्राप्त करने के प्रयास जारी रहे। दिनांक 17 मार्च, 2008 को दर्ज की गई शिकायत तत्कालीन

---

[7] लेखक के लिए कैबिनेट सचिवालय का दिनांक 24 दिसंबर, 2007 का पत्र।

[8] लेखक द्वारा कैबिनेट सचिवालय को 11 फरवरी, 2008 और 13 मार्च, 2008 को भेजा गया।

[9] यू.पी.ए. सरकार की चौथी वर्षगांठ पर प्रधानमंत्री का संबोधन, जनता के समक्ष 2008 में रिपोर्ट की प्रस्तुति।

[10] Shyamlal Yadav, "Open Secret," *India Today* (June 19, 2008). Available on http://indiatoday.intoday.in/story/Open+secret/1/10097.html, accessed December 30, 2016.

मुख्य सूचना आयुक्त वज़ाहत हबीबुल्ला के पास विचाराधीन थी, और उनके आदेश[11] में कहा गया था किः

> चूंकि प्रथम अपीलीय अधिकारी ने अपीलकर्ता के प्रश्नों का जवाब नहीं दिया और चूंकि शिकायतकर्ता के पास अनुच्छेद 18 (1)(ई) तहत हमें सीधी शिकायत भेजने का कोई आधार नहीं है, इसलिए आयोग ने फैसला किया है कि इस शिकायत को प्रथम अपीलीय अधिकारी सुश्री विनी महाजन संयुक्त सचिव, प्रधानमंत्री कार्यालय, नई दिल्ली के पास वापस भेजा जाए और वे इस फैसले के प्राप्त होने की तिथि के दस कार्यदिवसों में श्री यादव की शिकायत का निपटारा करें।

उन्होंने आदेश[12] में आगे कहा कि ऐसा करते हुए वह अपील संख्या CIC/WB/A/2009/00038 एवं WB/C/08/868 SC सुभाष चंद्र अग्रवाल बनाम प्रधानमंत्री कार्यालय[13] में सी.आई.सी. द्वारा 16 मार्च, 2009 को घोषित किए गए निर्णय का संदर्भ देंगी किः

> यह स्पष्ट है कि मांगी गई सूचना, जैसा कि ऊपर उद्धृत लोकसभा के नियमों में कहा गया है, गोपनीय है, इसलिए कोई भी प्रकटीकरण करने से पहले अनुच्छेद 11(1) के तहत तृतीय पक्ष को सूचित किए जाने की आवश्यकता है। परंतु, ऊपर उद्धृत लोकसभा नियमों के तहत ऐसी सूचना लोकसभाध्यक्ष की अनुमति के बिना प्रकट नहीं की जा सकती है इसीलिए यह मामला लोकसभा स्पीकर श्री सोमनाथ चटर्जी के पास भेज दिया जाएगा क्योंकि यह सूचना मंत्रिपरिषद के उन सदस्यों से संबंधित है जो लोकसभा के सदस्य हैं। यदि राज्यसभा के संदर्भ में भी ऐसा कोई नियम हो, तो उसे भी लागू किया जा सकता है, हालांकि सुनवाई के समय हमें ऐसे किन्हीं नियमों के के बारे में नहीं बताया गया। यदि वास्तव में ऐसे कोई नियम नहीं हों, तो आर.टी.आई. कानून 2005 के अनुच्छेद 11 की उपधारा (1) के तहत अनिवार्य प्रक्रिया के अनुसार मामला संबंधित तृतीय पक्षों को भेजा जाएगा।

यह स्पष्ट है कि सी.आई.सी. ने बिना वजह लोकसभा/राज्यसभा के पाले में गेंद डाल दी थी। मंत्रियों और सांसदों द्वारा परिसंपत्तियों और देयताओं की घोषणा करने के प्रावधान अलग-अलग प्रक्रियाओं द्वारा नियंत्रित किए जाते हैं। लोकसभा सांसद इसे लोकसभाध्यक्ष के समक्ष लोकसभा सदस्य (आस्तियों और देयताओं की घोषणा) संबंधी नियम, 2004

---

[11] See http://ciconline.nic.in/rti/docs/cic_decisions/WB-28072009-03.pdf, accessed April 1, 2017.

[12] Ibid.

[13] अग्रवाल ने 28 अप्रैल, 2008 को कैबिनेट सचिवालय के पास एक आवेदन दाखिल किया जिसे प्रधानमंत्री कार्यालय के पास अग्रेषित किया गया लेकिन जब उन्हें सूचना नहीं मिली, तब उन्होंने सी.आई.सी. के पास एक शिकायत और दूसरी अपील दाखिल की।

के तहत और राज्यसभा सांसद इसे उस सदन के सभापति के समक्ष राज्यसभा सदस्य (आस्तियों और देयताओं की घोषणा) संबंधी नियम, 2004 के तहत दाखिल करते हैं। केंद्रीय मंत्री प्रधानमंत्री कार्यालय के समक्ष जो ब्यौरा देते हैं वह बिल्कुल अलग है और केंद्रीय मंत्रिपरिषद द्वारा 1964 में अपनाए गए मंत्रियों की आचार संहिता के अंतर्गत आता है। इसीलिए, प्रधानमंत्री कार्यालय के समक्ष की गई घोषणाओं को प्रकट करने में इस प्रश्न को लोकसभाध्यक्ष या राज्यसभा सभापति के पास भेजने की कोई ज़रूरत नहीं थी।

परंतुए लोकसभाध्यक्ष सोमनाथ चटर्जी और राज्यसभा के सभापति हामिद अंसारी ने अपनी स्वीकृति दे दी और परिसंपत्तियों के ब्यौरे प्रकट किए गए।

सी.आई.सी. के 'अप्रासंगिक' फैसले का अनुपालन करने से कुछ ही समय पहले, संभवतः प्रधानमंत्री कार्यालय को आवेदन की विषयवस्तु का ध्यान आया, और प्रधानमंत्री कार्यालय ने निम्नलिखित सूचना आगे पहुंचाई:[14] "कैबिनेट सचिवालय मंत्रिपरिषद के सदस्यों के बीच आचार संहिता प्रसारित करता है और कैबिनेट सचिवालय द्वारा नियमित समय पर मंत्रियों को आचार संहिता के पालन के लिए अनुस्मारक भेजे जाते रहे हैं।" प्रधानमंत्री कार्यालय ने यू.पी.ए.-1 के मंत्रियों की सूची उपलब्ध कराई जिसमें उनके द्वारा ब्यौरे घोषित करने की तिथि और उन्हें अपडेट करने की सूचना भी शामिल थी जिससे यह स्पष्ट था कि 16 मंत्रियों ने 2008 में जाकर ही ब्यौरे दाखिल किए थे, यानी उनके मंत्री के तौर पर शपथ लेने के चार वर्ष के बाद ब्यौरे दाखिल किए गए थे, और आठ अन्य मंत्रियों ने अपने ब्यौरे कभी दाखिल ही नहीं किए थे। यही जानने के लिए आवेदन किया गया था। वास्तव में, मंत्रियों द्वारा की गई घोषणाओं की प्रतिलिपियां मांगी ही नहीं गई थीं, लेकिन ऐसा लगता है कि इन सभी प्राधिकारियों ने यह समझकर ही प्रतिक्रिया दी थी कि प्रतिलिपियां मांगने के लिए ही आवेदन किया गया है। अब कैबिनेट सचिवालय ने भी जवाब दिया कि[15] "अपनी परिसंपत्तियों और देयताओं के ब्यौरे दाखिल नहीं करने वाले मंत्रियों को कोई विशेष अनुस्मारक नहीं भेजा गया। परंतु, सामान्य अनुस्मारक समय-समय पर भेजे जाते रहे हैं।"

यू.पी.ए.-1 के मंत्रियों की स्थिति जान लेने के बाद, यह ख्याल आया कि पिछली सरकारों द्वारा की गई परिसंपत्तियों की घोषणा की स्थिति की भी जांचना उचित होगा। इसीलिए, प्रधानमंत्री कार्यालय में एक और आर.टी.आई. आवेदन भेजा गया जिसमें अटल बिहारी वाजपेयी के नेतृत्व वाली एन.डी.ए. सरकार (1998–2004) के मंत्रियों के विवरण

---

[14] लेखक द्वारा 6 नवंबर, 2007 को दाखिल किए गए आर.टी.आई पर प्रधानमंत्री कार्यालय का दिनांक 9 जनवरी, 2009 का जवाब।

[15] लेखक द्वारा 6 नवंबर, 2007 को दाखिल किए गए आवेदन पर कैबिनेट सचिवालय का दिनांक 13 फरवरी, 2009 का जवाब।

मांगे गए। प्रधानमंत्री कार्यालय ने स्पष्ट किया:[16] “आवेदक द्वारा जिस समय की सूचना देने का अनुरोध किया गया है, उस समय की कोई भी सूचना इस कार्यालय में मौजूद नहीं है।” यह दर्शाता है कि इस विषय पर पहले किसी भी तरह की स्पष्टता या सरोकार नहीं था।

जब यू.पी.ए.-2 के मंत्रियों द्वारा की गई घोषणाओं के बारे में आवेदन दाखिल किया गया, तो जो जवाब मिला वह पिछले प्रयासों का प्रभाव दिखा रहा था।[17] यह सूचित किया गया कि सभी मंत्रियों ने निर्धारित समय के अंदर अपनी परिसंपत्तियों और देयताओं की घोषणाएं कर दी थीं। लेकिन, एक अन्य आवेदन में प्रधानमंत्री कार्यालय ने यह स्पष्ट[18] किया कि कैबिनेट मंत्री और राज्य मंत्री का दर्जा प्राप्त लोगों पर यह आचार संहिता लागू नहीं होती है, “गृह मंत्रालय द्वारा जारी की गई आचार संहिता उन व्यक्तियों पर लागू नहीं होती है जो मंत्रियों की केंद्रीय परिषद के सदस्य नहीं हैं।”

ये केस स्टडीज दर्शाती हैं कि किस तरह से सरकार के शीर्ष पर बैठे लोग अपने ही द्वारा बनाए गए प्रावधानों को भी गंभीरता से नहीं लेते हैं। और जो थोड़ी-बहुत जानकारी इकट्ठा करने में सफलता मिली, वह भी आर.टी.आई. कानून के बिना संभव नहीं हो पाती। यदि आर.टी.आई. कानून लागू नहीं हुआ होता, तो मंत्रियों और सांसदों की परिसंपत्तियों के ब्यौरे हासिल करना संभव नहीं होता।

सुभाष अग्रवाल की जंग

आर.टी.आई. कानून के निडर योद्धा, दिल्ली निवासी सुभाष चंद्र अग्रवाल ने आर.टी.आई. पर बहुत काम किया और आर.टी.आई. कानून के इस्तेमाल से किए अपने खुलासों के माध्यम से सरकारी मशीनरी पर जबर्दस्त प्रभाव डाला। उनकी सफलता की कहानियों में से एक, उच्चतम न्यायालय और उच्च न्यायालय के न्यायाधीशों की परिसंपत्तियों और देयताओं का पता लगाना था। उन्होंने 1997 में भारत के तत्कालीन मुख्य न्यायाधीश की अध्यक्षता वाली बैठक में पास किए गए एक प्रस्ताव[19] की याद दिलाते हुए उच्चतम न्यायालय से जवाब मांगा, इस प्रस्ताव में कहा गया था: “हर एक न्यायाधीश को मुख्य न्यायाधीश के समक्ष अचल संपत्ति के रूप में मौजूद अपनी सभी परिसंपत्तियों का और, अपने जीवनसाथी और आश्रितों के नाम पर किए गए निवेशों की घोषणा करनी चाहिए।”

---

[16] लेखक को आर.टी.आई पर प्रधानमंत्री कार्यालय द्वारा दिनांक 23 जून, 2011 का जवाब।

[17] सी.एच.आर.आई के वेंकटेश नाइक को आर.टी.आई पर प्रधानमंत्री कार्यालय द्वारा दिनांक 10 नवंबर, 2009 का जवाब।

[18] लेखक को आर.टी.आई पर प्रधानमंत्री कार्यालय द्वारा दिनांक 8 जनवरी, 2013 का जवाब।

[19] Resolution adopted in full court meeting on May 7, 1997. Available on https://indiankanoon.org/doc/155236387/ accessed February 14, 2017.

अग्रवाल द्वारा किए गए प्रयासों के फलस्वरूप, आखिरकार उच्चतम न्यायालय के न्यायाधीश नवंबर 2009 में उच्चतम न्यायालय की वेबसाइट पर अपनी परिसंपत्तियों और देयताओं के ब्यौरे डालने लगे। इसके बाद कई उच्च न्यायालयों के न्यायाधीशों ने भी अपनी परिसंपत्तियों और देयताओं के ब्यौरे घोषित किए।

लोकसभा और राज्यसभा

लोकसभा सदस्य (आस्तियों और देयताओं की घोषणा) संबंधी नियम, 2004 में कहा गया है:[20]

> लोक सभा के लिए चुने गए प्रत्येक उम्मीदवार को, पदभार हेतु शपथ लेने या अपना पद ग्रहण करने की स्वीकृति देने के नब्बे दिन के अंदर, फॉर्म I में पूछी गई निम्नलिखित सूचना उपलब्ध करानी चाहिए और यह सूचना अनुच्छेद 75ए की धारा (1) के अनुपालन में स्पीकर को उपलब्ध कराई जानी चाहिए डिग्री (i) चल और अचल संपत्ति जिसका स्वामित्व या लाभार्थी स्वयं उसके, उसके जीवनसाथी और उस पर आश्रित संतानों के पास संयुक्त तौर पर या अलग-अलग हो, (ii) किसी भी सार्वजनिक वित्तीय संस्थान को उनकी देनदारियां, और (iii) केंद्र सरकार और राज्य सरकार को उनकी देनदारियां।

इसी तरह, राज्यसभा सदस्य (आस्तियों और देयताओं की घोषणा) संबंधी नियम, 2004 में कहा गया है: [21]

> राज्यसभा के प्रत्येक सदस्य को, पदभार हेतु शपथ लेने या अपना पद ग्रहण करने की स्वीकृति देने के नब्बे दिन के अंदर, फॉर्म प में पूछी गई निम्नलिखित सूचना उपलब्ध करानी चाहिए और यह सूचना अनुच्छेद 75ए की धारा (1) के अनुपालन में अध्यक्ष को उपलब्ध कराई जानी चाहिए: (i) चल और अचल संपत्ति जिसका स्वामित्व या लाभार्थी स्वयं उसके, उसके जीवनसाथी और उस पर आश्रित संतानों के पास संयुक्त तौर पर या अलग-अलग हो, (ii) किसी भी सार्वजनिक वित्तीय संस्थान को उनकी देनदारियां, और (iii) केंद्र सरकार और राज्य सरकार को उनकी देनदारियां।

अगस्त 2004 में लागू किए गए ये प्रावधान, मनोनीत सदस्यों पर लागू नहीं होते हैं।

लोकसभा सचिवालय द्वारा उपलब्ध कराई गई सूचना के अनुसार, जवाब देने की तारीख तक 11 ने ये घोषणाएं नहीं की थी। अधिकतर सांसदों द्वारा की गई घोषणाएं उस घोषणापत्र की प्रतिलिपियां थीं जो उन्होंने चुनाव के लिए अपने नामांकन पत्र दाखिल करते समय की

---

[20] See http://164.100.47.132/bull2/2009/27.11.09.pdf, accessed December 30, 2016.

[21] See http://rajyasabha.nic.in/rsnew/members/declaration_assets_rules_2006.pdf, accessed December 30, 2016.

थीं। राज्यसभा सचिवालय द्वारा दी गई सूचना में कहा गया कि जवाब देने की तारीख, यानी 30 जनवरी, 2009 तक 13 ने ये घोषणाएं नहीं की थीं।

ऐसे कई उदाहरण हैं जहां लोकसभा और राज्यसभा सचिवालयों ने आर.टी.आई. कानून के तहत कुछ सदस्यों द्वारा दाखिल किए गए घोषणापत्र की प्रतिलिपियां उपलब्ध कराई थीं, लेकिन इन्हें उनकी वेबसाइट पर नहीं डाला जा रहा है। प्रधानमंत्री कार्यालय ने सभी केंद्रीय मंत्रियों और राज्य मंत्रियों की घोषणाओं को वेबसाइट पर डाल दिया है, परंतु संसद में ऐसा नहीं हो रहा है। हालांकि आर.टी.आई. कानून के अंतर्गत इनकी प्रतियां उपलब्ध कराई जा रही हैं। लोकसभा सचिवालय ने कहा है:

> लोकसभा सदस्य (आस्तियों और देयताओं की घोषणा) संबंधी नियम, 2004 के नियम 4 (4) में कहा गया है कि लोकसभा सदस्यों की परिसंपत्तियों और देयताओं की घोषणाओं से जुड़ी सूचना को गोपनीय माना जाना चाहिए और इसे स्पीकर की लिखित अनुमति मिलने पर ही किसी व्यक्ति को उपलब्ध कराया जाना चाहिए।[22]

दूसरी तरफ, राज्यसभा में सदस्यों के व्यावसायिक हितों की घोषणा की व्यवस्था लागू की गई है जिसके तहत राज्यसभा के सभी सदस्यों से अपेक्षा की जाती है कि वे अपने व्यावसायिक हितों की घोषणा करें, जबकि लोकसभा द्वारा इस पर निर्णय लिया जाना बाकी है। यह लोकसभा की आचार समिति के पास विचाराधीन है।

राज्यों में खेला जा रहा खेल

वर्ष 1964 में केंद्रीय मंत्रिपरिषद द्वारा पारित प्रस्ताव को राज्य सरकारों के पास भी भेजा गया था, इसलिए अगली जिज्ञासा यह थी कि राज्यों में क्या हो रहा है। इसके अलावा, एक जिज्ञासा यह भी थी कि क्या राज्य विधानसभाओं ने अपने सदस्यों के लिए भी ऐसे ही नियम बनाने के लिए संसद के दोनों सदनों से कोई प्रेरणा ली है या नहीं। इसीलिए, जून 2008 में प्रत्येक मुख्यमंत्री कार्यालय (सी.एम.ओ.) और प्रत्येक विधानसभा सचिवालय में आवेदन दाखिल किए गए। कुछ मामलों में जवाब आने में आठ महीने से भी ज्यादा का समय लगा। इस सूचना से यह स्पष्ट हुआ कि सिर्फ तीन राज्यों के मंत्रियों ने परिसंपत्तियों और देयताओं के ब्यौरे अपने मुख्यमंत्रियों को जमा किए थे। यह विडंबना है कि 28 राज्यों (तेलंगाना के बनने के बाद अब 29) वाले एक राष्ट्र में ऐसे सिर्फ दो ही राज्य थे जिनमें उनके मंत्रियों और विधानसभा सदस्यों के ब्यौरों की घोषणा करने और इन्हें वेबसाइट पर डालने के लिए व्यवस्था मौजूद थी।

गुजरात के उस समय के मुख्यमंत्री, नरेंद्र मोदी ने 30 जनवरी, 2008 को हुई कैबिनेट की एक बैठक में अपने मंत्रियों से उनकी परिसंपत्तियों और देयताओं के ब्यौरे दाखिल करने को

---

[22] लेखक को आर.टी.आई पर लोकसभा सचिवालय द्वारा दिनांक 26 फरवरी, 2016 का जवाब।

कहा और प्रत्येक मंत्री ने यह दाखिल किया।[23] केरल लोकायुक्त कानून, 1999 के अनुच्छेद 22 का अनुसरण करते हुए, केरल में तत्कालीन मुख्यमंत्री वी.एस. अच्युतनंदन की सरकार के मंत्रियों ने भी अपनी परिसंपत्तियों और देयताओं के ब्यौरे जमा किए थे।[24] राजस्थान कैबिनेट सचिवालय ने कहा, "मुख्यमंत्री ने मंत्रियों से उनकी परिसंपत्तियों और देयताओं के ब्यौरे मांगे और मंत्रियों ने ये जमा कर दिए।"[25]

हरियाणा, हिमाचल प्रदेश और उत्तराखंड में, मुख्यमंत्री कार्यालयों ने लगातार अपने मंत्रियों को अनुस्मारक जारी किए और कुछ मामलों में 10 से भी ज्यादा अनुस्मारक जारी किए गए लेकिन अधिकांश मंत्रियों ने इस पर कोई कदम नहीं उठाया। हरियाणा में उस समय के मुख्यमंत्री भूपिंदर सिंह हुड्डा द्वारा बार-बार अनुस्मारक दिए जाने के बाद भी पांच मंत्रियों ने कोई जवाब नहीं दिया।[26] इनमें से कुछ मंत्रियों, जिनमें उपमुख्यमंत्री चंद्रमोहन, जिन्होंने बाद में सरकार छोड़ दी, और ऊर्जा मंत्री रणदीप सिंह सुरजेवाला को तो नौ बार अनुस्मारक जारी किए गए लेकिन सब व्यर्थ रहा।

हिमाचल प्रदेश में, तत्कालीन मुख्यमंत्री भा.ज.पा. के प्रेम कुमार धूमल ने 29 जनवरी, 2008 को नौ मंत्रियों वाली अपनी कैबिनेट के मंत्रियों को परिसंपत्तियों के ब्यौरे दाखिल करने का निर्देश दिया, लेकिन "चार मंत्रियों से ब्यौरे प्राप्त हो चुके हैं।"[27] उत्तराखंड में, उस समय के मुख्यमंत्री भुवनचंद्र खंडूरी के निर्देश 13 सितंबर, 2007 को जारी किए गए, परंतु "किसी भी मंत्री ने अपनी परिसंपत्तियों और देयताओं के ब्यौरे जमा नहीं किए।"[28] ऐसा तब था जबकि उत्तर प्रदेश और उत्तराखंड में, उत्तर प्रदेश मंत्री एवं विधायक (परिसंपत्तियों और देयताओं की घोषणा) कानून, 1975 लागू है।

महाराष्ट्र में भी पत्र अग्रेषित करने का कमोबेश वैसा ही खेल खेला गया जैसा कि केंद्र में प्रधानमंत्री कार्यालय और कैबिनेट सचिवालय ने किया था। मुख्यमंत्री कार्यालय ने सामान्य प्रशासनिक विभाग (जी.ए.डी.) को आवेदन अग्रेषित[29] करके सीधे जवाब देने को कहा। जी.ए.डी. ने तुरंत इसे मुख्यमंत्री कार्यालय को यह कहते[30] हुए वापस भेज दिया कि जन प्रतिनिधित्व कानून के अनुसार मंत्रियों को अपनी परिसंपत्तियों और देयताओं के ब्यौरे सीधे

---

[23] लेखक को गुजरात सरकार द्वारा दिनांक 15 जुलाई, 2008 का जवाब।

[24] लेखक को प्राप्त मुख्यमंत्री कार्यालय का दिनांक 18 जुलाई, 2008 का पत्र।

[25] लेखक को प्राप्त दिनांक 18 फरवरी, 2011 का पत्र।

[26] लेखक को हरियाणा सरकार की कैबिनेट शाखा का दिनांक 8 अगस्त, 2008 का, और 27 जनवरी, 2011 का जवाब।

[27] लेखक को जी.ए.डी. हिमाचल प्रदेश का दिनांक 4 अगस्त, 2008 का जवाब।

[28] लेखक को प्राप्त उत्तराखंड सरकार द्वारा प्रत्युत्तर संख्या 463/XXI/2008 दिनांक 1 अगस्त, 2008 का जवाब।

[29] लेखक को प्राप्त दिनांक 30 जुलाई, 2008 का पत्र देखें।

[30] लेखक को जी.ए.डी. महाराष्ट्र सरकार द्वारा दिनांक 27 अगस्त, 2008 का जवाब।

मुख्यमंत्री के पास दाखिल करने होते हैं। इसमें कहा गया था कि "यदि मंत्रियों ने ऐसे ब्यौरे दाखिल किए हैं, तो मुख्यमंत्री कार्यालय के पास निश्चित तौर पर यह सूचना मौजूद होगी।" इसके बाद मुख्यमंत्री कार्यालय ने कोई जवाब नहीं दिया।

बिहार में, मुख्यमंत्री नीतीश कुमार के कैबिनेट सचिवालय ने जवाब दिया, "अपेक्षित सूचना का कैबिनेट सचिवालय से कोई सरोकार नहीं है। इसीलिए, इस विभाग के लिए ऐसी सूचना प्रदान करना संभव नहीं है।"[31] झारखंड के कैबिनेट सचिवालय का जवाब[32] था, "इस संदर्भ में कोई सूचना उपलब्ध नहीं है।"

उत्तर प्रदेश की तत्कालीन मुख्यमंत्री मायावती के कार्यालय ने ऊपरी तौर पर प्रमुख सचिव, गृह एवं गोपनीय विभाग को आवश्यक निर्देश[33] भेजे, लेकिन, तीन बार याद दिलाने के बावजूद कोई जवाब नहीं मिला। मुख्यमंत्री कार्यालय ने बाद में चुप्पी साध ली। इसलिए पहली अपील दाखिल की गई, लेकिन उस पर भी कोई जवाब नहीं आया। एक वर्ष के बाद, 8 जून, 2009 को अखबारों में खबर आई कि मायावती की कैबिनेट ने निर्णय[34] लिया है कि मंत्रियों की आचार संहिता से संबंधित मामले आर.टी.आई. कानून के दायरे से बाहर रहेंगे।

उस समय के पंजाब के मुख्यमंत्री और अकाली दल के कद्दावर नेता, प्रकाश सिंह बादल के कार्यालय का रुख बेहद स्पष्ट था। उसने कहा, "मुख्यमंत्री ने मंत्रियों को परिसंपत्तियों और देयताओं संबंधी ब्यौरे दाखिल करने के लिए कोई दिशा-निर्देश जारी नहीं किया है और मंत्रियों द्वारा सरकार को ऐसी कोई भी सूचना उपलब्ध नहीं कराई गई है।"[35]

दिल्ली में शीला दीक्षित का मुख्यमंत्री कार्यालय और भी अल्पभाषी था। आर.टी.आई. आवेदन के जवाब में इन्होंने सूचित किया कि "इस कार्यालय में ऐसी कोई सूचना उपलब्ध नहीं है।"[36] पुद्दुचेरी के तत्कालीन मुख्यमंत्री वी. वैदलिंगम के कार्यालय ने उकसाने की भाषा में इनकार किया था: "माननीय मुख्यमंत्री पर ऐसी कोई कानूनी बाध्यता नहीं है कि वे मंत्रियों से उनकी संपत्तियों के ब्यौरे उपलब्ध कराने को कहें। इसीलिए, इस संदर्भ में सूचना उपलब्ध कराने का सवाल ही नहीं उठता है।"[37]

---

[31] लेखक को आर.टी.आई पर मुख्यमंत्री कार्यालय से दिनांक 17 जुलाई, 2008 का पत्र।

[32] लेखक को आर.टी.आई पर प्राप्त दिनांक 15 अक्टूबर, 2008 का पत्र।

[33] लेखक को आर.टी.आई पर पृष्ठांकित की गई दिनांक 30 जून, 2008 और 30 मार्च, 2009 की प्रतिलिपियां देखें।

[34] उत्तर प्रदेश के तत्कालीन कैबिनेट सचिव शशांक शेखर द्वारा 7 जून, 2009 को जारी प्रेस वक्तव्य।

[35] लेखक को आर.टी.आई पर प्राप्त पंजाब सरकार के कैबिनेट मामलों की शाखा से दिनांक 6 सितंबर, 2008 का जवाब।

[36] लेखक को आर.टी.आई पर प्राप्त मुख्यमंत्री कार्यालय, दिल्ली द्वारा दिनांक 22 मई, 2008 का जवाब।

[37] लेखक को आर.टी.आई पर प्राप्त मुख्यमंत्री कार्यालय द्वारा दिनांक 17 जुलाई, 2008 का जवाब।

उत्तर-पूर्व में भी स्थिति कोई अलग नहीं थी। सिक्किम के मुख्यमंत्री पवन कुमार चामलिंग के कार्यालय ने विवरण के लिए चुनाव आयोग की वेबसाइट देखने की सलाह[38] दी। असम में, उस समय के मुख्यमंत्री तरुण गोगोई ने अपने सभी मंत्रियों को पत्र भेजा (तिथियां दर्शाती हैं कि यह आर.टी.आई. आवेदन प्राप्त करने के बाद हुआ)[39] और कहा, "सी.डब्ल्यू.सी. सदस्य और असम के प्रभारी, श्री एम. वीरप्पा मोइली के निर्देशों का, और साथ ही असम प्रदेश कांग्रेस कमेटी की समन्वयन समिति की बैठक में लिए गए फैसले का अनुपालन करते हुए, मंत्रिपरिषद के सदस्य जल्द से जल्द अपनी परिसंपत्तियों के ब्यौरे जमा कर दें।" इसका नतीजा क्या रहा, यह पता नहीं चला। त्रिपुरा में, मुख्यमंत्री माणिक सरकार के सचिवालय ने कहा कि त्रिपुरा विधानसभा ने त्रिपुरा राज्य विधानसभा (परिसंपत्तियों और देयताओं की घोषणा) कानून, 2006 के प्रारूप के अनुसार सूचना मांगी है, और मुख्यमंत्री को यह ज़रूरी महसूस नहीं हुआ कि मंत्रिपरिषद के प्रत्येक सदस्य से उनकी परिसंपत्तियों और देयताओं के ब्यौरे उपलब्ध कराने के लिए अलग से कहा जाए। दोरजी खांडु के नेतृत्व वाले अरुणाचल प्रदेश[40] के साथ भी कुछ ऐसा ही मामला था।

मिजोरम में, पू जोरमथंगा के अंतर्गत मुख्यमंत्री कार्यालय ने कहाः "चुनाव के समय की गई घोषणा के अलावा, माननीय मुख्यमंत्री ने मंत्रियों से उनकी परिसंपत्तियों और देयताओं के ब्यौरे दाखिल करने के लिए नहीं कहा।"[41] नागालैंड से जवाब नहीं मिलने का स्पष्टीकरण आश्चर्यजनक था क्योंकि मुख्यमंत्री नेइफिउ रियो के कार्यालय ने कहा: "मुख्यतः आदिवासी आबादी वाले नागालैंड राज्य में, लोग आयकर नहीं भरते हैं, इसीलिए वार्षिक रिटर्न/कर दाखिल करने की ज़रूरत ही नहीं होती। इसीलिए आपके द्वारा मांगा गया विवरण उपलब्ध नहीं है।"[42]

अन्य राज्यों ने कोई जवाब नहीं दिया।

वहीं छतीसगढ़ विधानसभा में कांग्रेस के विधायक धर्मजीत सिंह ने एक प्रश्न पूछा,[43] "क्या मंत्रियों और संसदीय सचिवों, जिसमें मुख्यमंत्री भी शामिल हैं, ने वर्ष 2009–10 के लिए अपनी संपत्तियों के ब्यौरों की घोषणा मुख्यमंत्री के समक्ष की या नहीं? यदि हां, तो उनके नाम सहित उनकी संपत्तियों के ब्यौरे प्रदान करें।" जिस पर मुख्यमंत्री रमन सिंह

---

[38] लेखक को आर.टी.आई पर प्राप्त गृह विभाग, सिक्किम द्वारा दिनांक 4 अगस्त, 2008 का जवाब।

[39] लेखक द्वारा दिनांक 18 जून, 2008 को आर.टी.आई दाखिल की गई थी, और मुख्यमंत्री ने अपने मंत्रियों को 1 जुलाई, 2008 को लिखा था।

[40] लेखक को आर.टी.आई पर प्राप्त दिनांक 15 जून, 2008 का पत्र।

[41] लेखक को आर.टी.आई पर प्राप्त दिनांक 3 जुलाई, 2008 का पत्र।

[42] लेखक को आर.टी.आई पर प्राप्त मुख्यमंत्री कार्यालय, कोहिमा द्वारा दिनांक 4 अगस्त, 2008 का पत्र।

[43] Available at http://www.topnews.in/law/chhattisgarh-chief-minister-legislators-declare-assets-211211, accessed on March 9, 2010.

ने जवाब दिया:[44] "नहीं। इसीलिए, यह प्रश्न नहीं उठता।" परंतु, यह तारांकित प्रश्न था, इसीलिए, बाद में उसी दिन, रमन सिंह ने विधानसभा में यह घोषणा की कि उनके कैबिनेट के साथी और पार्टी के सांसद प्रत्येक वर्ष अप्रैल माह में सदन के समक्ष अपनी परिसंपत्तियों का घोषणापत्र जमा करेंगे।[45]

उत्तर प्रदेश में मुख्यमंत्री अखिलेश यादव ने 15 मार्च, 2012 को शपथ ली। मैंने उसी दिन एक खबर पर उनका पक्ष जानने के लिए फोन पर बात की। मैंने उन्हें पूर्ववर्ती मायावती सरकार के निर्देशों की याद दिलाई कि उन्होंने मंत्रियों की आचार संहिता से जुड़े मामले आर.टी.आई. कानून के दायरे से बाहर कर दिए थे, और उनसे पूछा, "क्या आप ज्यादा पारदर्शिता के लिए इस कथित निर्देश को रद्द करेंगे?" उन्होंने जवाब दिया, "मैं अपने मंत्रियों से उनकी संपत्ति के ब्यौरों की घोषणा करने को कहूंगा। पहले मैं स्वयं अपनी संपत्ति के ब्यौरे घोषित करूंगा।" मायावती कैबिनेट द्वारा मंत्रियों की आचार संहिता को आर.टी.आई. के दायरे से बाहर रखने का निर्णय अब भी लागू है, परंतु अखिलेश ने अपने ब्यौरों की घोषणा की और उन्हें सरकारी वेबसाइट पर डाला गया, लेकिन उनकी सरकार का कार्यकाल समाप्त होने के बाद भी उनके किसी भी मंत्री की परिसंपत्तियों के ब्यौरे ऑनलाइन उपलब्ध नहीं थे। दिनांक 19 मार्च, 2017 को भाजपा की सरकार बनने पर, मुख्यमंत्री योगी आदित्यनाथ ने अपने मंत्रियों से उनकी परिसंपत्तियों और देयताओं की घोषणा करने को कहा। लेकिन अभी भी लागू मायावती कैबिनेट के पुराने फैसले की बदौलत कोई भी आर.टी.आई. कानून के तहत इन घोषणाओं से संबंधित सूचना प्राप्त नहीं कर सकता है।

राज्य विधानसभाएं

दूसरी ओर राज्य विधानसभाओं से भी आवेदनों के संतोषजनक जवाब नहीं मिले। उनके सचिवालयों से मिले जवाब दर्शाते थे कि राज्य विधानसभाओं के अध्यक्षों ने विधायकों से ऐसे ब्यौरे मंगाने के लिए बेहद कम प्रयास किए थे। सिर्फ कर्नाटक, केरल, उत्तराखंड, ओडीशा और त्रिपुरा में ही ब्यौरे दाखिल करने की व्यवस्था थी। इसीलिए कोई आश्चर्य नहीं कि सिर्फ इन्हीं राज्यों ने आर.टी.आई. आवेदनों पर संतोषजनक जवाब दिए थे।

दिनांक 15 जनवरी, 1986 को प्रभावी हुए, कर्नाटक लोकयुक्त कानून, 1984 के अनुच्छेद 22 के अनुसार, प्रत्येक विधायक के लिए हर वर्ष 30 जून से पहले ऐसे ब्यौरे दाखिल करना अनिवार्य है। प्रक्रिया समझाते हुए, कर्नाटक विधानसभा सचिवालय से जवाब मिला कि "ज्यादातर सदस्य प्रावधान के अनुसार अपने ब्यौरे दाखिल कर रहे

---

[44] Ibid.

[45] Available at http://www.topnews.in/law/chhattisgarh-chief-minister-legislators-declare-assets-211211, accessed on March 28, 2017.

हैं। और किसी ने भी इसका उल्लंघन नहीं किया है।" केरल विधानसभा के सचिवालय ने कहा:

> केरल लोकायुक्त कानून, 1999 और केरल लोकायुक्त (संपत्ति विवरण संबंधी वक्तव्य) नियम 1999 के अनुसार, केरल विधानसभा सदस्यों के लिए अपनी परिसंपत्तियों और देयताओं के ब्यौरे दाखिल करना अनिवार्य है... यह कानून 4 मार्च, 1999 को प्रभावी हुआ था।[46]

केरल राजभवन ने कहा कि सिर्फ तीन विधायकों ने ही ऐसा नहीं किया था।[47] त्रिपुरा विधानसभा ने कहा कि उसने त्रिपुरा राज्य विधानसभा (परिसंपत्तियों और देयताओं की घोषणा) कानून, 2006 के तहत विधायकों से "सूचना मांगी है"।[48]

उत्तराखंड में भी 1975 से ऐसे नियम मौजूद हैं (जब उत्तराखंड उत्तर प्रदेश का हिस्सा था, तब ये नियम उत्तराखंड पर भी लागू हैं)[49] लेकिन उनके जवाब से पता चला कि 70 विधायकों में से सिर्फ नौ ने ही अपनी परिसंपत्तियों और देयताओं के ब्यौरे दाखिल किए थे। दिल्ली विधानसभा ने कहा,[50] "विधायकों से यह अपेक्षा नहीं की जाती कि वे अपनी परिसंपत्तियों और देयताओं की घोषणा विधानसभाध्यक्ष के कार्यालय के समक्ष करें।" मध्य प्रदेश विधानसभा से भी ऐसा ही जवाब[51] मिला। मेघालय विधानसभा ने कहा कि उन्होंने "कोई कानून नहीं बनाया है।"[52] और मिजोरम विधानसभा ने कहा कि "मिजोरम विधानसभा में विधायकों द्वारा परिसंपत्तियों और देयताओं के ब्यौरे दाखिल नहीं कराए गए हैं।" बिहार, मणिपुर और गोवा की विधानसभाओं ने कहा कि उनके यहां ऐसा कोई प्रावधान नहीं है।

गुजरात विधानसभा ने कहा, "ऐसा कोई कानून/विधान मौजूद नहीं है जिसके अंतर्गत विधायक को अपनी परिसंपत्तियों और देयताओं की सूचना उपलब्ध करानी पड़े।"[53] हिमाचल प्रदेश विधानसभा ने कहा, "इस सचिवालय में इस तरह के ब्यौरे दाखिल करने संबंधी कोई नियम/विनियम नहीं हैं।"[54] परंतु, हिमाचल प्रदेश विधानसभा, अरुणाचल प्रदेश विधानसभा, राजस्थान विधानसभा और झारखंड विधानसभा ने भी चुनाव के नामांकन के दौरान दाखिल की गई घोषणाओं के लिए चुनाव आयोग से संपर्क करने की सलाह दी।

---

[46] लेखक को प्राप्त दिनांक 27 जून, 2008 का पत्र।

[47] लेखक को राजभवन से प्राप्त दिनांक 5 जुलाई, 2008 का जवाब।

[48] लेखक को प्राप्त दिनांक 27 जून, 2008 का जवाब।

[49] लेखक को उत्तराखंड विधानसभा से प्राप्त दिनांक 22 जुलाई, 2008 का जवाब।

[50] लेखक को प्राप्त दिनांक 29 अप्रैल, 2008 का जवाब।

[51] लेखक को मध्य प्रदेश विधानसभा से प्राप्त दिनांक 13 अगस्त, 2008 का जवाब।

[52] लेखक को प्राप्त दिनांक 2 जुलाई, 2008 का जवाब।

[53] लेखक को गुजरात विधानसभा से प्राप्त दिनांक 17 जुलाई, 2008 का जवाब।

[54] लेखक को हिमाचल प्रदेश विधानसभा से प्राप्त दिनांक 11 अगस्त, 2008 का जवाब।

ओडीशा में कोई प्रावधान मौजूद नहीं हैं लेकिन विधानसभा ने 6 अप्रैल, 2005 को अपने 147 विधायकों के लिए एक आचार संहिता पारित की थी कि उन्हें शपथ लेने के 30 दिन के अंदर स्पीकर के समक्ष अपनी परिसंपत्तियों और देयताओं की घोषणा करनी होगी, परंतु सिर्फ एक विधायक ने ही इसका पालन किया।[55] और पश्चिम बंगाल की विधानसभा ने कहा,[56] "पश्चिम बंगाल विधानसभा के सदस्यों के लिए इस विधायिका के सदस्य के तौर पर अपनी परिसंपत्तियों और देयताओं के ब्यौरे दाखिल करने की अनिवार्यता नहीं है।"

विभिन्न जवाबों से यह स्पष्ट था कि अधिकतर राज्यों में विधायकों द्वारा परिसंपत्तियों और देयताओं की घोषणा करने के प्रावधान नहीं थे। राज्य विधानसभाओं और मुख्यमंत्री कार्यालय के जवाबों से यह भी स्पष्ट था कि ऊपर से नीचे तक पारदर्शिता की कमी हमारे देश की लोकतांत्रिक प्रणाली का लगातार क्षरण कर रही है। जब संसद और विधानसभाओं की यह स्थिति है, तो हम आसानी से कल्पना कर सकते हैं कि ग्रामसभा, क्षेत्र पंचायत और जिला पंचायत और शहरी स्थानीय निकायों में पारदर्शिता का स्तर कैसा होगा। इससे भी बदतर हालत यह है कि इस तरह की निराशाजनक स्थिति पर सवाल करने वालों की संख्या नहीं के बराबर थी। लेकिन आर.टी.आई. कानून के बिना राज्य सरकारों और विधानसभाओं के हालात का जायजा लेना लगभग असंभव ही था।

नौकरशाह: आधुनिक महाराजा

केंद्रीय मंत्रियों, सांसदों, राज्य सरकारों के मंत्रियों और राज्य विधानसभाओं के सदस्यों की परिसंपत्तियों और देयताओं से जुड़ी सूचना के भूलभुलैये को खंगालने के बाद जो अगली बात दिमाग में आई वह थी नौकरशाहों की परिसंपत्तियों की जानकारी प्राप्त करना।

ये ऐसे लोग वास्तव में देश की व्यवस्था चलाते हैं। उनके लिए भी परिसंपत्तियों और देयताओं की घोषणा करने की एक व्यवस्था है। अखिल भारतीय सेवा (आचरण) नियम, 1968 कहते है:[57]

> प्रत्येक व्यक्ति को... सेवा में अपनी पहली नियुक्ति पर अपनी परिसंपत्तियों और देयताओं के ब्यौरे सरकार द्वारा निर्धारित तरीके से दाखिल करने चाहिए जिसमें निम्नलिखित के पूर्ण ब्यौरे होने चाहिए, (क) स्वयं उनके नाम पर या उनके परिवार के किसी अन्य सदस्य के नाम पर या किसी अन्य व्यक्ति के नाम पर उनके स्वामित्व वाली, उनके द्वारा विरासत में प्राप्त की हुई या हासिल की हुई अथवा उनके द्वारा पट्टे पर या गिरवी में ली हुई अचल

---

[55] लेखक को उड़ीसा विधानसभा से प्राप्त दिनांक 7 अगस्त, 2008 का जवाब।

[56] लेखक को पश्चिम बंगाल विधानसभा सचिवालय से प्राप्त दिनांक 29 अगस्त, 2008 का पत्र।

[57] Rule 16 of the All India Service (Conduct) Rules, 1968. Available on http://persmin.gov.in/DOPT/Acts_Rules/AIS_Rules/Revised_AIS_Rules_Vol_I_Updated_Upto_31Oct2011/Revised_AIS_Rule_Vol_I_Rule_10.pdf, accessed December 30, 2016.

> संपत्ति, (ख) उनके द्वारा विरासत में प्राप्त या ऐसे ही तरीके से उनके स्वामित्व वाले, हासिल किए गए या उनके अधिकार वाले शेयर, डिबेंचर्स, डाक विभाग में संचयी आवर्ती जमा और नकदी सहित बैंक में जमा राशि, (ग) उनके द्वारा विरासत में प्राप्त या ऐसे ही तरीके से उनके स्वामित्व वाली, हासिल की गई या उनके अधिकार वाली अन्य चल संपत्ति और, (घ) उनके द्वारा प्रत्यक्ष या अप्रत्यक्ष तौर पर लिया गया ऋण और अन्य देयताएं।

नियम आगे यह बताता है:[58] "सेवा में कार्यरत प्रत्येक सदस्य को 15,000 रुपये से ऊपर के किसी भी लेन-देन की सूचना इस प्रकार के लेन-देन के एक माह के भीतर सरकार को देनी चाहिए।" रुपये 15,000 की इस रकम को अब संशोधित[59] करके संबंधित अधिकारी के दो माह के मूल वेतन के के बराबर किया जा चुका है।

अधिकारियों से वार्षिक तौर पर अपनी घोषणाएं अपडेट करने की अपेक्षा भी की जाती है। नियम 16 (2) कहता है:[60]

> सेवा में कार्यरत प्रत्येक सदस्य को सरकार द्वारा वार्षिक रिटर्न दाखिल करने संबंधी निर्धारित तरीके से एक वार्षिक रिटर्न दाखिल करना होगा, जिसमें उनके स्वयं के नाम पर या उनके परिवार के किसी अन्य सदस्य के नाम पर या किसी अन्य व्यक्ति के नाम पर विरासत में मिली हुई, या उनके स्वामित्व वाली या उनके द्वारा हासिल की हुई अथवा पट्टे पर या गिरवी रखी हुई अचल संपत्ति का पूर्ण विवरण देना होगा।

इस तरह, सभी सरकारी अधिकारियों से अपेक्षा की जाती है कि वे अपनी परिसंपत्तियों और देयताओं के ब्यौरे वार्षिक तौर पर दाखिल करेंगे और यह प्रावधान लागू है। उक्त नियम के अनुसार, उन्हें सेवा आरंभ करते समय भी ऐसा करना है। परंतु, सेवा आरंभ करते समय अधिकांश अधिकारियों के पास बमुश्किल ही कोई चल या अचल संपत्ति होती है। नियम 16(2) इस मामले में उनका बचाव करता है क्योंकि इस नियम के अनुसार उन्हें अपनी किसी भी चल संपत्ति के बारे में घोषणा करने की ज़रूरत नहीं होती है, बल्कि उन्हें सिर्फ अचल संपत्तियों के लेन-देन के बारे में नवीनतम जानकारी उपलब्ध करानी होती है। परंतु लोकायुक्त कानून के साथ अब चीजें बदलने की संभावना बनी है।

केंद्र सरकार के पास अन्य सरकारी कर्मचारियों के अलावा, 75,000 से अधिक समूह-क के अधिकारी और तकरीबन 1,89,000 से अधिक समूह-ख अधिकारी हैं।[61] समूह-क में

---

[58] Ibid.

[59] Government of India, through amendments dated May 5, 2011. Available on http://ipr.ias.nic.in/Docs/AIS_ConductRules2011.pdf, accessed December 30, 2016.

[60] Rule 16 of the All India Service (Conduct) Rules, 1968: http://persmin.gov.in/DOPT/Acts_Rules/AIS_Rules/Revised_AIS_Rules_Vol_I_Updated_Upto_31Oct2011/Revised_AIS_Rule_Vol_I_Rule_10.pdf, accessed December 30, 2016.

[61] लेखक द्वारा डी.ओ.पी.टी. से विभिन्न आर.टी.आई आवेदनों पर प्राप्त आंकड़े।

लगभग 4,800 आई.ए.एस. अधिकारी और 3,500 भारतीय पुलिस सेवा (आई.पी.एस.) अधिकारी हैं।[62] चूंकि प्रत्येक अधिकारी की परिसंपत्तियों का विश्लेषण करना संभव नहीं था, इसलिए चुनिंदा अधिकारियों की एक सूची तैयार की गई और भारत सरकार के सचिव स्तर के सभी अधिकारियों की परिसंपत्तियों और देयताओं के ब्यौरों की प्रतिलिपियां मांगी गईं। उनकी संपत्तियों में बढ़ोत्तरी और वृद्धि की जांच करने के लिए, उनकी परिसंपत्तियों और देयताओं से संबंधित शुरुआती (सेवा में शामिल होते समय जमा की गई) और नवीनतम घोषणापत्र की प्रतिलिपियां मांगी गईं। आर.टी.आई. आवेदन, पहली अपील, और अंततः दूसरी अपील दाखिल करने की संपूर्ण प्रक्रिया बहुत ही संतोषजनक रही क्योंकि इसने इन अधिकारियों द्वारा दाखिल किए गए ब्यौरे के खुलासे का रास्ता साफ किया।

पहले कदम के तौर पर, केंद्र सरकार में सचिव स्तर के अधिकारियों की संख्या जानने के लिए 22 जनवरी, 2009 को डी.ओ.पी.टी. के समक्ष एक आवेदन दाखिल किया गया। साथ ही इनकी परिसंपत्तियों और देयताओं से संबंधित पहली और नवीनतम घोषणापत्र की प्रतिलिपियों की मांग भी की गई। डी.ओ.पी.टी. के सी.पी.आई.ओ. ने घोषणापत्र की प्रतिलिपियां देने से इनकार करते हुए कहाः[63] "मांगी गई सूचना की प्रकृति व्यक्तिगत है जिसकी वजह से इसे आर.टी.आई. कानून के अनुच्छेद 8 (1) (ञ) के तहत छूट प्राप्त है।"

कथित जवाब से दुखी होकर, 17 मार्च, 2009 को पहली अपील दाखिल की गई जिसमें ए.एन. तिवारी द्वारा दिए गए सी.आई.सी. आदेश[64] को उद्धृत किया गया, जो कहता हैः "सभी सार्वजनिक प्राधिकारियों से आग्रह किया जाता है कि सभी लोक सेवकों के संपत्ति संबंधी ब्यौरों को सार्वजनिक करने हेतु सार्वजनिक प्राधिकारियों को ऐसी घोषणाएं कराने और उनके रखरखाव के लिए एक नई व्यवस्था के बारे में विचार करना होगा।"

डी.ओ.पी.टी. के समक्ष दाखिल की गई पहली अपील में कहा गया किः [65]

> निवेदन उन सचिवों से संबंधित है जो सरकार के बहुत वरिष्ठ अधिकारी हैं और मंत्रियों और चुने गए अन्य नेताओं की तरह आम लोगों की उनके कार्यों पर भी नजर रहती है। आपको पता होगा कि सांसद और विधायक चुनाव के समय ही अपनी परिसंपत्तियों और देयताओं संबंधी ब्यौरे दाखिल करने के लिए बाध्य हैं और ये ब्यौरे हमेशा सार्वजनिक दायरे में रहते हैं और चुनाव आयोग की वेबसाइट पर इन्हें देखा जा सकता है। यह कदम सार्वजनिक जीवन में ईमानदारी और पारदर्शिता लाने के लिए उठाया गया था। स्पष्टतः, मंत्रियों और चुने गए प्रतिनिधियों की तरह सचिव भी सरकारी प्रतिनिधि ही हैं।

---

[62] Ibid.

[63] लेखक को डी.ओ.पी.टी. से प्राप्त दिनांक 26 फरवरी, 2009 का जवाब।

[64] See http://www.rti.india.gov.in/cic_decisions/Decision_10072006_14.pdf, accessed February 14, 2017.

[65] लेखक द्वारा दाखिल की गई पहली अपील से।

प्रथम अपीलीय अधिकारी ने यह निर्णय लिया[66] कि: "मुझे सी.पी.आई.ओ. के जवाब में कुछ भी अनियमित नहीं दिखता। फलस्वरूप प्रथम अपील को निरस्त किया जाता है।" इसलिए, सी.आई.सी. के समक्ष दूसरी अपील दाखिल की गई।

डी.ओ.पी.टी., सी.पी.आई.ओ. और प्रथम अपीलीय अधिकारी के जवाबों में नौकरशाहों की परिसंपत्तियों और देयताओं संबंधी ब्यौरे के लिए इस तथ्य के बावजूद इनकार किया गया था कि कुछ राज्यों के सूचना आयोगों ने अधिकारियों की परिसंपत्तियों के ब्यौरे सार्वजनिक करने के आदेश पहले ही दे रखे थे। पंजाब में, सूचना आयुक्त पी.के. ग्रोवर ने पंजाब सिविल सचिवालय को कुछ अधिकारियों के ब्यौरे सार्वजनिक करने के निर्देश[67] देते हुए कहा था कि:

> इसके पीछे कोई कारण नहीं दिखता कि क्यों उन्हें सार्वजनिक नहीं करना चाहिए। इसे सरकारी दफ्तरों में भ्रष्टाचार रोकने के लिए एक कदम के तौर पर भी देखा जाना चाहिए क्योंकि ऐसे खुलासों से उन घटनाओं का पता चल सकता है जहां हासिल की गई संपत्ति आमदनी के ज्ञात स्रोतों के अनुपात में नहीं हो।

इससे पहले, उत्तर प्रदेश के सूचना आयुक्त ज्ञानेन्द्र शर्मा ने 10 अक्टूबर, 2008 को उ.प्र. सरकार को "सभी आई.ए.एस. अधिकारियों की अचल परिसंपत्तियों के ब्यौरे सार्वजनिक करने" का निर्देश[68] दिया था। दूसरी अपील के साथ इस आदेश की एक प्रतिलिपि भी संलग्न की गई थी।

राज्य विधानसभा के उपनेता चौधरी राकेश सिंह द्वारा दाखिल की गई एक याचिका पर, मध्य प्रदेश के मुख्य सूचना आयुक्त पी.पी. तिवारी ने ऐसा ही मिलता-जुलता आदेश[69] जारी किया था जिसमें कुछ खास अधिकारियों की संपत्ति के ब्यौरों को प्रकट करने को कहा गया। वास्तव में, सिंह ने जी.ए.डी. के पास एक आवेदन किया था जिसमें उन्होंने राज्य सरकार के सचिवालय में पदस्थ कुछ वरिष्ठ आई.ए.एस. और आई.पी.एस. अधिकारियों के संपत्ति संबंधित ब्यौरे मांगे थे। लेकिन कुछ अधिकारियों (जिनके विचार इस प्रकार लिए गए थे मानो वे तृतीय पक्ष हों) और जन सूचना अधिकारी ने इसे प्रकट किए जाने पर यह कहकर एतराज किया कि यह व्यक्तिगत सूचना है और आर.टी.आई. कानून के अनुच्छेद 8(1)(ञ)

---

[66] लेखक की पहली अपील पर डी.ओ.पी.टी. द्वारा दिनांक 1 अप्रैल, 2009 का आदेश।

[67] Decision dated December 14, 2009, AC-711 of 2009 in HC Arora vs Punjab Civil Secretariat.

[68] On complaint no. S9–651©/08 dated October 10, 2008, in Brijesh Mishra vs Appointment Department, UP.

[69] On February 15, 2010, on appeal A-1646/SCI/15–20/Bhopal/2009 and A-1608/SCI/18–10/Bhopal/2009.

के अंतर्गत छूट-प्राप्त है। जिन अधिकारियों के विचार तृतीय पक्ष के तौर पर लिए गए थे, उनमें से कुछ ने राज्य सूचना आयोग से यह भी कहा था कि इस तरह के प्रकटीकरण से कोई नुकसान नहीं है। चौधरी राकेश सिंह ने अपना मामला उठाया और पूछा, "जब लोकसभा और विधानसभा के उम्मीदवारों के संपत्ति संबंधी ब्यौरों के प्रकटीकरण से उनकी निजता का अतिक्रमण नहीं होता है, तो फिर लोक सेवकों की संपत्ति के ब्यौरों को प्रकट करने से उनकी निजता का हनन भला कैसे हो सकता है?" तिवारी ने जी.ए.डी. और म.प्र. सरकार के गृह विभाग को अपेक्षित विवरण 15 दिन के अंदर उपलब्ध कराने को कहा।

मध्य प्रदेश के मुख्यमंत्री शिवराज सिंह चौहान ने एक कदम आगे बढ़कर स्वयं अपनी परिसंपत्तियों और देयताओं के ब्यौरों की घोषणा[70] की। बाद में, राज्य सरकार ने अपने अधिकारियों को निर्देश दिया कि वे 30 अप्रैल, 2010 तक अपनी अचल संपत्ति के ब्यौरे अपने संबंधित विभागों की वेबसाइट पर डालें। उस समय तक, नीतीश कुमार के नेतृत्व में बिहार सरकार ने भी अपने अधिकारियों को उनकी परिसंपत्तियों और देयताओं की घोषणा करने और इसे वेबसाइट पर डालने का निर्देश दे दिया था।

दूसरी अपील की सुनवाई तत्कालीन मुख्य सूचना आयुक्त, भूतपूर्व आई.ए.एस. अधिकारी, वजाहत हबीबुल्ला ने की और उन्होंने अपने आदेश[71] में कहा

> यह स्पष्ट है कि संपत्ति संबंधी विवरण सरकार में कार्यरत व्यक्तियों से संबंधित निजी विवरण होते हैं और ये सरकारी दस्तावेजों का अंग बन जाते हैं। परंतु, इन्हें किसी भी तरह से गोपनीय रखी गई सूचना नहीं माना जा सकता है, हालांकि निश्चित ही इनमें व्यक्तिगत सूचना शामिल होती है जिसका प्रकटीकरण अनुच्छेद 8(1)(ञ) के अंतर्गत निजता का अतिक्रमण हो सकता है बशर्ते कि यह प्रकटीकरण जनहित में किया गया हो। इस कारण, अनुच्छेद 11(1) के अंतर्गत तृतीय पक्ष की राय प्राप्त करने के बाद अनुच्छेद 11(1) के अंतर्गत निर्धारित समय सीमा के अंदर ही इसका प्रकटीकरण उचित है। अनुच्छेद 11(2) के अंतर्गत, तृतीय पक्ष से यह अपेक्षा की जाती है कि यदि वे चाहें तो इस आदेश के प्राप्त होने के 10 दिन के अंदर वे किसी भी प्रकार से अपना पक्ष प्रस्तुत करें। श्री अनिल कुमार (प्रथम अपीलीय अधिकारी) के 1.4.2009 के आदेश को रद्द किया जाता है। याचिका मान्य है। सी.पी.आई.ओ. श्री दीपक इसरानी अब इस निर्णय संबंधी नोटिस के प्राप्त होने के पांच कार्यदिवस के अंदर तृतीय पक्ष को नोटिस जारी करेंगे और यदि सी.पी.आई.ओ. द्वारा ऐसे नोटिस के जारी किए जाने की तिथि के 10 दिन के अंदर कोई भी वाजिब आपत्ति प्राप्त

---

[70] See http://www.thaindian.com/newsportal/politics/shivraj-singh-chouhan-discloses-assets-in-state-assembly_100325023.html, accessed February 12, 2017.

[71] Central Information Commission, dated August 25, 2010. Available on http://www.rti.india.gov.in/cic_decisions/CIC_WB_A_2009_000669_M_40680.pdf, accessed December 30, 2016.

नहीं होती है, तो वे याचिकाकर्ता श्री श्यामलाल यादव द्वारा मांगी गई सूचना प्रकट करने की कार्यवाही आगे बढ़ाएंगे।

यह आदेश अधिकारियों को थोड़ा बचाने वाला था, क्योंकि यह स्पष्ट था कि किसी अधिकारी की परिसंपत्तियों और देयताओं संबंधी ब्यौरे उनके विचार लेने के बाद ही प्रकट किए जाने थे।

सी.आई.सी. के आदेश के बाद, डी.ओ.पी.टी. के अवर सचिव दीपक इसरानी ने सचिव स्तर के सभी अधिकारियों को लिखाः "आपसे निवेदन है कि आप नोटिस प्राप्त होने से दस दिन के अंदर लिखित या मौखिक रूप में बताएं कि आवेदक द्वारा अपेक्षित सूचना को प्रकट किया जाए या नहीं, और जवाब नहीं आने पर मामले को उसके बिना ही तय किया जाएगा"[72]

एक तरफ डी.ओ.पी.टी. ने मेरे साथ सी.आई.सी. में कानूनी लड़ाई लड़ी, लेकिन इसी बीच उसे इस सूचना के प्रकटीकरण के महत्त्व का अहसास हुआ। अधिकतर अधिकारी इस बात को मान गए, लेकिन सचिव स्तर के 19 अधिकारियों ने अपनी परिसंपत्तियों के ब्यौरों के प्रकटीकरण पर आपत्ति दर्ज की। उदाहरण के तौर पर, सांख्यिकी और कार्यक्रम क्रियान्वयन मंत्रालय के सचिव, टी.सी.ए. अनंत, ने डी.ओ.पी.टी. को लिखाः[73] "मेरे द्वारा दिए गए संपत्ति रिटर्न्स, जिसमें संपत्ति के विवरण, उसका मूल्य इत्यादि शामिल हैं, पूरी तरह से निजी सूचना है और इसीलिए इसकी घोषणा को सार्वजनिक नहीं किया जाए।" इस सूचना के प्रकटीकरण का विरोध[74] करने वाले अन्य आई.ए.एस. अधिकारियों में उस समय के शहरी विकास सचिव नवीन कुमार, लोक उद्यम सचिव भास्कर चटर्जी और सूक्ष्म, लघु और मध्यम उद्यम सचिव उदय कुमार वर्मा शामिल थे। इसके अतिरिक्त, गृह मंत्रालय ने बताया[75] की वाणिज्य सचिव राहुल खुल्लर और अशोक कुमार (आई.ए.एस. कॉडर ए.जी.एम.यू.टी." भी सूचना के इस प्रकटीकरण के खिलाफ थे। भारतीय विदेश सेवा (आई. एफ.एस.) के सचिव स्तर के अधिकारियों की परिसंपत्तियों और देयताओं को सार्वजनिक करने का विरोध स्वयं विदेश मंत्रालय ने यह कहकर किया डिग्री "आपकी आर.टी. आई. आवेदन में मांगी गई सूचना को आर.टी.आई. कानून के अनुच्छेद 8(1)(ञ) और 11(1) के अंतर्गत प्रकट नहीं किया जा सकता है।"[76] इसके अलावा, तत्कालीन वित्त मंत्री

[72] डी.ओ.पी.टी. का दिनांक 24 सितंबर, 2010 का पत्र, लेखक को इसकी पृष्ठांकित प्रतिलिपि भेजी गई।

[73] डी.ओ.पी.टी. का दिनांक 13 अक्टूबर, 2010 का पत्र संख्या 12016/1/2010-APAR वाला पत्र, लेखक को इसकी पृष्ठांकित प्रतिलिपि भेजी गई।

[74] डी.ओ.पी.टी. द्वारा प्रदान की गई सूची के लिए देखें लेखक को भेजा दिनांक 29 अक्टूबर, 2010 का पत्र।

[75] लेखक को भेजा गृह मंत्रालय का दिनांक 24 नवंबर, 2010 का जवाब।

[76] लेखक को भेजा विदेश मंत्रालय का दिनांक 4 नवंबर, 2010 का जवाब।

प्रणब मुखर्जी की सलाहकार और बाद में राष्ट्रपति प्रणब मुखर्जी की सचिव, ओमिता पॉल ने भी सूचना को सार्वजनिक किए जाने पर आपत्ति दर्ज की। आर्थिक मामलों के विभाग के एक पत्र[77] में सूचित किया गया है कि: "इस विभाग में सचिव के पद पर कार्यरत, वित्त मंत्री की सलाहकार श्रीमती ओमिता पॉल ने आर.टी.आई. कानून के अनुच्छेद 11(2) के अंतर्गत इच्छा जताई है कि आपके साथ सूचना साझा नहीं की जाए।"

लेकिन पहले सी.आई.सी. में कानूनी लड़ाई लड़ने और बाद में घोषणापत्रों की अपेक्षित प्रतिलिपि प्रदान करके, असल में डी.ओ.पी.टी. ने अखिल भारतीय सेवाओं और केंद्रीय लोक सेवाओं के सभी अधिकारियों से संबंधित ब्यौरों को वेबसाइट पर डालने की पहल की। इस संदर्भ में, उस समय के डी.ओ.पी.टी. सचिव शांतनु कोंसुल ने गृह सचिव जी.के. पिल्लई, आई.ए.एस. एसोसिएशन की अध्यक्ष सुधा पिल्लई, और पर्यावरण एवं वन सचिव विजय शर्मा को लिखा[78]:

> डी.ओ.पी.टी. विचार कर रहा है कि अखिल भारतीय सेवा (आचरण) नियमावली, 1951 के नियम 16(2) के अंतर्गत अखिल भारतीय सेवा के अधिकारियों द्वारा की गई परिसंपत्तियों की घोषणाओं को उनके कॉडर नियंत्रक प्राधिकरणों के संबंधित मंत्रालयों की वेबसाइट पर डाल देना चाहिए। इसका उद्देश्य एक ऐसा मानदंड कायम करना है जो संभवतः वर्तमान में कानून द्वारा निर्धारित नहीं है, लेकिन यह नौकरशाही में पारदर्शिता और जवाबदेही के उद्देश्य को आगे बढ़ाने में सहायक होगा। ऐसे मामलों में, ए.आई.एस. (अखिल भारतीय सेवाओं, यानी आई.ए.एस., आई.पी.एस. और भारतीय वन सेवा) को पहल करनी चाहिए और कानून द्वारा निर्धारित नियमों के अतिरिक्त एक कदम आगे बढ़ाना चाहिए। मैं आपसे आग्रह करूंगा कि आप उपरोक्त प्रस्ताव पर अपनी राय दें। साथ ही अधिकारी संगठनों के विचार भी लिए जाएं और इनसे अवगत कराया जाए।

इस मामले में आई.पी.एस. एसोसिएशन और भारतीय वन सेवा (आई.एफ.ओ.एस.) एसोसिएशन के विचार भी शामिल किए गए। आई.ए.एस., आई.पी.एस., और आई.एफ.ओ.एस. एसोसिएशन ने अपनी सहमति दी। आई.एफ.ओ.एस. अधिकारियों की ओर से बात रखते हुए, पर्यावरण एवं वन मंत्रालय (एम.ओ.ई.एफ.) ने डी.ओ.पी.टी. को वेबसाइट पर सदस्यों द्वारा की गई घोषणाएं सार्वजनिक करने के प्रस्ताव पर अपनी सहमति[79] दी। गृह सचिव जी.के. पिल्लई ने डी.ओ.पी.टी. को बताया[80] कि: "इस मंत्रालय

---

[77] डी.ओ.पी.टी. का दिनांक 3 मार्च, 2011 का पत्र, लेखक को इसकी पृष्ठांकित प्रतिलिपि भेजी गई।

[78] शांतनु कोंसुल का डी.ओ. पत्र संख्या 11017/03/2010-AIS(III) दिनांक 24 फरवरी, 2010, जिसे लेखक द्वारा आर.टी.आई के इस्तेमाल से प्राप्त किया गया।

[79] पर्यावरण और वन मंत्रालय का दिनांक 19 जुलाई, 2010 का पत्र, जिसकी प्रतिलिपि लेखक द्वारा आर.टी. आई के इस्तेमाल से प्राप्त की गई।

[80] जी.के. पिल्लई का दिनांक 26 जुलाई, 2010 का पत्र, जिसकी प्रतिलिपि लेखक द्वारा आर.टी.आई के इस्तेमाल से प्राप्त की गई।

को आई.पी.एस. अधिकारियों की संपत्ति के वार्षिक रिटर्न को गृह मंत्रालय की वेबसाइट पर डालने में कोई एतराज नहीं है।" ऐसा करने से पहले, गृह मंत्रालय ने आई.पी.एस. एसोसिएशन से सलाह ली जिसने राज्यों की अपनी इकाइयों से सलाह-मशविरा करके गृह मंत्रालय को अपनी स्वीकृति दे दी। उदाहरण के तौर पर, आई.पी.एस. एसोसिएशन की तमिलनाडु इकाई ने लिखाः[81] "गृह मंत्रालय की आधिकारिक वेबसाइट पर आई.पी.एस. अधिकारियों के संपत्ति संबंधी ब्यौरे डालने में कुछ भी गलत नहीं है क्योंकि ऐसा उच्च न्यायालय और उच्चतम न्यायालय के न्यायाधीशों के मामलों में भी हो रहा है।"

बाद में, यही निर्देश[82] समूह-क की सभी केंद्रीय सेवाओं को भी भेजे गए और उन्होंने एक-एक करके अपनी संपत्ति संबंधी वार्षिक रिटर्न (ए.पी.आर.) डालने शुरू किए। कुछ सेवाएं इसके बाद भी आशंकित थीं। डी.ओ.पी.टी. ने 23 मई, 2011; 8 जून, 2011, 2 अगस्त, 2011, 25 अगस्त, 2011 और 20 अक्तूबर, 2011 को अनुस्मारक[83] जारी किए। इसके बावजूद, बहुतों ने इसे रोके रखा। बाद में, डी.ओ.पी.टी. ने सभी सेवाओं से स्पष्टीकरण देने को कहाः[84]

> प्रधानमंत्री कार्यालय ने निर्देश दिया है कि संबंधित कॉडर नियंत्रण प्राधिकरणों से निम्नलिखित के बारे में स्पष्टीकरण मांगे डिग्री (1) कॉडर नियंत्रण प्राधिकरण की वेबसाइट पर अधिकारियों की संपत्ति के सालाना विवरण डालने में देरी या फिर इसे नहीं डालने के कारण, (2) अधिकारियों द्वारा अनुपालन सुनिश्चित करने के लिए कॉडर नियंत्रण प्राधिकरणों द्वारा कौन-से कदम उठाने का प्रस्ताव दिया गया है?"

यह चौंकाने वाली बात है कि 27 सितंबर, 2011[85] को डी.ओ.पी.टी. द्वारा यह आधिकारिक ज्ञापन जारी करने के बावजूद कुछ अड़ियल सेवाओं के अधिकारियों पर इसका कोई असर नहीं हुआ किः "यदि कोई अधिकारी भारत सरकार के निर्णय के अनुसार पिछले वर्ष की अचल संपत्ति का वार्षिक ब्यौरा अगले वर्ष 31 जनवरी तक दाखिल करने में असफल रहता है, तो उस अधिकारी को सतर्कता अनुमति देने से इनकार कर दिया जाना चाहिए।"

ऐसा लगता है कि कुछ सेवाओं में व्यापक तौर पर और बहुत-से अधिकारियों में व्यक्तिगत तौर पर जवाबदेही की कमी होना उनका शग़ल था, खासकर इसलिए कि उन पर कोई सख्त निगरानी नहीं थी और न ही किसी कार्रवाई का डर था।

---

[81] आई.पी.एस. ऑफिसर्स एसोसिएशन, तमिलनाडु संस्करण, का दिनांक 10 अगस्त, 2010 का पत्र, जिसकी प्रतिलिपि लेखक को आई.पी.एस एसोसिएशन द्वारा अनौपचारिक तौर पर प्रदान की गई।

[82] देखें भारत सरकार के सभी मंत्रियों/विभागों को भेजा गया दिनांक 11 अप्रैल, 2011 का पत्र।

[83] लेखक द्वारा आर.टी.आई का इस्तेमाल करके डी.ओ.पी.टी. से दिनांक 29 फरवरी, 2012 को प्राप्त किया गया।

[84] डी.ओ.पी.टी. की सचिव अल्का सिरोही के दिनांक 5 दिसंबर, 2011 के पत्र, जिन्हें लेखक द्वारा आर.टी.आई कानून के इस्तेमाल से प्राप्त किया गया।

[85] लेखक द्वारा आर.टी.आई के इस्तेमाल से प्राप्त किया गया।

लेकिन आर.टी.आई. कानून के लागू होने के बाद और सार्वजनिक जीवन में पारदर्शिता और जवाबदेही की बढ़ती मांग के चलते सरकारी कामकाज के तौर-तरीकों में तेजी से बदलाव आ रहे हैं। लोकपाल और लोकायुक्त कानून, 2013 में कहा गया है कि:[86]

(1) प्रत्येक सरकारी कर्मचारी इस कानून के तहत या इसके अनुसार बताए गए प्रारूप में अपनी परिसंपत्तियों और देयताओं की घोषणा करेगा।

(2) सरकारी कर्मचारी अपने पद की शपथ लेने की तारीख या कार्यालय में पदभार ग्रहण करने के तीस दिन की अवधि के भीतर सक्षम प्राधिकरण को निम्नलिखित से संबंधित जानकारी उपलब्ध कराएगा. (क) परिसंपत्तियां जिसमें वह, उसका जीवनसाथी और उसके आश्रित बच्चे, संयुक्त रूप से या अलग-अलग तौर पर स्वामी या लाभार्थी हों, (ख) उसकी, उसके जीवनसाथी और उसके आश्रित बच्चों की देयताएं।

(3) इस कानून के प्रभावी होने के समय, अपने कार्यालय में कार्यरत सरकारी कर्मचारी को इस कानून के प्रभाव में आने के तीस दिन के भीतर सक्षम प्राधिकरण को परिसंपत्तियों और देयताओं से संबंधित जानकारी, जैसा कि उप-अनुच्छेद (2) में निर्दिष्ट है, उपलब्ध करानी चाहिए।

(4) प्रत्येक सरकारी कर्मचारी को प्रत्येक वर्ष 31 जुलाई या इससे पहले सक्षम प्राधिकरण के समक्ष उस वर्ष की 31 मार्च तक की उन परिसंपत्तियों और देयताओं का वार्षिक ब्यौरा दाखिल करना चाहिए जिन्हें उप-अनुच्छेद (2) में निर्दिष्ट किया गया है।

(5) उप-अनुच्छेद (2) या उप-अनुच्छेद (3) के तहत सूचना और उप-अनुच्छेद (4) के तहत वार्षिक रिटर्न सक्षम प्राधिकरण के समक्ष निर्धारित प्रारूप और निर्धारित तरीके से दाखिल की जानी चाहिए।

(6) प्रत्येक मंत्रालय या विभाग के संदर्भ में, सक्षम प्राधिकरण को यह सुनिश्चित करना चाहिए कि इस तरह के सभी विवरण उस वर्ष की 31 अगस्त तक उक्त मंत्रालय या विभाग की वेबसाइट पर प्रकाशित हो जाएं।

इस तरह, डी.ओ.पी.टी. ने 14 जुलाई, 2014 को सभी सरकारी अधिकारियों को निर्देश[87] दिया कि वे बैंक खातों में जमा राशि (सावधि जमा रसीदें - एफ.डी.आर., सावधि जमा राशि, और बचत खातों सहित अन्य सभी प्रकार की जमा राशियां), वित्तीय संस्थानों, गैर-बैंकिंग वित्तीय कंपनियों और सहकारी समितियों में जमा राशियों और ऐसे प्रत्येक जमा खाते में मौजूद राशि, बांड, डिबेंचर्स/शेयरों में निवेश और कंपनियों/म्चुअल फंड्स

---

[86] See http://ccis.nic.in/WriteReadData/CircularPortal/D2/D02ser/Notification_Lokpal_14July_2014_Eng.pdf, accessed December 30, 2016.

[87] Ibid.

और अन्य में निवेश, राष्ट्रीय बचत योजना (एन.एस.एस.) में निवेश, डाक बचत, बीमा पॉलिसियां और डाकघर या बीमा कंपनियों में किसी भी वित्तीय उपकरणों में निवेश, भविष्य निधि/नई पेंशन योजना में जमा राशि, किसी भी व्यक्ति या निकाय जिनमें फर्म, कंपनी, ट्रस्ट और इसी प्रकार के अन्य शामिल हों, को दिए गए व्यक्तिगत ऋण/अग्रिम राशिय और देनदारों से मिलने वाली अन्य प्राप्तियां और राशि (जो (क) दो महीने के मूल वेतन से जहां भी मान्य हो, से अधिक हो (ख) अन्य मामलों में 1 लाख रुपये से अधिक हो), मोटर वाहन/एयरक्राफ्ट/नौकाएं/जहाज (बनावट, पंजीकरण संख्या और अन्य बातें, खरीद का वर्ष और खर्च के विवरण), और जेवरात के विवरण के साथ मूल्यवान चीजों के ब्यौरों की घोषणा करें। अचल संपत्तियों की घोषणा के प्रारूप को भी संशोधित किया गया है। पहले के प्रारूप में केवल आठ पैरा थे जबकि लोकपाल और लोकायुक्त कानून, 2013 के तहत जारी किए गए प्रारूप में 12 पैरा हैं और इसमें अधिक विस्तृत जानकारी की अपेक्षा है। सभी राज्यों के मुख्य सचिवों के लिए जारी किए गए 29 दिसंबर, 2014 के डी.ओ.पी.टी. के परिपत्र में कहा गया कि: "प्रधानमंत्री ने इसे 31 जनवरी, 2015 तक लागू करने का निर्देश दिया है।" ब्यौरे दाखिल करने की अंतिम तारीख को बार-बार आगे खिसकाया गया है। और, डी.ओ.पी.टी. ने 3 जुलाई, 2015 को यह स्पष्ट[88] किया कि "जिन सरकारी कर्मचारियों ने उन पर लागू होने वाले नियमों के प्रावधानों के तहत संपत्ति की सूचना और वार्षिक विवरण, घोषणाएं दाखिल कर दी हैं, उन्हें संशोधित घोषणापत्र, सूचनाएं या स्थिति के अनुसार जो भी उचित हो वह दाखिल करना होगा।"

इस बीच, कार्मिक, जन शिकायत, कानून और न्याय पर ई.एम.एस. नचियप्पन की अध्यक्षता वाली विभाग-संबंधी संसदीय स्थाई समिति ने 7 दिसंबर, 2015 की अपनी रिपोर्ट में कहा कि:[89] "लोक सेवकों द्वारा स्वयं अपने नाम पर या परिवार के किसी अन्य सदस्य अथवा किसी अन्य व्यक्ति के नाम पर हासिल की गई अचल परिसंपत्तियों की घोषणा की जानी चाहिए। सिर्फ उन्हीं चल परिसंपत्तियों की घोषणा की जानी चाहिए जो लोक सेवकों के नाम पर हैं।" लोक सेवकों की आनाकानी की वजह से इन घोषणाओं की अंतिम तिथि बार-बार आगे बढ़ाई जा रही है। इस मामले में एक जबर्दस्त मोड़ तब आया जब डी.ओ.पी.टी. द्वारा 20 जून, 2016 को एक अधिसूचना[90] जारी की गई जिसमें विभिन्न सोसाइटियों

---

[88] See http://ccis.nic.in/WriteReadData/CircularPortal/D2/D02ser/407_12_2014-AVD-IV-B-03072015.pdf, accessed December 30, 2016.

[89] See (p. 10): http://164.100.47.5/newcommittee/reports/EnglishCommittees/Committee%20on%20Personnel,%20PublicGrievances,%20Law%20and%20Justice/77.pdf, accessed February 14, 2017.

[90] See http://ccis.nic.in/WriteReadData/CircularPortal/D2/D02ser/Lokpal-24062016.pdf, accessed December 31, 2016.

(एन.जी.ओ.) के पदाधिकारियों को भी इन प्रावधानों के अंतर्गत यह कहते हुए सम्मिलित किया गया कि उनके निदेशकों, प्रबंधकों, सचिवों और अन्य पदाधिकारियों के लिए लोकपाल और लोकायुक्त कानून, 2013 के अंतर्गत उन विभागों में इस तरह के घोषणापत्र दाखिल करना अनिवार्य है जहां से उन कथित गैर-सरकारी संगठनों या एन.जी.ओ. को सबसे अधिक अनुदान प्राप्त हुए हैं और इस प्रकार के घोषणापत्र उन्हें तब तक दाखिल करते रहने हैं जब तक वे इन अनुदान का पूर्ण रूप से उपयोग नहीं कर लेते। यह स्पष्ट किया गया कि इस श्रेणी में वे एन.जी.ओ. शामिल हैं जिन्हें विदेशी स्रोतों से 10 लाख रुपयों से ज्यादा या राज्य सरकार अथवा केंद्र सरकार से 1 करोड़ रूपए से अधिक के अनुदान प्राप्त हुए हैं। दिनांक 20 जुलाई, 2016 के एक स्पष्टीकरण में गृह मंत्रालय ने कहा कि "ऐसा कोई व्यक्ति जो किसी सोसाइटी या संस्था या न्यास (चाहे उस समय लागू किसी कानून के तहत पंजीकृत हो या नहीं) का निदेशक, प्रबंधक, सचिव या अन्य अधिकारी है अथवा कभी रहा है, जिसे विदेशी अनुदान (नियामक) कानून, 2010–2010 का 42) के अंतर्गत किसी भी विदेशी स्रोत से 10 लाख रुपयों से अधिक का अनुदान मिला है"[91] तो उस व्यक्ति को इस तरह के ब्यौरे उपलब्ध कराने होंगे। दिनांक 25 जुलाई को शरद पवार (राष्ट्रवादी कांग्रेस पार्टी (एन.सी.पी.), दिग्विजय सिंह (कांग्रेस), अनु आग़ा (मनोनीत, राज्यसभा), नरेश गुजराल (शिरोमणि अकाली दल (एस.ए.डी.), राजीव चंद्रशेखर (निर्दलीय, राज्यसभा), नीरज शेखर (एस.पी.), टी.के, रंगराजन (भारतीय कम्युनिस्ट पार्टी (मार्क्सवादी) (सी.पी.एम.) और डी. राजा (भारतीय कम्युनिस्ट पार्टी (सी.पी.आई.) सहित सांसदों के एक समूह ने प्रधानमंत्री श्री मोदी से मुलाकात की।[92] दिनांक 29 जुलाई, 2016 को लोकपाल और लोकायुक्त (संशोधन) कानून, 2016 पारित हुआ जिसमें कहा गया किः "इस कानून के प्रारंभ होने की तिथि से, प्रत्येक लोक सेवक को अपनी परिसंपत्तियों और देयताओं की घोषणा निर्धारित किए गए तौर-तरीके से करनी होगी।" इस तरह, 1 दिसंबर, 2016 को डी.ओ.पी.टी. ने एक अधिसूचना जारी की और स्पष्ट किया किः "लोक सेवक (परिसंपत्तियों और देयताओं की सूचना और वार्षिक रिटर्न प्रदान करने तथा रिटर्न्स दाखिल करने में परिसंपत्तियों की छूट के लिए सीमाएं) नियमावली, 2014 के अंतर्गत लोक सेवकों को अब परिसंपत्तियों और देयताओं की घोषणाएं दाखिल करने की ज़रूरत नहीं है। सरकार नए नियम निर्धारित करने की प्रक्रिया में है।"[93] यह स्पष्ट है कि शासन का कोई भी धड़ा अपनी परिसंपत्तियों और देयताओं के संबंध में पारदर्शिता रखने को तैयार नहीं है। यह सब इसके बावजूद है कि संसद

---

[91] See https://fcraonline.nic.in/Home/PDF_Doc/Notice_Form_Lokpal_20072016.pdf, accessed December 31, 2016.

[92] See http://indianexpress.com/article/explained/lokpal-bill-narendra-modi-lok-sabha-pm-narendra-modi-govt-lokpal-and-lokayuktas-act-ngo-2941254/, accessed December 31, 2016.

[93] http://dopt.gov.in/sites/default/files/407 16 2016-AVD-IV-LP-01122016A.pdf

और राज्य विधानसभाओं के चुनावी प्रत्याशियों के लिए प्रकटीकरण का सबसे अधिक विस्तृत प्रारूप पहले से ही चलन में है।

चुनावी प्रत्याशी और अन्य

लोक सेवकों की परिसंपत्तियों और देयताओं को सार्वजनिक करने की बहस ने वास्तव में तब जोर पकड़ा जब 2 मई, 2002 को सर्वोच्च न्यायलय ने चुनाव आयोग को बहुचर्चित आदेश दिया कि:[94]

> कोई भी व्यक्ति लोकसभा, राज्य विधानसभा या राज्य की विधान परिषद में किसी सीट के लिए चुनाव लड़ने हेतु नामांकन दाखिल करने के लिए तब तक योग्य नहीं माना जाएगा जब तक कि वह निम्नलिखित दाखिल नहीं करता. (क) अपने, अपने जीवनसाथी के और आश्रितों के स्वामित्व वाली अपनी सभी परिसंपत्तियों (चल-अचल) के ब्यौरों का एक घोषणापत्र जिसके साथ एक शपथपत्र लगा हो, और (ख) यह घोषणापत्र कि अनुच्छेद 8बी में वर्णित किसी भी अपराध के संदर्भ में उसके विरुद्ध किसी आपराधिक न्यायालय द्वारा कोई आरोप लगाए गए हैं या नहीं।

और इसके बाद से, नामांकन पत्र के साथ ऐसे विवरण दाखिल करना अब अनिवार्य हो गया है।

सार्वजनिक जीवन में हर वर्ग के लोगों से आज यह अपेक्षा की जाती है कि वे अपनी संपत्तियों और देयताओं की घोषणा करें, लेकिन शासन प्रत्येक हिस्से के लिए इस घोषणा का प्रारूप अलग है और बहुत-से मामलों में यह प्रारूप व्यक्ति-दर-व्यक्ति भी अलग हो सकता है। चुनावी प्रत्याशियों के लिए, उनकी संपत्तियों और देयताओं की घोषणा करना अनिवार्य है क्योंकि इसके बिना उनका नामांकन स्वीकार नहीं किया जाएगा।

परंतु संपत्तियों और देयताओं की घोषणा कभी भी व्यक्तियों के असल बाजार मूल्य को नहीं दर्शाती है और इसीलिए इसका असल उद्देश्य ही पूरा नहीं होता जिस भावना के साथ इसे लागू किया जाना चाहिए था, उस भावना से उसे लागू नहीं किया जा रहा है। यह सार्वजनिक जीवन में पारदर्शिता लाने के लिए महज एक कदम है।

बैंकों और बीमा कंपनियों जैसे ऐसे बहुत-से सरकारी संस्थान हैं जहां अधिकारियों के भ्रष्ट हो जाने की आशंका कहीं ज्यादा होती है, लेकिन उनकी घोषणाओं को कभी भी सार्वजनिक नहीं किया जाता है। इन घोषणाओं के उद्देश्य तभी पूरे होंगे जब इन्हें सार्वजनिक किया जाएगा और जब आम लोग इनका विश्लेषण कर सकेंगे।

---

[94] See http://judis.nic.in/supremecourt/imgst.aspx?filename=18463, accessed December 31, 2016.

स्पष्ट है कि लोक सेवकों के लगभग प्रत्येक हिस्से के लिए प्रावधान मौजूद थे, परंतु आर.टी.आई. कानून के जरिए यह सच्चाई सामने आई कि इन प्रवाधानों को गंभीरता से नहीं लिया जा रहा था। पहले, बहुत-से मामलों में तो गोपनीय फाइलों में रखने के लिए भी इनकी घोषणा नहीं की गई थी, लेकिन अब कई घोषणाएं सार्वजनिक हैं। निष्कर्ष के तौर पर कह सकते हैं कि यदि आर.टी.आई. कानून नहीं होता, तो सांसदों, विधायकों, न्यायाधीशों और नौकरशाहों की संपत्तियों और देयताओं के प्रकटीकरण के लिए संघर्ष करना बहुत ही मुश्किल होता। यदि इन मुद्दों को आर.टी.आई. आवेदकों ने बार-बार नहीं उठाया होता और इनका फॉलोअप नहीं किया गया होता, तो चीजें जिस हद तक बदली हैं, वैसा नहीं हो पाता। यह आर.टी.आई. प्रयासों का ही एक और उदाहरण है जिसके माध्यम से कई खबरें सामने लाई गईं, और इसने सरकारी तंत्र को थोड़ा बदलाव लाने को बाध्य किया।

5 भारत का प्रशासन तंत्रः आई.ए.एस./आई.पी.एस./आई.आर.एस. के विरुद्ध भ्रष्टाचार के मामले

भ्रष्टाचार देश का दुश्मन है और भ्रष्ट लोकसेवकों का पता लगाकर उन्हें दंडित करना भ्रष्टाचार निवारण कानून, 1988 का एक अहम उद्देश्य है।[1]

सर्वोच्च न्यायालय, 6 मई, 2014, डॉ. सुब्रमण्यम स्वामी बनाम सी.बी.आई. मामले में

आर.टी.आई. कानून को लागू करते समय, इसे भ्रष्टाचार का पर्दाफाश करने के एक उपाय के तौर पर देखा गया था। लेकिन इसके लागू होने के छः वर्ष के भीतर ही, इसे लागू करने वाली सरकार ने ही भ्रष्टाचार के मामलों की जांच करने में शामिल एजेंसी, यानी सी.बी.आई. को इसके दायरे से बाहर कर दिया। परंतु, सी.बी.आई. जिस समय तक आर.टी.आई. के दायरे में थी, तब तक इसके द्वारा दर्ज किए गए भ्रष्टाचार के मामलों की छानबीन करने के कई प्रयास किए गए। मैंने भी ऐसे अनेक मामलों का पता लगाने का प्रयास किया था।

तालिका 5.1: नौकरशाहों के विरुद्ध दर्ज भ्रष्टाचार-विरोधी मामलों में दाखिल की गई आर.टी.आई. की झलकियां

सूचना	नौकरशाहों के विरुद्ध दर्ज भ्रष्टाचार-विरोधी मामले
प्राधिकरण	केंद्रीय अन्वेषण ब्यूरो, केंद्रीय सतर्कता आयोग (सी.वी.सी.), कार्मिक एवं प्रशिक्षण विभाग (डी.ओ.पी.टी.), केंद्रीय गृह मंत्रालय, केंद्रीय वित्त मंत्रालय
समस्याए	सी.बी.आई. की कुछ इकाइयों (यूनिट) ने पूरी जानकारी प्रदान नहीं की, वित्त मंत्रालय के अंतर्गत आने वाले सी.बी.डी.टी. ने कोई भी आवश्यक जानकारी नहीं दी
आवेदन और अपीले	100 (इनमें फॉलोअप और अन्य संबंधित स्टोरीज के लिए दाखिल आवेदन शामिल नहीं हैं)।
लगा समय	एक वर्ष से अधिक
स्टोरी	*अ लॉट टू हाइडः* लोक सेवकों के विरुद्ध लंबे समय से लंबित मामलों की स्थिति यह साबित करती है कि नौकरशाहों के साथ घनिष्ठ संबंध के कारण न्याय का चक्र बहुत मंद गति से चलता है। *(इंडिया टुडे)* 7 अप्रैल, 2008)
मेरे द्वारा फॉलोअप	सी.बी.आई., सी.वी.सी., डी.ओ.पी.टी., गृह मंत्रालय, वित्त मंत्रालय से संबंधित सूचना प्राप्त करने के लिए कई और आवेदन दाखिल किए गए और फॉलोअप स्टोरीज की गईं।

स्रोतः लेखक।

[1] See http://judis.nic.in/supremecourt/imgst.aspx?filename=41503, accessed December 31, 2016.

एक आर.टी.आई. आवेदन से यह तथ्य सामने आया कि 1992 से लेकर अब तक सी.बी.आई. ने तीन प्रमुख सेवाओं (यानी, भारतीय प्रशासनिक सेवा (आई.ए.एस.) भारतीय पुलिस सेवा (आई.पी.एस.), और भारतीय राजस्व सेवा (आई.आर.एस.), के 163[2] अफसरों के विरुद्ध भ्रष्टाचार के मामले दर्ज किए थे। आई.आर.एस. की सूची में सीमा-शुल्क एवं केंद्रीय उत्पाद-शुल्क सेवा (सी. एंड सी.ई.एस.), के अधिकारी शामिल थे। इसके बावजूद, उनमें से अधिकांश कार्यरत थे और सेवा संबंधी अन्य अधिकांश लाभ भी प्राप्त कर रहे थे।

आर.टी.आई. कानून के अंतर्गत बेशक यह सर्वाधिक चुनौतीपूर्ण कामों में से एक था: 15 वर्ष से अधिक की अवधि में आई.ए.एस., आई.पी.एस., और आई.आर.एस. अधिकारियों के विरुद्ध दर्ज हुए भ्रष्टाचार के 275 से अधिक मामलों की जानकारी निकालना। लेकिन अंततः, एक वर्ष से ज्यादा समय और 100 से ज्यादा आवेदनों, अनुस्मारक-पत्रों निजी तौर पर की गई मान-मनौव्वल और अपीलों के बाद सभी ज़रूरी सूचनाएं मिल गईं।

आर.टी.आई. ने स्टोरी के लिए ज़रूरी सूचना का बड़ा हिस्सा जुटाने में मदद की। सी.बी.आई. मुख्यालय में निदेशक (अभियोजन) के पास 7 अप्रैल 2007 को एक आवेदन दाखिल किया गया था जिसमें भ्रष्टाचार निवारण कानून के अंतर्गत तीन प्रमुख लोक सेवाओं से संबंधित आय से अधिक संपत्ति से जुड़े मामलों के बारे में सूचनाएं मांगी गई थीं। निदेशक (अभियोजन) ने आवेदन को सी.बी.आई. की तत्कालीन सभी 67 इकाइयों के पास सीधे जवाब देने के लिए आगे भेज दिया।

इसी दौरान, डी.ओ.पी.टी. (आई.आर.एस. के लिए कॉडर नियंत्रित करने वाला प्राधिकरण) से भ्रष्टाचार के मामलों में दर्ज आई.ए.एस. अधिकारियों के विरुद्ध की गई कार्रवाई के बारे में सूचना मांगी गई। आई.पी.एस. अधिकारियों से जुड़ी सूचनाओं के लिए गृह मंत्रालय से, और आई.आर.एस. और सी. एंड सी.ई.एस. अधिकारियों से जुड़ी सूचनाओं के लिए वित्त मंत्रालय, केंद्रीय प्रत्यक्ष कर बोर्ड (सी.बी.डी.टी.) तथा केंद्रीय उत्पाद और सीमा शुल्क बोर्ड (सी.बी.ई.सी.) से भी इसी प्रकार के निवेदन किए गए। इसके अलावा भ्रष्टाचार के सभी मामलों में विभागीय कार्यवाही के लिए सिफारिशी प्राधिकरण के रूप में सी.वी.सी. को भी आवेदन भेजे गए।

धीरे-धीरे प्रत्येक इकाई से आरोपी अफसरों के नाम, उनकी सेवा, बैच, कॉडर, और एफ.आई.आर. दर्ज करने की तारीख के साथ ही उन मामलों की मौजूदा स्थिति के बारे में जवाब आने लगे। प्राप्त हुए सूचनाओं के अंबार का बारीकी से निरीक्षण करने के बाद, दोषी अधिकारियों की एक विस्तृत सूची तैयार की गई। परंतु, यह प्रक्रिया लंबी और जटिल थी, जिसमें बहुत सारे फॉलोअप आवेदन, अपील और निवेदन शामिल थे।

---

[2] Information received from all units of CBI during 2007–08 by the author. http://indiatoday.intoday.in/story/A+lot+to+hide/1/6290.html, accessed December 31, 2016.

सी.बी.आई. की कुछ इकाइयों ने इससे बचने की भी कोशिश की। भ्रष्टाचार निवारण शाखा (ए.सी.बी.), मुंबई के पुलिस अधीक्षक, प्रवीण सालुंके ने सूचना देने से इनकार करते हुए कहा: "बरामद की गई संपत्तियों के ब्यौरे नहीं दिए जा सकते हैं क्योंकि यह निजी सूचना की श्रेणी में आती है जिसके खुलासे का संबंध किसी भी तरह की सार्वजनिक गतिविधि या हित से नहीं है और किसी भी प्रकार के व्यापक सार्वजनिक हित के आधार पर इस सूचना के खुलासे को सही नहीं ठहराया जा सकता है।" इसी प्रकार, ए.सी.बी. धनबाद के पुलिस अधीक्षक ने कहा, "आवेदक को सूचना नहीं दी जा सकती है क्योंकि इससे मामलों के अभियोजन/सुनवाई के परिणाम प्रभावित हो सकते हैं।"[3] दिल्ली स्पेशल क्राइम ब्रांच (एस.सी.बी.) के पुलिस अधीक्षक एस.जे.एम. गिलानी ने कहा: "जिन मामलों में जांच अभी जारी है, उनसे जुड़ी सूचना का खुलासा नहीं करने की छूट है।"[4] आर्थिक अपराध ईकाई (ई.ओ.यू.)-2 के पुलिस अधीक्षक, केशव मिश्रा ने कहा: "आपने जिस सूचना के लिए अनुरोध किया है, वह नहीं दी जा सकती है क्योंकि ऐसा करने से जांच की प्रक्रिया और अभियुक्तों की धर-पकड़/अभियोजन की प्रक्रिया बाधित हो सकती है।"[5] ई.ओ.यू.-1 की पुलिस अधीक्षक नीरजा गोटरु ने भी इसी तरह का जवाब भेजा।[6]

सूचना साझा करने से इनकार किए जाने पर, पहली अपीलें दाखिल की गईं। लेकिन पहली अपील पर सिर्फ पुलिस अधीक्षक/सी.बी.आई./ए.सी.बी. चंडीगढ़ ने ही अपेक्षित सूचना उपलब्ध कराई, बाकियों ने नहीं। गोटरु और मिश्रा के सूचना उपलब्ध कराने से इनकार करने पर जब अपील की गई, तो प्रथम अपीलीय अधिकारी हरभजन राम ने सूचना देने से इनकार को यह कहकर सही ठहराया कि उन्होंने "प्रावधानों को सही तरह से लागू करके"[7] ही ऐसा किया है। ऐसी स्थिति में अगला कदम था सी.आई.सी. के समक्ष दूसरी अपील दर्ज की जाए, लेकिन सी.आई.सी. में अपीलों के निपटान में किए जाने वाले विलंब को ध्यान में रखते हुए यह उचित विकल्प नहीं लगा।

इसीलिए, सी.आई.सी. के पास जाने से पहले सी.बी.आई. के निदेशक को एक पत्र लिखा गया। सभी दस्तावेजों को संलग्न करके 14 दिसंबर 2007 को यह पत्र भेजा गया जिसमें तत्कालीन निदेशक विजय शंकर से अनुरोध किया गया था कि वे "मामले पर गौर करें और हस्तक्षेप करें।" उन्हें बताया गया कि सी.बी.आई. की अलग-अलग इकाइयों ने आर.टी.आई. कानून के प्रावधानों की अलग-अलग तरह से व्याख्या करके सूचना उपलब्ध कराई है या फिर ऐसा करने से इनकार किया है।

---

[3] Response dated December 31, 2007, to author on RTI.

[4] Letter dated June 8, 2007, to author on RTI.

[5] Letter dated May 29, 2007, author on RTI.

[6] Dated May 28, 2007, to author on RTI.

[7] Both orders dated November 8, 2007, on author's first appeals.

यह रणनीति काम कर गई क्योंकि अगले दिन ही मुझे उनके कार्यालय से फोन आया और यह आश्वासन दिया गया था कि वह इस पर जल्द से जल्द जवाब देंगे। कुछ समय बाद, मुझे संयुक्त निदेशक (समन्वयन) एन.आर. वासन[8] का फोन आया और उन्होंने बताया कि उन्होंने सभी संबंधित अधिकारियों को सूचना उपलब्ध कराने को कहा है और यदि एक हफ्ते के अंदर सूचना नहीं पहुंचती है, तो मैं उनसे दोबारा संपर्क करूं। वायदे के अनुसार, सभी इकाइयों ने जवाब में बहुत सारी सूचनाएं भेजीं और सूची का अच्छा-खासा हिस्सा पूरा हो गया था। लेकिन स्टोरी अब भी पूरी नहीं थी। अभियुक्तों की गिरफ्तारी की तारीख, जमानत की तारीख, और इसके बाद की गई कार्रवाई जैसे कुछ महत्त्वपूर्ण ब्यौरे अब भी नहीं मिले थे। इसीलिए, सी.बी.आई. की सभी संबंधित इकाइयों के लिए फिर से आवेदन का एक और मसौदा तैयार किया गया।

आई.ए.एस, आई.पी.एस., और आई.आर.एस. अधिकारियों की अलग-अलग सूची तैयार की गई थी। फिर, आई.ए.एस. अधिकारियों की सूची डी.ओ.पी.टी. के पास, आई.पी.एस. अधिकारियों की सूची गृह मंत्रालय के पास और आई.आर.एस. और सी. एंड सी.ई.एस. अधिकारियों की सूची सी.बी.डी.टी. तथा सी.बी.ई.सी. के पास भेजी गई। इन सभी विभागों से अभियुक्तों के विरुद्ध उस समय तक की गई कार्रवाई के ब्यौरे और साथ ही मामलों को दर्ज किए जाने के समय से उनकी तैनाती संबंधी विवरण उपलब्ध कराने को कहा गया। इसके बाद, यह सूची सी.वी.सी. को भी भेजी गई जिसमें उनके विरुद्ध की जाने वाली कार्यवाही की अनुशंसा संबंधी विवरण और उनके विरुद्ध उठाए गए कदमों के बारे में पूछा गया।

कई महीनों के प्रयासों, और बहुत सारे अनुस्मारकों और संबंधित दफ्तरों में व्यक्तिगत तौर पर चक्कर लगाने के बाद, डी.ओ.पी.टी., गृह मंत्रालय, सी.वी.सी., और सी.बी.ई.सी. से सूचना प्राप्त हुई, लेकिन सी.बी.डी.टी. से सूचना नहीं मिली। चूंकि, आई.आर.एस. और सी. एंड सी.ई.एस. अलग हो चुके थे, इसलिए राजस्व विभाग ने आई.आर.एस. अधिकारियों की सूची सी.बी.ई.सी. और सी.बी.डी.टी. दोनों के पास भेजी थी। सी.बी.डी.टी. ने उत्तर दिया:[9]

> इस प्रकार के ब्यौरे हासिल करने का उद्देश्य भ्रष्टाचार के आरोपी इन अधिकारियों पर एक खबर लिखकर मीडिया में प्रकाशित करना है। मीडिया में प्रकाशित करने के लिए इस तरह के ब्यौरे प्रदान करना उचित नहीं होगा क्योंकि संभवतः कई मामलों में जांच शायद अब भी जारी हो और मामलों के ब्यौरे का असामयिक खुलासा करना जांच की प्रक्रिया को बाधित कर सकता है या प्रभावित कर सकता है।

---

[8] वह अब महानिदेशक, पुलिस अनुसंधान एवं विकास ब्यूरो (बी.पी.आर. एंड डी.), गृह मंत्रालय, नई दिल्ली से सेवानिवृत्त हो गए हैं।

[9] लेखक की आर.टी.आई. पर 4 फरवरी, 2008 को।

जब पहली अपील दायर की गई थी, तो सी.बी.डी.टी. के सतर्कता निदेशालय ने कहा:[10] "इसका उद्देश्य जनहित नहीं दिखता है। किसी भी जांच या पड़ताल के जारी रहते हुए इससे जुड़ी सूचनाओं का असामयिक खुलासा करना किसी भी प्रकार से जनहित में नहीं हो सकता। इसीलिए, मांगी गई सूचनाएं नहीं दी जा सकती हैं।"

जब एक अन्य अपील के जरिए आयकर विभाग के महानिदेशक (डी.जी.आई.टी.) को लिखा गया कि उनके सहयोगी संगठन सी.बी.ई.सी. ने सी. एंड सी.ई.एस. अधिकारियों के बारे में मांगे गए समस्त ब्यौरे दे दिए हैं, इसीलिए सी.बी.डी.टी. द्वारा सूचनाएं छिपाए जाने की कोई तुक नहीं है, तब सी.बी.डी.टी. ने मीडिया में आरोपी अधिकारियों के बारे में लेख प्रकाशित किए जाने के उद्देश्य पर सवाल खड़ा करके, फिर सूचना देने से इनकार कर दिया।

मेरा अनुभव कहता है कि आर.टी.आई. लागू करने के संदर्भ में सी.बी.डी.टी. सबसे ढीठ संस्थाओं में से एक है। ऐसी दूसरी सबसे ढीठ संस्थाओ में भारतीय रिज़र्व बैंक, भारतीय प्रतिभूति एवं विनिमय बोर्ड यानी सेबी, संघ लोक सेवा आयोग जैसी संस्थाएं हैं। इससे मांगी गई सूचनाओं से मिलती-जुलती सूचनाएं दूसरे संबद्ध विभागों से मिल गईं, लेकिन सी.बी.डी.टी. बार-बार मुझे यह कहकर इनकार करती रही कि ये सूचनाएं छूट के दायरे में आती हैं और इससे भी आगे जाकर वह आर.टी.आई. आवेदन के उद्देश्य पर ही सवाल उठाने लगी जबकि सूचनाएं मांगने के पीछे के उद्देश्य पर सवाल खड़ा करना आर.टी.आई. कानून के तहत जायज नहीं है।

निलंबित किए गए आई.आर.एस. अधिकारियों की सूची देने का अनुरोध करने वाले एक अन्य आवेदन के संबंध में, सी.बी.डी.टी. के अतिरिक्त निदेशक (सतर्कता) एल.के.एस. दहिया ने 15 सितंबर 2009 को जवाब दिया: "चूंकि जांच-पड़ताल जारी है, इसलिए आपके द्वारा मांगी गई सूचना छूट के दायरे में आती है।" यह हास्यास्पद तर्क था क्योंकि निलंबित किए गए अधिकारियों के नाम आई.आर.एस. अधिकारियों की सिविल लिस्ट में नियमित रूप से प्रकट किए जाते हैं और यह सूची हमेशा सार्वजनिक तौर पर उपलब्ध रहती है। आर.टी.आई. आवेदन इसलिए दाखिल किया गया था क्योंकि आवेदन के दिन तक अद्यतन सूची की ज़रूरत थी। दिनांक 9 फरवरी 2009 को किए गए आवेदन पर "उस तारीख तक निलंबित आई.आर.एस. अधिकारियों के ब्यौरों" के बारे में कहा गया कि वह सूचना के दायरे से बाहर है। उन्होंने महज उन अधिकारियों की संख्या (18) उपलब्ध कराई जो निलंबित थे। इसके बाद, 1 दिसम्बर 2011 को एक और आवेदन किया गया जिसमें "उन आई.आर.एस. अधिकारियों के नाम/बैच/पद-रैंक/निलंबन की तारीख मांगी

---

[10] लेखक को आर.टी.आई. पर मिला सतर्कता निदेशालय, सी.बी.डी.टी, नई दिल्ली का दिनांक 11 फरवरी, 2008 का जवाब।

चित्र 5.1: लेखक द्वारा डी.जी.आई.टी. (सतर्कता) को दाखिल किए गए आर.टी.आई. आवेदनों में से एक का जवाब

Directorate General of Income Tax (Vigilance), New Delhi
Dayal Singh Public Library Building, 1, Deen Dayal Upadhyay Marg,
New Delhi-110002.

सत्यमेव जयते

Phone : 23233919
F.No. : **DGIT (V)/A/RTI/SLY/53/2009**/4904 **Dated : 27.12.2011**

Shri Shyamlal Yadav,
(Senior Assistant Editor)
The Indian Express,
9 & 10, Bahadur Shah Zafar Marg,
New Delhi

Sir,

Sub: Application under RTI Act, 2005 – reg.

Please refer to your application dated 01.12.2011 which was received on 13.12.2011.CPIO in this office is not custodian of record. Reply to the information sought, based on the responses received from concerned sections is furnished as under:

No.	Query	Reply
1	List of IRS officers who have been suspended at present (along with their name/batch/rank/date of suspension)	Names of the officers cannot be disclosed to the applicant as this information is third party information pertaining to such officers and relates to personal information the disclosure of which has no relationship to any public activity or interest. Disclosure of this information would cause unwarranted invasion of the privacy of the individual. Disclosure of such information is exempted under Rule 8(1)(j) of the RTI Act.
2	List of IRS officers who have been terminated/dismissed from service since 1st January 2010 (along with their name/batch/rank/date of dismissal)	

स्रोतः लेखक

गई जो अभी संदेह के दायरे में थे।" जवाब मिला[11] कि "आवेदक को सूचना उपलब्ध नहीं कराई जा सकती क्योंकि सूचना तृतीय पक्ष से संबंधित है और इसे प्रकट करने का किसी भी लोक हित से कोई संबंध नहीं है और यह आरोपी अधिकारियों की निजता का अतिक्रमण करेगी।" यहां तक कि जब उनसे अनुरोध किया गया कि वे सेवा से बर्खास्त/हटाए गए आई.आर.एस. अधिकारियों की सूची प्रदान करें, तो जवाब[12] इस प्रकार था, "आवेदक को अधिकारियों के नाम जाहिर नहीं किए जा सकते हैं क्योंकि यह तृतीय पक्ष से संबंधित सूचना हैः (चित्र 5.1).

इसके अलावा, एक और बेहद रूखा जवाब डी.ओ.पी.टी से मिला। इसमें उनका कहना था कि:[13]

> सूचना का अधिकार सभी नागरिकों के लिए है, जबकि विभाग को प्राप्त मौजूदा निवेदन *इंडिया टुडे* के प्रमुख संवाददाता के हवाले से आया है। इसके अलावा, आपने *(इंडिया टुडे)* अपने निवेदन में यह भी कहा है कि आप भ्रष्टाचार के विभिन्न मामलों में लिप्त आरोपी अधिकारियों से संबंधित एक स्टोरी पर काम कर रहे हैं और आपको यह सूचनाएं इसी

[11] लेखक को मिला सी.बी.डी.टी. (महानिदेशक, सतर्कता निदेशालय) का दिनांक 23 जनवरी, 2012 का पत्र।

[12] लेखक को मिला सी.बी.डी.टी. (महानिदेशक, सतर्कता निदेशालय) का दिनांक 27 दिसंबर, 2011 का जवाब।

[13] लेखक को मिला डी.ओ.पी.टी. का दिनांक 19 मार्च, 2008 का जवाब।

> उद्देश्य से चाहिए। इससे यह स्पष्ट है कि सूचना के लिए मौजूदा निवेदन *इंडिया टुडे* के प्रमुख संवाददाता, श्यामलाल यादव की ओर से आया है, न कि नागरिक श्यामलाल यादव की ओर से। इसे ध्यान में रखते हुए, खेद प्रकट है कि सूचना के लिए किया गया मौजूदा निवेदन कथित कानून के प्रावधानों के अंतर्गत नहीं आता है।

लेकिन विडंबना और एकदम अप्रत्याशित बात यह थी कि मुझे डी.ओ.पी.टी. में कार्यरत एक अधिकारी ने फोन करके अपने दफ्तर में आने का आग्रह किया। अगले दिन जब मैं वहां गया, तो मुझे मांगी गई सभी सूचनाएं अनौपचारिक तौर पर उपलब्ध करा दी गईं।

इसी बीच, गृह मंत्रालय ने एक ही बार में सूचना उपलब्ध करा दी लेकिन कहा[14] कि "यदि कोई विभागीय कार्यवाही की जाती है, तो यह सिर्फ अदालतों द्वारा मामलों का निपटान किए जाने के बाद, और सी.बी.आई. द्वारा की गई जांच के नतीजे के आधार पर ही की जाएगी।" बाकी के ब्यौरे सी.वी.सी. से मिले,[15] लेकिन टेलीफोन के जरिए कई बार इसके लिए तक़ाज़ा करने के बाद ही यह संभव हो पाया।

अंततः, एक साल से ज्यादा वक्त में, 100 से अधिक आर.टी.आई. आवेदनों, अपीलों, अनुस्मारकों, और टेलीफोन के माध्यम से और निजी तौर पर किए गए निवेदनों के परिणामस्वरूप इतनी पर्याप्त सूचना उपलब्ध हो गई थी, जिसकी छंटाई और विश्लेषण करके स्टोरी को अंतिम रूप दे दिया गया।[16]

आर.टी.आई. कानून में मिली छूटः रक्षा बल और सी.बी.आई.

विधेयक का मसौदा तैयार करते समय सी.बी.आई. को आर.टी.आई. कानून की दूसरी अनुसूची (मानवाधिकारों के हनन और भ्रष्टाचार से जुड़े मामलों के अतिरिक्त, आर.टी.आई. के तहत छूट पाने वाले संगठनों की सूची) में शामिल करने की कोई ज़रूरत महसूस नहीं हुई थी क्योंकि यह मुख्यतः भ्रष्टाचार के मामलों की जांच-पड़ताल के लिए है। यहां तक कि एम. वीरप्पा मोइली की अध्यक्षता वाले दूसरे प्रशासनिक सुधार आयोग (ए.आर.सी.) ने भी सी.बी.आई. को आर.टी.आई. से बाहर करने की सिफारिश नहीं की थी। लेकिन, सी.बी.आई. को जून 2011 में इससे छूट दे दी गई, और यह जानना दिलचस्प है कि सी.बी.आई. ने सिर्फ अपनी उन इकाइयों के लिए ही छूट की मांग की थी जो खुफिया सूचनाएं एकत्र करने में संलग्न हैं, परंतु सरकार ने पूरी की पूरी सी.बी.आई. को ही इससे छूट प्रदान कर दी।

सी.बी.आई. के मामले से अलग, एम. वीरप्पा मोइली की अध्यक्षता वाले दूसरे ए.आर.सी. ने तीनों सेनाओं को आर.टी.आई. कानून की दूसरी अनुसूची में शामिल करने की सिफारिश

---

[14] लेखक को मिला गृह मंत्रालय का दिनांक 12 मार्च, 2008 का जवाब।

[15] देखें लेखक को मिला दिनांक 19 मार्च, 2008 का जवाब।

[16] See http://indiatoday.intoday.in/story/A+lot+to+hide/1/6290.html, accessed December 31, 2016.

की थी। "रक्षा मंत्री के अनुमोदन" पर लिखे अपने पत्र[17] में, रक्षा मंत्रालय ने तीनों सेनाओं को आर.टी.आई. के दायरे से बाहर रखने की मांग की थी। पत्र में लिखा गया था:[18]

> रक्षा बलों (तीनों सेनाओं) की प्रकृति और उनके कर्तव्यों में आंतरिक और बाहरी सुरक्षा के मसले तथा संवेदनशील खुफिया जानकारी शामिल होती है। तटरक्षक बल के पास एक्सक्लूसिव आर्थिक क्षेत्र की सुरक्षा की जिम्मेदारी होती है और उन्हें पर्यावरण, सीमा-शुल्क इत्यादि संबंधी विभिन्न क्षेत्रीय क़ानूनों का अनुपालन सुनिश्चित करना होता है। इस तरह, वे संवेदनशील सूचनाएं संभालते हैं जिन्हें प्रकट करना उसकी कार्य के लिए नुकसानदेह हो सकता है। इसीलिए, रक्षा बल, यानी भारतीय सेना, नौसेना और वायुसेना और तटरक्षक बल और सीमा सड़क विकास बोर्ड (बी.आर.डी.बी.) भी सूचना की स्वतंत्रता कानून-2002 के अनुच्छेद 16 की जरूरतों को पूरा करते हैं और इससे संबंधित अनुसूची में शामिल होने लायक हैं।

पत्र में रक्षा अनुसंधान और विकास संगठन (डी.आर.डी.ओ.) को भी आर.टी.आई. कानून के दायरे से बाहर रखने की मांग की गई थी। डी.आर.डी.ओ. को आर.टी.आई. से छूट दे दी गई, परंतु दूसरे संस्थानों के संदर्भ में डी.ओ.पी.टी. के तत्कालीन सचिव ए.एन. तिवारी ने रक्षा सचिव शेखर दत्त को जवाब में लिखा कि:[19]

> सेना, नौसेना, वायुसेना और तटरक्षक बल को दूसरी अनुसूची में शामिल करके सूचना के प्रकटीकरण से छूट नहीं दी जानी चाहिए और इस तथ्य पर ध्यान दिया जाना चाहिए कि आर.टी.आई. कानून, 2005 के अनुच्छेद 8(1) (क) में भारत की संप्रभुता और अखंडता, राज्य की सुरक्षा, रणनीतिक, वैज्ञानिक तथा आर्थिक हितों, विदेशी राज्यों के साथ संबंधों को प्रभावित कर सकने वाली या किसी अपराध के लिए प्रेरित कर सकने वाली सूचनाओं के लिए पहले ही पर्याप्त सुरक्षा प्रदान की गई है।

"प्रधानमंत्री कार्यालय द्वारा सुरक्षा संगठनों के प्रमुखों के विचार भी लिए जाने की इच्छा जाहिर करने" की बात पर सफाई देते हुए, पत्र में आगे यह कहा गया था कि:

> समय के साथ, डी.ओ.पी.टी. इस कानून में संशोधन की संभावना की पड़ताल कर सकता है ताकि सेना, नौसेना, वायुसेना और तटरक्षक बल को युद्धकालीन गतिविधियों, राष्ट्र की सीमाओं की सुरक्षा और आतंकवादी विरोधी तथा उग्रवाद विरोधी कार्रवाइयों के संबंध में चुनींदा ढंग से छूट दी जा सके। इन संगठनों को तब तक कोई छूट नहीं दी जा सकती है जब तक कि वे आंतरिक कानून-व्यवस्था लागू करने और शांति व्यवस्था बनाए रखने के काम में लगे हुए हैं।

---

[17] MoD letter dated March 7, 2005, accessed by author under RTI.

[18] Ibid.

[19] A.N. Tewari's letter accessed by the author using RTI.

इस तरह, तीनों सेनाएं अब भी आर.टी.आई. के दायरे में आती हैं लेकिन सी.बी.आई. नहीं, जिसे बाद में यह छूट दे दी गई थी।

सी.बी.आई. के मामले में चीजें अलग थीं। उसे आर.टी.आई. की दूसरी अनुसूची में शामिल करने से संबंधित फाइल[20] दर्शाती है कि इस मामले में सब कुछ बहुत जल्दी-जल्दी हुआ। यह फाइल पूरी कहानी बयान करती है कि सी.बी.आई. के मामले में कैसे फैसला लिया गया था। आर.टी.आई. कानून लागू होने के बाद, सी.बी.आई. ने निवेदन किया था कि उसे आर.टी.आई. के दायरे से बाहर रखा जाए, लेकिन 23 नवंबर 2007 को हुई सचिवों की समिति की बैठक में इसे यह कहकर खारिज कर दिया गया कि: "सी. बी. आई. की मांग उचित नही मानी गयी क्योंकि संवेदनशील मामलों को आर. टी. आई. के तहत खुलासा न करने वाले प्रावधान 8 (1) के तहत पहले से मौजूद हैं।"

सी.बी.आई. से जुड़ी फाइल के आगे बढ़ने का घटनाक्रम[21] बेहद रोचक है, जिसे बाद में आर.टी.आई. के जरिए उजागर किया गया:

दिनांक 22 जुलाई 2010 को सी.वी.सी. ने अपनी बैठक में यह सिफारिश की थी कि: "सी. बी.आई. इस इरादे से डी.ओ.पी.टी. के पास जाएगी कि सी.बी.आई. की विशिष्ट ईकाई (जो खुफिया सूचनाओं के एकत्रीकरण में शामिल हो) को आर.टी.आई. कानून से छूट दी जाए।"

सी.बी.आई. ने सितंबर 2010 में छूट पाने के लिए अपना अनुरोध डी.ओ.पी.टी. के पास भेजा, और फिर 14 फरवरी, 2011 को सी.बी.आई. के संयुक्त निदेशक ए.के. पटेरिया ने डी.ओ.पी.टी. को फिर से अनुरोध किया कि "सी.बी.आई. को आर.टी.आई. कानून के अंतर्गत छूट (प्रशासनिक, कार्मिक, लेखा/वित्त, बजट और प्रशिक्षण संबंधी मामलों के अतिरिक्त) दी जा सकती है।"

देश के सॉलिसिटर जनरल गोपाल सुब्रमण्यम ने 14 मार्च 2011 को इस फाइल पर सलाह दी कि:

> सी.बी.आई. को आर.टी.आई. कानून, 2005 की दूसरी अनुसूची में शामिल करने के बारे में सोचा जा सकता है और ऐसा करने लिए ज़रूरी है कि सी.बी.आई. शब्द के बाद कोष्ठक में कुछ शब्द जोड़े जाएं जैसे, "प्रशासनिक, कार्मिक, लेखा/वित्त, बजट और प्रशिक्षण संबंधी मामलों के अतिरिक्त"।

सुब्रमण्यम ने अपने 23 पृष्ठ के नोट में आगे लिखा कि "हालांकि मैं सी.बी.आई. संस्था को पूरी तरह से छूट दिए जाने के बारे में सहमत नहीं हूं।" डी.ओ.पी.टी. के संयुक्त सचिव राजीव कपूर ने सी.बी.आई. के मूल प्रस्ताव का समर्थन किया जिसमें उसकी सिर्फ खुफिया सूचना

---

[20] Complete file regarding the CBI was accessed by the author. Available on http://indianexpress.com/article/india/india-others/cbi-sought-part-rti-exemption-govt-gave-it-full/, accessed December 31, 2016.

[21] Ibid.

एकत्र करने वाली विशेष इकाई को ही आर.टी.आई. कानून के दायरे से बाहर रखने की बात की गई थी। पटेरिया ने, एक बार फिर, बेहद चतुराई के साथ 2 मई 2011 को डी.ओ.पी.टी. के लिए एक पत्र तैयार किया जिसमें उन्होंने कहा, "चूंकि सी.बी.आई. की सभी शाखाएं/इकाईयां मामले दर्ज करने और जांच-पड़ताल के लिए खुफिया जानकारी इकट्ठा करने के काम में शामिल रहती हैं, इसलिए सिर्फ सी.बी.आई. की विशेष ईकाई को ही आर.टी.आई. कानून के दायरे से बाहर रखने पर सी.बी.आई. का वह मक़सद पूरा ही न होगा जिसके लिए वह इस कानून के दायरे से बाहर होना चाहती है।" और डी.ओ.पी.टी. के साथ हुई एक बैठक में, उन्होंने पूरी सी.बी.आई. के लिए छूट की मांग की और यह सुझाव दिया किः

> हालांकि सी.वी.सी. के कार्यालय में हुई बैठक में पहले यह तय किया गया था कि सी.बी.आई. की विशेष इकाई (खुफिया सूचना एकत्रित करने में संलग्न) को आर.टी.आई. कानून के दायरे से बाहर रखा जा सकता है, लेकिन ऐसी आंशिक छूट (मात्र सी.बी.आई. की विशेष ईकाई के संदर्भ में) संभवतः उद्देश्य की पूर्ति नहीं कर सकेगी।

दिनांक 31 मार्च 2011 के डी.ओ.पी.टी. के एक नोट में कहा गया थाः

> इस पर भी गौर किया जाना चाहिए कि प्रधानमंत्री कार्यालय ने भी हमें एक नोट भेजा है जिसे माननीय कानून मंत्री ने माननीय प्रधानमंत्री को भेजा था जिसमें कानून मंत्री ने संकेत किया था कि सी.बी.आई. को आर.टी.आई. कानून की दूसरी अनुसूची में शामिल करने का निर्णय लिया जा चुका है।

दरअसल, सी.बी.आई. इस बात से चिंतित थी कि "यह छूट मामले की जांच के खत्म हो जाने पर या अभियोग की सुनवाई के अंततः संपन्न हो जाने पर उपलब्ध नहीं रहेगी।" यानी मामले बंद हो जाने या निबटारा हो जाने के बाद उनके ब्यौरे आर.टी.आई. के जरिए बाहर हो सकेंगे।

अप्रैल 2011 में डी.ओ.पी.टी. के एक नोट में, जिसमें इसकी सचिव अल्का सिरोही के हस्ताक्षर हैं, कहा गया कि "आंशिक छूट संभवतः उद्देश्य की पूर्ति नहीं कर सकेगी... सी.बी.आई. पूर्ण छूट की पक्षधर है"। इस नोट में सी.बी.आई. को आर.टी.आई. कानून से छूट प्रदान करने को लेकर प्रधानमंत्री कार्यालय की व्यग्रता भी देखने को मिली। डी.ओ.पी.टी. के तत्कालीन अतिरिक्त सचिव, एस.के. सरकार ने अपने एक नोट में कहाः "प्रधानमंत्री के सचिव, श्री एम.एन. प्रसाद ने आज मुझे दो बार फोन किया और बताया कि कानून मंत्रालय ऊपर बताए गए विषय पर डी.ओ.पी.टी. के संदर्भ में ए. जी. (एटॉर्नी जनरल) की राय ले रहा है।"

ए.जी. का अब नए सिरे से मत था किः

> सी.बी.आई. खुफिया कार्य करती है जिसका सीधा संबंध सुरक्षा एजेंसियों से है और सी.बी.आई. को दूसरी अनुसूची में शामिल करना कानूनी तौर पर व्यावहारिक है....प्रशासनिक, कार्मिक, लेखा/वित्त, बजट और प्रशिक्षण संबंधी मामलों को छूट के दायरे से बाहर रखना व्यावहारिक नहीं होगा क्योंकि इससे खुफिया सूचना एकत्रित करने में कठिनाई पेश आएगी।

ए.जी. को भी यह ज़रूरी नहीं लगा कि इस छूट को सी.बी.आई. के सिर्फ उस हिस्से तक सीमित रखा जाए जो खुफिया सूचनाओं से संबंधित है क्योंकि राज्य की सुरक्षा और जांच-पड़ताल अंतर्निहित होती हैं।

कानून मंत्री, एम. वीरप्पा मोइली ने दूसरी ए.आर.सी. के अध्यक्ष के रूप में अपनी दूसरी रिपोर्ट में आर.टी.आई. को छूट दिए जाने की सिफारिश नहीं की थी, लेकिन 10 मई 2011 को उन्होंने ए.जी. की नई सलाह को प्रधानमंत्री के पास भेजा और इसमें उन्होंने सी.बी.आई. को आर.टी.आई. की दूसरी अनुसूची में शामिल करने की सिफारिश की। डी.ओ.पी.टी. के इस प्रस्ताव का 13 मई 2011 को हुई सचिवों की समिति की बैठक में अनुमोदन किया गया।

आखिरकार, डी.ओ.पी.टी. के प्रभारी कैबिनेट मंत्री के तौर पर, प्रधानमंत्री मनमोहन सिंह ने 7 जून 2011 को इस प्रस्ताव को मंजूरी दे दी, और 17 अगस्त 2011 को संशोधन की अधिसूचना लोकसभा में और अगले दिन राज्य सभा में पेश की गई।

वैसे तो, आर.टी.आई. कानून के प्रावधान सी.बी.आई. की कार्यशैली के हर उस पहलू की हिफाजत करने में समर्थ थे जिन्हें जनहित में गोपनीय रखे जाने की ज़रूरत थी, लेकिन फाइलों की टिप्पणियों और संबंधित प्राधिकरणों के बीच हुए पत्र-व्यवहार से यह स्पष्ट था कि सरकार इस एजेंसी को आर.टी.आई. कानून के दायरे से बाहर रखने को लेकर स्वयं सी.बी.आई. से भी ज्यादा आतुर थी। यह छूट संसद के मंतव्य के एकदम खिलाफ थी, और साथ ही, जैसा इस कानून के उद्देश्यों में बताया गया है, यह छूट भ्रष्टाचार को रोकने के इसके मूल मकसद के भी खिलाफ थी। यदि सी.बी.आई. सूचना का अधिकार कानून के अंतर्गत होती, तो यह जानना आसान होता कि बोफोर्स और उस किस्म के दूसरे मामलों को कैसे दर्ज किया गया था, उनकी जांच-पड़ताल, मुकदमा और समापन किस तरह से किया गया था और इसमें किसकी क्या भूमिका थी। रंजीत सिन्हा के मुलाक़ातियों के रजिस्टर और उसके बाद अलोक वर्मा-राकेश अस्थाना विवाद जैसे मामले इस संस्था की साख को ध्वस्त कर रहे हैं। उसके अधिकारियों की कई करतूतों का पर्दाफाश आर. टी. आई. से हो सकता था, परन्तु इस पर विराम लगा हुआ है।

दिलचस्प बात यह है कि स्टोरी के लिए आई.ए.एस., आई.पी.एस. और आई.आर.एस. अधिकारियों के विरुद्ध भ्रष्टाचार विरोधी मामलों के ब्यौरे एकत्रित करने के प्रयास को सफल बनाने में सी.बी.आई. के तत्कालीन निदेशक विजय शंकर ने बहुत मदद की। दिनांक 9 जनवरी 2008 को लेखक को दिए एक साक्षात्कार[22] में उन्होंने कहाः

> सी.बी.आई. में सभी सी.पी.आई.ओ. को निर्देश दिए गए हैं कि आवेदकों को सूचना उपलब्ध कराने के लिए वे आर.टी.आई. कानून के प्रावधानों का पालन करें। अधिकारियों

---

[22] Part of this interview was published in *India Today*. Available on http://indiatoday.intoday.in/story/'We+get+about+14,000+complaints+every+year'/1/6295.html, accessed December 31, 2016.

को निर्देश हैं कि वे सूचना को तब तक नहीं रोकें जब तक कि इस कानून में उस सूचना को प्रकट नहीं करने के संबंध में प्रावधान न हों। एक संगठन के रूप में, सी.बी.आई. पारदर्शिता कायम रखने पर विश्वास करती है, और आर.टी.आई. के प्रावधानों के प्रति अधिकारियों को जागरूक बनाने के लिए उन्हें समय-समय पर प्रशिक्षण दिया जाता है।

सी.बी.आई. को आर.टी.आई. से छूट दिए जाने पर, पूर्व मुख्य सूचना आयुक्त, वज़ाहत हबीबुल्लाह ने 16 मई 2011 को प्रधानमंत्री मनमोहन सिंह को पत्र लिखा[23], जिसमें उन्होंने अनुरोध किया कि "सी.बी.आई./आर.टी.आई. कानून के दायरे में बनी रहनी चाहिए। मेरे विचार में, इन संगठनों में पारदर्शिता और कानूनी दायरे में जवाबदेही तय करके ही जनहित की सेवा की जा सकती है।" अपने अनुभवों को साझा करते हुए, वज़ाहत हबीब्बुलाह ने कहा:[24]

सी.बी.आई. में नौ साल काम करने के अनुभव के साथ, वे (सी.बी.आई. के तत्कालीन निदेशक विजय शंकर) मुख्य सूचना आयुक्त के तौर पर लगातार मेरे संपर्क में थे ताकि सी.बी.आई. की जवाबदेही को बेहतर बनाने में मुझे मदद मिल सके। और इससे वांछित परिणाम मिले। सी.बी.आई. ने कारगर ढंग से अपनी कार्य पद्धति में सुधार किया ताकि ज़रूरत के समय सूचना उपलब्ध रहे।

भ्रष्टाचार विरोधी स्टोरीज पर काम करते समय मिले जवाबों से कुछ रोचक तथ्य सामने आए। कुल 48 आई.ए.एस., 17 आई.पी.एस. और 98 आई.आर.एस. और सी. एंड सी.ई.एस. अधिकारियों में से 15 आई.ए.एस., 7 आई.पी.एस. और 34 आई.आर.एस. अधिकारियों के विरुद्ध तब भी जांच जारी थी। अन्य जांचें विभिन्न कारणों से बंद कर दी गईं थीं और कुछ के मामले न्यायालय में विचाराधीन थे। दो आई.पी.एस. अधिकारी जिनके खिलाफ मामले चल रहे थे दिवंगत हो चुके थे। जिन आई.ए.एस., आई.पी.एस., आई.आर.एस. और सी. एंड सी.ई.एस. अधिकारियों के खिलाफ मामले चल रहे थे उनकी संख्या क्रमशः 33, 8 और 64 थी, जबकि मात्र 12 आई.ए.एस., 4 आई.पी.एस., और 20 आई.आर.एस. और सी. एंड सी.ई.एस. अधिकारियों की ही कभी न कभी गिरफ्तारी हुई थी। जिन मामलों में जांच जारी थी, उन 16 आई.ए.एस. अधिकारियों और 7 आई.पी.एस. अधिकारियों में से कोई भी गिरफ्तार नहीं हुआ था, और 34 आई.आर.एस. और सी. एंड सी.ई.एस. अधिकारियों में से मात्र 4 को ही हिरासत में लिया गया था, जबकि इनमें से ज्यादातर "रिश्वत लेते हुए" पकड़े गए थे।

---

[23] See http://www.dnaindia.com/india/report-cbi-under-rti-will-prevent-misuse-1557208, accessed December 31, 2016.

[24] Copy was later accessed by the author using RTI Act. Available on http://www.dnaindia.com/india/report-cbi-under-rti-will-prevent-misuse-1557208, accessed December 31, 2016.

आई.पी.एस. अधिकारियों के मामले में कॉडर नियंत्रित करने वाले प्राधिकरण के रूप में, गृह मंत्रालय की हालत भी खराब थी। जब गृह मंत्रालय के पास उन 17 आई.पी.एस. अधिकारियों की सूची भेजी गई, जिनके विरुद्ध सी.बी.आई. ने कई वर्षों के दौरान मामले दर्ज किए थे, तो जवाब[25] में महज यह कहा गयाः "दो अधिकारियों की मृत्यु हो चुकी है और इसीलिए किसी कार्रवाई की ज़रूरत नहीं है। सात अधिकारियों के मामले में सी.बी.आई. की जांच जारी है। आठ अधिकारियों के संदर्भ में सी.बी.आई. अदालतों में मुकदमे विचाराधीन हैं।" सी.बी.ई.सी. में भी स्थिति कुछ अलग नहीं थी। भ्रष्टाचार के मामलों में आरोपी 47 सी. एंड सी.ई.एस. अधिकारियों[26] में से मात्र दो को सेवा से बर्खास्त किया गया जबकि तीन अन्य पर छोटी-मोटी दंडात्मक कार्रवाई ही की गई थी, बाकी अधिकारियों को सबूतों के अभाव में बरी कर दिया गया, और रही बात शेष अधिकारियों की, तो उनके मामले लंबित थे।

आरोपी आई.ए.एस. और आई.पी.एस. अधिकारियों के बारे में क्रमशः डी.ओ.पी.टी. और गृह मंत्रालय से सूचना प्राप्त करना मुश्किल नहीं था। कुछ शुरुआती हिचकिचाहट के बाद, सी.बी.ई.सी. ने सी. एंड सी.ई.एस. अधिकारियों से जुड़ी सभी ज़रूरी सूचनाएं भी उपलब्ध करवा दी। लेकिन सी.बी.डी.टी. के साथ यह संभव नहीं हो पाया और उसने सूचना के अनुरोधों को बार-बार ठुकरा दिया।

सी.बी.डी.टी. ने लगातार ऐसी सूचनाएं छुपाने की कोशिश की जो अन्य कॉडर नियंत्रण प्राधिकरणों ने दूसरी सेवाओं के बारे में पहले ही उपलब्ध करा दी थीं।[27] जब सी.बी.डी.टी से उन अधिकारियों की सूचनाएं मांगी गईं जिनके खिलाफ अभियोग चलाने की अनुमतियां मिल गईं थीं या लंबित थीं, तो इस पर तत्कालीन अतिरिक्त निदेशक (सतर्कता) राकेश गुप्ता ने 9 नवंबर 2012 को यह कहा[28]: "अधिकारियों का नाम आवेदक को सार्वजनिक नहीं किया जा सकता क्योंकि यह सूचना तृतीय पक्ष से संबंधित है और उन अधिकारियों की निजी सूचना है जिसे प्रकट करने का किसी भी सार्वजनिक गतिविधि या जनहित से कोई संबंध नहीं है।" प्रथम अपीलीय अधिकारी और सी.बी.डी.टी. के निदेशक (सतर्कता), संजय पुरी ने सी.पी.आई.ओ. के पक्ष का यह कहकर[29] समर्थन किया कि, "किसी भी ऐसे व्यक्ति, जिस पर अनुशासनात्मक कार्यवाही के तहत छोटे-मोटे आरोप लगे हों और जो अभी तक सिद्ध नहीं हुए हों, से संबंधित कोई भी सूचनाएं देना उसकी निजता का उल्लंघन है और इसे तब तक साझा नहीं किया जाना चाहिए जब तक इसमें कोई जनहित शामिल नहीं हो।"

---

[25] आर.टी.आई. पर लेखक को गृह मंत्रालय का जवाब।

[26] महानिदेशक, सतर्कता निदेशालय, सी.बी.सी. का दिनांक 19 फरवरी, 2008 का जवाब।

[27] डी.ओ.पी.टी ने (आई.ए.एस. के लिए), गृह मंत्रालय ने (आई.पी.एस. के लिए), सी.बी.ई.सी ने (सी. एंड सी.ई.एस. के लिए) लेखक को आर.टी.आई. के जवाब में ऐसी सूची नियमित रूप से प्रदान की थी।

[28] लेखक द्वारा दाखिल किए गए आर.टी.आई. आवेदन के जवाब में।

[29] लेखक द्वारा आर.टी.आई. कानून के तहत की गई पहली अपील के जवाब में।

यह दुखद है कि सी.बी.आई. के आर.टी.आई. कानून की दूसरी अनुसूची में शामिल हो जाने के बाद, एजेंसी द्वारा इस प्रकार के खुलासे बंद हो गए हैं। धीरे-धीरे सूचनाएं देने के लिए जिम्मेदार अधिकारियों की सोच भी बदल गई है और वे सूचना देने के बजाए उसे छिपाने के पक्षधर हो गए हैं।

आर.टी.आई. कानून के लागू होने के शुरुआती वर्षों में, आई.ए.एस. अधिकारियों के खिलाफ की गई शिकायतों के ब्यौरे हासिल करना तुलनात्मक रूप से आसान था क्योंकि डी.ओ.पी.टी. का रवैया आर.टी.आई. आवेदनों के प्रति ज्यादा खुला था। शुरुआती वर्षों में जिन अधिकारियों को सी.पी.आई.ओ. के तौर पर नियुक्त किया गया वे बेहद सहयोगात्मक रुख रखते थे, लेकिन दुखद है कि समय के साथ वे अब ऐसे नहीं रहे। अब आई.ए.एस. अधिकारियों के खिलाफ चल रहे भ्रष्टाचार के मामलों के ब्यौरे हासिल करना भी बहुत मुश्किल हो गया है। प्राधिकरण अब गिरीश रामचंद्र पांडे बनाम सी.आई.सी. मामले में सर्वोच्च न्यायलय के आदेश[30] की शरण ले रहे हैं जिसमें कहा गया था कि:

> किसी भी संस्थान के किसी कर्मचारी/अधिकारी का कार्य-प्रदर्शन मुख्यतः कर्मचारी और नियोक्ता के बीच का मामला होता है और आम तौर पर यह मामला सेवा के नियमों द्वारा संचालित होता है जो "निजी सूचना" के अंतर्गत आता है, जिसे प्रकट करने का संबंध किसी भी तरह की सार्वजनिक गतिविधि या जनहित से नहीं है।

खासकर यदि मामले वरिष्ठ अधिकारियों के विरुद्ध हैं, तो वांछित सूचना पाना लगभग असंभव होता है। जब सचिव स्तर के अधिकारियों के विरुद्ध भ्रष्टाचार के मामलों में ब्यौरे मांगे गए (सिर्फ उन अधिकारियों के नाम जिनके विरुद्ध शिकायतें लंबित थीं, और साथ ही प्रत्येक अधिकारी के विरुद्ध शिकायतों की संख्या), तो जवाब[31] में कहा गया कि भारत सरकार के सचिवों के विरुद्ध शिकायतों पर ध्यान देने के लिए 14 जनवरी 2010 को सचिवों का एक समूह गठित किया गया था, जिसमें कैबिनेट सचिव (अध्यक्ष), प्रधानमंत्री के सचिव, कैबिनेट सचिवालय के समन्वयक सचिव, डी.ओ.पी.टी. के सचिव, और सी.वी.सी. सचिव सदस्य थे। इसमें आगे कहा गया था कि "इस सचिवालय में अब तक भारत सरकार के सचिवों के विरुद्ध 275 से अधिक शिकायतें प्राप्त हो चुकी हैं...आज की तारीख तक सचिवों के समूह के समक्ष 12 शिकायतें लंबित हैं।"[32] इसके अतिरिक्त कोई भी ब्यौरे नहीं दिए गए।

---

[30] See http://judis.nic.in/supremecourt/imgst.aspx?filename=39615, accessed January 3, 2017.

[31] आर.टी.आई. के तहत लेखक को मिला कैबिनेट सचिवालय का दिनांक 20 जून, 2013 का जवाब।

[32] Ibid.

इसके जवाब में, एक अलग आर.टी.आई. आवेदन दाखिल किया गया जिसमें केंद्र सरकार के सचिवों के विरुद्ध प्राप्त शिकायतों की कुल संख्या, उन अधिकारियों की सूची जिनके विरुद्ध शिकायतें बंद की जा चुकी थीं; और साथ ही उन अधिकारियों की सूची मांगी गयी जिनके विरुद्ध कार्रवाई की सिफारिश की गई थी। सी.पी.आई.ओ. ने फिर से कोई ब्यौरे नहीं दिए। और पहली अपील के बाद भी महज शिकायतों की कुल संख्या बताई गई: "सचिवों के समूह को 283 शिकायतें प्राप्त हुई थीं... जिनमें से 263 शिकायतें सचिवों के समूह ने खारिज कर दीं।"[33] आवेदन में मांगे गए अन्य ब्यौरों के अनुरोध पर जवाब कमोबेश पहले जैसा ही था।

> जहां तक बात उन अधिकारियों के नाम का सवाल है जिनके विरुद्ध शिकायतें प्राप्त हुई थीं, और शिकायतों की प्राप्ति और निस्तारण की तारीख का सवाल है, तो यह बताया गया कि ऐसी सूचना 'निजी सूचना' है जिसे प्रकट करने का किसी सार्वजनिक गतिविधि या जनहित से कोई संबंध नहीं है।[34]

अगस्त 2010 में, जब कई सांसद राष्ट्रमंडल खेल परियोजनाओं में भ्रष्टाचार का मुद्दा उठा रहे थे, तब खेल मंत्री एम.एल, गिल ने राष्ट्रमंडल खेल परियोजनाओं से जुड़े ब्यौरे जानने के लिए सांसदों को आर.टी.आई. दाखिल करने का सुझाव[35] दिया था।

सी.बी.आई. का आर.टी.आई. के दायरे से बाहर होना उन लोगों के लिए एक सदमे की तरह है जो भ्रष्टाचार के मामलों में सूचनाएं निकालने के लिए आर.टी.आई. का इस्तेमाल कर रहे थे। हालांकि, सभी ज़रूरी छूटें आर.टी.आई. कानून में पहले से ही मौजूद थीं, लेकिन मनमोहन सिंह सरकार द्वारा लिया गया फैसला आर.टी.आई. कानून की प्रस्तावना के विरुद्ध था जिसमें कहा गया था कि आर.टी.आई. कानून का उद्देश्य भ्रष्टाचार पर अंकुश लगाना है। यदि सरकार भ्रष्टाचार को खत्म करना चाहती है, तो सी.बी.आई. को फिर से आर.टी.आई. के दायरे में लाने से सरकार को मदद मिलेगी।

---

[33] आर.टी.आई. के तहत लेखक को मिला कैबिनेट सचिवालय का दिनांक 18 अक्टूबर, 2013 का जवाब।

[34] लेखक की अपील पर कैबिनेट सचिवालय का दिनांक 10 अक्टूबर, 2013 का पहला अपीलीय आदेश।

[35] See http://indiatoday.intoday.in/story/how-the-privilege-of-common-man-under-rti-is-more-powerful-than-of-the-parliament-members/1/112783.html, accessed January 3, 2017.

6 गंदगी की धाराएं: आर.टी.आई. के जरिए नदियों की सफाई

गंगा नदी 'पवित्र' है, परंतु इस मान्यता के बावजूद इस नदी के ज़रूरत से ज्यादा दोहन, दुरुपयोग और इसे प्रदूषित किए जाने में कोई कमी नहीं आई... नैसर्गिक रूप से स्वयं को शुद्ध करने की नदी की क्षमता समाप्तप्राय है।[1]

– रिचर्ड हेमर एवं इवानिल्डो हेस्पैन्हॉल

आर.टी.आई. कानून के जरिए पड़ताल की गई मेरी स्टोरीज में, इस स्टोरी को बेमिसाल माना जा सकता है। हालांकि कई ऐसी स्टोरीज थीं जिन्होंने बतौर पत्रकार मुझे बेहद संतुष्टि दी (और उनमें से कुछ का जबर्दस्त असर पड़ा था), लेकिन यह स्टोरी अनेक मायनों

तालिका 6.1: नदियों में प्रदूषण के स्तर जानने के लिए दाखिल की गई आर.टी.आई. की झलकियां

सूचना	नदियों में प्रदूषण का स्तर
प्राधिकरण	पर्यावरण, वन एवं जलवायु परिवर्तन मंत्रालयय केंद्रीय प्रदूषण नियंत्रण बोर्ड; केंद्रीय जल आयोग; राज्यों के प्रदूषण नियंत्रण बोर्ड।
समस्याएं	रिपोर्टें पुरानी और तकनीकी थीं; कुछ प्राधिकरणों ने अपनी पूरी की पूरी रिपोर्टें ही भेज दी थीं।
आवेदन और अपीलें	39, पहली स्टोरी के लिए। (इनमें फॉलोअप और अन्य संबंधित स्टोरीज के लिए दाखिल आवेदन शामिल नहीं हैं)।
लगा समय	एक वर्ष से अधिक
स्टोरी	स्ट्रीम्स ऑफ फिल्थ: नदियों के संरक्षण की प्रमुख सरकारी परियोजनाओं में पैसा पानी की तरह बहाया जा रहा है, लेकिन देश की जीवनरेखा कही जाने वाली नदियों के प्रदूषण पर इसका प्रभाव बहुत कम पड़ा है। (*इंडिया टुडे*, 30 दिसंबर, 2009)
प्रभाव	नदी प्रदूषण, खासकर गंगा और इसकी सहायक नदियों के प्रदूषण पर धीरे-धीरे लोगों का ध्यान केंद्रित हुआ है और अंततः नई सरकार ने इस समस्या से निपटने के लिए एक पृथक विभाग बनाया है।
मेरे द्वारा फॉलोअप	स्थिति की जांच करने के लिए कई और आवेदन दाखिल किए गए। अन्य स्टोरीज भी प्रकाशित हुईं।
दूसरों द्वारा फॉलोअप	आंकड़ों को समझने और इनसे पठनीय स्टोरी बनाने के लिहाज से मेरी स्टोरी अनूठी थी, और बाद में अनेक मीडिया ने इसका अनुसरण किया।

स्रोत: लेखक।

[1] रिचर्ड हेल्मर और इवानिल्डो हेस्पैन्हॉल, संपादन वॉटर पॉल्युशन कंट्रोल - *अ गाइड टू द यूज ऑफ वॉटर क्वालिटी मैनेजमेंट प्रिंसिपल्स* (युनाइटेड नेशंस इंवायरोमेंट प्रोग्राम, 1997)।

में बाकियों से अलग थी। साथ ही इसे सबसे अधिक अंतर्राष्ट्रीय ख्याति, कई प्रतिष्ठित पुरस्कार भी मिले, जिससे मुझे स्वाभाविक तौर पर विदेशों में काफी प्रसिद्धि और देश में व्यापक पहचान मिली।

इस स्टोरी के लिए टोक्यो में नवंबर 2010 में एशियन डेवलपमेंट बैंक इंस्टीट्यूट ने डेवलपिंग एशिया जर्नलिज्म अवार्ड्स 2010[2] में एशिया-प्रशांत क्षेत्र के 20 देशों से आई 180 प्रविष्टियों में पहला पुरस्कार दिया। यूरोपियन यूनियन के तहत यूरोपियन कमीशन फॉर डेवलपमेंट ने ब्रुसेल्स में इसे दिसंबर 2010 में लोरेंजो नताली जर्नलिज्म प्राइज[3] (एशिया प्रशांत श्रेणी में प्रथम पुरस्कार) प्रदान किया, और यूनेस्को ने इसे *स्टोरी-बेस्ड इन्क्वायरी: अ मैनुअल फॉर इंवेस्टिगेटिव जर्नलिस्ट्स*-2009 में प्रकाशित किया।[4] यह यूनेस्को द्वारा *ग्लोबल इंवेस्टिगेटिव जर्नलिज्म केसबुक* के रूप में संकलित खोजी पत्रकारिता की दुनिया भर की 20 कहानियों में से एक थी और इस संकलन का संपादन पेरिस स्थित आई.एन.एस.ई.ए.डी. के प्रोफेसर मार्क ली हंटर ने किया।[5]

अक्टूबर 2011 में, मुझे यूक्रेन की राजधानी कीव में ग्लोबल इंवेस्टिगेटिव जर्नलिज्म कांफ्रेंस (जी.आई.जे.सी.)[6] में 'डेटा फ्लड इन इंडिया आफ्टर आर.टी.आई.' (आर.टी.आई. के बाद भारत में आई सूचना की बाढ़) विषय पर एक प्रजेंटेशन के लिए आमंत्रित किया गया। इसकी बदौलत एक के बाद एक आमंत्रण आने लगे जिनमें मई 2012 में यूरोप की प्रसिद्ध एफ.ओ.आई. एक्टिविस्ट ब्रिजिट ऑल्टर[7] द्वारा ब्रुसेल्स में 'यूज ऑफ आर.टी.आई. फॉर इंवेस्टिगेटिव जर्नलिज्म' (खोजी पत्रकारिता के लिए आर.टी.आई. का इस्तेमाल) विषय पर बोलने का आमंत्रण, और फिर मई 2014 में उनके डेटा हार्वेस्ट कांफ्रेंस (डी.एच.सी.) के लिए आमंत्रण मिले।[8]

***

इस स्टोरी का विचार *इंडिया टुडे* के प्रधान संपादक अरुण पुरी द्वारा पत्रिका की 33वीं वर्षगांठ के लिए लिखे गए 29 दिसंबर, 2008 के संपादकीय से उपजा। संपादकीय में

---

[2] See http://www.adb.org/sites/default/files/publication/157767/adbi-news-v5n1.pdf, accessed December 29, 2016.

[3] See http://ec.europa.eu/europeaid/lnp/lorenzo-natali-prize/winners_en, accessed December 29, 2016.

[4] See http://unesdoc.unesco.org/images/0021/002176/217636e.pdf, accessed February 15, 2017.

[5] See http://www.storybasedinquiry.com/mark-lee-hunter, accessed December 29, 2016.

[6] See http://gijn.org/2011/10/, accessed December 29, 2016.

[7] See http://www.icij.org/journalists/brigitte-alfter

[8] See http://www.journalismfund.eu/dataharvest-conferences, accessed December 29, 2016.

उन्होंने इस तथ्य पर दुख व्यक्त किया था कि अनेक मोर्चो पर बहुत सारी उपलब्धियों के बावजूद, भारत अब तक अपनी नदियों को साफ करने में सफलता प्राप्त नहीं कर सका है:[9] "अर्थव्यवस्था हमारे जीवन में क्रांतिकारी बदलाव ले आई है, जबकि हमारी राजनीति और प्रशासन में कोई बदलाव नहीं आया। यह विरोधाभास है... हजारों करोड़ रुपये खर्च करने के बाद भी हम अब तक यमुना और गंगा को साफ नहीं कर सके हैं..."

उच्चतम न्यायालय के आदेशों, और पर्यावरण एवं वन मंत्रालय तथा सी.पी.सी.बी. की रिपोर्टों के आधार पर, मीडिया में गंगा, यमुना और अन्य प्रमुख नदियों के प्रदूषण पर और उन्हें साफ करने के लिए उठाए गए कदमों पर बार-बार लेख लिखे गए थे। लेकिन यह नया विचार राष्ट्रीय नदी संरक्षण योजना (एन.आर.सी.पी.) को समग्रता में रखकर इसके तहत आने वाली सभी नदियों पर सांगोपांग कवरेज करने का था। स्टोरी का विचार इस तथ्य के इर्द-गिर्द केंद्रित था कि एन.आर.सी.पी. के तहत आने वाली प्रमुख नदियों में प्रदूषण की समस्या से निपटने के लिए कितना धन खर्च किया गया था और इसका पर्दाफाश करना था कि किस तरह अकूत धन खर्च करने के बावजूद एन.आर.सी.पी. के प्रयास विफल रहे थे। कहने की ज़रूरत नहीं है कि आर.टी.आई. कानून के बिना इस स्टोरी का काम हाथ में लेना और एक नतीजे तक पहुंचना असंभव होता।

राजीव गांधी ने 1984 में प्रधानमंत्री बनने के बाद गंगा की सफाई[10] की प्रक्रिया शुरू की, और फरवरी 1985 में केंद्रीय गंगा प्राधिकरण (सी.जी.ए.) का गठन किया गया जिसके तहत गंगा की सफाई के लिए रुपये 3.5 अरब का शुरुआती बजट रखा गया था।[11] दिनांक 14 जून 1986 को गंगा एक्शन प्लान (जी.ए.पी.)[12] आरंभ किया गया जिसने समय के साथ गंगा की अन्य प्रमुख सहायक नदियों, यानी यमुना, गोमती और दामोदर को भी शामिल कर लिया।[13] इस कार्यक्रम को 1995 में और अधिक व्यापक आधार दिया गया और इसका नाम बदलकर राष्ट्रीय नदी संरक्षण योजना (एन.आर.सी.पी.)[14] कर दिया गया जिसमें 10 राज्यों से होकर गुजरने वाले अत्यधिक प्रदूषित 18 नदियों के हिस्सों को कवर किया गया और इस परियोजना की अनुमानित लागत रुपये 7.72 अरब तय की गई। मई 2014 में नई एन.डी.ए. सरकार के बनने तक, इसके दायरे में 41 नदियों को

---

[9] See http://indiatoday.intoday.in/story/From+the+editor-in-chief/1/23057.html, accessed December 29, 2016.

[10] राष्ट्रीय नदी संरक्षण योजना, पर्यावरण और वन मंत्रालय, नई दिल्ली।

[11] See http://www.ecofriends.org/main/eganga/images/Critical%20analysis%20of%20GAP.pdf, accessed December 29, 2016.

[12] Ibid.

[13] राष्ट्रीय नदी संरक्षण योजना, पर्यावरण और वन मंत्रालय, नई दिल्ली।

[14] Ibid.

शामिल कर लिया गया था जिनमें सभी प्रमुख बड़ी भारतीय नदियां थीं। एन.आर.सी.पी. के तहत शामिल की गई नदियां थीं:[15] अड्यार, व्यास, बीहर, बेतवा, भद्रा, ब्राह्मणी, कावेरी, चंबल, कूम, दामोदर, दीफू एवं धनसिरी, गंगा, गोदावरी, गोमती, खान, कृष्णा, क्षिप्रा, महानदी, महानंदा, मंडोवी, मंदाकिनी, मिंढोला, मूसी, नर्मदा, पम्बा, पेन्नार, पंचगंगा, रानीचू, रामगंगा, साबरमती, सतलुज, सुबर्णरेखा, तामिरापर्णी, तापी, तुंगा, तुंगभद्रा, वैगई, वैनगंगा, और यमुना। बाद में, गंगा और इसकी 11 सहायक नदियों को जल संसाधन, नदी विकास और गंगा संरक्षण मंत्रालय के तहत नवगठित नमामि गंगे[16] योजना के अंग के रूप में इनसे अलग कर दिया गया।

स्टोरी के लिए शोध-कार्य आरंभ करते समय, एन.आर.सी.पी. में 37 नदियां शामिल थीं जबकि स्टोरी के प्रकाशित करते समय यह संख्या बढ़कर 39 हो गई थी। आर.टी.आई. आवेदन दाखिल करने से पहले, यह पड़ताल की गई कि इस महत्वाकांक्षी योजना में कितने विभाग शामिल थे। पड़ताल के इन नतीजों के आधार पर सी.पी.सी.बी., एक दर्जन राज्य प्रदूषण नियंत्रण बोर्ड (एस.पी.सी.बी.), सी.डब्ल्यू.सी., पर्यावरण एवं वन मंत्रालय, और बहुत-से राज्यों के पर्यावरण एवं वन के विभागों में एक के बाद एक आर.टी.आई. आवेदन दाखिल किए गए।

शुरुआत में, सी.पी.सी.बी. से इन 37 नदियों में से प्रत्येक से लिए गए पानी के पहले नमूने की रिपोर्ट की प्रतिलिपि और फिर इन नदियों से लिए गए नवीनतम नमूनों पर आधारित पानी की गुणवत्ता की रिपोर्टों की प्रतिलिपियों का अनुरोध किया गया। पानी की गुणवत्ता से जुड़ी दोनों रिपोर्टें मिलने के बाद, उनसे विभिन्न नदियों पर उस समय तक खर्च की गई कुल धनराशि के ब्यौरे का अनुरोध किया गया।

बहुत सारे जवाब मांगे गए, और नए-नए सवाल खड़े होते गए, और फिर नए-नए आवेदन दाखिल किए गए। कुल मिलाकर, 39 आर.टी.आई. आवेदन और अनगिनत फोन कॉल किए गए और कई मामलों में तो प्राधिकरणों में व्यक्तिगत रूप से जाकर अधिकारियों को सूचना साझा करने के लिए समझाना भी पड़ा।

साथ ही, प्रत्येक नदी के प्रदूषित हिस्से की कुल लंबाई और इन नदियों को एन.आर. सी.पी. में शामिल किए जाने के वर्ष से जुड़े आंकड़े भी हासिल किए गए। सार्वजनिक दायरे में उपलब्ध सूचना के अनुसार, 37 नदियों की कुल लंबाई 22,127 किलोमीटर[17] थी,

---

[15] See http://www.moef.nic.in/sites/default/files/NRCD/More.html, accessed December 29, 2016.

[16] केंद्रीय कैबिनेट का दिनांक 13 मई, 2015 का निर्णय, http://wrmin.nic.in/forms/list.aspx?lid=277, accessed December 29, 2016.

[17] इंटरनेट पर मिली इन नदियों की लंबाई के आधार पर लेखक द्वारा की गई गणना।

जिसमें से, प्राप्त सूचना के अनुसार, कुल मिलाकर 2,518 किलोमीटर को प्रदूषित हिस्सा[18] कहा गया था।

जहां अड्यार और कूम नदियों को अलग-अलग तरह से "सिर्फ प्रदूषित अवशिष्ट जल प्रवाहित हो रहा है"[19] के रूप में वर्णित किया गया था, वहीं महानंदा के लिए कहा गया था कि "आंकड़े अपर्याप्त"[20] हैं, और पेन्नार के लिए कहा गया था कि "यह नदी सिर्फ मानसून के दौरान ही प्रवाहित होती है"।[21] सी.पी.सी.बी. ने बड़ी नदियों के प्रदूषित हिस्सों की लंबाई प्रदान की थी। ये इस प्रकार थीं:[22] बेतवा (15 किमी), भद्रा (18 किमी), ब्राह्मणी (85 किमी), कावेरी (160 किमी), चंबल (50 किमी), दामोदर (90 किमी), धनसिरी (10 किमी), गंगा (125 किमी), गोदावरी (235 किमी), गोमती (130 किमी), खान (20 किमी), क्षिप्रा (20 किमी), महानदी (25 किमी), मूसी (45 किमी), पम्बा (20 किमी), रानीचू (5 किमी), साबरमती (65 किमी), सतलुज (120 किमी), सुबणरिखा (25 किमी), तमिरापर्णी (50 किमी), तापी (60 किमी), तुंगा (20 किमी), तुंगभद्रा (18 किमी), वैगई (10 किमी), वैनगंगा (30 किमी), और यमुना (500 किमी)। मंडोवी और पेन्नार नदियों के लिए सी.पी.सी.बी. ने कहा, "जल की गुणवत्ता सुधर गई है, ये अब प्रदूषित नहीं हैं।"[23]

मैंने विभिन्न स्रोतों से अनौपचारिक रूप से कई सूचनाएं एकत्र की थीं। यह बहुत श्रमसाध्य काम था क्योंकि सी.पी.सी.बी. ने, इसके द्वारा निगरानी किए जा रहे 282 नदियों के 1,085 स्थानों से जुड़े ढेर सारे आंकड़े[24] भेज दिए थे। कई जगह सी.पी.सी.बी., सी.डब्ल्यू.सी. के रिवर डेटा डायरेक्टोरेट, और एस.पी.सी.बी. द्वारा दिए गए प्रदूषण के स्तर से संबंधित आंकड़ों में बहुत विरोधाभास था। नए आर.टी.आई. आवेदनों और विशेषज्ञों की मदद से धीरे-धीरे सभी शंकाओं का निवारण कर लिया गया।

एक पृथक आर.टी.आई. आवेदन दाखिल करके, यह आंकड़े भी प्राप्त किए गए कि प्रत्येक नदी को एन.आर.सी.पी. में किस तिथि को शामिल किया गया। प्राप्त हुई सूचना इस प्रकार थी:[25] अड्यार को सितंबर 2000 में; बीहर को जुलाई 2007 में; बेतवा, भद्रा, ब्राह्मणी, कावेरी और चंबल को जुलाई 1995 में; कूम को सितंबर 2000 में; दामोदर को दिसंबर

---

[18] लेखक को आर.टी.आई. पर सी.पी.सी.बी., नई दिल्ली से मिला दिनांक 13 फरवरी, 2009 का जवाब।

[19] Ibid.

[20] Ibid.

[21] Ibid.

[22] Ibid.

[23] Ibid.

[24] लेखक की दिनांक 3 फरवरी, 2009 की ईमेल पर सी.पी.सी.बी., नई दिल्ली द्वारा दिनांक 5 फरवरी, 2009 का जवाब।

[25] लेखक को आर.टी.आई. पर पर्यावरण और वन मंत्रालय से मिला दिनांक 26 मार्च, 2009 का जवाब।

1996 में; दीफू और धनसिरी को अगस्त 2005 में; गंगा को जून 1986 में (जी.ए.पी. के रूप में); गोदावरी को जुलाई 1995 में; गोमती को दिसंबर 1996 को; खान, क्षिप्रा और महानदी को जुलाई 1995 में; मंडोवी को मई 2002 में; मूसी को अप्रैल 2003 में; नर्मदा को जुलाई 1995 में; पम्बा को मई 2003 में; पेन्नार को अगस्त 2002 में; रानीचू को मार्च 2005 में; साबरमती को जुलाई 1995 में; सतलुज को जुलाई 1995 में; सुबर्णरेखा को जुलाई 1995 में; तमिरापर्णी को जनवरी 2001 में; ताप्ती को जुलाई 1995 में; तुंगा को जुलाई 1995 में; तुंगभद्रा को जुलाई 1995 में; वैगई को जनवरी 2001 में; वैनगंगा को जुलाई 1995 में; और यमुना को दिसंबर 1996 में शामिल किया गया था।

समस्त उपलब्ध सूचना को एक जगह रखा गया, इसका विश्लेषण किया गया और जल संसाधन मंत्रालय, पर्यावरण एवं वन मंत्रालय, और सी.पी.सी.बी. में अपने मित्रों की मदद से हर एक चीज की दोबारा जांच की गई, क्योंकि इसमें अधिकांश आंकड़े अपर्याप्त थे। इन नदियों पर प्रदूषण-नियंत्रण कार्यप्रणालियों के प्रभाव का विश्लेषण करने के लिए, पहले नमूने वाली रिपोर्टों के आधार पर सबसे बदतर प्रदूषित जगहों को लिया गया और उनकी प्रदूषण की स्थिति की तुलना उसी स्थान के सबसे नवीनतम आंकड़ों से की गई और इस बात का ख्याल रखा गया कि ये सारे आंकड़े उन्हीं मौसमों के दौरान इकट्ठे किए गए हों। एकसमान मौसम वाले आंकड़े लेना ज़रूरी था क्योंकि पानी की गुणवत्ता उसके तापमान और जलप्रवाह पर निर्भर करती है। चूंकि बहुत-से मानक तकनीकी प्रकृति के थे, इसलिए जैव-रासायनिक ऑक्सीजन डिमांड (बी.ओ.डी.)[26] और घुले हुए ऑक्सीजन (डी.ओ.)[27] के स्तरों को ध्यान में रखा गया ताकि इसे पाठकों के समझ में आने लायक बनाया जा सके।

पानी के किसी नमूने में जैविक प्रदूषण की मात्रा की माप करने के लिए ये मानक प्रक्रियाएं होती हैं। बी.ओ.डी. पानी में घुले हुए ऑक्सीजन की वह मात्रा है जिसकी ज़रूरत एरोबिक या वायुजीवी जीवों को जल में जैविक पदार्थ का पाचन करने के लिए होती है। डी.ओ. इस बात का मापक है कि जल को कितने सफलतापूर्वक उपचारित किया गया है। अनुपचारित गंदे पानी का डी.ओ. बहुत कम होता है। सरल शब्दों में कहें, तो बी.ओ.डी. जितना अधिक होगा पानी के नमूने में प्रदूषण की मात्रा भी उतनी ही अधिक होगी; जबकि डी.ओ. जितना अधिक होगा, प्रदूषण उतना ही कम होगा।

पानी में बी.ओ.डी. की मात्रा 2 मिग्रा प्रति लीटर या इससे कम होने पर और डी.ओ. की मात्रा 6 मिग्रा प्रति लीटर या इससे अधिक होने पर, इसे किसी पारंपरिक रूप से उपचारित किए बिना परंतु विसंक्रमित करने के बाद, इसका इस्तेमाल पीने के पानी के रूप में किया

---

[26] See http://www.cpcb.nic.in/Water_Quality_Criteria.php, accessed December 29, 2016.

[27] Ibid.

जा सकता है।[28] यदि पानी में बी.ओ.डी. की मात्रा 3 मिग्रा प्रति लीटर या इससे कम हो और डी.ओ. की मात्रा 4 मिग्रा प्रति लीटर या इससे अधिक हो, तो इसे पारंपरिक रूप से उपचारित और विसंक्रमित करने के बाद, इसका इस्तेमाल पीने के पानी के रूप में किया जा सकता है।[29] पानी में बी.ओ.डी. की मात्रा 3 मिग्रा प्रति लीटर या इससे कम होने पर और डी.ओ. की मात्रा 5 मिग्रा प्रति लीटर या इससे अधिक होने पर, यह स्नान करने के लिए उपयुक्त होता है।[30] यदि पानी का बी.ओ.डी. 2 मिग्रा प्रति लीटर या इससे कम हो और इसका डी.ओ. 4.6 मिग्रा प्रति लीटर के बीच होए तो मत्स्य पालन के लिए इसका इस्तेमाल किया जा सकता है।[31] जब बी.ओ.डी. के स्तर उच्च होते हैं, तो डी.ओ. के स्तर कम हो जाते हैं क्योंकि ऐसे में पानी में मौजूद ऑक्सीजन का इस्तेमाल बैक्टीरिया कर लेते हैं। पानी में डी.ओ. कम मात्रा में मौजूद होता है, इसलिए अन्य जलीय जीव जीवित नहीं रह सकते। सी.पी.सी.बी. के वैज्ञानिकों और इस विषय के अन्य विशेषज्ञों के जरिए ये तथ्य जानने के बाद, इस बात की पहचान करना आसान हो गया था कि किन स्थानों पर पानी पीने योग्य था और किन स्थानों पर नहाने या मत्स्य पालन के लिए उपयुक्त था। इसलिए, नमूने के रूप में लिए गए जिन स्थानों के आंकड़े उपलब्ध थे उन स्थानों पर जल की गुणवत्ता को इन मानकों के जरिए परखा गया।

लेकिन सी.पी.सी.बी. और सी.डब्ल्यू.सी. द्वारा बहुत-से आंकड़े दिए गए थे जो भ्रमित करने वाले थे:[32] जहां सी.पी.सी.बी. का जवाब था कि खेड़ा में साबरमती के पानी में बी.ओ.डी. 48 है, वहीं उसी जगह के लिए सी.डब्ल्यू.सी. का जवाब इसे 58 बताता था। एक अन्य उदाहरण में, सी.पी.सी.बी. ने दिल्ली में ओखला के लिए बी.ओ.डी. 70 बताया था, जबकि सी.डब्ल्यू.सी. के जवाब में इसे 100 बताया गया था। सी.पी.सी.बी. के अनुसार क्षिप्रा नदी (इस नदी पर उज्जैन में प्रत्येक 12 वर्ष में महाकुंभ मेला आयोजित होता है) का बी.ओ.डी. 8 था, जबकि सी.डब्ल्यू.सी. ने कहा कि यह 4.98 था। एक ही स्थान से अलग-अलग प्राधिकरणों द्वारा एकत्रित किए गए पानी की गुणवत्ता में इतनी अधिक भिन्नता उनकी रिपोर्टों को लेकर शंका पैदा करती थी। तापी नदी के सबसे अधिक प्रदूषित स्थान के मामले में, सी.पी.सी.बी. के अनुसार अजनंद गांव (महाराष्ट्र) पर बी.ओ.डी. 21 था, जबकि सी.डब्ल्यू.सी. ने बुरहानपुर (मध्य प्रदेश) में 48 का आंकड़ा दिया।

---

[28] Ibid.

[29] Ibid.

[30] Ibid.

[31] Ibid.

[32] लेखक की आर.टी.आई. पर सी.पी.सी.बी. का दिनांक 20 अगस्त, 2009 का जवाब और सी.डब्ल्यु.सी. का दिनांक 30 सितंबर, 2009 का जवाब।

सी.पी.सी.बी. द्वारा यमुना की निगरानी की शुरुआत 1977[33] में हुई थी, जबकि गंगा की निगरानी का काम 1980[34] में आरंभ हुआ। गंगा से पानी का पहला नमूना इलाहाबाद (प्रयागराज) में 9 जनवरी 1985 को लिया गया था और यमुना से पानी का पहला नमूना इलाहाबाद (प्रयागराज) में 11 जनवरी 1985 को लिया गया था।[35] अपना जवाब भेजते समय सी.पी.सी.बी. 282 नदियों के पानी की गुणवत्ता की निगरानी कर रहा था।[36] सी.पी. सी.बी. के जवाब के अनुसार, पानी के एक नमूने का विश्लेषण करने की लागत लगभग रुपये 9,500 पड़ती है।[37] आर.टी.आई. आवेदन पर जवाब भेजते समय, सी.पी.सी.बी. 39 स्थानों पर गंगा के पानी की निगरानी कर रहा था,[38] जिसमें से 25 स्थानों की निगरानी मासिक आधार पर, 13 स्थानों की निगरानी तिमाही आधार पर, और एक स्थान की निगरानी वार्षिक आधार पर की जा रही थी।[39] सी.पी.सी.बी. द्वारा नदियों की निगरानी किए जाने के अतिरिक्त, सी.डब्ल्यू.सी. के पास[40] पानी की गुणवत्ता की जांच करने के लिए 258 प्रयोगशालाएं थीं जहां यह, इसके जवाब के अनुसार,[41] 27 नदियों की पानी की गुणवत्ता की निगरानी कर रहा था।

उपलब्ध आंकड़ों से पता चला कि नमूने की रिपोर्टों से सिर्फ दो नदियां (नर्मदा और मंडोवी) साफ मालूम पड़ रही थीं। इन दो नदियों को "प्रदूषित नहीं" कहने वाला दावा करके सी.पी.सी.बी. स्वयं अपनी बात काट रहा था क्योंकि इसने होशंगाबाद में नर्मदा के लिए बी.ओ.डी. 11.4 मिग्रा प्रति लीटर का, और टोंका, गोवा में मंडोवी के लिए 4.7 मिग्रा प्रति लीटर बताया था जो साफ पानी के मानकों से बहुत अधिक थे।

इन नदियों की सबसे खराब स्थिति वाली जगहों[42] के रूप में बेतवा के लिए नयापुरा, खान के लिए इंदौर, और नर्मदा के लिए होशंगाबाद (मध्य प्रदेश); भद्रा के लिए भद्रावती, तुंगा के लिए शिमोगा, और तुंगभद्रा के लिए उल्लानूर (कर्नाटक); ब्राह्मणी के लिए पंडोश (ओडीशा); कावेरी के लिए इरोड और तमिरापर्णी के लिए मुरप्पनाडु (तमिलनाडु); चंबल

[33] लेखक की आर.टी.आई. पर सी.पी.सी.बी., नई दिल्ली का दिनांक 28 जनवरी, 2009 का जवाब।

[34] Ibid.

[35] Ibid.

[36] Ibid.

[37] लेखक को यू.पी.पी.सी.बी., लखनऊ का दिनांक 24 अप्रैल, 2009 का जवाब।

[38] लेखक की आर.टी.आई. पर सी.पी.सी.बी., नई दिल्ली का दिनांक 28 जनवरी, 2009 का जवाब।

[39] लेखक की आर.टी.आई. पर सी.पी.सी.बी. का दिनांक 9 अक्टूबर, 2012 का जवाब।

[40] लेखक की आर.टी.आई. पर सी.पी.सी.बी. का दिनांक 28 जनवरी, 2009 का जवाब।

[41] लेखक की आर.टी.आई. पर दिनांक 19 अगस्त, 2009 का जवाब।

[42] लेखक की आर.टी.आई. पर बी.ओ.डी. और डी.ओ. के आंकड़ों के आधार पर सी.पी.सी.बी. का दिनांक 20 अगस्त, 2009 का जवाब और सी.डब्ल्यु.सी. का दिनांक 30 सितंबर, 2009 का जवाब।

के लिए कोटा, दामोदर के लिए नरैनपुर, और महानदी के लिए सिलीगुड़ी (पश्चिम बंगाल); धनसिरी के लिए गोलाघाट (असम); गंगा के लिए कानपुर और गोदावरी के लिए तपोवन के पास (नासिक); कृष्णा के लिए महुली, तापी के लिए अजनंद और वैनगंगा के लिए अष्टि (महाराष्ट्र); क्षिप्रा के लिए सिद्धावत (उज्जैन, मध्य प्रदेश); मंडोवी के लिए टोंका (गोवा); मूसी के लिए नांगोले (रंगारेड्डी, आंध्र प्रदेश); पम्बा के लिए थकाझी (केरल); पेन्नार के लिए सोमसिला (आंध्र प्रदेश); रानीचू के लिए सिंगतम (सिक्किम); साबरमती के लिए वाथा (गुजरात); सतलज के लिए लुधियाना (पंजाब); सुबर्णरेखा के लिए रांची (झारखंड); और यमुना के लिए ओखला (दिल्ली) की पहचान की गई।

नदी के प्रदूषण के स्तरों में हो रही बढ़ोत्तरी खतरे की घंटी बजा रही थी। वर्ष 1985 में जब जी.ए.पी.-1 की शुरुआत की गई, तो कानपुर में गंगा का बी.ओ.डी. 6.9 मिग्रा प्रति लीटर[43] था जबकि सी.पी.सी.बी. के नवीनतम नमूने के अनुसार वहां पर बी.ओ.डी. 21[44] था। वर्ष 1980 में जब पहली बार नमूने लिए गए तो दिल्ली के ओखला में यमुना का बी.ओ.डी. 10.6 मिग्रा प्रति लीटर[45] था, जबकि नवीनतम नमूने के अपने विश्लेषण[46] से सी.पी.सी.बी. ने इसे 70 बताया था।

सुदूर दक्षिण में चेन्नई से लेकर पंजाब, झारखंड और गुजरात तक, और उत्तर, पूर्व और पश्चिम में प्रवाहित होने वाली नदियां एक ही कहानी बयान कर रही थीं। तमिलनाडु में अड्यार और कूम नदियां अपने औद्योगिक प्रदूषण के लिए कुख्यात थीं। केरल की पम्बा नदी को 2003–04 में एन.आर.सी.पी. के पहले चरण में शामिल किया गया था और इसे 2008–09 तक साफ कर देने की योजना बनाई गई थी। लेकिन आंकड़े दर्शाते हैं कि एन.आर.सी.पी. की 11 परियोजनाओं में से अधिकांशतः निर्माणाधीन[47] थीं और 2008–09 तक भी सबसे बड़ी परियोजना पर काम शुरू होना अभी बाकी था। राज्य सरकार ने सुस्त काम की निगरानी करने के लिए एक प्राधिकरण गठित करने की दिशा में अगस्त 2008 में काम शुरू किया।[48] उपलब्ध आंकड़ों को देखें[49], तो राजस्थान में चंबल और पंजाब में सतलुज जैसी नदियां बहुत-कुछ एक जैसी दर्दनाक कहानी बयान कर रही थीं।

ये सभी प्रयास अंततः एक बड़ी, असरदार और पुरस्कार जिताने वाली स्टोरी के रूप में सामने आए, परंतु ऐसा होने से पहले आवदेन, स्मरण पत्र भेजने, और अपील दाखिल करने

[43] लेखक की आर.टी.आई. पर यू.पी.पी.सी.बी. का दिनांक 17 फरवरी, 2009 का जवाब।

[44] लेखक की आर.टी.आई. पर सी.पी.सी.बी. का दिनांक 20 अगस्त, 2009 का जवाब।

[45] लेखक की आर.टी.आई. पर सी.पी.सी.बी. का दिनांक 28 जनवरी, 2009 का जवाब।

[46] लेखक की आर.टी.आई. पर सी.पी.सी.बी. का दिनांक 20 अगस्त, 2009 का जवाब।

[47] “स्ट्रीम्स ऑफ फिल्थ,” इंडिया टुडे, 30 दिसंबर, 2009, पृ. 116–20.

[48] Ibid.

[49] Ibid.

में ही पूरा एक साल लग गया था; और इनके साथ ही व्यक्तिगत मुलाकातें की गईं, और बहुत सारे विशेषज्ञों की मदद से आंकड़ों को सही ढंग से प्रस्तुत किया गया था।

अंततः यह स्टोरी *इंडिया टुडे* में प्रकाशित हुई।[50]

यूनेस्को के लिए संपादित केसबुक[51] में प्रोफेसर मार्क ली हंटर[52] ने लिखा:[53]

> यूरोप और अमेरिका में जहां मुख्यधारा का प्रिंट और ब्रॉडकास्ट मीडिया, कुछ अपवादों को छोड़कर, पिछले एक दशक से अधिक समय से पाठकों-श्रोताओं, राजस्व और मानवीय क्षमता की तिहरी गिरावट से जूझ रहा है, वहीं भारत का मीडिया एकाधिक तरीकों से प्रगति के पथ पर है। दुनिया का सबसे बड़ा लोकतंत्र इस समय प्रिंट के साथ ही ब्रॉडकास्ट में भी विस्तारित होने, नए समृद्ध मीडिया पाठकों-श्रोताओं को लुभाने के लिए चौंका देने वाली प्रतिस्पर्द्धा का एक दिलचस्प नजारा बना हुआ है। साथ ही, एक सशक्त "सूचना का अधिकार" कानून (संक्षेप में आर.टी.आई.) के लागू हो जाने से, रिपोर्टरों को नया साधन मिल गया है और वे इसका इस्तेमाल भी कर रहे हैं। यहां प्रकाशित हिस्से में श्यामलाल यादव ने एक अनूठा खोजपरक विषय पेश किया है जिसमें उम्मीद जगाने वाले एक वायदे को झुठला दिए गए वायदों की लंबी सूची में डाल दिए जाने की पड़ताल की गई है। वे स्वयं सरकार के आंकड़ों के आधार पर इसका पर्दाफाश करते हैं। इस तरह, इस स्टोरी को पढ़ चुकने के बाद आप यह बहस नहीं कर सकेंगे कि क्या भारत की नदी संरक्षण की योजनाएं नाकाम हो गई हैं (जैसा कि आप इस विषय पर लिखे किसी संपादकीय को पढ़कर शायद कह सकते थे)। यदि आप झूठे नहीं हैं, तो आप सिर्फ इतना ही पूछेंगे कि इसके लिए अब क्या किया जा सकता है। इस स्टोरी के असरदार होने में कुछ हद तक इसके रंगीन ग्राफिक्स का भी हाथ है जो बेहद जटिल आंकड़ों को अपने पाठकों के लिए तुरंत ही सरल और स्पष्ट बना देते हैं. यही वजह है कि हम इस आलेख को इसके मूल प्रकाशित स्वरूप में पुनः प्रस्तुत कर रहे हैं।

यूनेस्को की वेबसाइट पर केसबुक का वर्णन इस प्रकार से किया गया है:[54]

> यूनेस्को ने दुनिया भर में खोजी पत्रकारिता को सशक्त बनाने के लिए की गई पहलकदमियों का निरंतर समर्थन किया है क्योंकि यह अभिव्यक्ति की आजादी और

---

[50] Ibid.

[51] See http://www.storybasedinquiry.com/mark-lee-hunter, accessed December 29, 2016.

[52] See http://www.storybasedinquiry.com/global-casebook

[53] "Can This Planet Be Saved", in *Global Investigative Journalism Casebook* (Paris: UNESCO), 69.

[54] See http://www.unesco.org/new/en/communication-and-information/resources/publications-and-communication-materials/publications/full-list/the-global-investigative-journalism-casebook/, accessed December 29, 2016.

सूचना की स्वतंत्रता के लिए बहुत महत्त्वपूर्ण है। इस केसबुक का लक्ष्य काम के अच्छे तौर-तरीकों के आदान-प्रदान का अवसर देना और दुनिया भर में खोजी पत्रकारिता को एक-दूसरे से जुड़ने में समर्थ बनाना और प्रोत्साहित करना है। इस केसबुक में दुनिया भर की हाल की 20 से अधिक खोजी खबरें शामिल की गईं हैं, जो सूचना की स्वतंत्रता, सुशासन, सामाजिक और कानूनी मुद्दे, पर्यावरण, स्वास्थ्य और लिंग संबंधी स्थानीय विषयों की व्यापक विविधता को अपने में समेटते हैं। प्रत्येक आलेख के साथ यह भी बताया गया है कि लेखकों ने अपना शोध किस तरह से किया और किस तरह से इन्हें लिखा। अनेक लेखक ग्लोबल इंवेस्टीगेटिव जर्नलिज्म नेटवर्क से जुड़े हैं, और उनकी स्टोरी इस नेटवर्क के अंदर विकसित की गई आधुनिकतम तकनीक और उच्च मानदंडों का बढ़िया उदाहरण पेश करती हैं। ऐसे समय पर जब मीडिया परिदृश्य तेजी से बदल रहा है, आज पत्रकारिता के लिए ज़रूरी है कि वह जनहित के लिए स्पष्ट रूप में अपना बढ़ता हुआ सरोकार दिखाए। इस रोशनी में, इस पुस्तक में प्रोत्साहित की गई विश्वसनीय खोजी खबरों जैसी स्टोरीज पेशेवर पत्रकारिता के काम की निरंतरता के महत्त्व को रेखांकित करने के लिए आज पहले से कहीं अधिक महत्त्वपूर्ण हैं। यह केसबुक एक प्रमुख ज्ञान संसाधन है और पत्रकारों और मीडिया कर्मियों के साथ ही पत्रकारिता के प्रशिक्षकों और शिक्षकों के लिए सीखने-सिखाने का एक बहुमूल्य अवसर प्रदान कर रही है। खोजी पत्रकारिता में प्रशिक्षण पाठ्यक्रमों के संचालन के लिए यूनेस्को के क्षेत्रीय कार्यालयों द्वारा भी इसका इस्तेमाल किया जाएगा।

यूरोपियन कमीशन फॉर डेवलपमेंट ने लोरेंजो नटाली प्राइज के विजेताओं के लिए प्रस्तावना में लिखा कि:[55]

श्यामलाल 17 वर्ष से एक पत्रकार के रूप में काम कर रहे हैं, लेकिन उन्हें पहली बार राष्ट्रीय पहचान 2005 में भारत में सूचना का अधिकार (आर.टी.आई.) कानून के लागू होने के बाद मिली। श्यामलाल ने इस कानून का इस्तेमाल पत्रकारिता के उद्देश्यों के लिए करना आरंभ किया और इससे जुटाई सूचना के इस्तेमाल से उन्होंने अनेक प्रभावशाली लेख प्रकाशित किए।

लोरेंजो नटाली के आयोजकों ने आगे लिखा कि:[56]

सूचना का अधिकार (आर.टी.आई,) कानून का इस्तेमाल करके, श्यामलाल यादव ने भारत की प्रमुख नदियों के प्रदूषण को नियंत्रित करने के लिए लागू किए जा रहे कार्यक्रमों की दशा पर नजर डाली। सन् 1980 के दशक के मध्य में राष्ट्रीय नदी संरक्षण योजना

[55] See http://ec.europa.eu/europeaid/lnp/lorenzo-natali-prize/winners_en?qt-lorenzo_natali_lnp_winners=2#qt-lorenzo_natali_lnp_winners, accessed December 29, 2016.

[56] Ibid.

(एन.आर.सी.पी.) की शुरुआत की गई, जिसके तहत 37 नदियों की गुणवत्ता सुधारने के नाम पर विशाल धनराशि खर्च की गई। लेकिन आंकड़े दर्शाते हैं कि इसके खराब क्रियान्वयन के कारण नदियों पर इसका कोई सकारात्मक असर नहीं पड़ा।

महाकुंभ के दौरान गंगा-यमुना की कहानी

वर्ष 2013 में, इलाहाबाद (प्रयागराज) में होने वाले महाकुंभ[57] से महज तीन महीने पहले दिमाग में एक खयाल आया। मैंने सोचा कि महाकुंभ के दौरान संगम (इलाहाबाद में गंगा, यमुना और मिथकीय अदृश्य सरस्वती नदी का संगम) पर प्रदूषण के स्तरों को उजागर करना दिलचस्प होगा। इसलिए, गंगा और यमुना नदियों पर आंकड़े प्राप्त करने पर ध्यान केंद्रित किया गया। ये आंकड़े 13 जनवरी 2013 को *इंडियन एक्सप्रेस* में प्रकाशित किए गए, जिसके लिए चित्र 6.1 देखें।

सी.पी.सी.बी. और उ.प्र., उत्तराखंड, पश्चिम बंगाल, बिहार और झारखंड के एस.पी. सी.बी. से गंगा के पानी के नमूनों के नवीनतम परिणाम मांगे गए थे। चूंकि इन नदियों से संबंधित अधिकांश स्थानों से लिए गए सबसे पहले नमूनों की रिपोर्टें उपलब्ध थीं, इसलिए अब सिर्फ नवीनतम आंकड़ों की ज़रूरत थी। चूंकि कुछ एस.पी.सी.बी. ने पूरी जानकारी प्रदान नहीं की थीए इसलिए कुछ आंकड़े सी.पी.सी.बी. द्वारा नवंबर 2012 में उच्चतम न्यायालय में दाखिल किए गए शपथ-पत्र से लिए गए थे।[58] महाकुंभ के पहले शाही स्नान की तिथि, यानी 14 जनवरी 2013 को ध्यान में रखकर,[59] स्टोरी को इससे ठीक पहले प्रकाशित करने की योजना थी, और यही हुआ कि स्टोरी[60] *इंडियन एक्सप्रेस* में पहले शाही स्नान से ठीक एक दिन पहले प्रकाशित की गई।

विभिन्न विभागों से प्राप्त नवीनतम जवाबों से मिले ताजा आंकड़ों ने यह उजागर[61] किया कि 1985 के बाद से जी.ए.पी., राष्ट्रीय नदी संरक्षण योजना, यमुना कार्य योजना, और राष्ट्रीय गंगा नदी बेसिन प्राधिकरण (एन.जी.आर.बी.ए) जैसी विभिन्न योजनाओं के तहत गंगा और यमुना पर रुपये 82.78 अरब से अधिक खर्च किया जा चुका था, लेकिन पानी की गुणवत्ता में बमुश्किल ही कोई सुधार हुआ था।

गंगा पर लिखी गई स्टोरी सी.पी.सी.बी. से जुटाए गए आंकड़ों से निकली थी जो सवालों के जवाब देते समय नदी के रास्ते में आने वाले 62 स्थानों पर प्रदूषण के स्तरों की निगरानी

---

[57] See http://kumbhmelaallahabad.gov.in/english/index.html, accessed December 29, 2016.

[58] सी.पी.सी.बी. से प्रतिलिपि प्राप्त की गई।

[59] See http://kumbhmelaallahabad.gov.in/english/index.htm, accessed December 29, 2016.

[60] "What was once a river…," *The Indian Express* (New Delhi, January 13, 2013).

[61] Ibid.

चित्र 6.1: जो कभी एक नदी थी...

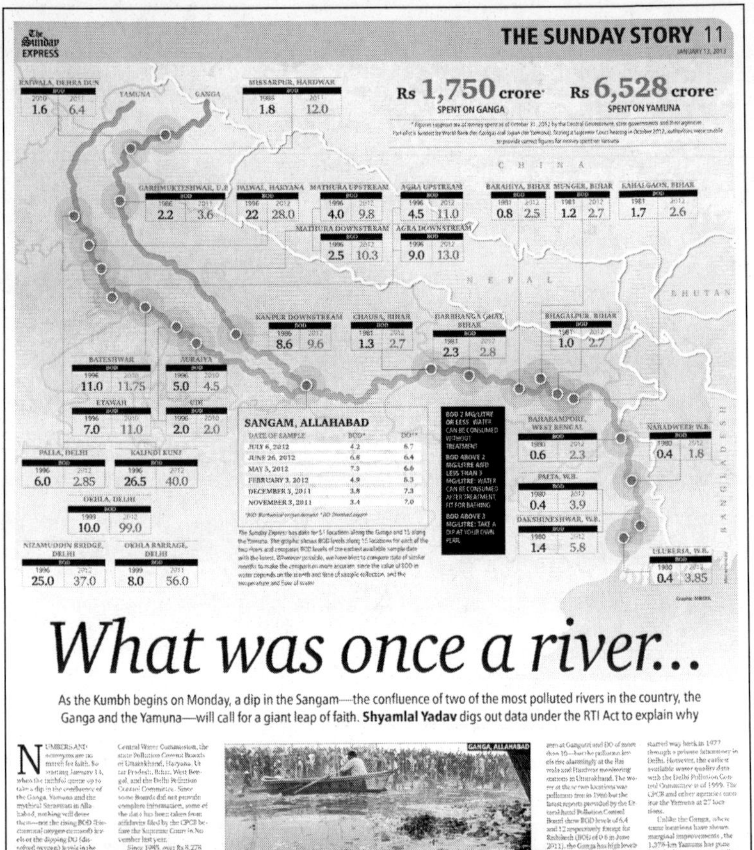

स्रोत: इंडियन एक्सप्रेस (13 जनवरी 2013)।

कर रहा था। गंगा नदी के 2,525 किमी लंबे प्रवाह-पथ के 51 स्थानों से एकत्रित किए गए नमूनों में से 22 ने यह दर्शाया कि बी.ओ.डी. का स्तर 3 मिग्रा प्रति लीटर से अधिक था जिसका मतलब था कि इन जगहों पर उसका पानी नहाने लायक भी नहीं था।[62] अन्य 26 स्थानों पर, बी.ओ.डी. के स्तर 2 और 3 मिग्रा प्रति लीटर के बीच थे, जिसका मतलब था कि इन जगहों पर उसके पानी का सेवन सिर्फ उसे उपचारित और विसंक्रमित करने के बाद ही किया जा सकता था। सिर्फ तीन स्थानों से लिए गए नमूनों (उत्तराखंड में ऋषिकेश, और पश्चिम बंगाल में नवद्वीप और त्रिबेनी) में बी.ओ.डी. के स्तर 2 मिग्रा प्रति लीटर से कम थे, यानी इन जगहों का पानी उपचारित किए बिना ही पीने लायक था।[63]

आंकड़ों से स्पष्ट था कि हिमालय से अपनी यात्रा आरंभ करते समय गंगा का पानी एकदम साफ-स्वच्छ होता है (गंगोत्री पर बी.ओ.डी. की मात्रा शून्य और डी.ओ. 10 से अधिक है), लेकिन उत्तराखंड के रायवाला और हरिद्वार निगरानी केंद्रों तक प्रदूषण के स्तर चौंका देने की हद तक बढ़ जाते हैं। इन दो जगहों पर भी 1986 तक पानी प्रदूषण-मुक्त था, लेकिन उत्तराखंड राज्य प्रदूषण नियंत्रण बोर्ड द्वारा प्रदान की गई ताजा रिपोर्टों ने इन जगहों पर बी.ओ.डी. की मात्रा क्रमशः 6.4 और 12 दर्शाई थी। गंगोत्री के बाद, ऋषिकेश (जून 2011 में बी.ओ.डी. 0.6) को छोड़कर, पश्चिम बंगाल में डायमंड हार्बर तक गंगा के सारे प्रवाह-पथ में प्रदूषण के स्तर खतरनाक थे। बी.ओ.डी. के मानकों के अनुसार, हरिद्वार, गढ़मुक्तेश्वर, नरोरा, कन्नौज, बिठूर, कानपुर, डलमऊ (रायबरेली, उ.प्र.), इलाहाबाद (प्रयागराज), त्रिघाट (गाजीपुर, उ.प्र.), वाराणसी, और दक्षिणेश्वर (पश्चिम बंगाल) में गंगा का पानी उपचार के बाद भी पीने के लिए तो दूर, नहाने तक के लिए उपयुक्त नहीं था। दिल्ली और आगरा के बीच यमुना की स्थिति सबसे ज्यादा खराब थी।

यह दिलचस्प है कि इलाहाबाद (प्रयागराज) में संगम पर फरवरीए मई, जून, और जुलाई 2012 में एकत्रित किए गए नमूनों में बी.ओ.डी. के स्तर 4.2 से 7.3 मिग्रा प्रति लीटर के बीच थे।[64] यही वह जगह है जहां करोड़ों लोग कुंभ मेला के दौरान स्नान करते हैं। यह स्टोरी संगम पर पवित्र डुबकी लगाने वाले हमारे आस्थावान भक्तजनों को यह याद दिलाने के लिए थी कि यदि हम नदियों के प्रति अपना रवैया नहीं बदलते, तो एक दिन ऐसा भी आएगा जब उन्हें पवित्र स्नान के लिए गंदा पानी तक नसीब नहीं होगा। यह हमारे लिए शर्म की बात है कि हम स्वयं मिनरल वॉटर पीते है लेकिन पवित्र नदियों में खड़े होकर अपने पूर्वजों को यह गंदा जल अर्पित करते हैं। हमें अपनी नदियों के प्रति बहुत संवेदनशील होने की ज़रूरत है।

---

[62] Ibid.

[63] Ibid.

[64] Ibid.

एक नई शुरुआत

सत्ता में आने से पहले ही, एन.डी.ए. ने अपनी चुनावी घोषणाओं में यह वायदा किया था कि वह गंगा की सफाई की परियोजना को प्राथमिकता के रूप में लेगा। मई 2014 में पदभार ग्रहण करने के बाद, नई सरकार ने उमा भारती को नवगठित जल संसाधन, नदी विकास एवं गंगा संरक्षण मंत्रालय का मंत्री नियुक्त किया जिसे गंगा और इसकी सहायक नदियों को स्वच्छ बनाने का आदेश था। केंद्रीय कैबिनेट ने "नमामि गंगे"[65] नामक कार्यक्रम को मंजूरी दी और गंगा को स्वच्छ बनाने तथा इसकी हिफाजत करने के लिए 5 वर्ष के दौरान रुपये 200 अरब का बजट प्रस्तावित किया। यह शत प्रतिशत केंद्र द्वारा वित्तपोषित योजना है।[66]

इससे पहले, 1985 में जब एन.आर.सी.पी.[67] की शुरुआत की गई थी, तब केंद्र और राज्य सरकारों के बीच बजट का आधा-आधा खर्च बांटा गया था, परंतु वर्तमान योजना को एन.आर.सी.पी. से अलग कर दिया गया था। वर्ष 1997 में इसे शत प्रतिशत केंद्र द्वारा वित्तपोषित योजना में बदल दिया गया था, लेकिन 2001 में खर्च को फिर से 70:30 के अनुपात में केंद्र और राज्य सरकारों के बीच बांट दिया गया जबकि पुरानी परियोजनाओं के लिए केंद्र द्वारा शत प्रतिशत वित्तपोषण दिया जाना जारी रहा।

दिनांक 31 जुलाई 2014 की एक अधिसूचना द्वारा, गंगा और इसकी सहायक नदियों[68], यानी यमुना, गोमती, दामोदर, महानंदा, चंबल, बीहर, खान, क्षिप्रा, बेतवा, रामगंगा और मंदाकिनी को नवगठित जल संसाधन, नदी विकास एवं गंगा संरक्षण मंत्रालय के तहत दे दिया गया।

प्रधानमंत्री नरेंद्र मोदी ने परियोजना के पहले लक्ष्य के रूप में प्रदूषण पैदा करने वाली सभी सामग्रियों को नदी में डालना बंद करने पर जोर दिया, फिर चाहे ये प्रदूषक औद्योगिक अवशिष्ट हों, घरों से निकलने वाला मल हो, या धार्मिक अनुष्ठानों के बाद निकली सामग्री ही क्यों न हों। उच्चतम न्यायालय द्वारा पूछे जाने पर, केंद्र सरकार ने न्यायालय को आश्वासन दिया कि गंगा को 18 वर्ष में साफ-स्वच्छ कर दिया जाएगा।[69] इसकी अनुमानित लागत रुपये 510 अरब है।

लेकिन, उमा भारती को नवगठित मंत्रालय का प्रभार सौंपना गंगा की सफाई की दूरगामी योजनाओं के लिए संतोषजनक नहीं रहा। प्रधानमंत्री नरेंद्र मोदी ने 3 सितंबर 2017 को उन्हें हटाकर यह मंत्रालय अब नितिन गडकरी को दे दिया है। गंगा का प्रदूषण नियंत्रण एन.डी.ए.

---

[65] दिनांक 13 मई, 2015 को केंद्रीय कैबिनेट का निर्णय।

[66] Ibid.

[67] लेखक की आर.टी.आई. पर पर्यावरण एवं वन मंत्रालय का दिनांक 10 दिसंबर, 2008 का जवाब।

[68] See http://wrmin.nic.in/forms/list.aspx?lid=277, accessed December 29, 2016.

[69] See http://indianexpress.com/article/india/india-others/ganga-clean-up-to-take-18-years-says-centre/, accessed December 29, 2016.

सरकार की महत्वाकांक्षी परियोजनाओं में शामिल था लेकिन अभी तक इसका कारगर असर नहीं हुआ है। नए मंत्री नितिन गडकरी अनेक दीर्घकालिक परियोजनाओं पर विचार कर रहे हैं और उम्मीद जगा रहे हैं कि आने वाले वर्षों में गंगा प्रदूषण मुक्त होगी।

हम यही उम्मीद कर सकते हैं कि एक बार फिर से अरबों रुपये पानी में नहीं बहाए जाएंगे। सामान्यतः, प्राधिकरणों से प्राप्त आंकड़ों को बहुत से लोग उबाऊ मानते हुए खबर लायक नहीं समझते, परंतु इस कोशिश ने यह साबित किया कि प्राप्त किए गए आंकड़ों को पठनीय दिलचस्प स्टोरी बनाया जा सकता है और इसे असरदार बनाया जा सकता है। इन सभी प्रयासों में आर.टी.आई. बहुत मददगार साबित हुआ क्योंकि यदि आर.टी.आई. कानून नहीं बना होता, तो सभी संबंधित प्राधिकरणों तक पहुंच बनाकर इस तरह के जटिल आंकड़े प्राप्त करना और इसे एक पठनीय स्टोरी बना पाना संभव नहीं होता।

7 सांसदों के निजी सहायक: सभी परिवार वाले

समाज की नैतिकता और सदाचरण की जिम्मेदारी बहुत हद तक सार्वजनिक जीवन में दखल रखने वाले उन लोगों के कंधों पर होती है जिनके आचरण पर जनता बारीकी से नजर रखती है...ऐसे लोगों से सार्वजनिक जीवन में नैतिकता, गरिमा, शिष्टता और मूल्यों के उच्च मानदंडों को बरकरार रखने की अपेक्षा की जाती है।[1]

– राज्य सभा की आचार समिति, एस.बी. चव्हाण के अध्यक्षता वाली, पहली रिपोर्ट 8 दिसंबर 1998 में (राज्य सभा में इसे 15 दिसंबर 1998 को मंजूर किया गया)

तालिका 7.1: मंत्रियों के निजी सहायक और सांसदों के अतिथियों के बारे में जानने के लिए दाखिल की गई आर.टी.आई. की झलकियां

सूचना	मंत्रियों और सांसदों का निजी स्टाफ; सांसदों के अतिथि
प्राधिकरण	लोक सभा और राज्य सभा सचिवालय, कार्मिक एवं प्रशिक्षण विभाग (डी.ओ.पी.टी.)
समस्याएं	संसद के दोनों सदनों के सचिवालयों ने सांसदों के निजी सहायकों की एक सूची दी, लेकिन सांसदों के साथ उनके रिश्तों की पड़ताल करना बहुत पेचीदा काम था। इसी तरह, दोनों सचिवालयों ने सांसदों के अतिथियों की एक सूची प्रदान की, लेकिन ये अतिथि कौन थे इसका पता लगाना बहुत कठिन था।
आवेदन और अपीलें	तीन स्टोरीज के लिए तीन (इनमें फॉलोअप और अन्य संबंधित स्टोरीज के लिए दाखिल आवेदन शामिल नहीं हैं)
लगा समय	चार माह से अधिक
स्टोरीज	*इट्स ऑल इन फैमिली... इंडियन एक्सप्रेस*, 15 मई 2013; डिस्पाइट डी.ओ.पी.टी. बैन... *इंडियन एक्सप्रेस*, 29 जुलाई, 2013; एम.पी.'ज गेस्ट्स, एक्स-एम.पी.'ज... *इंडियन एक्सप्रेस*, 3 सितंबर 2013
प्रभाव	राज्य सभा की आचार समिति ने निजी सहायकों के रूप में संबंधियों की नियुक्ति पर रोक लगाने वाला एक प्रस्ताव पारित किया। शुरू में, अतिथियों के आवास की बात भी चर्चा में थी। नरेंद्र मोदी के नेतृत्व में नई सरकार ने मंत्रियों से कहा कि वे निजी स्टाफ में 10 वर्ष तक सेवा कर चुके व्यक्तियों को नियुक्त नहीं करें।
मेरे द्वारा फॉलोअप	लोक सभा, राज्य सभा से अग्रिम कार्रवाई के बारे में जानने के लिए, वहां और साथ ही डी.ओ.पी.टी. में कई और आवेदन दाखिल किए गए।
दूसरों द्वारा फॉलोअप	अन्य मीडिया संस्थानों ने व्यापक रूप से फॉलोअप किया।

स्रोत: लेखक।

[1] See http://rajyasabha.nic.in/rsnew/publication_electronic/ethics_committee.pdf, accessed December 27, 2016.

किसी भी राजनीतिक नेता का कार्यप्रदर्शन और उसके बारे में लोगों की धारणा बहुत-कुछ इस बात पर निर्भर करती है कि उसके निजी स्टाफ में किस तरह के लोग हैं। मैंने एक बार *इंडिया टुडे* (हिंदी) में केंद्रीय मंत्रियों के निजी स्टाफ के बारे में अनौपचारिक शोध के आधार पर एक स्टोरी की थी। उस स्टोरी का शीर्षक थाः हस्ती मिटती नहीं हमारी... और उसका निचोड़ यह था कि दिल्ली में कुछ दर्जन चेहरे ऐसे हैं जो शुरुआत में विभिन्न विभागों में नियुक्त थे, लेकिन सत्ता चाहे जो भी हो या फिर सत्ता में चाहे कोई भी दल हो, यही लोग कुछ खास केंद्रीय मंत्रियों के निजी स्टाफ के रूप में नियुक्त किए जाते थे क्योंकि ये जानते थे कि अपने आकाओं की सभी जरूरतों को उनके विभागों के संसाधनों के जरिए कैसे पूरा करना है।

दिनांक 22 जुलाई 2008 को, एक निजी टेलीविजन चैनल द्वारा 11 सांसदों (10 लोक सभा से और 1 राज्य सभा से) को संसद में प्रश्न पूछने के एवज में पैसे की मांग करने के आरोप में कैमरे में कैद किया गया था।[2] 'प्रश्न पूछने के एवज में धन मांगने' के इस घोटाले का पर्दाफाश होने पर कुछ सांसदों को निलंबित कर दिया गया, तो मैंने भी सांसदों के निजी स्टाफ के बारे में तथ्य ढूंढने शुरू किए। इस मसले की गहराई में जाने पर, मेरे मन में कुछ सवाल पैदा हुए और मैं इनके जवाब तलाशने को प्रेरित हुआ कि सांसदों के निजी स्टाफ में कौन लोग हैं, वे कहां से आते हैं, उनकी नियुक्ति कौन करता है, क्या उनकी नियुक्ति की जांच की जाती है, उनका वेतन-भत्ता क्या होता है, और उनका कार्यकाल कितने समय का होता है।

अनौपचारिक रूप से सूचना पाने की कोशिश कर लेने के बाद आर.टी.आई. की शरण ली और इस प्रक्रिया में मंत्रियों और सांसदों और उनके स्टाफ की जिंदगियों से जुड़े अनेक दिलचस्प तथ्य निकलकर सामने आए।

दूसरी तरफ, 2013 की शुरुआत में, आर.टी.आई. कानून का इस्तेमाल करके, डी.ओ.पी. टी. से मंत्रियों के निजी स्टाफ को नियुक्त करने से संबंधित परिपत्र की प्रतिलिपियां देने का अनुरोध किया गया जिसमें लागू पाबंदियों के ब्यौरे और उन पाबंदियों का उल्लंघन करने वाले लोगों को दी गई छूटों के ब्यौरे शामिल हों। डी.ओ.पी.टी. ने सूचना दी जिसके अनुसार मार्च 2010 में 10 वर्ष के कार्यकाल की सीमा लागू की गई थी और सिर्फ प्रधानमंत्री कार्यालय के पास ही इसमें छूट देने का अधिकार था। डी.ओ.पी.टी. ने यह भी कहा कि इन पाबंदियों को लागू किए जाने के बाद से उनमें छूट के 87 अनुरोधों को मंजूरी दी गई। डी.ओ.पी.टी. के अनुसार, 10 वर्ष का कार्यकाल पूरा हो जाने के बावजूद, प्रधानमंत्री कार्यालय द्वारा उनकी नियुक्तियों को हरी झंडी मिलने के बाद, 87 लोगों ने विभिन्न मंत्रियों के निजी स्टाफ के रूप में काम करना जारी रखा।[3] यह स्टोरी *इंडियन एक्सप्रेस* में

[2] इस घटना को मीडिया में व्यापक रूप से कवर किया गया।

[3] लेखक को डी.ओ.पी.टी. का दिनांक 24 जून, 2013; 20 फरवरी, 2013; और 22 मार्च, 2013 का जवाब।

प्रकाशित हुई थी।[4] अप्रैल 2013 में, कैबिनेट की नियुक्ति सम्बन्धी समिति (ए.सी.सी.) ने 10 वर्ष पूरे कर चुके अधिकारियों को आम चुनाव 2014 के पूरा हो जाने तक उनके पद पर बनाए रखने का फैसला किया[5] और जाहिर तौर पर यह मंत्रियों से मिले अनुरोधों का नतीजा था ताकि इससे वे अपने काम को बिना किसी रुकावट के जारी रख सकें। *इंडियन एक्सप्रेस* में प्रकाशित स्टोरी के लिए चित्र 7.1 देखें।

इस संदर्भ में मैंने *इंडिया टुडे* (हिंदी) में 2005 में प्रकाशित स्टोरी के रूप में शुरुआती प्रयास किए थे।[6] यह स्टोरी मंत्रियों के निजी स्टाफ के रूप में काम करने वाले लोगों के बारे में है और इसमें विभिन्न विभागों में नियुक्त किए गए ऐसे बहुत-से लोगों के बारे में बताया गया था जो मंत्रियों के स्टाफ में एक बार शामिल हो जाने के बाद अपनी मूल सेवाओं में शायद ही लौटे। यदि इनमें से कुछ थोड़े समय के लिए वापस गए भी, तो उन्होंने जल्दी ही नए मंत्रियों के साथ किसी तरह अपनी पटरी बिठा ली। ऐसे बहुत-से लोग हैं जो 20 से अधिक मंत्रियों के साथ काम कर चुके हैं और अपने काम के प्रति अपनी क्षमता और निष्ठा की बेझिझक डींगें हांकते हैं।

चित्र 7.1: डी.ओ.पी.टी. के प्रतिबंधों निजी स्टाफ की नियुक्ति में मंत्रीगण का उल्लंघन करते हैं

Despite DoPT ban, ministers retain personal staff for over 10 years

SHYAMLAL YADAV
NEW DELHI, JULY 28

IN March 2010, the Department of Personnel and Training (DoPT) had directed that "a total ceiling of 10 years be prescribed beyond which an officer may not be permitted to be appointed in the personal staff of a minister, irrespective of level". But, despite having completed the prescribed tenure, at least 87 people continued to serve as personal staff of various ministers, after their appointments were cleared by the Prime Minister's Office (PMO) following requests from the ministries.

Among the ministers who sent such requests are Kamal Nath, Praful Patel, Sushil Kumar Shinde, K Rahman Khan, Jyotiraditya Scindia, Bharatsinh Solanki, K V Thomas, Mallikarjun Kharge, Salman Khurshid and Tusharbhai Chaudhary. The officials included six officers on special duty (U K Mitra, N K Gauri, V K Dhand, S V Pillai, S N Sharma and Giri Ketharaj) and three private secretaries (Z A Naqvi, D Vijayan and M Annadurai). Among the others are 29 additional private secretaries and 24 assistant private secretaries. Some of these officers are now no longer with the ministries.

In April this year, the Appointments Committee of the Cabinet also decided to retain officials who had completed 10 years as personal staff "till the completion of the next general elections".

According to information provided by the DoPT under the RTI Act, many requests were received from various ministers to allow some officials to continue as personal staff after the ceiling was imposed. Of these, 87 requests were approved. However, the DoPT circular directed that "no relaxation will be granted to these conditions".

स्रोतः इंडियन एक्सप्रेस (29 जुलाई 2013)।

---

[4] "Despite DoPT ban, ministers retain personal staff for over 10 years," *The Indian Express* (New Delhi, July 29, 2013), http://archive.indianexpress.com/news/despite-dopt-ban-ministers-retain-personal-staff-for-over-10-years/1148057/, accessed December 27, 2016.

[5] लेखक की आर.टी.आई पर डी.ओ.पी.टी. ने दिनांक 2 अप्रैल, 2013 के पत्र द्वारा सूचना दी।

[6] श्यामलाल यादव द्वारा "हस्ती मिटती नहीं हमारी", *इंडिया टुडे* (हिंदी) 7 फरवरी, 2005

सांसदों का आधिकारिक जीवन और उनके निजी सहायक

संसद सदस्य (कार्यालय व्यय भत्ता) नियमावली, 1988 (13 दिसंबर, 2010 तक हुए संशोधनों के अनुसार) कहती है:[7]

> प्रत्येक सदस्य कानून के अनुच्छेद 8 के तहत प्रति माह पैंतालीस हजार रुपये की दर से कार्यालय व्यय भत्ता पाने के लिए अधिकृत होगा, जिसमें से- (क) स्टेशनरी के सामानों और डाक आदि पर खर्च के लिए रुपये पंद्रह हजार होंगे; और (ख) लोक सभा या राज्य सभा सचिवालय रुपये तीस हजार तक का भुगतान सदस्य द्वारा सचिवालय संबंधी सहायता लेने के लिए रखे व्यक्तियों) के लिए कर सकता है और ऐसे व्यक्ति को सदस्य द्वारा कंप्यूटर साक्षर के रूप में प्रमाणित किया हुआ होना चाहिए।

नियम स्पष्ट हैं कि सांसदों पर सचिवालय संबंधी सहायता के लिए अपने परिवार के सदस्य या निकट संबंधियों में से किसी को नियुक्त करने पर पाबंदी नहीं है। इसलिए, यदि कोई सांसद अपने रिश्तेदारों या परिवार के सदस्यों को नियुक्त करता है, तो वह निश्चित तौर पर किसी नियम का उल्लंघन नहीं करता है। लेकिन हमें नहीं भूलना चाहिए कि भारत में लोकतंत्र है और एक लोक सभा सांसद औसतन लगभग 13.2 लाख मतदाताओं का प्रतिनिधि होता है।[8] वर्ष 2009 के आम चुनावों के दौरान, पंजीकृत मतदाओं की संख्या 71.69 करोड़[9] थी (हालांकि नए आंकड़े इससे अधिक हैं, परंतु यहां पर 2009 के आंकड़ों का इस्तेमाल इसलिए किया गया है क्योंकि इन लोक सभा सांसदों को 2009 के आम चुनावों में चुना गया था)। कुल 58.19 प्रतिशत, यानी 41.70 करोड़ मत डाले गए थे, यानी प्रत्येक निर्वाचन क्षेत्र में औसतन 7,67,000 मत डाले गए। यदि जीतने वाले प्रत्याशी को लगभग 30 प्रतिशत वोट भी मिले हों, तो जाहिर है कि संबंधित सांसद को 2,30,000 से अधिक मतदाताओं ने चुना है। मान लीजिए कि चुनाव प्रचार अभियान के दौरान उन सांसदों के लिए 200 लोगों ने सक्रिय रूप से काम किया और चुनाव प्रचार अभियान के दौरान वे लोग उनके केंद्रीय समूह में रहे होंगे। भा.ज.पा. और कम्युनिस्ट पार्टियों जैसी कार्यकर्ता वाली पार्टियों में समर्पित कार्यकर्ताओं का एक हिस्सा होता है जो पार्टी के प्रत्याशी के बारे में सोच-विचार किए बिना पार्टी के लिए काम करता है। यह दुख की बात है कि चुनाव में जीत हासिल करने के बाद, ऐसे कार्यकर्ताओं की अनदेखी की जाती है और बहुत-से सांसद निजी सहायक तक के पदों पर अपने परिवारजनों और रिश्तेदारों को ही रख लेते हैं।

---

[7] See http://rajyasabha.nic.in/rsnew/msa_section/mpsalary.pdf, accessed December 27, 2016.

[8] वर्ष 2009 के लोक सभा चुनावों के दौरान पंजीकृत कुल मतदाताओं के आधार पर।

[9] See http://eci.nic.in/eci_main/archiveofge2009/Stats/VOLI/05_StateWiseNumberOfElectors.pdf, accessed December 27, 2016.

अपने रिश्तेदारों को निजी सहायकों (पी.ए.) के रूप में नियुक्त करना नैतिकता और सदाचरण के अभाव को दर्शाता है। चूंकि उनके सहायकों के रूप में कितने लोग नियुक्त किए जा सकते हैं इसकी कोई सीमा नहीं है, इसलिए यह देखा गया है कि बहुत-से सांसद एक से अधिक सहायक नियुक्त करते हैं।

ऐसे में, उनके पारिश्रमिक का क्या होता है? क्या यह उनके बीच बंट जाता है? अगर आप नॉर्थ एवेन्यू और साउथ एवेन्यू जाएं, जहां बहुत-से सांसद रहते हैं, तो यह खयाल बरबस ही आपके मन में कौंध जाएगा। एक दिन, मेरे एक मित्र ने मुझे बताया कि वह अपने सांसद के लिए पूरा वक्त काम करता है, लेकिन उसे रुपये 30,000 का सिर्फ आधा हिस्सा मिलता है। जब मैंने उनसे पूछा कि तब बाकी बची आधी तनख्वाह का क्या होता है, तो उसने बताया कि वह सांसद के बेटे को दे दी जाती है जिसे उसने अपने दूसरे सहायक के रूप में नियुक्त कर रखा है लेकिन वह काम नहीं करता है। इस चौंका देने वाले तथ्य ने मुझे इस मामले की गहराई में उतरने को प्रेरित किया।

सांसदों के सचिवालयी सहायकों के रूप में नियुक्त किए गए लोगों की सूची प्राप्त करने के लिए, 1 फरवरी 2013 को लोक सभा और राज्य सभा के सचिवालयों में अलग-अलग आवेदन दाखिल किए गए।

दोनों सचिवालयों ने फोटो-प्रतिलिपि का अनिवार्य शुल्क प्राप्त कर लेने के बाद ऐसे व्यक्तियों[10] की सूची भेज दी। लेकिन सूचना अपर्याप्त थी और स्टोरी के रूप में उपयोग के लिए काफी नहीं थी। इसलिए, और अधिक जानकारी जुटाने की कवायद शुरू हुई- एक ऐसी कवायद जो सिर्फ आर.टी.आई. के जरिए संभव नहीं थी। दोनों सदनों के सांसदों की डायरेक्टरी हासिल करने के बाद, मैंने व्यक्तिगत रूप से उन्हें एक-एक करके फोन करना शुरू किया। सचिवालय द्वारा प्रदान की गई निजी सहायक की सूची में दिए गए प्रत्येक नाम को बताकर उनसे पूछा गया कि वह कौन था/थी। यह बहुत श्रमसाध्य काम था क्योंकि लगभग सभी सांसदों को फोन किया गया और सिर्फ उस समय के 67 केंद्रीय मंत्रियों को छोड़ा गया। लोक सभा के 543 और राज्य सभा के 245 सांसदों की सूची में से अधिकांश को (सिर्फ रिक्त पदों और साथ ही केंद्रीय मंत्रियों को छोड़कर) फोन किया गया। अंततः 700 से अधिक सांसदों में से बहुतों ने सहयोग नहीं किया, बल्कि उल्टे मुझसे मेरी प्रमाणिकता और मेरे सवाल के उद्देश्य के बारे में पूछना शुरू कर दिया।

मैंने एक और तरकीब आजमाई और डायरेक्टरी में दिए गए उनके स्थानीय लैंडलाइन नंबरों पर फोन करना शुरू कर दिया। सौभाग्यवश, अधिकांश सांसदों ने खुद फोन नहीं उठाया और उनकी जगह पर फोन उठाने वाले लोगों ने सीधे-सीधे निजी सहायकों के साथ सांसदों के संबंध बिना ज्यादा सवाल-जवाब किए उजागर कर दिए। लेकिन शहर से बाहर

[10] देखें राज्य सभा का दिनांक 15 मार्च, 2013 का जवाब, और लोक सभा का दिनांक 14 मार्च, 2013 का जवाब।

रहने वाले कुछ सांसदों ने समस्या खड़ी की। उदाहरण के लिए जब मैंने सैफुद्दीन सोज के लैंडलाइन नंबर पर फोन किया, तो उन्होंने स्वयं फोन उठा लिया:[11] जब मैंने उनके पहले सचिवालयी सहायक का नाम पूछा, तो उन्होंने बताया कि वह उनका पोता था। लेकिन जब मैंने उनके सहायकों की सूची के दूसरे व्यक्ति के बारे में पूछा, तो उन्होंने पलटकर सवाल किया, "आप कौन बोल रहे हैं?" मैंने अपना परिचय दिया, लेकिन उन्होंने फिर पूछा, "इस जानकारी का आप क्या करेंगे?" मैंने जवाब दिया, "मैं प्रत्येक सांसद का एक छोटा-सा प्रोफाइल तैयार करना चाहता हूं।" जिस पर उनका जवाब था: "मेरी पोती का मेरे प्रोफाइल से क्या लेना-देना है? आप मुझे अपना नंबर दीजिए। मैं परसों दिल्ली आऊंगा, तब आप मुझसे मिलिए।" मैंने अपना नंबर दिया और कहा: "ठीक है, जनाब। शुक्रिया।" उन्होंने अनजाने ही अपनी उलझन में जवाब दे दिया था और पुष्टि कर दी थी कि दूसरा सहायक असल में उनकी पोती थी। कुछ मामलों में सांसदों से धमकियां और रूखे जवाब भी मिले, लेकिन मैं सिर्फ अपनी स्टोरी के बारे में सोच रहा था इसलिए मैंने ज्यादा परवाह नहीं की।

अंततः, जानकारी एकत्रित कर लेने के बाद, यह स्टोरी *इंडियन एक्सप्रेस* में प्रकाशित हुई।[12] स्टोरी का निचोड़ इस प्रकार है:

> कम से कम 146 सांसदों ने (जिसमें 104 लोक सभा से और 42 राज्य सभा से थे) कम से कम 191 रिश्तेदारों को अपने निजी स्टाफ के रूप में नियुक्त किया था... पारिवारिक निजी सहायकों की इस फौज में अन्य रिश्तेदारों के अतिरिक्त 60 बेटे, 36 पत्नियां, 27 बेटियां, एक पिता, सात भाई, सात बहुएं, चार पति और 10 भांजे-भतीजे शामिल हैं... निकट संबंधियों को निजी सहायक के तौर पर नियुक्त करने वाले 146 सांसदों में से 38 भा.ज.पा. से, 36 कांग्रेस से, 15 ब.स.पा. से, 12 स.पा. से, 8 डी.एम.के. से, 7बीजू जनता दल से, 6 ज.द. (यू) से और शेष अन्य पार्टियों से थे... इनमें से 36 सांसदों ने एक से अधिक रिश्तेदार को निजी सहायक के रूप में और कम से कम चार ने परिवार के तीन सदस्यों को अपने निजी स्टाफ के रूप में नियुक्त किया था।

ऐसे मामले भी सामने आए जिनमें सांसदों ने परिवार के एक सदस्य को पहले पी.ए. के रूप में नियुक्त किया था और उसे रुपये 30,000 के मासिक पारिश्रमिक का बड़ा हिस्सा दे रहे थे; और दूसरे पी.ए. (सही मायनों में निजी सहायक) के रूप में गैर-पारिवारिक सदस्य को नियुक्त किया था और उसे बचा हुआ छोटा हिस्सा दिया जा रहा था।

यहां पर इस बात का जिक्र ज़रूरी है कि राज्य सभा की आचार समिति ने अपनी पहली रिपोर्ट 8 दिसंबर, 1998 को पेश की (जिसे राज्य सभा द्वारा 15 दिसंबर, 1998 को मंजूर किया गया), जिसमें कहा गया था, "सदस्यों से सार्वजनिक जीवन में नैतिकता, गरिमा,

---

[11] लेखक के अपने रिकॉर्ड्स।

[12] See http://archive.indianexpress.com/news/rs-ethics-panel-to-take-up-issue-of-mps-employing-relatives-as-pas/1116541/, accessed December 27, 2016.

शिष्टता और मूल्यों के उच्च मानदंडों को बरकरार रखने की अपेक्षा की जाती है।"[13] भूतपूर्व प्रधानमंत्री चंद्र शेखर की अध्यक्षता वाली लोक सभा की आचार समिति ने अपनी पहली रिपोर्ट नवंबर 2001 में पेश की और इसमें भी यही कहा गया था, "सदस्यों से सार्वजनिक जीवन में नैतिकता, गरिमा, शिष्टता और मूल्यों के उच्च मानदंडों को बरकरार रखने की अपेक्षा की जाती है।"[14]

अपेक्षा की गई थी कि इस स्टोरी में उठाए गए मुद्दे लोगों का ध्यान आकर्षित करेंगे। इलेक्ट्रॉनिक और प्रिंट मीडिया सहित अन्य मीडिया ने स्टोरीज का फॉलोअप किया। राज्य सभा की आचार समिति ने इस पर प्रतिक्रिया व्यक्त की, जबकि लोक सभा की आचार समिति ने कुछ नहीं किया। दिनांक 16 मई 2013 को स्टोरी प्रकाशित होने के बाद, राज्य सभा की आचार समिति के चेयरमैन, राम गोपाल यादव ने कहा[15] कि वह इस रिपोर्ट के संबंध में "स्वतः संज्ञान" लेंगे और इस मुद्दे को आचार समिति के सामने उठाएंगे, और उनकी समिति कुछ फैसले लेगी। उन्होंने आगे कहा:[16] "यह चलन नैतिक रूप से गलत है... प्रावधान में सचिवालयी कुशलता रखने वाले लोगों को नियुक्त करने की परिकल्पना की गई थी, रिश्तेदारों को नहीं। रिश्तेदारों को नियुक्त करना गलत है... पार्टियों को इस चलन के विरुद्ध एक नियम लागू करना चाहिए, और पार्टी कार्यकर्ताओं को इन नौकरियों में रखने पर विचार करना चाहिए।" उ.प्र. से स.पा. सांसद राम गोपाल यादव ने यह घोषणा[17] भी की कि वह अपनी पार्टी के सांसदों के बीच जारी इस चलन को समाप्त करने के लिए अपनी पार्टी के नेता मुलायम सिंह यादव से हस्तक्षेप करने की बात करेंगे। उन्होंने यह सारी बातें स्टोरी के प्रकाशित होने के बाद कहीं। दरअसल, स्टोरी के प्रकाशित होने से पहले आचार समिति के अध्यक्ष के नाते इस पर उनके विचार जानने के लिए, राम गोपाल यादव से संपर्क करने के लिए उनके विभिन्न लैंडलाइन और मोबाइल नंबरों पर बार-बार फोन किए गए और एस.एम.एस. भेजे गए थे लेकिन उन्होंने इनमें से किसी का भी जवाब नहीं दिया। स्टोरी प्रकाशित होने के बाद, उन्होंने *इंडियन एक्सप्रेस* के रवीश तिवारी को फोन किया और स्टोरी पर अपनी प्रतिक्रिया व्यक्त की।

---

[13] See http://rajyasabha.nic.in/rsnew/publication_electronic/ethics_committee.pdf, accessed December 27, 2016.

[14] See http://164.100.47.134/lsscommittee/Ethics/13_Ethics_1.pdf, accessed December 27, 2016.

[15] "RS ethics panel to take up issue of MPs employing relatives as PAs," *The Indian Express* (May 16, 2013), http://archive.indianexpress.com/news/rs-ethics-panel-to-take-up-issue-of-mps-employing-relatives-as-pas/1116541/, accessed December 27, 2016.

[16] Ibid.

[17] Ibid.

स्टोरी प्रकाशित होने के पांच महीने बाद, 17 अक्टूबर 2013 को राज्य सभा की आचार समिति ने सर्वसम्मति से एक प्रस्ताव[18] पारित किया कि सदस्यों को निजी सहायक के रूप में अपने रिश्तेदारों को नियुक्त नहीं करना चाहिए। दूसरी तरफ, लोक सभा ने मामले पर अब तक कोई संज्ञान नहीं लिया है।

दोनों सचिवालयों से आधिकारिक जवाब पाने के लिए, 23 सितंबर 2013 को लोक सभा में एक आवेदन दाखिल करके (प्रकाशित स्टोरी की प्रति संलग्न करके) पूछा गया, "क्या माननीय लोकसभाध्यक्ष/आचार समिति के अध्यक्ष ने यहां संलग्न की गई न्यूज रिपोर्ट का संज्ञान लिया है? यदि हां, तो इसके ब्यौरे प्रदान करें।" साथ ही सचिवालय से अनुरोध किया गया कि मई 2013 के बाद हुई आचार समिति की बैठकों के एजेंडा की एक-एक प्रतिलिपि प्रदान करें। राज्य सभा सचिवालय के पास भी इसके सभापति/आचार समिति के अध्यक्ष द्वारा इस संबंध में उठाए गए कदमों से जुड़े इसी प्रकार के प्रश्न भेजे गए।

लोक सभा सचिवालय ने जवाब दिया:

> कथित न्यूज रिपोर्ट्स पर माननीया लोकसभाध्यक्ष या आचार समिति के अध्यक्ष द्वारा लिए गए संज्ञान के बारे में कोई सूचना उपलब्ध नहीं है। इसके अतिरिक्त, आवेदक द्वारा उठाए गए मुद्दे परिकल्पित किस्म के हैं और आर.टी.आई. कानून के अनुच्छेद 2(च) के तहत सूचना नहीं है। आचार समिति की पिछली बैठक का कोई एजेंडा उपलब्ध नहीं है क्योंकि मई 2013 के बाद से समिति की कोई बैठक नहीं हुई है।[19]

इसके उलट, राज्य सभा सचिवालय ने एक पंक्ति में जवाब[20] दिया, "आचार समिति के अध्यक्ष ने इस मुद्दे का संज्ञान लिया है।" भारत के उपराष्ट्रपति और राज्य सभा के सभापति हामिद अंसारी ने अपनी ओर से कहा कि आचार समितियों को निजी सहायकों के रूप में काम कर रहे सांसदों के रिश्तेदारों के मसले पर विचार करना चाहिए, और आचार संबंधी मसलों पर इन समितियों द्वारा फैसला लिया जाता है जिसमें सभापति की कोई भूमिका नहीं होती है। वह अदीस अबाबा (इथियोपिया) की एक सरकारी यात्रा से एअर इंडिया-वन में लौट रहे थे और मैं भी पत्रकार के रूप में उनके साथ था, जब मैंने व्यक्तिगत रूप से उनके साथ इस विषय पर बात की, तो उन्होंने जवाब दिया: "मुझे बताओ, क्या इसके विरुद्ध कोई नियम हैं? नैतिक मसलों पर राज्य सभा में एक आचार समिति है। इन मसलों पर समिति द्वारा फैसला लिया जाता है।"

---

[18] "'Members mustn't appoint kin as PAs'," *The Indian Express* (October 31, 2013), http://archive.indianexpress.com/news/members-mustnt-appoint-kin-as-pas/1189371/, accessed December 27, 2016.

[19] लेखक द्वारा दाखिल किए गए आर.टी.आई आवेदन के जवाब में।

[20] लेखक को आर.टी.आई पर मिला दिनांक 24 अक्टूबर, 2013 का पत्र।

मई 2013 के बाद आयोजित आचार समिति की बैठकों में हुई चर्चाओं के बारे में जानने के लिए 5 अक्टूबर 2013 को भेजे गए एक आवेदन के जवाब में 12 नवंबर 2013 को राज्य सभा सचिवालय ने जवाब दिया:[21]

> मांगी गई सूचना का संबंध आचार समिति की बैठकों की कार्यवाहियों से है। लोकसभाध्यक्ष के निदेशन 55(1) के अनुसार, इसे आर.टी.आई. कानून के अनुच्छेद 8 के उप-अनुच्छेद (1)(ग) के तहत दिए गए प्रावधानों के साथ पढ़ें, आचार समिति की बैठकों की सिर्फ उस सूचना को ही प्रकट किया जा सकता है जिसे राज्य सभा के समक्ष प्रस्तुत की गई रिपोर्ट में शामिल किया गया है। यह सूचित किया जा सकता है कि अभी निकट अतीत में आचार समिति ने राज्य सभा के समक्ष कोई रिपोर्ट प्रस्तुत नहीं की है। इसलिए, आवेदक द्वारा मांगी गई सूचना प्रकट नहीं की जा सकती है।

यह पता था कि राज्य सभा के अनेक सदस्यों ने अब तक अपने सहायकों के रूप में अपने रिश्तेदारों को नहीं हटाया था, इसलिए एक अन्य आवेदन दाखिल करके आचार समिति के प्रस्ताव के क्रियान्वयन के बारे में पूछा गया। जवाब में, राज्य सभा ने कहा:[22]

> यह सूचित किया जाता है कि 17 अक्टूबर 2013 को हुई आचार समिति की बैठक में समिति के अध्यक्ष को एक संदेश संप्रेषित करने के लिए अधिकृत किया गया, जिसमें अन्य विषयों के साथ संसद सदस्यों द्वारा रिश्तेदारों को नियुक्त करने के कथित आरोप पर आचार संबंधी मसलों से संबंधित समिति ने राज्य सभा में विभिन्न राजनीतिक दलों के नेताओं को उनके निजी सहायकों के मसले पर भी बताया गया। तदनुसार, समिति के अध्यक्ष द्वारा पार्टियों के नेताओं को सूचित किया गया था... इस मसले पर कोई अन्य कदम प्रस्तावित नहीं था।

एक दिलचस्प प्रसंग यह है कि जब प्रधानमंत्री नरेंद्र मोदी ने भा.ज.पा. सांसद प्रियंका रावत के बारे में यह खबर पढ़ी कि उन्होंने 26 मई 2014 को अपने पिता उत्तम राम को अपने निर्वाचन क्षेत्र में अपना प्रतिनिधि नियुक्त किया है, तो उन्होंने उनसे बात की, और 2 जून 2014 को सांसद ने अपने पिता का नाम वापस ले लिया और कहा, "मेरे पिता या संबंधी को मेरे प्रतिनिधि के रूप में नियुक्त नहीं किया जाएगा।" प्रधानमंत्री के इस रुख ने कई अखबारों में सुर्खियां बटोरीं। नरेंद्र मोदी ने 26 मई को ही प्रधानमंत्री पद की शपथ ली थी।

पदभार ग्रहण करने के तुरंत बाद ही, नरेंद्र मोदी सरकार ने केंद्रीय मंत्रियों के निजी स्टाफ की नियुक्तियों से संबंधित लगातार तीन परिपत्र जारी किए जिससे अनेक मंत्री असहज हो गए। जिन्होंने अपने निजी स्टाफ के लिए अपनी पसंद के अधिकारियों और लोगों को

---

[21] लेखक को आर.टी.आई पर मिला दिनांक 18 नवंबर, 2013 का जवाब।

[22] लेखक को आर.टी.आई पर मिला राज्य सभा का दिनांक 27 अगस्त, 2014 का जवाब।

छांट लिया था उन्हें रुकने को कहा गया। बहुत-से अधिकारी जिन्होंने पहले ही मंत्रियों के साथ अनौपचारिक रूप से काम करना शुरू कर दिया था और जिन्हें नियुक्ति का शीघ्र ही औपचारिक आदेश मिलने का आश्वासन दिया गया था, उन्हें उनके मूल कैडर में वापस भेज दिया गया। बहुत-से दूसरे लोग अपने पसंदीदा मंत्रियों के साथ काम कर रहे थे लेकिन उन्हें तनख्वाहें दूसरे विभागों से मिल रही थीं।

डी.ओ.पी.टी. द्वारा 19 जून 2014 को जारी किए गए एक आदेश में कहा गया था कि:[23] "कोई भी अधिकारी/कर्मचारी/निजी व्यक्ति, जो किसी मंत्री के निजी स्टाफ में किसी भी स्तर पर और किसी भी अवधि के लिए काम कर चुका हो उसे, वर्तमान सरकार में मंत्रियों के निजी स्टाफ में नियुक्त नहीं किया जा सकेगा।" परंतु, अनेक जगहों से लगातार दबाव के चलते, डी.ओ.पी.टी. ने 8 जुलाई को एक स्पष्टीकरण जारी किया जिसमें कहा गया था कि 19 जून वाला परिपत्र "सिर्फ उन्हीं निजी सचिवों के संदर्भ में लागू होगा जिन्होंने किसी भी मंत्री के निजी स्टाफ में पिछले 10 वर्ष में किसी भी अवधि के लिए काम किया हो।"[24]

बाद में, सरकार ने एक और स्पष्टीकरण जारी किया। प्रधानमंत्री नरेंद्र मोदी के तहत काम करने वाले डी.ओ.पी.टी. ने 23 जुलाई 2014 के अपने आदेश में स्पष्ट किया कि 19 जून 2014 का परिपत्र "निजी सचिव, ओ.एस.डी, अतिरिक्त निजी सचिव, सहायक निजी सचिव और फर्स्ट पी.ए. के संदर्भ में लागू होगा जिन्होंने किसी भी मंत्री के निजी स्टाफ में पिछले 10 वर्ष में किसी भी अवधि के लिए काम किया हो।"[25] सरकार ने यू.पी.ए. सरकार द्वारा जारी किए गए एक निर्देश को दोहराया कि यदि कोई व्यक्ति किसी भी मंत्री के निजी स्टाफ में अपने कैरियर के 10 वर्ष तक रहा हो तो वह अब किसी मंत्री के साथ काम नहीं कर सकेगा।

परंतु, यदि मोदी ने प्रियंका रावत से अपने पिता को अपना प्रतिनिधि नियुक्त नहीं करने के लिए कहकर एक संदेश दिया था, तो उनकी पार्टी के सांसदों को इस संदेश को मानना चाहिए था और इसे आगे बढ़ाना चाहिए था। लेकिन व्यवहार में, प्रियंका रावत को छोड़कर अन्य सांसदों पर इसका कोई असर नहीं दिखा। स्पष्ट है कि 2014 के आम चुनावों के बाद लोक सभा और राज्य सभा सचिवालयों द्वारा इस संदर्भ में जारी किए गए परिपत्रों[26] में रिश्तेदारों पर प्रतिबंध लागाने की कोई चर्चा नहीं की गई थी। हालांकि लोक सभा और राज्य सभा के सदस्यों के लिए ऐसी बातों पर निर्णय देने का अधिकार प्रधानमंत्री के पास नहीं होता, लेकिन कम से कम उनकी पार्टी (भा.ज.पा.) के सांसदों को उनके निर्देशों का पालन करने की सलाह तो दी ही जानी चाहिए थी।

---

[23] डी.ओ.पी.टी. का परिपत्र संख्या 8/50/2013-CS-II(C) दिनांक 19 जून, 2014

[24] डी.ओ.पी.टी. का परिपत्र संख्या 81/17/2014-EO(MM-I) दिनांक 8 जुलाई, 2014

[25] डी.ओ.पी.टी. का परिपत्र संख्या 8/50/2013-CS.II(C) दिनांक 8 जुलाई, 2014

[26] लेखक को आर.टी.आई के तहत मिला लोक सभा सचिवालय का दिनांक 6 जून और 4 जुलाई, 2014 का जवाब, और राज्य सभा सचिवालय का दिनांक 2 जून, 2014 का जवाब।

न्यूनतम वेतन की कहानी

सांसदों के "रिश्तेदारों" की स्टोरी के कई दूसरे पहलू भी थे जिनकी पड़ताल करना ज़रूरी था। वर्ष 2014 के आम चुनावों के लगभग छह महीने बाद, लोक सभा सदस्यों के सहायकों की एक सूची सांसदों द्वारा उनकी अनुशंसित तनख्वाहों के साथ प्राप्त की गई। साथ ही, सांसदों ने अपने सहायकों के रूप में जिनकी अनुशंसा की थी उनसे संबंधित दाखिल किए गए प्रपत्रों की प्रतिलिपियां भी प्राप्त की गईं। दोनों दस्तावेजों के विश्लेषण के बाद, यह पता चला कि कम से कम 186 सांसद अपने निजी सहायकों को दिल्ली में प्रभावी न्यूनतम मजदूरी से कम का भुगतान करते हैं। दोनों सदनों के इन सांसदों ने कम तनख्वाह पाने वाले कम-से-कम 321 सहायकों को नियुक्त कर रखा था।[27]

उस समय दिल्ली में कुशल श्रमिक के लिए न्यूनतम वेतन रुपये 10,478 था। लेकिन ये सांसद अपने 321 सहायकों को प्रति माह रुपये 10,000 या इससे कम का भुगतान कर रहे थे; कुछ सांसदों के सहायकों को रुपये 4,000, रुपये 3,000 या यहां तक कि रुपये 2,000 जितनी कम तनख्वाह तक मिल रही थी। इनमें वाम और समाजवादियों से लेकर भा.ज.पा. और कांग्रेस तक सभी पार्टियों के सांसद शामिल थे। इस सूची में अन्य के अतिरिक्त भा.ज.पा. के 69 सांसद, कांग्रेस के 35, अखिल भारतीय द्रविड़ मुनेत्र कझगम (ए.आई. डी.एम.के.) के 10, मार्क्सवादी कम्युनिस्ट पार्टी के 8, बीजू जनता दल (बी.जे.डी.) के 7, जनता दल (युनाइटेड) के 4, और भाकपा के 2 सांसद शामिल थे। यह हमारी राजनीतिक व्यवस्था की कैसी विडंबना और कैसी दुखद स्थिति है कि जो सांसद जनता के अधिकारों के संरक्षक हैं और जिनसे अपेक्षा की जाती है कि वे दूसरों के अधिकारों के उल्लंघन के विरुद्ध संघर्ष करेंगे, वे स्वयं ही अपने सहायकों के न्यूनतम वेतन के अधिकारों का उल्लंघन करते हुए पाए जाते हैं?

सांसदों के अतिथि

हैंडबुक फॉर मेंबर्स ऑफ दि राज्य सभा (राज्य सभा सदस्यों के लिए जानकारी पुस्तिका) के अध्याय 4 में कहा गया है:[28]

> "सदस्यों को उनके अतिथियों के लिए अग्रिम रूप से किए गए भुगतान किए जाने पर सामान्यतया वेस्टर्न कोर्ट हॉस्टल, जहां मेस में भोजन करना आवश्यक होता है, में

---

[27] See http://indianexpress.com/article/india/india-others/but-several-mps-pay-their-pas-less-than-the-minimum-wages/, accessed December 27, 2016.

[28] See http://rajyasabha.nic.in/rsnew/handbook/chapter-4.pdf, accessed December 27, 2016.

आवास प्रदान किया जाता है तथा वहां अन्य सुविधाएं भी उपलब्ध हैं। अत्यधिक विशेष परिस्थितियों में, विट्ठल भाई पटेल भवन, नार्थ और साउथ एवेन्यू तथा मीना बाग में भी अतिथियों के लिए आवास आवंटित किया जाता है। आवास समिति को इस बात की जानकारी है कि सदस्यों के पास विशेषकर संसद के सत्रों के दौरान बहुत-से अतिथि आते हैं...हॉस्टल में आवास आवंटित किए जाने पर अतिथि उसे सामान्यतः अधिक-से-अधिक एक सप्ताह तक रख सकेंगे, जब तक कि वे राज्यसभा की आवास समिति के अध्यक्ष अथवा आवास समिति के अधिकारी से लिखित रूप से आवास के लिए समय न बढ़वा लें। यह समय एक सप्ताह से अधिक नहीं बढ़ाया जाएगा।... यदि आवास समिति के अध्यक्ष द्वारा समय नहीं बढ़ाया जाता तो यदि आवास संबंधी आवंटन हुआ है तो वह स्वतः ही रद्द हुआ माना जाएगा और यदि किराए का हॉस्टल के काउंटर पर भुगतान नहीं किया जाता है तो संसद सदस्य के वेतन/यात्रा भत्ते/दैनिक भत्ते के बिलों से किराए आदि की यह राशि वसूल कर ली जाएगी।"

लोक सभा के सदस्यों के लिए भी मिलते-जुलते नियम हैं।[29]

परंतु, ऐसा लगता है कि बहुत-से मामलों में सांसदों के अतिथियों पर इन नियमों का पालन नहीं होता है। पता चला कि सांसदों के अतिथियों को दिल्ली के केंद्र में मिलने वाले ये आवास अक्सर अतिथि के रूप में दरअसल, भूतपूर्व सांसदों[30] को आवंटित किए गए हैं या फिर इनमें उनके अतिथि वर्षों से रह रहे हैं। आर.टी.आई. आवेदनों का जवाब दिए जाते समय, ऐसे 51 आवास में संसद के दोनों सदनों के सांसदों के अतिथि रह रहे थे जिनमें से 38 भूतपूर्व सांसद थे। वर्ष 2007 से 96 सांसदों की सिफारिश पर 106 फ्लैट आवंटन किए गए थे जिनमें से 14 आवंटनों में अतिथियों के नाम तक का जिक्र नहीं था।[31] दोनों सदनों की आवास समिति ऐसे अतिथि गृहों का आवंटन करती है, लेकिन लोक सभा और राज्य सभा सचिवालयों द्वारा प्रदान की गई अतिथियों की सूची दर्शाती है कि ये अतिथि न तो सामान्य मतदाता थे और न ही सदस्यों के निर्वाचन क्षेत्रों के सामान्य नागरिक, बल्कि ये भूतपूर्व सांसद थे जो चुनाव हारने के वर्षों या दशकों बाद भी लुटियंस जोन को छोड़कर नहीं जाना चाहते थे।[32]

---

[29] See http://164.100.47.192/loksabha/writereaddata/Members/Downloads/guest accommodation.pdf, accessed December 27, 2016.

[30] "MPs' guests, ex-MPs squat for years in their Lutyens houses," *The Indian Express* (September 3, 2013), http://archive.indianexpress.com/news/mps-guests-exmps-squat-for-years-in-their-lutyens-houses/1163708/, accessed December 27, 2016.

[31] Ibid.

[32] Ibid.

इन तथ्यों पर विचार करें:[33]

- जम्मू और कश्मीर नेशनल पैंथर्स पार्टी के भीम सिंह कई पार्टियों के सांसदों के अतिथि रहे हैं। वह 1 जून 2007 से लेकर 17 अगस्त 2010 तक भा.ज.पा. के एस.एस. आहलूवालिया के अतिथि के रूप में वी.पी. हाउस में थे। भा.ज.पा. के एक अन्य सांसद भगत सिंह कोश्यारी ने भीम सिंह को 17 अगस्त 2010 से 2 मार्च 2013 तक अपने अतिथि के रूप में एक हाउस दिलाया। सिंह 26 अक्टूबर 2012 से तीन माह के लिए एन.सी.पी. के सांसद डी.पी. त्रिपाठी के भी अतिथि थे, जबकि उस दौरान उन्हें कोश्यारी के अतिथि के रूप में एक और फ्लैट दिया गया था। मेरी स्टोरी के प्रकाशित होते समय, वे वी.पी. हाउस के एक फ्लैट में निर्दलीय सांसद ओम प्रकाश यादव के अतिथि थे।
- कांग्रेस के कोषाध्यक्ष रहे मोतीलाल वोरा बहुत उदार मेजबान मालूम पड़ते हैं। उनके अतिथियों में भूतपूर्व सांसद द्विजेंद्र नाथ शर्मा 14 सितंबर 2012 से वी.पी. हाउस में रह रहे थे और भूतपूर्व सांसद के.सी. लेंका 1 मई 2005 से लेकर 21 फरवरी 2013 तक वी.पी. हाउस में थे। लेंका के आवास की अवधि धीरज प्रसाद साहू की सिफारिश पर 19 अगस्त 2013 तक बढ़ाई गई। अनुराधा व्यास को साउथ एवेन्यू में 9 फरवरी 2008 से लेकर 31 मार्च 2013 तक एक आवास आवंटित किया गया और विद्या द्विवेदी को 8 अप्रैल 2009 से 30 जून 2013 तक मीना बाग में एक आवास मिला। वोरा को जनवरी 2008 से मार्च 2013 तक नॉर्थ एवेन्यू में अपने अतिथियों के लिए पांच अन्य आवास भी मिले जिनमें अतिथियों के नाम का कोई जिक्र नहीं था।
- रोहतक के कांग्रेस सांसद दीपेंद्र हुड्डा को अपनी दादी हर देवी के लिए साउथ एवेन्यू में 22 सितंबर 2009 से एक अतिथि आवास मिला हुआ था।
- राम विलास पासवान जिस समय राज्य सभा सदस्य थे, उन्होंने अपने भाई राम चंद्र पासवान जो उस समय भूतपूर्व सांसद थे, को 25 जुलाई 2011 से साउथ एवेन्यू में अपने अतिथि के रूप में आवास दिलाया था।
- भूतपूर्व सांसद और केरल प्रदेश कांग्रेस के भूतपूर्व अध्यक्ष रमेश चेन्निथला के पास दिसंबर 2006 से अक्टूबर 2012 तक वी.पी. हाउस में एक फ्लैट था और वह पी.जे. कुरियन के अतिथि के रूप में वहां थे। एन.एस.वी. चित्तन के अतिथि के रूप में अक्टूबर 2009 से उनके पास नॉर्थ एवेन्यू में भी एक हाउस था।
- डी.ओ.पी.टी. के भूतपूर्व राज्य मंत्री सुरेश पचौरी अपने उत्तराधिकारी वी. नारायणस्वामी के अतिथि के रूप में 10 अगस्त 2010 से साउथ एवेन्यू में रह रहे

[33] Ibid.

थे जबकि उनकी पत्नी केंद्रीय सचिवालय सेवा में हैं और उन्हें दिल्ली में सरकारी आवास मिला हुआ था।

भूतपूर्व सांसदों को प्राथमिकता देने के लिए, राज्य सभा की आवास समिति ने 19 नवंबर 2009 को अपनी एक बैठक में एक दिशा-निर्देश[34] को मंजूरी दी जिसमें कहा गया था कि "अतिथि आवास के आवंटन में उन आवेदकों को प्राथमिकता दी जाएगी जिनके अतिथि भूतपूर्व सांसद हैं।" इसमें पुराने दिशा-निर्देशों को ढीला किया गया और कहा गया,[35]

> शुरुआत में अतिथि को अधिकतम सिर्फ 3 माह की अवधि के लिए आवास की अनुमति दी जाएगी। परंतु, इस अवधि को मान्य आधार पर आवास समिति के अध्यक्ष की मंजूरी से अधिकतम 90 दिन की अवधि के लिए बढ़ाया जा सकता है। किसी भी स्थिति में, अवधि बढ़ाने का अनुरोध सिर्फ तभी माना जाएगा जबकि उस दिन तक के किराए का भुगतान कर दिया गया हो।

नए आर.टी.आई. आवेदन के जवाब में, लोक सभा सचिवालय ने कहा,[36] "14वीं और 15वीं लोक सभा के सांसदों के संदर्भ में अतिथि आवासों को 15वीं लोक सभा के भंग होने के पश्चात निरस्त कर दिया गया है। ऐसे किन्हीं भी अतिथि आवासों की अवधि 16वीं लोक सभा के दौरान नहीं बढ़ाई जाएगी।" आगे यह भी कहा गया कि सभी अतिथि आवासों के संदर्भ में संपदा निदेशालय के पास याचिका दाखिल की गई है। इसके बाद दाखिल किए गए आर.टी.आई. आवेदन के जवाब में, राज्य सभा सचिवालय ने कहा[37] कि संपदा निदेशालय से अनुरोध किया गया है कि अत्यधिक समय से रह रहे सांसदों के 'अतिथियों' के विरुद्ध 'आवास खाली करने की कार्यवाही आरंभ' की जाए।

मंत्रियों और सांसदों के निजी स्टाफ की स्टोरीज और अतिथि आवासों की स्टोरी में जिन तथ्यों को उजागर किया गया, उन्हें आर.टी.आई. कानून के बिना प्राप्त करना बहुत ही कठिन होता। ये उदाहरण दर्शाते हैं कि किस तरह से पारदर्शिता कानून की मदद लेकर पत्रकार जनता द्वारा चुने गए प्रतिनिधियों की गतिविधियों की पड़ताल कर सकते हैं।

कांस्टीट्यूशन क्लब ने लुटियन क्षेत्र की संपत्तियों पर कैसे कब्जा किया

जब हम नई दिल्ली के रफी मार्ग से होकर गुजरते हैं, तो वहां स्थित कांस्टीट्यूशन क्लब ऑफ इंडिया (सी.सी.आइ.) में रोज-ब-रोज कार्यक्रम हो रहे होते हैं। यह भारतीय संसद के अंतर्गत आने वाला कोई निकाय नहीं है और न ही यह भारत सरकार के तहत काम कर रही कोई

---

[34] लेखक को आर.टी.आई पर भेजा गया दिनांक 10 फरवरी, 2014 का पत्र।

[35] Ibid.

[36] लेखक को आर.टी.आई पर मिला दिनांक 30 सितंबर, 2014 का पत्र।

[37] लेखक को आर.टी.आई पर मिला दिनांक 12 सितंबर, 2014 का पत्र।

संस्था है। लेखक द्वारा आर.टी.आई. कानून के तहत दाखिल किए गए आवेदन पर सी.सी. आई. ने जवाब दिया कि यह "न तो राज्य के स्वामित्व वाला है, न ही उसके द्वारा वित्तपोषित है और न ही उसके द्वारा नियंत्रित किया जाता है... यह सोसाइटीज रजिस्ट्रेशन एक्ट के तहत पंजीकृत एक सोसाइटी है और यह कोई सार्वजनिक निकाय नहीं है। कांस्टीट्यूशन क्लब न तो संविधान "द्वारा या इसके तहत" गठित या स्थापित कोई संस्थान है और न ही केंद्रीय या राज्य विधायिका "द्वारा" गठित या स्थापित कोई संस्थान है।"[38]

दरअसल, यह किसी भी अन्य गैर-सरकारी संगठन की तरह है जिसे संसद के मौजूदा और भूतपूर्व सदस्यों द्वारा संचालित किया जाता है। लोकसभा के स्पीकर इसकी पदेन अध्यक्ष हैं। परंतु इसकी कार्यप्रणाली के बारे में अधिक जानकारी उपलब्ध नहीं है। लेखक द्वारा आर.टी. आई. आवेदन दाखिल किए जाने पर संबंधित विभागों से सूचना मिलने लगी जो अन्यथा संभव नहीं थी। जब सी.सी.आई. ने सूचना देने से इनकार कर दिया, तब लेखक ने ये आवेदन लोक सभा सचिवालय, राज्य सभा सचिवालय, संसदीय मामलों के मंत्रालय, शहरी विकास मंत्रालय, केंद्रीय लोक निर्माण विभाग (सी.पी.डब्ल्यू.डी.) और साथ ही प्रधानमंत्री कार्यालय को भी अग्रेषित किए। प्रधानमंत्री कार्यालय ने आवदेन शहरी विकास मंत्रालय और लोक सभा सचिवालय को अग्रेषित कर दिया, जबकि बाकियों ने संपूर्ण सूचना प्रदान की।

प्राप्त हुई सूचना से स्पष्ट था कि लोकसभाध्यक्ष सुमित्रा महाजन ने मावलंकर ऑडिटोरियम का प्रशासनिक नियंत्रण सी.सी.आई. के पास स्थानांतरित करने को अगस्त 2014 में मंजूरी दी थी,[39] परंतु सी.सी.आई. के इसी प्रकार के अनुरोध को तत्कालीन शहरी विकास मंत्री कमल नाथ द्वारा 'अनापत्ति' दिए जाने के बावजूद भूतपूर्व लोकसभाध्यक्ष मीरा कुमार ने खारिज कर दिया था। लोक सभा सचिवालय का 18 जुलाई 2014 का एक नोट बताता है कि "सभी मसलों पर विचार करके, तत्कालीन लोकसभाध्यक्ष (मीरा कुमार) ने फैसला लिया कि मावलंकर ऑडिटोरियम का प्रबंधन कांस्टीट्यूशन क्लब ऑफ इंडिया के पास स्थानांतरित करना उचित नहीं होगा और यथास्थिति कायम रखी जा सकती है।"[40] इन संपत्तियों का प्रशासनिक नियंत्रण पहले लोक सभा सचिवालय से शहरी विकास मंत्रालय के पास स्थानांतरित किया गया और फिर यह सी.सी.आई. को स्थानांतरित कर दिया गया।

दस्तावेज दर्शाते हैं कि सी.सी.आई. सचिव (प्रशासनिक) और कौशल विकास मंत्रालय के भूतपूर्व राज्य मंत्री (स्वतंत्र प्रभार) राजीव प्रताप रूडी चाहते थे कि "सी.पी.डब्ल्यू.डी. एक "नए परिसर" का निर्माण करे जिसके लिए "सी.पी.डब्ल्यू.डी. ने रुपये 140 करोड़ का

---

[38] आर.टी.आई के तहत सी.आई.सी के निदेशक अरविंद कुमार का दिनांक 30 मई, 2016 का जवाब।

[39] लोक सभा सचिवालय के निदेशक शिव सिंह द्वारा सचिव, शहरी विकास मंत्रालय को लिखा दिनांक 6 अगस्त, 2014 का पत्र।

[40] यह नोट लेखक द्वारा आर.टी.आई के तहत प्राप्त किया गया था।

आरंभिक अनुमान लगाया था और शहरी विकास मंत्रालय को इसकी मंजूरी देनी थी।"[41] लोक सभा सचिवालय ने ऑडिटोरियम के नवीकरण के लिए रुपये 7.07 करोड़ की धनराशि की मंजूरी दी थी और यह कार्य सी.पी.डब्ल्यू.डी. द्वारा 1 अगस्त 2014 से आरंभ किया जाना अपेक्षित था परंतु 6 जनवरी 2015 को आवास एवं शहरी विकास मंत्री वेंकैया नायडू के कार्यालय में उनकी अध्यक्षता में हुई बैठक में यह फैसला किया गया कि "सदस्यों द्वारा इस्तेमाल करने के लिए नए परिसर का निर्माण तीन वर्ष के अंदर किया जाए।"[42] सी.सी.आई. के लिए नए परिसर के निर्माण की मांग को सही ठहराने के लिए, रूडी ने उदाहरण पेश किया कि "सी.एस.ओ.आई. (सिविल सर्विसेज ऑफिसर्स' इंस्टीट्यूट) को भारत सरकार के वरिष्ठ अधिकारियों के लिए क्लब विकसित करने हेतु हजारों करोड़ रुपये के मूल्य वाली एक विशाल जमीन आवंटित की गई है। इसे बनाने के लिए लगभग 300 करोड़ रुपये दिए गए थे और ऐसे ही प्रयोजन (सी.सी.आई.) के लिए सरकार द्वारा इसी प्रकार का प्रयास किया जा सकता है।"[43]

मीरा कुमार ने रूडी की अपील को खारिज कर दिया था, पर उन्होंने मई 2014 में एन.डी.ए. सरकार के सत्ता में आने के बाद 17 जून 2014 को सुमित्रा महाजन के पास अपील की। रूडी ने नियंत्रण के स्थानांतरण के लिए कारण बताए कि "यह (मावलंकर ऑडिटोरियम) कांस्टीट्यूशन क्लब के बहुत पास स्थित है; सी.पी.डब्लयू.डी. कांस्टीट्यूशन क्लब के साथ ही इसका भी रख-रखाव करती है; मावलंकर ऑडिटोरियम की स्थिति और उपयोग कांस्टीट्यूशन क्लब के समान है; लोक सभा सचिवालय संसद सदस्यों को लाभ देने में असफल रहा है; और मावलंकर ऑडिटोरियम संसद की परिसीमा में नहीं है और संसद की बुक्स ऑफ एस्टेट्स (संपत्तियों का खाता) में कहीं भी नहीं है..."[44]

रूडी की नई अपील पर लोक सभा सचिवालय ने कहा कि शहरी विकास मंत्रालय ने मावलंकर ऑडिटोरियम का प्रशासनिक नियंत्रण 1989 में स्थानांतरित किया था और इसने "स्वामित्व नहीं दिया था तथा कानूनी तौर पर लोक सभा सचिवालय इसे आगे किसी तीसरे पक्ष को सुपुर्द/स्थानांतरित नहीं कर सकता है।"[45] इसलिए, सुमित्रा महाजन ने 13 जुलाई 2014 को मंजूरी दी कि "मावलंकर ऑडिटोरियम का प्रशासनिक नियंत्रण शहरी विकास मंत्रालय के सुपुर्द किया जा सकता है।" लोक सभा सचिवालय ने 6 अगस्त 2014 को यह सूचना शहरी विकास मंत्रालय को दे दी। इससे पहले, 25 जुलाई 2014 को आवास एवं शहरी विकास मंत्री वेंकैया नायडू ने सूचित किया कि "कांस्टीट्यूशन क्लब ऑफ इंडिया

---

[41] शहरी विकास मंत्रालय के कार्यालय में आयोजित 6 जनवरी, 2015 की बैठक के मिनट्स।

[42] लेखक ने आर.टी.आई के तहत कथित बैठक मिनट्स के प्राप्त किए थे।

[43] शहरी विकास मंत्रालय के कार्यालय में आयोजित 6 जनवरी, 2015 की बैठक के मिनट्स।

[44] यह नोट लेखक द्वारा आर.टी.आई के तहत प्राप्त किया गया था।

[45] यह नोट लेखक द्वारा आर.टी.आई के तहत प्राप्त किया गया था।

द्वारा मावलंकर ऑडिटोरियम का प्रबंधकीय नियंत्रण अपने हाथ में लिए जाने पर शहरी विकास मंत्रालय को कोई आपत्ति नहीं है।" परिणामस्वरूप, अगस्त 2014 से मावलंकर ऑडिटोरियम का भी नियंत्रण अब सी.सी.आई. के पास है।

दिलचस्प यह है कि सांसदों के पास अतिथि आवास के लिए पहले ही वी.पी. हाउस, नॉर्थ एवेन्यू, साउथ एवेन्यू और दोनों सदनों की आवास समितियों के अध्यक्षों द्वारा आवंटित किए गए अन्य क्षेत्र हैं और संसदीय पुस्तकालय उनकी सभी अकादमिक जरूरतों को पूरा करती है। राज्य सभा की हाउसिंग समिति का एक प्रस्ताव कहता है कि अतिथि आवासों के आवंटन में भूतपूर्व सांसदों को वरीयता दी जाती है। परंतु, रूडी ने अपने अनुरोध में कहा था कि "संसद सदस्यों के पास देश भर से आने वाले अपने अतिथियों की देखभाल करने के लिए एक उपयुक्त जगह होनी चाहिए और एक ऐसी जगह होनी चाहिए जहां वे अपनी सामाजिक, अकादमिक जरूरतों को पूरा कर सकें।"[46]

सी.सी.आई. को मावलंकर ऑडिटोरियम का प्रशासनिक नियंत्रण प्रदान करने के लिए किए गए प्रयासों के साथ ही रूडी ने विट्ठल भाई पटेल हाउस (वी.पी. हाउस) के 41 सुइट्स पर भी ध्यान दिया। और इसी तरीके से 32 सुइट्स का नियंत्रण सी.सी.आई. को स्थानांतरित कर दिया गया: पहले इन्हें लोक सभा और राज्य सभा पूल्स से आवास एवं शहरी विकास मंत्रालय के तहत लौटाया गया, और फिर सी.सी.आई. को स्थानांतरित कर दिया गया। इसके अतिरिक्त, दस्तावेज दर्शाते हैं कि नौ और सुइट्स को पाने का रूडी का अनुरोध लंबित था। स्थानांतरण की इस प्रक्रिया में, शहरी विकास मंत्रालय के एक अधिकारी ने फाइल पर संदेह प्रकट किया था। जिस समय एक सिंगल सुइट और दो डबल सुइट्स सी.सी.आई. को स्थानांतरित किए जाने का प्रस्ताव रखा गया, तब संपदा निदेशालय (डी.ओ.ई.) के एक अधिकारी ने 18 मार्च 2016 को नोट लिखा कि "सिंगल सुइट्स/डबल सुइट्स क्रमशः कांस्टीट्यूशन क्लब को स्थानांतरित किए जा रहे हैं। यह स्पष्ट नहीं है कि मातृ पूल, अर्थात् जी.पी. (सामान्य पूल) के पास फिर से संपदा निदेशक को वापस लेने का कोई अधिकार होगा या नहीं या क्या डी.ओ.ई. (संपदा निदेशालय) के पास कोई नियंत्रणकारी शक्ति होगी या नहीं।"[47] लेकिन जब फाइल संपदा निदेशक के पास पहुंची, तो उन्होंने सुइट्स के स्थानांतरण को मंजूरी दे दी और कहा, "यह लोक सभा आवास समिति और मंत्री के पूर्ववर्ती निर्णय के अनुसार है।"[48]

रूडी ने 23 जून 2014 को वेंकैया नायडू को लिखा कि "सदस्यों को सुविधा प्रदान करने के लिए यह आवश्यक है कि सदस्यों और उनके अतिथियों के लिए आने-जाने/संक्षिप्त अवधि का आवास उपलब्ध हो। वी.पी. हाउस में संलग्न फ्लैट्स और उनके साथ लगे हुए

---

[46] लेखक द्वारा आर.टी.आई कानून के तहत उनके अनुरोध की प्रतिलिपि प्राप्त की थी।

[47] यह नोट लेखक द्वारा आर.टी.आई कानून के तहत प्राप्त किया गया था।

[48] यह नोट लेखक द्वारा आर.टी.आई कानून के तहत प्राप्त किया गया था।

कॉरिडोर में गैर-सांसद और संगठन रहते हैं, इसलिए इन्हें अतिथि आवास के रूप में क्लब को दिया जा सकता है।"[49] लेकिन वेंकैया नायडू ने इस मांग को खारिज करते हुए 1 अक्टूबर 2014 को जवाब दिया: "वी.पी. हाउस में सामान्य पूल वाले सुइट्स की उपलब्धता पहले ही बहुत कम है, इसलिए सामान्य पूल के सुइट्स को कांस्टीट्यूशन क्लब ऑफ इंडिया के पास स्थानांतरित करने का आपका अनुरोध स्वीकार नहीं किया जा सकता है। आपको लोक सभा/राज्य सभा की आवास समिति के अध्यक्ष के पास जाने की सलाह दी जाती है।"[50]

दूसरी तरफ, लोक सभा की आवास समिति ने 19 मई 2015 की अपनी बैठक में एक प्रस्ताव पास करके अपने पूल के 20 सुइट्स सी.सी.आई. को स्थानांतरित करने का फैसला लिया और राज्य सभा की आवास समिति ने भी 17 मार्च 2015 की अपनी बैठक में एक प्रस्ताव पास करके अपने पूल के 12 सुइट्स सी.सी.आई. को स्थानांतरित करने का फैसला लिया। लोक सभा और राज्य सभा की आवास समिति के फैसलों से वेंकैया नायडू को अवगत कराते हुए रूडी ने 27 जुलाई 2015 को उन्हें लिखा कि "कांस्टीट्यूशन क्लब के साथ लगे पहले ब्लॉक में स्थित सामान्य पूल के शेष बचे (नौ) फ्लैट्स भी हमें दे दिए जाएं।" लेकिन 7 सितंबर 2015 को वेंकैया नायडू ने नौ फ्लैट्स की मांग फिर से खारिज कर दी।[51]

जब केंद्रीय सूचना आयोग (सी.आई.सी.) की मदाभूषणम श्रीधर आचार्युलु और सुधीर भार्गव की बेंच ने सुभाष चंद्र अग्रवाल द्वारा दाखिल की गई एक अपील के आधार पर 14 अक्टूबर 2016 को एक आदेश दिया,[52] तो इसमें आर.टी.आई. कानून के तहत सी.सी.आई. को एक लोक प्राधिकरण घोषित कर दिया। आर.टी.आई. कानून के तहत प्राप्त जवाबों के आधार पर *इंडियन एक्सप्रेस* में प्रकाशित स्टोरी[53] के अंश इस आदेश में व्यापक तौर पर उद्धृत किए गए।

यह स्पष्ट है कि सी.सी.आई. की कार्यप्रणाली के बारे में सार्वजनिक दायरे में बहुत ही कम जानकारी उपलब्ध थी और सिर्फ आर.टी.आई. के जरिए ही यह पता लगा पाना संभव हुआ कि कई संपत्तियों का प्रबंधकीय नियंत्रण इसके पास किस तरह से स्थानांतरित किया गया था। इस तरह, यह तथ्य है कि निजी संस्थानों या गैर-सरकारी संगठनों से जुड़ी जानकारी को भी आर.टी.आई. कानून के तहत प्राप्त किया जा सकता है, बशर्ते कि हमें यह पता हो कि उनका सरोकार किन सरकारी विभागों से है।

---

[49] लेखक द्वारा आर.टी.आई कानून के तहत पत्र की प्रतिलिपि प्राप्त की थी।

[50] लेखक द्वारा आर.टी.आई कानून के तहत पत्र की प्रतिलिपि प्राप्त की थी।

[51] लेखक ने आर.टी.आई कानून के तहत प्राप्त किया।

[52] सुभाष चंद्र अग्रवाल बनाम कांस्टीट्यूशन क्लब ऑफ इंडिया मामले में सी.आई.सी. का आदेश संख्या CIC/SM/C/2011/000097/SS

[53] http://indianexpress.com/article/india/india-news-india/constitution-club-of-india-mps-society-moves-to-take-control-of-more-govt-space-in-lutyens-delhi-2920393/

8 हर कोना-अंतरा रौशन कर दो: सरकार में हर जगह आर.टी.आई.

नागरिकों के पास महज दस्तावेजों की प्रतियां प्राप्त करने का ही अधिकार नहीं होना चाहिए, बल्कि इसके साथ ही उनके पास लोक अधिकारियों से प्रश्न पूछने का और जवाबदेही की मांग करने का अधिकार भी होना चाहिए, क्योंकि सवाल पूछने का अधिकार ही लोकतंत्र की बुनियाद है और इससे लोकतंत्र पर उनका विश्वास सुदृढ़ होगा.... यदि हम आर.टी. आई. को महज प्रश्नों के जवाब देने तक सीमित रखेंगे, तो इससे शासन में कोई बदलाव नहीं आएगा। हमें आर.टी.आई. के सवालों का विश्लेषण करके यह देखना होगा कि नीतिगत मामलों में किस तरह के बदलाव की ज़रूरत है।[1]

– नरेंद्र मोदी, प्रधानमंत्री, 16 अक्टूबर, 2015 को
सी.आई.सी. के वार्षिक सम्मेलन के अवसर पर

जन-धन खातों में एक रुपए का खेल

उस दिन सार्वजनिक क्षेत्र के एक बैंक के एक वरिष्ठ अधिकारी के साथ यह मेरी एक सामान्य मुलाकात थी। मेरे एक मित्र ने, जो पहले पत्रकार रहे थे, मुझे बताया था कि उनके पास कोई खबर है। मुलाकात के दौरान, उन्होंने अपने बैंक और केंद्रीय वित्तीय सेवा विभाग के बीच जारी खींचातान के बारे में चर्चा की, जिस पर मैंने उनसे कहा कि मैं अपने संपादकों के साथ इसकी चर्चा करने के बाद उन्हें जवाब दूंगा। वे इस कथित मुद्दे को लेकर इतने बेताब थे कि उन्होंने मुझसे कहा कि अगर मैं उनकी इस स्टोरी को छापूं तो वह मुझे एक और बड़ी स्टोरी देंगे। मैंने उनसे पूछा कि "वह क्या स्टोरी है?" जवाब में उन्होंने मुझे एक संकेत दिया कि बैंक कर्मचारियों द्वारा 1 रुपये जमा करके करोड़ों जन-धन खातों को सक्रिय किया जा रहा है और सरकार की आंखों में धूल झोंककर जीरो बैलेंस वाले जन-धन खातों की संख्या घटाने की शाबाशी ली जा रही है।

मैंने सोचा कि यह एक बड़ी खबर होगी। इसके बारे में अपने संपादकों के साथ चर्चा करने से पहले, मैंने भारतीय महिला बैंक सहित सार्वजनिक क्षेत्र के सभी बैंकों में आर.टी.आई. भेज दी और उनसे जन-धन खातों की कुल संख्या, पुरुषों द्वारा खोले गए जन-धन खातों की कुल संख्या, महिलाओं द्वारा खोले गए जन-धन खातों की कुल संख्या, जीरो बैलेंस वाले

---

[1] "Open up for trust, learn from RTI," *The Indian Express* (New Delhi, October 17, 2015); See the full speech: http://pib.nic.in/newsite/erelease.aspx, accessed December 27, 2016.

जन-धन खातों की कुल संख्या, कुल 1 रुपये की जमा राशि वाले जन-धन खातों की संख्या, कुल 2–10 रुपये की जमा राशि वाले जन-धन खातों की संख्या, कुल 11–20 रुपये की जमा राशि वाले जन-धन खातों की संख्या, कुल 21–50 रुपये की जमा राशि वाले जन-धन खातों की संख्या, कुल 51–100 रुपये की जमा राशि वाले जन-धन खातों की संख्या, 100 रुपये से अधिक की जमा राशि वाले जन-धन खातों की कुल संख्या के बारे में पूछा। कुछ दिनों बाद, मैंने बैंकों के बीच वही आवेदन फिर से भेजा जिसमें उनके अंतर्गत काम कर रहे क्षेत्रीय ग्रामीण बैंकों के संदर्भ में उनसे वही सूचनाएं मांगीं। इसके अतिरिक्त, निजी क्षेत्र के 10 बड़े बैंकों को ई-मेल द्वारा निवेदन किया गया। हालांकि किसी भी निजी बैंक ने मेरे ई-मेल का जवाब नहीं दिया, लेकिन सार्वजनिक क्षेत्र कई बैंकों से जवाब आने लगे थे। प्रकाशित खबर की एक झलक चित्र 8.1 में देखी जा सकती है।

पहला जवाब केनरा बैंक से आया जो बेहद उत्साहजनक था क्योंकि लगभग 10 फीसदी जन-धन खातों में कुल जमा राशि सिर्फ 1 रुपया दिख रही थी। जब मैंने संपादकों के साथ इस पर चर्चा की, तो वे भी बहुत उत्साहित हुए और उन्होंने मुझसे उन खाता धारकों से मिलने को कहा जिनके खातों में 1 रुपया जमा किया गया था। मैं सबसे पहले बरेली गया और अपने एक अधिकारी मित्र की मदद ली कि वह किसी गांव में लोगों के साथ मेरी मुलाकात का इंतजाम करे। इस यात्रा के दौरान, मैं बरेली शहर से लगभग 20 किलोमीटर की दूरी पर पुरनापुर गांव में, ग्राम प्रधान के घर पहुंचा। मेरे आग्रह पर प्रधान ने लगभग 40 जन-धन खाताधारकों की पासबुक का प्रबंध किया और जल्द ही मुझे पता चल गया कि उनमें से लगभग 20 खातों में किसी भी किस्म के लेनदेन का ब्यौरा नहीं था। ये सभी खाते पंजाब एंड सिंध बैंक की पास ही स्थित धौरेरा माफी शाखा से थे जो गांव से करीब पांच किलोमीटर दूर था। मेरे आग्रह पर प्रधान ने दो गांववालों को 20 पासबुक देकर शाखा में उन्हें अपडेट करने के लिए भेजा। उनके वापस लौटने पर, मैंने देखा कि सात खातों में सिर्फ 1 रुपए या 2 रुपए जमा किए गए थे और खाताधारकों ने मुझे बताया कि उन्होंने कभी भी यह रकम जमा नहीं कराई थी। यह मेरे लिए काफी रोमांचक था और मुझे अहसास हुआ कि मुझे जिसकी तलाश थी वह मिलने लगा है।

मजे की बात यह थी कि अभी मैं प्रधान के घर पर ही बैठा हुआ था कि वहां पर मेरी मुलाकात बड़ौदा उत्तर प्रदेश ग्रामीण बैंक की पास ही स्थित शाखा के प्रबंधक से हुई। यह महज एक इत्तेफाक था कि मेरे वहां पर रहते हुए वे गांववालों को बैंक की योजनाओं के बारे में राजी करने के लिए आए थे। मैं उनके साथ ही बैठा हुआ था और अपना परिचय दिए बिना मैंने उनसे जन-धन योजना के बारे में चर्चा की। उन्होंने मुझे बताया कि ऐसे सैकड़ों खाते थे जिनमें उन्होंने 1 रुपये जमा कराए थे। यह एक और पुष्टि थी। मैं फतेहगंज-पश्चिम नाम के एक और गांव में गया जहां मेरे एक अन्य अधिकारी मित्र ने 30 किसानों से मेरी मुलाकात की

चित्र 8.1: एक रुपये का खेल

AN EXPRESS INVESTIGATION

The One-Rupee Trick: How banks cut their zero-balance Jan Dhan accounts

Flagship scheme brings range of benefits to poor. There's a catch. Many officials are quietly depositing Re 1 from their pockets to erase zero-balance accounts – and dress up the data

SHYAMLAL YADAV & JAY MAZOOMDAAR
NEW DELHI, SEPTEMBER 12

IN AUGUST 2014, a few weeks after the launch of Jan Dhan, the government's flagship scheme under which the unbanked get bank accounts, Kamlesh, a housewife at Purnapur village in Uttar Pradesh's Bareilly, opened an account at the Punjab and Sind Bank's local branch.

Wife of a farmer, the opening balance in her account was zero. This wasn't unusual – in fact, accounts like Kamlesh's, called zero-balance accounts, made up almost half of all the 17.90 crore Jan Dhan accounts a year later given that most of the holders were poor and had little by way of savings.

But on August 5 this year, when Kamlesh got her passbook updated, she was in for a surprise.

"Re 1 had been deposited in my account on September 29, 2015. I didn't deposit the money, I don't know where it came from. I will ask the bank about this," she said.

It's not just Kamlesh, and it's not just that branch in Bareilly, or even that bank.

Investigating information obtained from more than 30 nationalised and regional rural banks under the Right to Information (RTI) Act, *The Indian Express* went to more than 25 villages and cities spread across six states, checked individual passbooks and interviewed account holders.

To find that bank officials are quietly making one-rupee deposits, many from their own allowances, some from money kept aside for office maintenance.

Their ostensible goal: to reduce the branch's tally of zero-balance accounts.

CONTINUED ON PAGE 2

Passbooks with deposits of ₹1 at the office of a bank agent in Barh, Bihar. *Shyamlal Yadav*

THE INVESTIGATION

82 Banks were approached under RTI Act, including regional rural banks

34 Banks responded with data on Jan Dhan deposits

6 States 25 villages and 4 cities visited by *Express*

52 account holders were interviewed, most of them with ₹1 deposited without their knowledge

ZERO-BALANCE DOWN

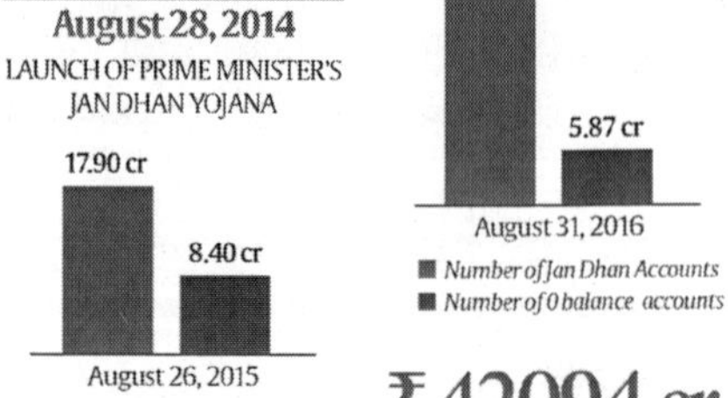

₹42094 cr
Total amount deposited in Jan Dhan accounts (Aug 31, 2016)

स्रोत: इंडियन एक्सप्रेस (13 सितंबर 2016)

व्यवस्था कर रखी थी और वे लोग अपनी जन-धन वाली पासबुक के साथ मेरी प्रतीक्षा कर रहे थे। वहां भी मुझे ऐसा एक मामला मिला लेकिन वहां वास्तव में सिर्फ एक ही मामला था और वह पंजाब नेशनल बैंक (पी.एन.बी.) से था।

अगले दिन मैंने मेरठ के तीन गावों में गया और इसमें मेरे साथ चौधरी चरण सिंह विश्वविद्यालय, मेरठ में प्राध्यापक मेरे एक मित्र थे। दो गांवों में मुझे 1 रुपये की जमा राशि वाला कोई खाता नहीं मिला, लेकिन माछरा गांव में मुझे ऐसे कई खाते मिले और लगभग आधा दर्जन खाताधारकों से बातचीत करके मैं वापस आ गया। फिर कुछ दिनों बाद,

मैं इटावा गया जहां तीन अलग-अलग बैंकों की शाखाओं में मुझे कोई सफलता नहीं मिली। मुझे थोड़ी मायूसी हुई, पर मैं अगले दिन मथुरा लौट आया जहां से मैं नौझिल कस्बे गया। मुझे दिल्ली के अपने एक दोस्त से खबर मिली थी कि सिंडीकेट बैंक की नौझिल शाखा में ऐसे कई जनधन खाते मौजूद हैं जिनमें 1 रुपया जमा किया गया है। मैं अपने एक स्थानीय संपर्क सूत्र के साथ पास के दो गांवों में सिंडीकेट बैंक की नौझिल शाखा के जन-धन खाताधारकों की पासबुकें इकट्ठा करने गया। लेकिन शाखा में वापस आने के बाद जब पासबुकों को अपडेट किया गया तो वहां भी ऐसा कोई भी मामला नहीं मिला। दिल्ली में त्रिलोकपुरी और नरेला की पुनर्वास कालोनियों और हरियाणा के फरीदाबाद के कुछ इलाकों में भी मुझे ऐसी ही निराशा का सामना करना पड़ा। मैंने अपने कई दोस्तों से बिलासपुर और रायपुर (छतीसगढ़), चंडीगढ़, मुंबई, फरीदाबाद और गुड़गांव (हरियाणा), वारंगल (तेलांगना), मदुरै (तमिलनाडु), वडोदरा (गुजरात), भोपाल, इंदौर और ग्वालियर (मध्य प्रदेश), लखनऊ और इलाहाबाद (उत्तर प्रदेश), दिल्ली और कुछ अन्य जगहों पर इस किस्म के खातों का पता लगाने को कहा लेकिन कुछ जगहों को छोड़कर बाकी जगहों पर अच्छे नतीजे नहीं मिले। उनमें से कुछ ने जो जानकारी दी उसके अनुसार उन्हें पता था कि ऐसा हो रहा है लेकिन वे इसके उदाहरण और ब्यौरे नहीं ढूंढ़ पाए।

मैंने गुवाहाटी (असम), बाढ़ और पटना (बिहार) और भोपाल (मध्यप्रदेश) की यात्रा की, और दुर्ग (छतीसगढ़) से मेरे एक संपर्क सूत्र ने ब्यौरे उपलब्ध कराए। गुवाहाटी में, मैं अपने एक पुराने दोस्त अत्रि सिद्धार्थ बोरठाकुर के साथ पंजाब एंड सिंध बैंक की एक शाखा में गया और बैंक के एक अधिकारी से कुछ ऐसे जन-धन खातों के ब्यौरे देने का अनुरोध किया जिनमें जीरो बैलेंस हो। शाखा प्रबंधक ने जवाब दिया, "हमारे पास शून्य जमा वाले खाते नहीं हैं। हम शून्य जमा वाले सभी खातों में 5 रुपये अपनी जेब से डाल चुके हैं।" मैं उनके उत्तर से संतुष्ट हो गया, लेकिन मैंने उनसे कुछ ऐसे खातों का विवरण मांगा जिनमें उन्होंने 5 रुपये जमा किए हों। उन्होंने मुझे लगभग 80 ऐसे खाताधारकों के नाम और नंबर उपलब्ध कराए। वहां से निकलकर मैंने उनमें से कुछ को फोन कर पता पूछा और उन पतों पर गया और उनमें से कुछ को ढूंढ़ निकाला, उनसे बात की और उनकी पासबुक के साथ उनकी तस्वीर ली। उनमें से किसी को भी मालूम नहीं था कि उनके खातों में 5 रुपये किसने और कैसे जमा किए। इसके अतिरिक्त, अजित कुमार दास नामक एक चायवाले की दुकान पर चाय पीते हुए, मैंने उनसे पूछा कि क्या उनके पास जन-धन खाता है। जब उसने हां कहा, तो मैंने उसकी पासबुक मांगी जिसमें कोई प्रविष्टि नहीं थी। मैं चाय पी रहा था और उनसे आग्रह किया कि वे बैंक की शाखा में जाकर पासबुक अपडेट करा लाएं। वे अपनी साइकिल से गए और जल्दी ही पासबुक अपडेट कराके वापस आ गए और अब उनके खाते में सिर्फ 1 रुपया जमा दिखा रहा था जो मेरी सूची में एक अच्छी बढ़ोत्तरी थी।

गुवाहाटी से मैं बिहार पहुंचा और पटना के अलग-अलग बैंकों के कुछ वरिष्ठ अधिकारियों से मिला। चार बैंकों के जिन अधिकारियों से मिला उन्होंने यह पुष्टि की कि मैं जिस खबर के पीछे पड़ा हूं वह सच है, लेकिन उन्होंने अपने बैंकों के ब्यौरे देने में सहयोग नहीं किया। वे यह तो चाहते थे कि खबर बाहर आए लेकिन अपने बैंक को इससे दूर रखना चाहते थे। इसलिए, मैंने उन पर ज्यादा समय बर्बाद नहीं किया। अगले दिन मैं बाढ़ जा रहा था जहां मैंने दिल्ली के अपने एक दोस्त की मदद से कुछ स्थानीय लोगों से संपर्क साध रखा था। मैं पटना के सीमावर्ती क्षेत्र में स्थित मुसहर समुदाय की एक बस्ती में ठहरा। मैं एक सरकारी प्राथमिक विद्यालय में घुसा जहां चार शिक्षक एक कमरे में बैठे हुए थे और बच्चे शोरशराबा कर रहे थे। शिक्षकों के माध्यम से, मैंने कुछ छात्रों के परिजनों को उनके जन-धन पासबुकों के साथ बुलवाया। इनमें से बहुत-सी पासबुक में शून्य जमा दर्शाई गई थी, और मैंने उन लोगों को पासबुक अपडेट करने के लिए बैंक ऑफ इंडिया की पास की शाखा में भेजा लेकिन संयोग से किसी भी पासबुक में रुपये 1, रुपये 2 या रुपये 5 वाली ऐसी कोई प्रविष्टि नहीं थी। शिक्षकों और परिजनों को धन्यवाद कहकर, मैं बाढ़ की ओर रवाना हो गया। बाढ़ में, पी.एन.बी. के एक बैंकिंग एजेंट की दुकान में मैंने सैंकड़ों पासबुकें पड़ी हुई देखीं। एजेंट से यह पूछने पर कि क्या यहां मौजूद किसी पासबुक में बैंक कर्मचारियों ने अपना पैसा डाला है, एजेंट ने जवाब दिया कि वहां पर मौजूद सभी पासबुकें ऐसी ही हैं। इस एजेंट ने मेरी मदद करते हुए कुछ खाताधारकों को अपनी दुकान में बुलाया और उन लोगों ने मुझे बताया कि उन्हें अपने खातों में जमा राशि के बारे में कोई जानकारी नहीं है। दिल्ली के अपने कुछ दोस्तों के जरिए, मैंने बिहार के कुछ दूसरे इलाकों से ताल्लुक रखने वाले बहुत-से संपर्कों से भी तालमेल किया, लेकिन और अधिक राज्यों से सूचना चाहता था, इसलिए, बाढ़ से दिल्ली लौट आया।

मैंने दिल्ली के त्रिलोकपुरी, भलस्वा डेरी, और नरेला के अलग-अलग इलाकों में तीन दिन बिताए। इन इलाकों में 300 से अधिक पासबुकों की जांच की और उन्हें अपडेट कराया, लेकिन उनमें से कोई भी मेरी स्टोरी के काम की नहीं थी। मेरे बहुत-से दोस्त अलग-अलग बैंकों में अधिकारी हैं, और उन्होंने मुझे बताया कि उनके बैंकों में भी यही स्थिति है, लेकिन जब मैंने उनसे कुछ खातों के ब्यौरे मांगें, तो उन्होंने कोई सहयोग नहीं किया।

मेरे भोपाल पहुंचने तक मेरे दोस्त संदीप पाठक ने 2 रुपये जमा राशि वाली दो पासबुकों की व्यवस्था कर रखी थी और खाताधारकों की पहचान भी कर रखी थी। लेकिन मैंने शहर से किसी ग्रामीण क्षेत्र में जाने का फैसला किया। मैंने एक अन्य दोस्त से मदद ली जिसने मुझे मध्य प्रदेश पुलिस के एक स्थानीय अधिकारी से मिलवाया और उन अधिकारी ने मुझे भोपाल से करीब 25 किलोमीटर दूर स्थित रातीबड़ गांव के कुछ लोगों के संपर्क दिए। जब मैं इस नए बसे इलाके में गया और पूछताछ की तो मुझे कई पासबुकें देखने को मिलीं और उनमें से बहुतों में 1 रुपये की जमा राशि दिख रही थी। इतना ही नहीं, एक पासबुक में तो

10 पैसे भी डाले गए थे। म.प्र. में ऐसे आधे दर्जन खाताधारकों से बातचीत करने के बाद मैं दिल्ली लौट आया। मेरे सहकर्मी जय मजूमदार राजस्थान गए और वहां से ऐसे कई जनधन धातों के ब्यौरे लेकर लौटे जिनमें कुल 1 रुपये की राशि जमा थी।

इन सभी यात्राओं के अलावा, अब बैंकों में मेरे आर.टी.आई. आवेदनों पर संबंधित सूचनाएं एक-एक करके आने लगी थीं। चूंकि उनमें से अधिकतर सूचनाएं ऑनलाइन थीं, इसलिए आगे चलकर इनके विश्लेषण में आसानी के लिए, मैं सभी सूचनाओं को एक एक्सेल फाइल में इकट्ठा करने लगा। आंकड़े पूरी कहानी बयां कर रहे थे। इनके कुछ उदाहरण इस प्रकार हैं:

- पी.एन.बी. ने कहा कि मेरे आर.टी.आई. आवेदन का जवाब देने की तारीख तक उनके कुल 1.36 करोड़ जन-धन खातों में से 39.57 लाख खातों में सिर्फ एक रुपया जमा राशि और 7,22,000 खातों में मात्र 2–10 रुपये की राशि जमा थी।
- बैंक ऑफ इंडिया के पास 1.34 करोड़ जन-धन खाते थे जिनमें से 4,49,000 खातों में मात्र 1 रुपया राशि जमा थी जबकि 26.98 लाख खातों में 2–10 रुपया जमा राशि मौजूद थी।
- विजया बैंक के पास उस समय तक 14.14 लाख जन-धन खाते थे, जिनमें से 1,83,000 में 1 रुपया जमा राशि थी जबकि 1,36,000 खातों में मात्र 2–10 रुपये की जमा राशि थी।
- स्टेट बैंक ऑफ बीकानेर एंड जयपुर के पास 36.46 लाख जन-धन खाते थे जिनमें से 80,000 से ज्यादा खातों में 1 रुपया जमा राशि थी और अन्य 76,000 से ज्यादा खातों में 2–10 रुपये की जमा राशि थी।
- देना बैंक के पास उस समय तक 33.14 लाख जन-धन खाते थे जिनमें से 1,63,000 खातों में 1 रुपया जमा राशि थी और दूसरे 92,000 से अधिक खातों में मात्र 2–10 रुपये की जमा राशि थी।
- यूको बैंक के 74.61 लाख जन-धन खातों में से 11.06 लाख से अधिक खातों में सिर्फ 1 रुपया था और अन्य 1,56,000 खातों में 2–10 रुपये की जमा राशि थी।
- बैंक ऑफ बड़ौदा के पास उस वक्त तक 1.40 करोड़ जन-धन खाते थे जिनमें से 12.97 लाख जन-धन खातों में 1 रुपये की जमा राशि और अन्य 7,18,000 खातों में कुल 2–10 रुपये की जमा राशि थी।
- सिंडीकेट बैंक के कुल 40.58 लाख जन-धन खातों में से 96,000 से ज्यादा में 1 रुपये और 72,000 से ज्यादा खातों में मात्र 2–10 रुपये की जमा राशि थी।
- इलाहाबाद बैंक में उस समय तक कुल 50.94 लाख जन-धन खाते थे जिनमें से 3,34,000 खातों में 1 रुपये की राशि थी। इसके अलावा वहां 7,96,000 लाख ऐसे खाते थे जिनमें जमा राशि 2–10 रुपये थी।

एक के बाद एक इन सारी सूचनाओं के आने से मैं उत्साहित था। लेकिन कुछ बैंकों ने मेरे आर.टी.आई. आवेदन का कोई जवाब नहीं दिया और कुछ ने सूचना देने से यह कहकर मना कर दिया कि सूचना गोपनीय है और इसे देना संभव नहीं है। क्षेत्रीय ग्रामीण बैंकों से आने वाली सूचना ज्यादा उत्साहवर्धक थी। उनसे मिली कुछ सूचनाएं इस प्रकार थीं:

- कर्नाटक ग्रामीण बैंक के कुल 13.33 लाख जन-धन खातों में से 2,18,000 खातों में कुल जमा राशि मात्र 1 रुपया थी जबकि अन्य 12,000 से अधिक खातों में कुल जमा राशि 2–10 रुपयों के बीच थी।
- बड़ौदा उत्तर प्रदेश ग्रामीण बैंक में कुल जन-धन खातों की संख्या 14.85 लाख थी और 2,83,000 खाते मात्र 1 रुपये जमा राशि वाले थे जबकि अन्य 63,000 से अधिक खातों में 2–10 रुपये थे।
- बड़ौदा गुजरात ग्रामीण बैंक के कुल 3,92,000 जन-धन खातों में से 51,000 से अधिक खाते महज 1 रुपया जमा राशि वाले थे और अन्य 6,000 से अधिक खातों में 2–10 रुपये की जमा राशि थी।
- बड़ौदा राजस्थान क्षेत्रीय ग्रामीण बैंक में जन-धन खातों की कुल संख्या 24.66 लाख थी जिसमें से 4,14,000 से अधिक खातों में जमा राशि 1 रुपया थी और अन्य 42,000 से अधिक खातों में 2–10 रुपये थे।
- सप्तगिरी ग्रामीण बैंक के कुल 1,21,000 जन-धन खातों में 10,827 में 1 रुपये की जमा राशि थी और अन्य 1,336 खातों में 2–10 रुपये की जमा राशि थी।
- झारखंड ग्रामीण बैंक के कुल 4,03,000 खातों में से मात्र 1 रुपये की जमा राशि वाले 63,503 खाते मिले और अन्य 64,303 खातों में कुल जमा राशि मात्र 2–10 रुपये थी।
- बिहार ग्रामीण बैंक के 6,07,000 जन-धन खातों में से 69,973 खातों में जमा राशि 1 रुपया थी और अन्य 85,754 खातों में मात्र 2–10 रुपये की राशि जमा थी।
- ग्रामीण बैंक ऑफ आर्यावर्त में कुल 13.39 लाख जन-धन खाते थे। इनमें से 1,59,000 खातों में 1 रुपये की जमा राशि थी, जबकि अन्य 1,33,000 खातों में मात्र 2–10 रुपये की राशि जमा थी।

आर.टी.आई. से मिली सूचना के साथ फील्ड रिपोर्टिंग पर आधारित यह स्टोरी 13 सितंबर 2016 को *इंडियन एक्सप्रेस* में प्रकाशित हुई थी।[2] उसी दिन, कांग्रेस, जनता दल (यूनाइटेड)

---

[2] See http://indianexpress.com/article/business/banking-and-finance/how-banks-cut-their-zero-balance-jan-dhan-accounts-one-rupee-trick-3028190/, accessed February 20, 2017.

और माकपा सहित कई विपक्षी राजनीतिक पार्टियों[3] ने इसको लेकर सरकार पर हमला बोला। अगले दिन केंद्रीय वित्त मंत्रालय ने एक बयान[4] जारी किया कि मामले की जांच की जा रही है। दो दिन बाद, बैंक प्रमुखों की एक बैठक थी और उसके बाद वित्त मंत्री अरुण जेटली ने कहा[5] कि चार बैंकों को इस मामले की छानबीन करने के लिए कहा गया है। जेटली ने कहा कि बैंक 10 दिन के अंदर अपनी रिपोर्ट जमा करेंगे, लेकिन यह रिपोर्ट कभी सामने नहीं आई। खबर का वांछित असर पड़ा था: जब प्रधानमंत्री ने 8 नवंबर 2016 को रुपये 500 और रुपये 1000 के बैंक नोटों के विमुद्रीकरण की घोषणा की, तब अगले ही दिन से यह रिपोर्ट आनी शुरू हो गई कि जन धन खातों का इस्तेमाल कुछ लोगों द्वारा अपने पैसों को ठिकाने लगाने के लिए किया जा रहा है, इसीलिए जन-धन खातों में जमा राशि बढ़ने लगी।

हमारी खबर प्रकाशित होने के बाद, प्रधानमंत्री कार्यालय द्वारा वित्तीय सेवा विभाग (डी.एफ.एस.) से स्पष्टीकरण मांगा गया। जवाब में 27 सितंबर 2016 को बैंकों द्वारा तैयार किए गए स्पष्टीकरण के आधार पर डी.एफ.एस. द्वारा प्रधानमंत्री कार्यालय के लिए बयान का मसौदा तैयार किया गया।[6] डी.एफ.एस. ने बैंकों से प्राप्त स्पष्टीकरणों के आधार पर एक प्रेस विज्ञप्ति जारी करने का प्रस्ताव रखा था, लेकिन बाद में यह विचार त्याग दिया गया।[7] डी.एफ.एस. के एक संयुक्त सचिव ने 27 सितंबर 2016 को फाइल पर लिखा कि:

> "यहां कहना प्रासंगिक है कि बैंक ऑफ बड़ौदा और बैंक ऑफ इंडिया के कुछ मामलों में 1 रुपए धनराशि जमा की गई है जिसे संबंधित बैंकों ने स्वीकार भी किया है। इन मामलों में उपयुक्त कार्रवाई करनी ज़रूरी है ताकि भविष्य में इस तरह की घटनाएं दोहराई न जाएं।"[8]

प्रधानमंत्री कार्यालय को दिए गए डी.एफ.एस. के स्पष्टीकरण में कहा गया था, "बैंक ऑफ बड़ौदा ने सूचित किया है कि 2 प्रतिशत पी.एम.जे.डी.वाई. (प्रधानमंत्री जन-धन योजना) खातों में पी. एंड एल. (लाभ और हानि) खातों से 1 रुपये की राशि प्राप्त हुई है। बैंक ऑफ

---

[3] See http://indianexpress.com/article/india/india-news-india/jan-dhan-yojana-zero-balance-account-investigation-opposition-want-answers-inquiry-3029927/, accessed February 20, 2017.

[4] See http://indianexpress.com/article/business/banking-and-finance/one-rupee-deposits-zero-balance-account-jan-dhan-pm-modi-finding-facts-says-govt-3031771/, accessed February 20, 2017.

[5] See http://indianexpress.com/article/india/india-news-india/four-banks-looking-into-jandhan-account-deposits-arun-jaitley-3034210/, accessed February 20, 2017.

[6] See http://indianexpress.com/article/business/banking-and-finance/1-rupee-jan-dhan-trick-some-banks-admit-others-vow-tighter-vigil-zero-banalnce-modi-4468763/, accessed February 20, 2017.

[7] लेखक द्वारा डी.एफ.एस. से प्राप्त की गई फाइल नोटिंग्स।

[8] Ibid.

इंडिया के कुछ मामलों में बी.सी. (बैंकिंग करेस्पांडेन्ट्स) के खातों से राशि भेजी गई थी।" इलाहबाद बैंक ने कहा, "ये खाते सामाजिक निकायों, ग्राम प्रधानों, गैर-सरकारी संगठनों (एन.जी.ओ.) आदि के माध्यम से कैंप लगाकर खोले गए थे। इन खातों में राशि इन्हीं प्रतिनिधियों ने शाखा के माध्यम से जमा की थीं क्योंकि ये खाते उन्हीं द्वारा संचालित किए गए थे।"[9] बैंक ऑफ बड़ौदा ने कहा:

> "बिहार, मध्य प्रदेश, राजस्थान, छतीसगढ़ और उत्तर प्रदेश की 100 से अधिक शाखाओं को शामिल करते हुए 3,799 जन-धन खातों का नमूना सत्यापन किया गया। इनमें से दो फीसदी खातों में, नकदी को पी. एंड एल. खातों के मार्फत जमा किया गया था। हमें इस गलती के लिए बेहद खेद है और हम यह सुनिश्चित करेंगे कि उपयुक्त सुधारपरक कार्रवाई की जाए।[10]

बैंक ऑफ इंडिया ने कहा, "खातों को चालू रखने के लिए 13.17 लाख खातों को बी.सी. (बैंकिंग कॉरेस्पोंडेंट्स) द्वारा धनराशि उपलब्ध कराई जा रही है।"[11] बैंक ऑफ इंडिया ने भी यह वचन दिया कि वह "भविष्य में इस प्रकार के चलन को रोकने के लिए सभी ज़रूरी कदम उठाएगा।"[12] बाद में भोपाल में दो खाताधारकों (एक पंजाब नेशनल बैंक का और दूसरा बैंक ऑफ इंडिया का) ने बताया कि बैंक अधिकारी उनके पास आए और उन्हें एक कागज थमाया जिस पर कुछ लिखा हुआ था और उस पर दस्तखत करने को कहा।[13] उन्होंने लेखक को बताया कि उन्होंने उस कागज पर दस्तखत किए जिस पर लिखा था कि उन्होंने अपने खातों में राशि खुद ही जमा कराई है।[14] स्पष्टतः, कुछ बैंकों ने खुद को बचाने के लिए मामले पर पर्दा डालने की कोशिश की।

अपने राजनीतिक आकाओं को रिझाने के लिए जीरो बैलेंस वाले जन-धन खातों की संख्या कम करने की यह तरकीब इस्तेमाल करने के लिए सरकार ने किसी भी अधिकारी पर कोई कार्रवाई नहीं की और इस पर लीपापोती कर दी गई।

मानद उपाधियों की कहानी

विश्वविद्यालयों द्वारा दी जाने वाली मानद डॉक्टरेट से किसी किस्म का आर्थिक लाभ नहीं मिलता, लेकिन शिक्षा व्यवस्था में इस उपाधि की थोड़ी वक़त होती है। और मानद उपाधि

---

[9] आर.टी.आई. कानून के तहत, डी.एफ.एस. ने लेखक को प्रधानमंत्री कार्यालय, डी.एफ.एस. और विभिन्न बैंकों के साथ हुए इन सभी पत्राचारों की प्रतिलिपियां प्रदान कीं।

[10] Ibid.

[11] Ibid.

[12] Ibid.

[13] लेखक ने बाढ़ (बिहार) के लल्लू पासवान और भोपाल (म.प्र.) के राजेश राव का साक्षात्कार लिया था।

[14] Ibid.

चित्र 8.2: बड़े पदों पर बैठे लोगों को मानद उपाधियाँ

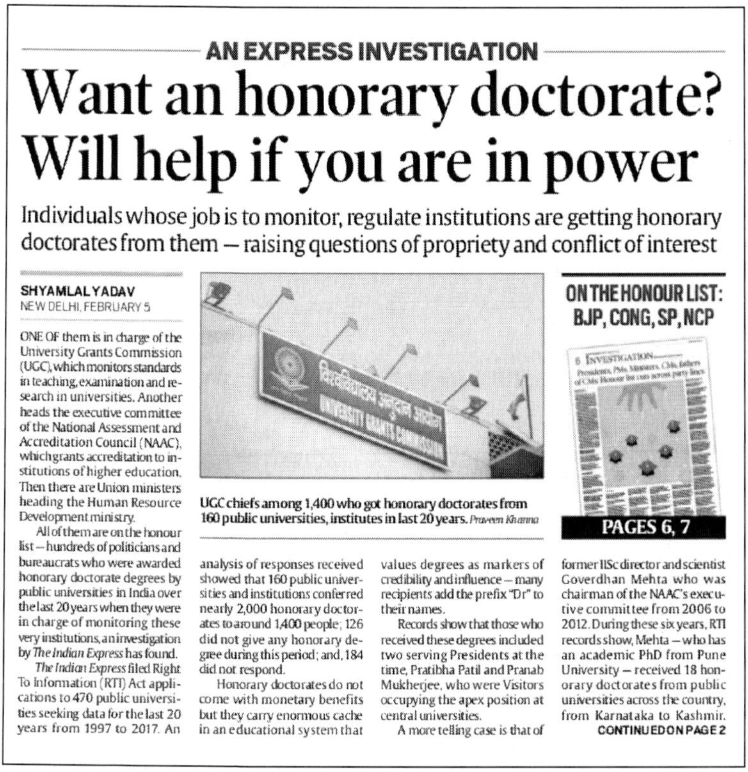

AN EXPRESS INVESTIGATION

Want an honorary doctorate? Will help if you are in power

Individuals whose job is to monitor, regulate institutions are getting honorary doctorates from them — raising questions of propriety and conflict of interest

SHYAMLAL YADAV
NEW DELHI, FEBRUARY 5

ONE OF them is in charge of the University Grants Commission (UGC), which monitors standards in teaching, examination and research in universities. Another heads the executive committee of the National Assessment and Accreditation Council (NAAC), which grants accreditation to institutions of higher education. Then there are Union ministers heading the Human Resource Development ministry.

All of them are on the honour list — hundreds of politicians and bureaucrats who were awarded honorary doctorate degrees by public universities in India over the last 20 years when they were in charge of monitoring these very institutions, an investigation by *The Indian Express* has found.

The Indian Express filed Right To Information (RTI) Act applications to 470 public universities seeking data for the last 20 years from 1997 to 2017. An analysis of responses received showed that 160 public universities and institutions conferred nearly 2,000 honorary doctorates to around 1,400 people; 126 did not give any honorary degree during this period; and, 184 did not respond.

Honorary doctorates do not come with monetary benefits but they carry enormous cache in an educational system that values degrees as markers of credibility and influence — many recipients add the prefix "Dr" to their names.

Records show that those who received these degrees included two serving Presidents at the time, Pratibha Patil and Pranab Mukherjee, who were Visitors occupying the apex position at central universities.

A more telling case is that of former IISc director and scientist Goverdhan Mehta who was chairman of the NAAC's executive committee from 2006 to 2012. During these six years, RTI records show, Mehta — who has an academic PhD from Pune University — received 18 honorary doctorates from public universities across the country, from Karnataka to Kashmir.

CONTINUED ON PAGE 2

UGC chiefs among 1,400 who got honorary doctorates from 160 public universities, institutes in last 20 years. *Praveen Khanna*

ON THE HONOUR LIST: BJP, CONG, SP, NCP

PAGES 6, 7

स्रोत: इंडियन एक्सप्रेस (6 फरवरी 2018)।

पाने वाले कई लोग अपने नाम से पहले "डॉ." लिख सकते हैं। इस स्टोरी से खुलासा हुआ है कि किस तरह से राजनेताओं, नौकरशाहों, अन्य प्रभावशाली लोगों को और उच्च शिक्षा संस्थानों के विनियमन, निगरानी और मूल्यांकन की जिम्मेदारी संभाल रहे लोगों को विश्वविद्यालयों और संस्थानों से मानद डॉक्टरेट की उपाधि मिलती है।

अधिकांश केंद्रीय विश्वविद्यालयों के विजिटर राष्ट्रपति को, राज्यों के सरकारी (विश्वविद्यालय स्वायत्त होते हैं, यहां सरकारी का अर्थ सरकार द्वारा वित्तपोषित विश्वविद्यालयों से है, सिर्फ पाठकों के समझने के लिए ऐसे विश्वविद्यालयों को सरकारी विश्वविद्यालय लिखा जा रहा है) विश्वविद्यालयों के कुलाधिपति यानी राज्यपालों को, देश में शिक्षा की देखभाल करने वाले केंद्रीय मानव संसाधन विकास मंत्रियों को, विश्वविद्यालयों में शिक्षण, परीक्षा और शोध के मानकों की निगरानी करने वाले विश्वविद्यालय अनुदान

आयोग यानी यू.जी.सी.[15] के अधिकारियों को, उच्च शिक्षा संस्थानों को रैंकिंग प्रदान करने वाली राष्ट्रीय मूल्यांकन एवं प्रत्यायन परिषद (एन.ए.ए.सी.)[16] की कार्यकारी समिति के अध्यक्ष और कई अन्य हस्तियों को मानद डॉक्टरेट की उपाधि प्रदान की जाती रही है।

इतना ही नहीं, देश में कृषि अनुसंधान और शिक्षा की जिम्मेदारी संभाल रहे कृषि अनुसंधान और शिक्षा विभाग (डी.ए.आर.ई.)[17] और भारतीय कृषि अनुसंधान परिषद (आई.सी.ए.आर.)[18] जैसी संस्थाओं के कई अधिकारियों को भी ऐसी उपाधियां उन कृषि विद्यालयों तक से प्रदान की गई हैं जिनकी वे निगरानी करते हैं। अनेक न्यायाधीशों को विधि विश्वविद्यालयों ने भी उपाधियां दी थीं।

किसी भी शख्स को कोई विश्वविद्यालय मानद उपाधि दे इसमें किसी को क्यों आपत्ति होगी, लेकिन अनेक बार उपाधि देने और लेने वाले के बीच हितों के सीधे जुड़ाव या टकराव का मामला साफ दिखता है। इसकी कोई पारदर्शी व्यवस्था बननी चाहिए। यूजीसी और एन.ए.ए.सी. के अधिकारी, केंद्रीय मानव संसाधन मंत्री, प्रधानमंत्री, राष्ट्रपति, राज्यपाल, मुख्यमंत्री, कृषि मंत्रालय और विज्ञान प्रौद्योगिकी जैसे मंत्रालयों के मंत्री-अधिकारी राज्यों में ऐसे शिक्षा से जुड़े पदों पर बैठे लोग अगर ऐसी उपाधियों की पेशकश ठुकरा सकें तो देश के उच्च शिक्षण संस्थान भी उनकी खुशामद छोड़कर अपने असली मकसद यानी उच्च शिक्षा की गुणवत्ता पर ध्यान दे पाएंगे।

पारदर्शिता के कारगर हथियार, यानी आर.टी.आई. कानून के बगैर इस प्रकार के आंकड़े इकट्ठा करना संभव नहीं था। मैंने फरवरी 2013 से आवेदन दाखिल करने शुरू कर दिए और अंततः, पांच साल का समय खर्च करने और 500 से ज्यादा आर.टी.आई. आवेदन दाखिल करने के बाद, फरवरी 2018 में स्टोरी तैयार हुई। महज उन लोगों के नाम और पद के बारे में पूछा था जिन्हें वर्ष 1997 से इस तरह की उपाधियां दी गई थीं। 470 सरकारी विश्वविद्यालयों से सूचना मांगी थी, लेकिन उनमें से महज 160 सरकारी विश्वविद्यालयों और संस्थानों से जवाब मिले जिन्होंने लगभग 1400 लोगों को डॉक्टरेट की करीब 2000 मानद उपाधियां प्रदान की थीं। इस अवधि के दौरान 126 विश्वविद्यालयों ने कोई मानद उपाधियां प्रदान नहीं कीं और 184 विश्वविद्यालयों ने तो जवाब ही नहीं दिया। यह स्टोरी[19] 6 फरवरी 2018 को *इंडियन एक्सप्रेस* में प्रकाशित हुई और इसके लिए मुझे देश और विदेशों से ढेर सारी प्रशंसा मिली।

---

[15] https://www.ugc.ac.in

[16] www.naac.gov.in

[17] http://dare.nic.in/

[18] http://www.icar.org.in/

[19] http://indianexpress.com/article/india/want-an-honorary-doctorate-will-help-if-you-are-in-power-ugc-express-investigation-politicians-5052899/ and http://indianexpress.com/article/india/presidents-pms-ministers-cms-fathers-of-cms-honour-list-cuts-across-party-lines-5052855/

विश्वविद्यालयों के पास मानद उपाधियां प्रदान करने की शक्ति होती है लेकिन ऐसा करने के लिए विश्वविद्यालय के अकादमिक और कार्यकारी परिषदों प्रस्ताव आते हैं और अंततः कुलाधिपति और विजिटर द्वारा आखिरी मंजूरी दी जाती है।[20] मानद उपाधियां मोटे तौर पर तीन श्रेणियों के अंतर्गत दी जाती हैं: साहित्य, दर्शन, कला और संगीत, और शिक्षा के क्षेत्र में प्रदान की गई सेवाओं के लिए डॉक्टर ऑफ लेटर्स (डी.लिट.) की उपाधि; विज्ञान और प्रौद्योगिकी के लिए या फिर वैज्ञानिक और प्रौद्योगिकी संस्थानों की योजना बनाने, व्यवस्थित करने अथवा विकसित करने के लिए डॉक्टर ऑफ साइंस (डी.एससी.) की उपाधि; वकीलों, न्यायाधीशों या न्यायविदों और राजनीतिज्ञों के लिए, और सार्वजनिक कल्याण के लिए किए गए योगदानों के लिए डॉक्टर ऑफ लॉज (एलएल.डी.) की उपाधि।

रिकॉर्ड दर्शाते हैं कि ये उपाधियां प्राप्त करने वालों में अपने समय के दो राष्ट्रपति, प्रतिभा पाटिल और प्रणब मुखर्जी शामिल थे, जो अपने कार्यकाल के दौरान केंद्रीय विश्वविद्यालयों में विजिटर के तौर पर सर्वोच्च पदों पर थे। दिलचस्प यह है कि पूर्व राष्ट्रपति ए.पी.जे. अब्दुल कलाम ने कई मानद डॉक्टरेट उपाधियां प्राप्त की थीं लेकिन दस्तावेजों के अनुसार राष्ट्रपति रहते हुए उन्होंने कोई डॉक्टरेट उपाधि स्वीकार नहीं की। वर्ष 2009 में, मद्रास विश्वविद्यालय ने मनमोहन सिंह के अलावा यू.पी.ए. की अध्यक्ष सोनिया गांधी को भी मानद उपाधि दी थी।

इंडियन इंस्टीट्यूट ऑफ साइंस (आई.आई.एससी.) के पूर्व निदेशक और वैज्ञानिक गोवर्धन मेहता का मामला बेहद दिलचस्प है जो 2006 से 2012 तक राष्ट्रीय मूल्यांकन एवं प्रत्यायन परिषद (एन.ए.ए.सी.) की कार्यकारी समिति के अध्यक्ष थे। आर.टी.आई. रिकॉर्ड दिखाते हैं कि इन छह वर्षों के दौरान, मेहता ने कर्नाटक से कश्मीर तक के देश भर के सरकारी विश्वविद्यालयों से 18 मानद डॉक्टरेट की उपाधियां प्राप्त की थीं। एन.ए.ए.सी. देश में उच्च शिक्षा के संस्थानों का मूल्यांकन करने और उन्हें रैंकिंग देने के लिए यू.जी.सी. द्वारा स्थापित एक स्वायत्त निकाय है।

इसी तरह, अर्थशास्त्री सुखदेव थोरट ने 2006 से 2011 के बीच सात मानद डॉक्टरेट प्राप्त की थीं और तब वे यू.जी.सी. के अध्यक्ष थे। अपने कार्यकाल के दौरान मानद उपाधियां प्राप्त करने वाले यू.जी.सी. के अन्य अध्यक्षों में एच.पी. गौतम (1999–2002 के दौरान चार मानद डॉक्टरेट), अरुण निगवेकर (2002–2005 के दौरान दो मानद डॉक्टरेट), और वेद प्रकाश (2013–2017 के दौरान तीन मानद डॉक्टरेट) शामिल हैं।

जब केतन देसाई भारतीय चिकित्सा परिषद के अध्यक्ष थे, तो उन्हें तमिलनाडु के डॉ. एम.जी.आर. मेडिकल यूनीवर्सिटी ने 2009 में मानद डॉक्टरेट दी थी। एक वर्ष बाद, देसाई को सी.बी.आई. ने भ्रष्टाचार के आरोपों में गिरफ्तार कर लिया था।

---

[20] लेखक द्वारा कई विश्वविद्यालयों में दायर आर.टी.आई के जवाबों के अनुसार।

सरकारी कृषि विश्वविद्यालयों के मामले में भी रिकॉर्ड इसी किस्म के उदाहरण दर्शाते हैं कि इन विश्वविद्यालयों की गतिविधियों की निगरानी करने वाले प्रभारियों को मानद उपाधियां दी गईं। इस सूची में शीर्ष पर एस. अय्यप्पन हैं। वर्ष 2010 से 2016 के बीच वे डी.ए.आर.ई., कृषि मंत्रालय के सचिव थे। इन छह वर्षों के दौरान, अय्यप्पन ने विभिन्न कृषि और पशु चिकित्सा-विज्ञान विश्वविद्यालयों से डॉक्टरेट की पांच मानद उपाधियां प्राप्त की थीं। डी.ए.आर.ई. की आधिकारिक वेबसाइट पर वर्णित इसके कर्तव्यों में से एक "कृषि अनुसंधान और शिक्षा के सभी पहलुओं की निगरानी करना" बताया गया है। डी.ए.आर.ई. का सचिव आई.सी.ए.आर. का महानिदेशक भी होता है। सूची में अगला नाम डी.ए.आर.ई. में अय्यप्पन के पूर्ववर्ती मंगला राय का है जिन्होंने अपने कार्यकाल के दौरान डॉक्टरेट की दो मानद उपाधियां ली थीं। इससे पहले राय को एक मानद उपाधि 1997 से 2003 तक फसल विज्ञान के उप-महानिदेशक के तौर पर उनके पिछले कार्यकाल में मिली थी।

राय से पहले, 1992 से 2001 तक डी.ए.आर.ई. के सचिव रहे आर.एस. परोदा ने अपने कार्यकाल में डॉक्टरेट की दो मानद उपाधियां प्राप्त की थीं। डी.ए.आर.ई. की वेबसाइट यह भी बताती है कि यह "अग्रणी अनुसंधान संगठन आई.सी.ए.आर. के साथ महत्त्वपूर्ण सरकारी संपर्क है ताकि यह बागवानी, मत्स्य पालन और पशु-चिकित्सा विज्ञान सहित पूरे देश के कृषि क्षेत्र में शोध और शिक्षा के लिए समन्वयन, मार्गदर्शन और प्रबंधन कर सके।"

आर.टी.आई. के जवाब दर्शाते हैं कि 2005 से लेकर 2009 तक राष्ट्रीय ज्ञान आयोग की अध्यक्षता करने वाले और शैक्षणिक संस्थानों और अनुसंधान पर तत्कालीन प्रधानमंत्री मनमोहन सिंह को सलाह देने वाले, टेक्नोक्रैट सैम पित्रोदा को पांच मानद उपाधियां दी गई थीं। पित्रोदा ने 2010 में राष्ट्रीय नवाचार परिषद (नेशनल इनोवेशन काउंसिल) की स्थापना की और प्रधानमंत्री के सलाहकार के तौर पर कार्य किया जो कैबिनेट-स्तर का पद था।

मानव संसाधन विकास मंत्रियों के तौर पर काम करते हुए इस तरह की मानद उपाधियां प्राप्त करने वालों में मुरली मनोहर जोशी (1998–2004, दो मानद उपाधियां) और अर्जुन सिंह (2004–2009, एक मानद उपाधि) शामिल थे। यू.पी.ए. सरकार में मानव संसाधन विकास की राज्य मंत्री रहीं डी. पुरंदरेश्वरी ने 2006 से 2011 तक के अपने कार्यकाल के दौरान दो मानद उपाधियां प्राप्त की थीं – अब वे भा.ज.पा. में हैं।

अक्टूबर 2017 में विश्वविद्यालय परिसर में हिंसा के आरोप में जबरन अवकाश पर भेजे गए बनारस हिंदू विश्वविद्यालय (बी.एच.यू.) के कुलपति गिरीश चन्द्र त्रिपाठी को नवंबर 2014 में इस पद पर नियुक्त किया गया था। उनके शुरुआती फैसलों में से एक यह था कि

उन्होंने वाराणसी से लोकसभा सदस्य और प्रधानमंत्री नरेंद्र मोदी को डॉक्टरेट की मानद उपाधि प्रदान करने की पेशकश की। लेकिन मोदी ने कहा,[21] "मुझे विश्वविद्यालय से एक पत्र प्राप्त हुआ है जिसमें मुझे डॉक्टरेट की उपाधि प्रदान करने की पेशकश की गई है। मैंने विनम्रता से मना कर दिया है।" ऐसी उपाधियां देने की पेशकशों को उनसे पहले पूर्व राष्ट्रपति ए.पी.जे. अब्दुल कलाम पद पर रहते हुए 2005 में (पटना विश्वविद्यालय)[22] और क्रिकेटर राहुल द्रविड़ 2017 में (बंगलुरु विश्वविद्यालय)[23] ने भी ठुकरा दिया था।

वर्ष 2008 से 2014 तक देश के सर्वोच्च भर्ती संस्थान, संघ लोक सेवा आयोग (यू. पी.एस.सी.) के अध्यक्ष रह चुके डी.पी. अग्रवाल को पद पर रहते हुए तीन मानद उपाधियां प्राप्त हुईं। वी.एस. रामामूर्ति 1995 से 2006 तक विज्ञान एवं प्रौद्योगिकी विभाग (डी. एस.टी.) के सचिव थे और उस पद पर रहते हुए उन्हें दो मानद उपाधियां दी गईं।

पूर्ववर्ती योजना आयोग के उपाध्यक्ष मोंटेक सिंह अहलुवालिया ने भले ही, योजना आयोग को अप्रासंगिक बना दिया हो लेकिन 2004 से 2014 के दौरान अपने कार्यकाल में वे मानद उपाधियां लेने में भी व्यस्त रहे। उन्हें मानद उपाधियां प्रदान करने वाले विश्वविद्यालयों में 2006 में पंजाब विश्वविद्यालय, चंडीगढ़; 2007 में तमिलनाडु एम.जी.आर. मेडिकल यूनीवर्सिटी; 2011 में रवेंशॉ विश्वविद्यालय कटक; 2011 में पांडिचेरी विश्वविद्यालय; 2011 में आई.आई.टी. रुड़की; 2005 में जी.बी. पंत कृषि एवं प्रौद्योगिकी विश्वविद्यालय, पंतनगर; 2008 में असम विश्वविद्यालय, सिलचर; 2011 में स्वामी रामतीर्थ विश्वविद्यालय, नांदेड़ और 2009 में राजीव गांधी प्रौद्योगिकी विश्वविद्यालय, भोपाल शामिल थे। मोंटेक ने ऐसी एक उपाधि 1997 में गुरु नानकदेव विश्वविद्यालय, अमृतसर से भी प्राप्त की थी। इसके अलावा उनकी पत्नी इशर जज अहलुवालिया को भी 2013 में रानी चेनम्मा विश्वविद्यालय, बेलगांव से और 2006 में गुरु नानकदेव विश्वविद्यालय, अमृतसर से मानद उपाधियां प्रदान की गई थीं।

वर्ष 2005 से 2014 तक हरियाणा के मुख्यमंत्री रहते हुए भूपिंदर सिंह हुड्डा को महर्षि दयानंद विश्वविद्यालय, रोहतक द्वारा 2007 में; चौधरी चरण सिंह कृषि विश्वविद्यालय द्वारा 2010 में; कुरुक्षेत्र विश्वविद्यालय द्वारा 2012 में और चौधरी देवीलाल विश्वविद्यालय, सिरसा द्वारा 2012 में मानद उपाधियां दी गईं। उनके पिता रणबीर सिंह हुड्डा को भी 2007

---

[21] https://economictimes.indiatimes.com/news/politics-and-nation/pm-modi-apologises-for-declining-bhu-honorary-degree/articleshow/51091781.cms

[22] https://www.outlookindia.com/newswire/story/kalam-declines-to-except-pu-honorary-degree/344951

[23] http://indianexpress.com/article/trending/trending-in-india/rahul-dravid-turned-down-his-honorary-doctorate-from-bangalore-university-and-people-cant-stop-praising-him-4494020/

में कुरुक्षेत्र विश्वविद्यालय ने एक मानद उपाधि दी। और, जब मनोहरलाल खट्टर ने हुड्डा से राज्य की कमान अपने हाथ में ली, तो कुरुक्षेत्र विश्वविद्यालय ने मार्च 2017 में और चौधरी चरण सिंह कृषि विश्वविद्यालय, हिसार ने 2015 में उन्हें भी मानद उपाधि दी। इस तरह लगता है मानद उपाधि की पात्रता शीर्ष पदों पर बैठते ही बन जाती है।

अन्य राज्यों में भी यही स्थिति है। समाजवादी पार्टी के पूर्व मुखिया मुलायम सिंह यादव को डॉ. शकुंतला मिश्र राष्ट्रीय पुनर्वास विश्वविद्यालय, लखनऊ ने 2014 में और डॉ. राम मनोहर लोहिया राष्ट्रीय विधि विश्वविद्यालय, लखनऊ ने मानद डॉक्टरेट दीं। शीला दीक्षित को 2006 में दिल्ली विश्वविद्यालय ने मानद उपाधि दी तो वे दिल्ली की मुख्यमंत्री थीं। एन.डी. तिवारी को कुमाऊं विश्वविद्यालय, नैनीताल ने 2006 में और जी.बी. पंत कृषि एवं प्रौद्योगिकी विश्वविद्यालय, पंतनगर ने 2005 में मानद उपाधि दी तो उस समय वे राज्य के मुख्यमंत्री थे। साथ ही, जब रमेश पोखरियाल निशंक इस पहाड़ी राज्य के मुख्यमंत्री थे तो उन्हें भी उत्तराखंड संस्कृत विश्वविद्यालय, हरिद्वार ने 2010 में मानद उपाधि से नवाजा था।

केसरीनाथ त्रिपाठी पश्चिम बंगाल के राज्यपाल हैं और राज्यपाल होने के कारण वे वहां के राज्य विश्वविद्यालयों के कुलाधिपति भी हैं। उन्होंने भी पिछले वर्ष अपने गृह जिले इलाहाबाद में राजर्षि टंडन मुक्त विश्वविद्यालय द्वारा डॉक्टरेट की मानद उपाधि स्वीकार की। इसी तरह, डी.वाई. पाटिल, जो अपना विश्वविद्यालय और कई संस्थान संचालित करते हैं, 2012 से 2014 तक बिहार के राज्यपाल थे और 2015 में उन्हें शिवाजी विश्वविद्यालय, कोल्हापुर ने एक मानद उपाधि दी। कर्नाटक के तत्कालीन राज्यपाल टी.एन. चतुर्वेदी ने भी 2000 में दिल्ली के लाल बहादुर शास्त्री संस्कृत विश्वविद्यालय द्वारा और 2005 में पंजाब विश्वविद्यालय, चंडीगढ़ द्वारा मानद उपाधियां प्राप्त कीं। पंजाब के राज्यपाल के तौर पर शिवराज पाटिल ने कर्नाटक विश्वविद्यालय, धारवाड़ द्वारा 2011 में और स्वामी रामतीर्थ मराठवाड़ा विश्वविद्यालय, नांदेड़, महाराष्ट्र द्वारा 2014 में दो मानद उपाधियां हासिल कीं।[24]

शिक्षा क्षेत्र में इस स्टोरी को बहुत प्रशंसा मिली और मुझे देश-विदेश के कई जाने-माने शिक्षाविदों से तारीफ के कई ई-मेल और फोन आए। सच है कि इस किस्म की स्टोरीज के लिए बहुत अधिक धैर्य रखने और निरंतर प्रयास करने की ज़रूरत होती है। लेकिन, अगर सवाल पूछने और सूचना एकत्रित करने के लिए आर.टी.आई. जैसा अधिकार नहीं हो तो किसी पत्रकार के लिए धैर्य और प्रयास भी फलदायी नहीं हो सकते।

---

[24] See the complete available list of awardees on these links: http://indianexpress.com/article/india/want-an-honorary-doctorate-will-help-if-you-are-in-power-ugc-express-investigation-politicians-5052899/ and http://indianexpress.com/article/india/presidents-pms-ministers-cms-fathers-of-cms-honour-list-cuts-across-party-lines-5052855/

चित्र 8.3: एल. आई. सी. का ऐतिहासिक विज्ञापन

स्रोत: इंडियन एक्सप्रेस (18 जनवरी 2009) नई दिल्ली।

जीवन बीमा की बंद पॉलिसियों का किस्सा

यह स्टोरी सार्वजनिक क्षेत्र की बीमा कंपनी, यानी भारतीय जीवन बीमा निगम (एल. आई.सी.), की कार्यप्रणाली की एक झलक देती है जिससे लगभग हर भारतीय घर किसी-न-किसी रूप में जुड़ा हुआ है। लोग एल.आई.सी. को विश्वसनीय और आरामदेह भविष्य की जीवनरेखा मानते हैं और इस पर उनका अटूट विश्वास है। इस स्टोरी का विचार एल.आई.सी. के लिए काम कर रहे कुछ बीमा एजेंटों से बातचीत करते आया, जो हमेशा नई पॉलिसियां लेने के लिए लोगों को राजी करने की कोशिश तो करते हैं लेकिन प्रीमियम जमा नहीं करने की वजह से बंद हो चुकीं पुरानी पॉलिसियों को फिर से चालू करने और आगे बढ़ाने के लिए प्रोत्साहित शायद ही करते हैं। मान लेते हैं कि एक बीमा एजेंट का काम

बीमा पॉलिसियों को बेचना है, लेकिन क्या ये एजेंट अपने संभावित ग्राहकों को नई पॉलिसी बेचने की जीतोड़ कोशिश करने से पहले, उसकी पुरानी पॉलिसियों के बारे में पूछताछ करते हैं और अगर उनकी पुरानी पॉलिसी समय से पहले बंद हो चुकी है तो क्या उन्हें इसे फिर से चालू करने की सलाह देते हैं?

इस बारे में जानने के लिए, आर.टी.आई. के तहत भारतीय जीवन बीमा निगम के साथ एक नई स्टोरी की पड़ताल शुरू की गई।

शुरुआत के तौर पर, 18 अक्टूबर 2007 को मुंबई स्थित एल.आई.सी. के मुख्यालय में एक आर.टी.आई. आवेदन[25] किया गया। उनसे पूछा गया कि ग्राहकों को अपनी बंद हो चुकीं पॉलिसियों को चालू करने के लिए कितनी समय सीमा दी जाती है, और पिछले सात वर्षों के दौरान, यानी 2000–01 से 2006–07 तक, कुल कितनी पॉलिसियां प्रीमियम जमा नहीं होने के चलते पूरी तरह से बंद हो चुकी थीं। उनका जवाब[26] आया: "पॉलिसी धारक अपनी पॉलिसी को जमा नहीं किए गए पहले प्रीमियम की तारीख से लेकर पांच वर्ष के अंदर कभी भी दोबारा चालू कर सकता है।" उन्होंने वर्ष-दर-वर्ष पूरी तरह से बंद कर दी गईं पॉलिसियों की संख्या भी उपलब्ध कराई। जब पिछले सात वर्षों में ऐसी सभी बंद हो चुकी पॉलिसियों की संख्या जोड़ी गई, तो यह संख्या 5,91,96,235 आई[27]। जैसा कि अनुमान था, एल.आई.सी. की स्थाई तौर पर बंद हो चुकीं पॉलिसियों से हुई कुल कमाई के प्रश्न पर उन्होंने जवाब दिया: "सूचना उपलब्ध नहीं हैं।"[28]

यह मानते हुए कि उनके द्वारा दिया गया करीब 5.92 करोड़ रद्द पॉलिसियों का आंकड़ा सही था, उत्सुकता जागी कि इस तरह से कमाई गई यह बेतहाशा धनराशि आखिर कहां गई होगी? अगर यह मान लिया जाए कि ऐसी हर पॉलिसी के लिए उनके बंद होने तक महज 2000 रुपये का ही प्रीमियम दिया गया रहा हो, तो इस हिसाब से भी एल.आई.सी. ने तकरीबन 118.4 अरब की कमाई की होगी। मैंने इस मामले की तह तक जाने का निर्णय लिया।

अधिक सूचना प्राप्त करने के लिए, एल.आई.सी. के प्रबंध निदेशक, ए.के. दासगुप्ता के समक्ष प्रथम अपील फाइल की गई। उन्होंने जवाब[29] दिया: "बिंदु संख्या 4 में किसी भी पॉलिसी के लिए मांगी गई सूचना भ्रामक है, क्योंकि प्रतिस्पर्धी बाजार में एल.आई.सी. पर आने वाले खर्च इसमें शामिल नहीं है। इसीलिए, यह आर.टी.आई. कानून के अनुच्छेद 8(1)(घ) के अंतर्गत छूट प्राप्त है।"

---

[25] लेखक द्वारा भारतीय जीवन बीमा निगम, मुंबई को।

[26] लेखक को एल.आई.सी. से पत्र संख्या CO/RTI/File No. 227 दिनांक 26 नवंबर 2007 मिला।

[27] Ibid.

[28] Ibid.

[29] लेखक को एल.आई.सी. से पत्र संख्या CO/RTI/File No. 227 दिनांक 6 जनवरी 2008 मिला।

चूंकि प्रथम अपील से ज़रूरी सूचना पाने में मदद नहीं मिली, इसलिए अगला विकल्प सी.आई.सी. के समक्ष दूसरी अपील दाखिल करना था, लेकिन मुझे पता था कि सी.आई.सी. ऐसी ढेरों याचिकाओं और शिकायतों के बोझ से दबा हुआ था जिनका निबटारा होने में महीनों का समय लगता था और, मेरे ख्याल से, इससे सूचना का उद्देश्य ही समाप्त हो जाता। इससे ज्यादा उपयुक्त विकल्प पर विचार करके, एल.आई.सी. के अध्यक्ष को पत्र लिखकर उनसे ज़रूरी सूचना का निवेदन किया गया। लेकिन यह तरकीब भी बेअसर रही क्योंकि अध्यक्ष की ओर से कार्यकारी निदेशक, सुश्री थैंकॉम टी. मैथ्यू ने कहा:[30] "यदि आप प्रथम अपील अधिकारी के आदेश से असंतुष्ट हैं, तो सी.आई.सी. में अपील कर सकते हैं।" अब सी.आई.सी. के पास जाने के अलावा कोई विकल्प नहीं था। इसीलिए, सी.आई.सी. के समक्ष दूसरी अपील दाखिल की गई।

उस समय ए.एन. तिवारी सूचना आयुक्त थे जो बाद में मुख्य सूचना आयुक्त भी बने। याचिका के जवाब में, उन्होंने 5 दिसंबर 2008 को एल.आई.सी. के पक्ष में निर्णय[31] देते हुए कहा, "मांगी गई सूचना को प्रकट करने की कोई बाध्यता नहीं है।" अपने प्रस्तुतीकरण[32] में एल.आई.सी. ने अन्य बातों के अलावा कहा कि: "पहले पांच वर्ष में किसी बीमा कंपनी को मृत्यु के दावों, पॉलिसी असमय बंद होने और पॉलिसी छोड़ने की वजह से नुकसान होता है। इसीलिए, बंद हुई पॉलिसियों की वजह से एल.आई.सी. को बहुत नुकसान हुआ है।"

यह स्टोरी 24 दिसंबर 2008 को *इंडिया टुडे* [33] की वेबसाइट पर डाली गई, और 7 जनवरी 2009 के *इंडिया टुडे* (हिंदी) में प्रकाशित हुई। खबर का शीर्षक था: "पिछले 7 वर्ष में बंद हुई 5.91 करोड़ एल.आई.सी. पॉलिसियां।" यह महज 300 शब्दों की स्टोरी थी और इसका वांछित असर पड़ा। इसके छपने के एक महीने के अंदर कई अग्रणी अखबारों में एक विज्ञापन[34] दिखाई दिया जो बंद हो चुकीं पॉलिसियों को फिर से चालू करने से जुड़ी एक नई योजना से संबंधित था। विज्ञापन में कहा गया था, "*क्या आपकी पॉलिसी बंद हो चुकी है?* एल.आई.सी. 19.01.2009 से 28.02.2009 तक एक विशेष अभियान शुरू कर रहा है। पहली बार, 5 वर्ष से अधिक समय से बंद हो चुकीं पॉलिसियों को फिर से चालू करने के लिए...।"

---

[30] पत्र संख्या RTI/CO/46A/K.S.दिनांक 27 फरवरी 2008

[31] See http://www.rti.india.gov.in/cic_decisions/AT-05122008–03.pdf, accessed December 27, 2016.

[32] Ibid.

[33] See http://indiatoday.intoday.in/story/5.91+crore+LIC+policies+discontinued+in+7+years/1/23493.html, accessed December 27, 2016.

[34] यह 18 जनवरी 2009 को और इसके बाद भी अनेक दैनिक समाचारपत्रों में प्रकाशित हुआ था।

यह स्पष्टतः खबर का ही प्रभाव था। एल.आई.सी. के कस्टमर रिलेशंस प्रबंधन विभाग के एक अधिकारी ने इसकी पुष्टि की, जब उन्होंने कहा: "हमने पॉलिसी फिर से चालू करने की यह योजना पहली बार एक प्रयोग के तौर पर शुरू की है। पॉलिसीधारकों से मिली प्रतिक्रिया का आकलन करने के बाद, हम यह निर्णय लेंगे कि हमें अपने नियमों के बारे में आगे क्या करना है।"[35] प्रबंधन निदेशक ए.के. दासगुप्ता ने भी इस बात की पुष्टि की कि यह एल.आई.सी. के इतिहास में अपनी तरह का पहला अभियान है जब उन्होंने कहा:[36]

> "पांच वर्ष से अधिक समय से बंद हो चुकीं पॉलिसियों को फिर से चालू करने की अनुमति पहली बार 19 जनवरी 2009 से लेकर 28 फरवरी 2009 तक चले विशेष अभियान के दौरान दी गई। विगत वर्षों में, एल.आई.सी. ने 5 वर्षों से ज्यादा समय से बंद पॉलिसियों को फिर से चालू करने की मंजूरी रुटीन के तौर पर दी थी और कोई विशेष नवीनीकरण अभियान नहीं चलाया गया था।"

इसके अलावा, उन्होंने लाभार्थियों के आंकड़े भी उपलब्ध कराए:[37] "5 वर्ष से अधिक समय से बंद हो चुकीं कुल 14,221 पॉलिसियों को इस अभियान के तहत फिर से चालू किया गया।"

यह संतोष की बात थी कि इस छोटे से प्रयास से इतनी बड़ी संख्या में पॉलिसीधारकों को लाभ मिला।

बाद में, *इंडियन एक्सप्रेस* से जुड़ने के बाद, बंद हो चुकीं इसी तरह की पॉलिसियों के ब्यौरे प्राप्त करने के लिए एक और आवेदन किया गया। एल.आई.सी. के नवीनतम आंकड़ों[38] का इस्तेमाल करते हुए वैसी ही एक खबर *इंडियन एक्सप्रेस* में छपी कि वर्ष 2005–06 से वर्ष 2011–12 के दौरान 4.42 करोड़ पॉलिसियां बंद हुईं। लेकिन एल.आई.सी. ने फिर से यह बताने से मना कर दिया कि पॉलिसीधारक अपना आखिरी प्रीमियम जमा करने की तारीख तक उन पॉलिसियों के नाम पर कितना प्रीमियम जमा कर चुके थे। मेरे संस्थान पर इसका क्या प्रभाव पड़ा इसका पता मुझे तब चला जब तत्कालीन प्रधान संपादक शेखर गुप्ता ने सी.आई.सी. के सम्मेलन में इसका उल्लेख किया। कुछ समय के लिए एल.आई.सी. ने *इंडियन एक्सप्रेस* को विज्ञापन देना बंद कर दिया था।

---

[35] See http://indiatoday.intoday.in/story/LIC+launches+first+campaign+to+revive+policies+lapsed+for+over+5+years/1/25771.html, accessed December 27, 2016.

[36] लेखक द्वारा दाखिल आर.टी.आई. पर 18 जून 2009 को मिला जवाब।

[37] Ibid.

[38] See http://archive.indianexpress.com/news/lic-forfeits-money-lying-in-4.42-crore-lapsed-policies/915461/, accessed December 27, 2016.

दिनांक 1 मार्च 2012 को एल.आई.सी. के पास एक और आवेदन दाखिल किया गया जिसमें वर्ष-वार यह सूचना मांगी गई थी कि "एल.आई.सी. ने 2005 से बंद पॉलिसियों के नाम पर कितनी जमा राशि जब्त की थी।" उन्होंने जवाब दिया:[39]

> किसी पॉलिसी के बंद होने की तिथि तक जमा कुल राशि के आंकड़े उपलब्ध नहीं हैं क्योंकि हमारे रोजमर्रा के किसी भी उद्देश्य के लिए इसका हिसाब नहीं लगाया जाता। इन पॉलिसियों के तहत प्रीमियम के भुगतान के लेनदेन को जाने बिना इसका हिसाब नहीं लगाया जा सकता है। प्रतिवर्ष प्रीमियम के भुगतान के लेनदेनों की संख्या लगभग 50 करोड़ है।

दिलचस्प है कि एल.आई.सी. प्रत्येक पॉलिसी पर प्रीमियम भुगतान का समय याद दिलाने के लिए सूचना भेजती है जिसके साथ प्रीमियम की राशि भी दी जाती है। पहले की एक अपील में, जिस पर ए.एन. तिवारी ने निर्णय दिया था, उसमें क्षेत्रीय कार्यालयों के आधार पर सूचना मांगी गई थी और इस पर उन्होंने कहा था कि "एल.आई.सी. के क्षेत्रीय कार्यालय मुख्यालय को रिटर्न दाखिल करते समय यह सूचना तैयार करते हैं। लेकिन आवेदन ने इन बंद पॉलिसियों में जमा कुल प्रीमियम संबंधी जिस सूचना का निवेदन किया है, ऐसी कोई सूचना कभी एकत्रित नहीं की गई है और इसीलिए यह हमारे पास उपलब्ध नहीं है।" 1 मार्च 2012 को दाखिल एक नए आवेदन में महज यह पूछा गया कि बंद पॉलिसियों के लिए दिए गए प्रीमियम के अंतिम भुगतान की तारीख तक वर्ष-वार आधार पर कुल जमा राशि बताएं। लेकिन फिर से बचकाना जवाब आया कि वे इस तरह के आंकड़े नहीं रखते हैं। यह अविश्वसनीय था कि एल.आई.सी. के पास उन बंद पॉलिसियों के प्रीमियम के भुगतान की आखिरी तारीख तक जमा कुल राशि का कोई ब्यौरा मौजूद नहीं था।

एल.आई.सी. की सी.पी.आई.ओ., सरोज दिखाले के फैसले के विरुद्ध फिर से प्रथम अपील दाखिल की गई। पहले की तरह, प्रथम अपील अधिकारी, सुशोभन सरकार ने सी.पी. आई.ओ. के निर्णय[40] को बरकरार रखा। जब सी.आई.सी. का दरवाजा खटखटाया गया, तो तत्कालीन सूचना आयुक्त दीपक संधू ने एल.आई.सी. के तर्क से संतुष्ट होकर एल.आई.सी. के पक्ष में फैसला[41] सुनाया। अपने 22 अगस्त 2013 के निर्णय में, उन्होंने कहा:

> "प्रतिवादियों के जवाब सुनने के बाद और रिकॉर्ड में मौजूद तथ्यों को जानने के बाद, आयोग इस बात से संतुष्ट है कि जिस प्रकार की सूचना याचिकाकर्ता द्वारा मांगी गई है, उसका रखरखाव लोक प्राधिकरण द्वारा नहीं किया जाता है और इसीलिए उपलब्ध नहीं

---

[39] लेखक को एल.आई.सी. से मिला दिनांक 9 अप्रैल 2012 का जवाब।

[40] CO/RTI/VN/9F/S Yadav दिनांक 18 मई 2012

[41] See http://rti.india.gov.in/cic_decisions/CIC_DS_A_2012_002278_M_117586.pdf, accessed December 27, 2016.

> कराया जा सकता है.... प्रथम अपील अधिकारी ने 15 नवंबर 2011 तक पांच वर्ष से अधिक समय से बंद स्थिति में मौजूद पॉलिसियों की संख्या के आंकड़े वर्ष-दर-वर्ष आधार पर उपलब्ध कराए हैं।

एक तरफ, एल.आई.सी. ने दृढ़ता के साथ सी.आई.सी. के समक्ष विवादित दावे पेश किए कि उन्हें बंद पॉलिसियों की वजह से बहुत अधिक नुकसान हुए हैं, दूसरी तरफ यह तथ्य है कि एल.आई.सी. ने उन पॉलिसियों से प्रीमियम के तौर पर प्राप्त धनराशि के ब्यौरे उपलब्ध नहीं कराए। यह प्रत्यक्षतः एल.आई.सी. की तरफ से मुश्किल सवालों से बचकर निकलने का एक प्रयास दिखता है। बहुत कुछ पड़ताल किए जाने की ज़रूरत है और एल.आई.सी. की गोपनीय कार्यशैली का पर्दाफाश करने की भी ज़रूरत है। और हम ऐसा कर सकते हैं क्योंकि एल.आई.सी. सार्वजनिक क्षेत्र की बीमा कंपनी है और आर.टी.आई. के प्रति जवाबदेह है। जिस तरह से निजी बीमा कंपनियों के एजेंट भी पुरानी पॉलिसियों को जारी रखने पर ध्यान देने की जगह लुभावनी पेशकश देकर नई पॉलिसियां खरीदने के लिए जोर देते हैं, ऐसे में हम कामना करते हैं कि वे भी पारदर्शिता कानून के अंतर्गत आएं। अगर ऐसा होता है, तो कई असरदार खबरें बाहर लाई जा सकती हैं और बीमा व्यवसाय के कई छुपे तथ्यों को भी उजागर किया जा सकता है। ऐसे खुलासों से अंततः आम आदमी को ही फायदा पहुंचेगा।

हथियारबंद आदमी

संयुक्त राष्ट्र संघ मुख्यालय में आयोजित आठवें विश्व हिंदी सम्मेलन को कवर करने के लिए, 13–15 जुलाई 2007 को न्यूयॉर्क की एक छोटी-सी यात्रा के दौरान मुझे स्वीडन के कलाकार कार्ल फ्रेडरिक रायटर्सवर्ड की मशहूर शांति समर्थक स्कल्प्चर 'नॉटेड गन' को देखने का मौका मिला। स्कल्प्चर संयुक्त राष्ट्र मुख्यालय के बाहर लगे इस में एक .45 कैलिबर की कॉल्ट पाइथन रिवॉल्वर दर्शाई गई है जिसकी नली को मरोड़कर गोली को रोकने के अंदाज में गांठ बंधी हुई है। उन्नीस सौ अस्सी के दशक आखिरी वर्षों में बनाई गई और लक्जमबर्ग सरकार द्वारा 1988 में यू.एन. को भेंट की गई यह मूर्ति, मूर्तिकार के मित्र जॉन लेनन की हत्या से प्रेरित थी।

मेरा ताल्लुक उत्तर प्रदेश से है और यह ऐसा राज्य है जहां बंदूक ताकत और हैसियत का एक जाना-पहचाना और डरावना प्रतीक है, ऐसे में मुझे भी 'नॉटेड गन' हिंसा के खिलाफ एक जबर्दस्त अभिव्यक्ति लगी। 'नॉटेड गन' ने एक स्टोरी का आइडिया दिया: भारत में रहने वाले व्यक्तियों को जारी हथियार लाइसेंस की जिलावार और राज्यवार संख्या उजागर करना।

यह मानना पड़ेगा कि सिर्फ कुछेक मामलों में और कुछ खास परिस्थितियों में किसी नागरिक को आत्मरक्षा के लिए हथियार रखने की ज़रूरत महसूस हो सकती है। लेकिन जिस देश में राष्ट्रपिता महात्मा गांधी द्वारा प्रचारित अहिंसा का रास्ता देशवासियों के

लिए जीवन जीने का एक तरीका बताया जाता हो, वहां क्या यह दुख की बात नहीं है कि हथियार का इस्तेमाल करना, उसे पाना और रखना उस देश के कई हिस्सों में जीवन का हिस्सा बन चुका है? आत्म-रक्षा के नाम पर दिए गए इन असलहों का इस्तेमाल कई बार अपराध के लिए और लाइसेंसधारक के आस-पास के लोगों में दहशत जताने के लिए किया जाता है। चित्र 8.2 *इंडियन एक्सप्रेस* में 7 फरवरी 2014 को छपे एक लेख में, लाइसेंस जारी करने से संबंधित ब्यौरे प्रदान करता है।

तथ्य यह है कि लाइसेंसी हथियारों का इस्तेमाल सिर्फ 'आत्मरक्षा' के लिए नहीं होता। राष्ट्रीय अपराध रिकॉर्ड ब्यूरो (एन.सी.आर.बी.) के आंकड़ों के अनुसार, 2008–13 के

चित्र 8.4: देश के आधे हिस्से में लगभग 20 लाख निजी लाइसेंसी हथियार

Nearly 20 lakh private arms licensed in half the country

Over 6,000 to a district; UP has 11 lakh licences and 21 districts in top 50

SHYAMLAL YADAV
NEW DELHI, FEBRUARY 6

GOVERNMENTS across the country have issued 19.80 lakh private gun licences in 324 districts, or in just under half the country's 671 districts.

States that have suffered terrorism and those with poor social indicators top the list. Uttar Pradesh, which has 16.50 per cent of the country's population, has issued 11.23 lakh private licences, according to a government affidavit filed in the Allahabad High Court last year. The district-wise data were received over four years from queries sent to 600 districts; many didn't respond. For the 324 that did, the average works out to 6,113 licences per district.

The replies throw up sharp contrasts. Of the 50 districts on top of the list, 21 are in UP. These include Lucknow, Varanasi, Moradabad, Ghaziabad, Muzaffarnagar, Meerut, Bareilly and Azamgarh.

Punjab accounts for another 11 of these 50 districts. These include Patiala, Tarn Taran, Ferozpur, Ludhiana, Hoshiarpur, Sangrur and Jalandhar and Muktsar Sahib.

The figures are for non-prohibited bores, issued by district administrations. Licences for prohibited bores are issued by the Centre.

When *The Indian Express* wrote to the UP government, it responded that it does not maintain such data. The affidavit in which it declared the number of private licences was filed on October 9, 2013. The 11.23 lakh private licences contrast with just 2.5 lakh with the state's police force.

A division bench comprising Justices Abdul Mateen and Sudhir Kumar Saxena observed, "Arming society to such an extent rings a danger bell. In fact, the state is sitting on a volcano." The court found that at least 6,000 persons facing criminal trials have also been issued arms licences in UP. Besides, the state declared 50,000 applications are pending with the district authorities in Lucknow. District authorities in this state are known to get recommendations from politicians for licences to be issued to certain people.

Lucknow district alone has 48,436 licensed weapons, a number that not only outmatches Gujarat, where the statewide total is 44,882, but also dwarfs Thiruvananthapuram district in Kerala, which has 595 as per replies from the district authorities.

When one applies for a private licence, the cause cited is invariably "self-defence" and the licence is eventually granted on the ground. Once the arms and licences were in hand, they were used to commit at least 2,012 murders in the five years from 2008 to 2012, National Crime Records Bureau data show.

When *The Indian Express* wrote to state governments, very few of them could give a total for private arms licences issued, while the home ministry couldn't give a nationwide figure. The one figure the ministry could give, 2,191, was for private licences issued for prohibited bores until last year. "Non-prohibited bore licences are issued by state government/district magistrate concerned and no data at present is available with MHA," it responded to an RTI application.

The ministry in March 2009 had asked state governments how many arms licences had been issued by states and DMs. In a circular on April 6, 2010, it wrote, "It has been decided to maintain a database as may be specified and share the data with the Central Government which shall maintain a national database." But sources in the ministry say most of the states did not even respond.

The Indian Express approached every state's director general of police and home department. Only Gujarat, Haryana, Nagaland, Meghalaya, Andaman & Nicobar, Delhi and Tripura provided the numbers, while UP's figure comes from its affidavit. Most other states suggested that district magistrates be approached instead.

The Election Commission, which calls for surrender of licensed weapons during polls, forwarded the queries to the states.

The data eventually collected for this report comes after 700 RTI applications to district administrations over four years.

ARMED AND DANGEROUS

2,012 Number of murders with private licensed arms in the 5 years from 2008 to 2012, as per NCRB data. While applying for the licences, most say they need the arms for self-defence

11 of the 50 districts that issued the most licences are in Punjab. These include Jalandhar, Muktsar, Tarn Taran

21 Of the **50 districts** on top of the private licence list are in **Uttar Pradesh**; these include **Bareilly, Ghaziabad, Farrukhabad, Banda, Jhansi, Varanasi, Barabanki, Muzaffarnagar, Meerut and Lucknow**

19,80,665 Licensed arms in **324 districts.** These represent roughly half the country's **671 districts**

6,113 Average licences per district

STATE OVER DISTRICT

GUJARAT	LUCKNOW
44,796	48,436

STATE BY STATE

UTTAR PRADESH*	11,23,000
HARYANA	1,44,543
DELHI	63,329
NAGALAND	57,123
GUJARAT	44,882
MEGHALAYA	12,291
TRIPURA	2,942
ANDAMAN AND NICOBAR	2,931
SIKKIM	2,881

* As per state govement affidavit in Allahabad High Court

495 LICENCES IN THIRUVANANTPURAM, LOWEST FOR ANY STATE CAPITAL

2,191 private licenses issued for prohibited bores by home ministry; state, district figures are for non-prohibted bores

DISTRICT BY DISTRICT

Lucknow	48,436
Bareilly	45,917
Agra	42,977
Patna	36,772
Gurdaspur	35,794
Bathinda	35,152
Ludhiana	26,726
Moradabad	25,693
Meerut	25,586
Mainpuri	23,824
Jalpaiguri	23,775
Tarn Taran	23,442
Kota	22,437
Hoshiarpur	21,503
Jalandhar	20,289
Unnao	20,110
Jhansi	19,875
Ghaziabad	15,363
Muzaffarnagar	15,341
Murshidabad	15,259
Nainital	14,480

HOME MINISTRY couldn't provide details of private licences issued. Nor could many state governments. Among districts, many in Bihar, Orissa, Tamil Nadu, Rajasthan, Haryana, Chhattisgarh, Jharkhand, UP did not respond.

THESE DATA ARE FOR VARIOUS DATES. AS THE INFORMATION WAS ACCESSED OVER A FOUR-YEAR PERIOD FROM 2009

स्रोत: इंडियन एक्सप्रेस (7 फरवरी 2014)

छह वर्ष की अवधि के दौरान देश भर में कम से कम 2,336 (2008 में 574, 2009 में 371, 2010 में 340, 2011 में 404, 2012 में 323, 2013 में 324) लोगों की हत्या निजी लाइसेंसी हथियारों से की गई थी। इन आंकड़ों में वे घटनाएं शामिल नहीं हैं जिनमें लोगों की मृत्यु हो गई और आई.पी.सी. की धारा 304 (हत्या की श्रेणी में नहीं आने वाली गैर-इरादतन हत्या) के आधार पर मामला दर्ज हुआ था। निस्संदेह, गैर-लाइसेंसी हथियारों से की जाने वाली हत्याएं ज्यादा हैं, लेकिन उत्तर प्रदेश में कहा जाता है कि बहुत-से लाइसेंसधारक प्रायः एक लाइसेंसी हथियार की आड़ में कुछ अवैध हथियार भी रख ही लेते हैं। जो भी हो, लाइसेंसी हथियारों से की गई हत्याओं की इतनी अधिक संख्या परेशान कर देने वाली है और यह दिखा रही है कि उनका बड़े पैमाने पर गलत इस्तेमाल हो रहा है; लोग इनका इस्तेमाल 'आत्मरक्षा'[42] या 'आत्मसुरक्षा'[43] की जगह 'अपराध' के लिए कर रहे हैं।

आज की नई वैश्विक व्यवस्था में, भारत भी अपने हिस्से का सामाजिक-आर्थिक उथल-पुथल, आतंकवाद, और छद्मयुद्ध झेल रहा है। यह स्वाभाविक है, इसीलिए जो राज्य आतंकवाद की विपदा से सर्वाधिक प्रभावित हैं और जिनमें सामाजिक विकास सूचकांकों की दशा खराब है, उन्हीं राज्यों में लोगों के बीच बंदूक के लाइसेंस की मांग भी सबसे ज्यादा है।

न्यूयॉर्क से वापस लौटकर, मैं गृह मंत्रालय और राज्य सरकारों में अपने विभिन्न संपर्क सूत्रों से मिला, लेकिन यह जानकर हैरान रह गया कि उनके पास हथियारों से संबधित कोई देशव्यापी आंकड़े नहीं थे। इसके बाद, कई महीनों तक देश भर में पुलिस और प्रशासन में कार्यरत दोस्तों से चर्चा की और यह जानने के कई प्रयास किए कि यह सूचना कैसे और कहां से प्राप्त की जा सकती है। इन अनौपचारिक बातचीत में कुछ दिलचस्प तथ्य सामने आए। सबसे गरीब प्रदेशों में से एक और अपराधों के लिए सबसे अधिक आशंका वाले राज्य उत्तर प्रदेश में, बहुत-से जिला मजिस्ट्रेटों ने बताया[44] कि उनके पास स्थानीय नेताओं और वरिष्ठ अधिकारियों से असामान्य रूप से बड़ी तादाद में हथियारों के लाइसेंसों के लिए सिफारिशें आती हैं। मुझे बताया गया कि इन सिफारिशों की तादाद रोजगार के लिए और नागरिकों के लिए अत्यधिक आवश्यक सुविधाओं जैसे कि पीने योग्य पानी, बिजली, सड़क और अन्य आधारभूत सुविधाओं आदि के लिए आने वाली सिफारिशों से बहुत अधिक होती है। यहां सांसदों, विधायकों, अन्य राजनीतिक लोगों, वरिष्ठ अधिकारियों, डॉक्टरों, इंजीनियरों, ठेकेदारों और व्यापारियों को, यानी समाज के सभी तबकों को अपने लिए, अपने समर्थकों के लिए, और अपने खास लोगों के लिए हथियार का लाइसेंस चाहिए।

---

[42] अधिकांश आवेदक अस्त्रों का लाइसेंस पाने के लिए यही कारण बताते हैं।

[43] Ibid.

[44] लेखक के साथ एक अनौपचारिक बातचीत में।

हालांकि केंद्र और राज्य सरकारों के कुछ संपर्क सूत्रों ने स्टोरी के इस विषय की बहुत सराहना की और वे इस बारे में सुझाव और सलाह देने के इच्छुक भी दिखे, लेकिन जल्द ही मुझे अहसास हो गया कि मैं इनसे इतने की ही उम्मीद रख सकता हूं। साफ था कि ज़रूरी सूचना प्राप्त करने का कोई अनौपचारिक तरीका नहीं था और इसी कारण आर.टी.आई. कानून ही एक रास्ता था।

इसीलिए, 8 अक्टूबर 2009 को गृह मंत्रालय के पास एक आर.टी.आई. आवेदन भेजा गया, जिसमें उनसे आवेदन की तिथि तक देशभर में जारी किए गए निजी हथियारों के लाइसेंस (प्रतिबंधित बोर और गैर-प्रतिबंधित बोर के हथियारों की अलग-अलग) संख्या देने का अनुरोध किया गया। उनसे पूछा गया: क्या गृह मंत्रालय के पास देश भर में लोगों को जारी किए गए निजी हथियारों के लाइसेंसों की कोई अनुमानित संख्या (किसी भी स्रोत से) राज्य-वार उपलब्ध है? क्या गृह मंत्रालय के पास देश में अवैध हथियारों से संबंधित कोई अनुमान उपलब्ध है? यदि हां, तो कृपया राज्यवार यह संख्या उपलब्ध कराई जाए। लेकिन इस आर.टी.आई. का कुछ ऐसा जवाब मिला कि फिर सूचना निकलवाने के लिए 700 से अधिक आर.टी.आई. आवेदन करने पड़े, जिसमें अन्य के अलावा सभी जिला मजिस्ट्रेट भी शामिल थे, और इतनी बड़ी संख्या में आर.टी.आई. दाखिल करने और लगभग चार वर्ष का समय खर्च करने के बाद भी लगभग आधे देश की स्थिति ही स्पष्ट हो पाई। यह अहसास हुआ कि जवाब देने वाले कई जिला लाइसेंस अधिकारियों की मोटी-चमड़ी से लड़कर राष्ट्रव्यापी आंकड़े प्राप्त करना लगभग असंभव होगा।

गृह मंत्रालय ने शुरुआती जवाब में कहा कि हथियारों के लाइसेंस जारी करना राज्य का विषय है, इसलिए सूचना सिर्फ वहीं से मिल सकती है। लेकिन हां, उन्होंने निजी व्यक्तियों को जारी किए गए प्रतिबंधित बोर के हथियारों के लाइसेंसों की कुल संख्या दी जो 2,191 थी।[45] प्रतिबंधित बोर के हथियारों के लाइसेंस केंद्र सरकार द्वारा जारी किए जाते हैं इसीलिए मांगी गई सूचना उनके पास उपलब्ध थी। गैर-प्रतिबंधित बोर के हथियार के लाइसेंसों के बारे में गृह मंत्रालय को कोई खबर नहीं थी। यह हैरान करने वाला था कि देश में तब तक तेजी से हो रहे कंप्यूटरीकरण के बावजूद, सरकार ने इस मामले में पूरे देश के लिए एकल पॉइंट डाटाबेस तैयार करने की ज़रूरत महसूस नहीं की।

अगले छह महीनों में, यह सूचना पाने के लिए शब्दों में कुछ बदलाव के साथ तीन अर्जियां दाखिल की गईं, लेकिन इन सभी पर एक ही जवाब[46] दिया गया: "गैर-प्रतिबंधित बोर के हथियारों के लाइसेंस संबंधित राज्य सरकारें/जिला मजिस्ट्रेट जारी करते हैं और गृह मंत्रालय के पास इस संबंध में कोई आंकड़े उपलब्ध नहीं हैं।" इस सबके बीच, 4 दिसंबर

[45] लेखक की आर.टी.आई. पर गृह मंत्रालय का दिनांक 18 जनवरी, 2012 का जवाब।

[46] आर.टी.आई. पर गृह मंत्रालय का दिनांक 28 जून, 2010 का जवाब।

2009 को गृह मंत्रालय ने यह सूचित[47] करने की कृपा की: "दिनांक 2 मार्च 2009 को राज्य/केंद्र शासित प्रदेशों के पास एक अनुरोध भेजा गया था कि उनके द्वारा हथियारों के कितने लाइसेंस जारी किए गए हैं। कोई निश्चित समय सीमा निर्धारित नहीं की गई थी। इस मामले में अभी तक किसी भी राज्य/केंद्र शासित राज्य से कोई सूचना प्राप्त नहीं हुई है।"

बाद में गृह मंत्रालय ने राज्य सरकारों को हथियारों के लाइसेंस संबंधित एक आदेश[48] जारी किया, जिसमें कहा गया था: "यह निर्णय लिया गया है कि एक डाटाबेस तैयार किया जाएगा और निर्दिष्ट किए गए ढंग से सूचना को केंद्र सरकार के साथ साझा किया जाएगा ताकि एक राष्ट्रीय डाटाबेस तैयार हो। राष्ट्रीय डाटाबेस का रख-रखाव केंद्रीकृत रूप से गृह मंत्रालय करेगा और इसमें प्रतिबंधित बोर के हथियारों से संबंधित आंकड़े भी शामिल होंगे।"

दुर्भाग्यवश, इस शासनादेश का वांछित प्रभाव नहीं हुआ क्योंकि अधिकतर राज्य सरकारों ने इसकी अनदेखी की। चूंकि मांगी गई सूचना नहीं मिली थी, इसलिए अगले कदम के रूप में इसी तरह के आर.टी.आई. आवेदन प्रत्येक राज्य के पुलिस महानिदेशक (डी.जी.पी.) और पुलिस आयुक्त (सी.पी.) के पास दाखिल किए गए। परंतु, ये प्रयास भी असफल साबित हुए क्योंकि उनमें से अधिकांश ने जवाब दिया कि लाइसेंस जिला मजिस्ट्रेट द्वारा जारी किए जाते हैं इसलिए उनके पास ऐसे कोई आंकड़े उपलब्ध नहीं हैं। कुछ डी.जी.पी./सी.पी. कार्यालयों ने आवेदन को जिला अधिकारियों के पास भेज दिया। उनमें से कुछ ने जवाब दिया, लेकिन अधिकतर ने नहीं दिया। महज दिल्ली पुलिस ने सूचना उपलब्ध कराई थी।

प्रत्येक जिले में आवेदन दाखिल करना लंबी और थकाऊ प्रक्रिया है, इसीलिए ऐसा करने से पहले प्रत्येक राज्य के प्रमुख सचिव (गृह) के पास नए आवेदन दाखिल किए गए। इस बार गुजरात,[49] हरियाणा,[50] नागालैंड,[51] मेघालय,[52] अंडमान-निकोबार,[53] दिल्ली[54] और त्रिपुरा[55] की सरकारों ने अपने राज्यों में जारी किए गए लाइसेंसों की संख्या उपलब्ध कराई। उ.प्र. सरकार ने जवाब[56] दिया: "प्रतिबंधित बोर के हथियारों के लाइसेंस केंद्र सरकार द्वारा जारी किए जाते हैं और गैर-प्रतिबंधित बोर के हथियारों के लाइसेंस जिला मजिस्ट्रेट द्वारा

---

[47] लेखक को आर.टी.आई. के तहत मिला दिनांक 4 दिसंबर, 2009 का जवाब।

[48] दिनांक 6 अप्रैल, 2010 का परिपत्र जिसे लेखक द्वारा आर.टी.आई. के इस्तेमाल से प्राप्त किया गया।

[49] आर.टी.आई. के तहत, गृह विभाग, गुजरात की ओर से मिले दिनांक 24 मई, 2012 के पत्र के जरिए।

[50] लेखक को आर.टी.आई. पर गृह विभाग, हरयाणा से मिला दिनांक 4 जुलाई, 2012 का जवाब।

[51] लेखक को आर.टी.आई. पर गृह विभाग, नगालैंड से मिला दिनांक 12 जुलाई, 2012 का जवाब।

[52] लेखक को आर.टी.आई. पर गृह विभाग, मेघालय से मिला दिनांक 30 अगस्त, 2012 का जवाब।

[53] लेखक को आर.टी.आई. पर अंडमान और निकोबार प्रशासन से मिला दिनांक 17 मई और 14 मई का जवाब।

[54] लेखक को आर.टी.आई. पर दिल्ली पुलिस से मिला दिनांक 26 अगस्त, 2011 का जवाब।

[55] लेखक को आर.टी.आई. पर गृह विभाग, त्रिपुरा से मिला दिनांक 12 जुलाई, 2012 का जवाब।

[56] लेखक को आर.टी.आई. पर गृह विभाग, उ.प्र. से मिला दिनांक 10 अक्टूबर, 2011 का जवाब।

जारी किए जाते हैं। इसीलिए, राज्य सरकार के स्तर पर ऐसी कोई सूचना नहीं रखी जाती है।" अन्य बचे हुए राज्यों के गृह विभागों ने भी जिला मजिस्ट्रेट के पास जाने की सलाह दी।

फिर, तय किया गया कि प्रत्येक जिले में आवेदन करने के आखिरी विकल्प से पहले एक और उपाय किया जाए। प्रत्येक आम चुनाव से पहले, चुनाव आयोग राज्य सरकारों/जिला मजिस्ट्रेट से निजी हथियारों के लाइसेंस जमा कराने को कहता है। इसलिए, चुनाव आयोग से पूछा गया कि 2009 के आम चुनाव से पहले कितने हथियार जमा कराए गए थे। चुनाव आयोग ने जवाब[57] दिया:

> "स्वतंत्र और निष्पक्ष चुनाव सुनिश्चित करने के लिए, आयोग समय-समय पर हथियारों के लाइसेंस जारी करने पर रोक लगाने, गैर-लाइसेंसी हथियारों और गोला-बारूद जब्त करने, लाइसेंसी हथियारों को जमा करने, हथियारों और गोला-बारूद के परिवहन जैसे मामलों पर निर्देश जारी करता है। इसके बाद मुख्य चुनाव अधिकारियों (सी.ई.ओ.) से कोई जवाब नहीं मांगा जाता।"

इसके बाद प्रत्येक राज्य के मुख्य चुनाव अधिकारियों (सी.ई.ओ.) को आवेदन भेजे गए, जिनमें से कुछ ने इसे प्रत्येक जिले के पास भेज दिया। हालांकि, छोटे-छोटे हिस्सों और अंशों में सूचना प्राप्त हुई, लेकिन यह पर्याप्त नहीं थी। उन्होंने बताया कि सिर्फ संदिग्ध चरित्र वाले लोगों से ही अपने हथियार जमा कराने को कहा जाता है। इससे कोई मदद नहीं मिली।

इसके बाद दो साल बीत गया और नवंबर 2011 में मैं *इंडिया टुडे* छोड़कर *इंडियन एक्सप्रेस* से जुड़ गया, लेकिन निजी हथियारों के लाइसेंसों के देशव्यापी आंकड़े पाने के प्रयास जारी रहे।

अंततः, प्रत्येक जिले में आवेदन भेजने का निश्चय किया। वर्ष 2012 के अंत में और 2013 की शुरुआत में, उस समय के मौजूदा 644 जिलों में से लगभग 600 जिलों को अलग-अलग आर.टी.आई. आवेदन भेजे गए। इससे मुझे यह जानने में भी मदद मिली कि जिला स्तर पर आर.टी.आई. आवेदनों को लेकर गंभीरता का कितना अभाव था। लगभग एक-तिहाई जिलों ने तो आवेदन का जवाब तक नहीं दिया। जवाब देने वाले अधिकांश जिलों ने कोई-न-कोई बहाना बनाकर सूचना देने से मना कर दिया। सवाल बहुत सरल था: "आपके जिले में 31 दिसंबर 2012 तक जारी किए गए हथियारों के लाइसेंसों की कुल संख्या।" लाइसेंस जारी करने की अंतिम तिथि आर.टी.आई. आवेदनों के दाखिल करने की तारीख के अनुसार अलग-अलग थी। मसलन, अगर आवेदन दिसंबर 2012 को दाखिल किया गया, तो सूचना "नवंबर 2012 तक" की मांगी गई।

मिले जवाबों की लंबी सूची से दो बातें स्पष्ट थीं: पहला यह कि इन जवाबों ने लोक प्राधिकरण की मानसिकता को दर्शाया, और दूसरा, इसने साफ तौर पर दिखा दिया कि दी

---

[57] लेखक को आर.टी.आई. पर ई.सी.आई. से मिला दिनांक 23 जनवरी, 2013 का जवाब।

गई तारीख तक उनके जिले में जारी किए गए लाइसेंसों की संख्या उपलब्ध करवाने का उनका कोई इरादा नहीं था। स्पष्ट शब्दों में पूछे गए सवालों के कुछ दिलचस्प और हैरान करने वाले जवाबों से यह पता चला कि जिला अधिकारियों ने सूचना देने से बचने की कोशिश की। यह नीचे दिए गए कुछ जवाबों से स्पष्ट है:

- "हथियारों के लाइसेंस किसी व्यक्ति की सुरक्षा के लिए जारी किए जाते हैं। यह आंतरिक सुरक्षा से संबंधित है। सूचना जनहित में नहीं है, इसलिए यह सूचना प्रदान करना संभव नहीं है।"[58] —कलेक्टर, अलवर, राजस्थान।
- "कृपया लाइसेंस जारी करने की तारीख बताइए जिसके लिए सूचना की ज़रूरत है।"[59] —अतिरिक्त जिला मजिस्ट्रेट, कासगंज, उत्तर प्रदेश।
- "आवेदक द्वारा मांगी गई सूचना तीसरे पक्ष से संबंधित है। ऐसी सूचना तभी मांगी जा सकती है जब बताए गए तीसरे पक्ष ने इसके लिए किसी को अधिकृत कर रखा हो।"[60] —लाइसेंस के प्रभारी अधिकारी, एटा, उत्तर प्रदेश।
- "अगर आप लाइसेंसों के रजिस्टर देखना चाहते हैं, तो आप आकर देख सकते हैं। अगर आप किसी व्यक्ति के लाइसेंस के बारे में सूचना चाहते हैं, तो आप जान सकते हैं।"[61] —पी.आई.ओ., कलेक्टर कार्यालय, मंदसौर, मध्य प्रदेश।
- "दिसंबर 2012 में इस कार्यालय ने गैर-प्रतिबंधित बंदूकों के 27 लाइसेंसों को मंजूरी दी।"[62] —लाइसेंस के प्रभारी अधिकारी, देहरादून, उत्तराखंड।
- "कानून के तहत कॉर्पोरेट निकाय और कानून संबंधी लोग सूचना के लिए आवेदन नहीं कर सकते।"[63] —अतिरिक्त उप-आयुक्त, चिकबल्लापुर, कर्नाटक।
- "सभी लाइसेंस संबंधी आंकड़े तालुका-वार रखे जाते हैं। रजिस्टरों की कुल संख्या 72 है और प्रत्येक रजिस्टर में 500 पृष्ठ हैं। आर.टी.आई. कानून के नियमों के अनुसार खर्च की राशि डाक खर्च के अतिरिक्त रुपये 36000 है।"[64] —जिला मजिस्ट्रेट कार्यालय, अहमदनगर, महाराष्ट्र।
- "31 दिसंबर 2012 को जिला मजिस्ट्रेट ने 13 निजी लोगों को लाइसेंस जारी किए थे।"[65] —लाइसेंस के प्रभारी अधिकारी, इलाहाबाद।

[58] लेखक को आर.टी.आई. पर डी.एम., अलवर, राजस्थान से मिला दिनांक 25 फरवरी, 2013 का जवाब।
[59] लेखक को आर.टी.आई. पर डी.एम., कासगंज से मिला दिनांक 26 फरवरी, 2013 का जवाब।
[60] लेखक को आर.टी.आई. पर डी.एम., ऐटा से मिला दिनांक 26 फरवरी, 2013 का जवाब।
[61] लेखक को आर.टी.आई. पर डी.एम., मंदसौर, म.प्र. से मिला दिनांक 19 मार्च, 2013 का जवाब।
[62] लेखक को आर.टी.आई. पर डी.एम., देहरादून से मिला दिनांक 16 मार्च, 2013 का जवाब।
[63] लेखक को आर.टी.आई. पर डी.सी., चिकबल्लापुर से मिला दिनांक 17 अप्रैल, 2013 का जवाब।
[64] लेखक को आर.टी.आई. पर डी.एम., अहमदनगर से मिला दिनांक 24 अप्रैल, 2013 का जवाब।
[65] लेखक को आर.टी.आई. पर डी.एम., इलाहाबाद से मिला दिनांक 20 मई, 2013 का जवाब।

खुशकिस्मती से लगभग एक-तिहाई जिलों ने पूरी सूचना उपलब्ध कराई। दिल्ली, गुजरात, हरियाणा, नगालैंड, मेघालय, अंडमान-निकोबार और त्रिपुरा की सूचना पहले से मिल गई थी। सूचना को संजोने और उस पर काम करने के बाद मुझे अहसास हुआ कि लगभग आधे देश से सूचना मिली थी। एक ऐसे काम के लिए जो सरकार की जिम्मेदारी थी, 700 से ज्यादा आर.टी.आई. आवेदन दाखिल करने और चार साल खर्च करने के बाद और 600 से ज्यादा जिलों तक सीधी पहुंच बनाने के बाद भी, महज 324 जिलों से ही आंकड़े मिले थे। इस पूरे प्रयास से यह बात जाहिर हुई कि आर.टी.आई. के तहत जिला स्तर के अधिकारियों से सूचना लेना, देश की राजधानी में स्थित शीर्ष सरकारी कार्यालयों और राज्यों की राजधानियों से सूचना लेने के मुकाबले बहुत ही कठिन है।

विभिन्न आर.टी.आई. आवेदनों के जरिए विभिन्न राज्यों से एकत्रित किए निजी हथियारों के लाइसेंस संबंधी आंकड़ों की मुख्य झलकियां और प्राप्त सूचना के विश्लेषण से मिले तुलनात्मक आंकड़े इस प्रकार हैं:

- इन जिलों में, हर 62 घरों में से एक में लाइसेंसी हथियार मौजूद है (324 जिलों के औसत को कुल 644 यानी जिलों की कुल संख्या से गुणा करके, उसे 2011 की जनगणना के मुताबिक कुल घरों की संख्या से विभाजित करने पर पता चला)।
- देश की जनसंख्या का 16.50 प्रतिशत आबादी वाले, उत्तर प्रदेश में निजी लोगों को पूरे देश भर में जारी किए गए हथियारों के लाइसेंसों का करीब 30 प्रतिशत लाइसेंस जारी किया गया (उ.प्र. के जिन जिलों के आंकड़े उपलब्ध थे, उनके औसत को पूरे राज्य का औसत मानक पता चला)।
- यदि हम देश भर में फैले 324 जिलों का औसत लें (324 जिलों में मौजूद कुल हथियारों की संख्या को 324 से विभाजित करके), तो प्रत्येक जिले में 6,113 निजी हथियारों के लाइसेंस जारी किए गए थे।
- कुल 324 जिलों में से सबसे अधिक निजी बंदूक रखने वाले शीर्ष के 50 जिलों में से 21 उत्तर प्रदेश में थे जिनमें लखनऊ, वाराणसी, मुरादाबाद, गाजियाबाद, मुज्जफरनगर, मेरठ, प्रतापगढ़, बरेली, बांदा और आजमगढ़ शामिल हैं।
- कुल 324 जिलों में से सबसे अधिक निजी हथियार लाइसेंस रखने वाले शीर्ष के 50 जिलों में से 11 जिले पंजाब में हैं जिनमें पटियाला, तरण तारण, फीरोजपुर, लुधियाना, होशियारपुर, संगरूर, जलंधर और मुक्तसर साहिब शामिल हैं।
- पूरे गुजरात में महज 44,882 निजी हथियार लाइसेंस थे जबकि अकेले उत्तर प्रदेश की राजधानी लखनऊ में ही ऐसे 48,436 निजी हथियारों के लाइसेंस थे। अन्य राज्यों की सूचना इस प्रकार थी: हरियाणा में 1,44,543, मेघालय में 12,291, त्रिपुरा में 2,942, सिक्किम में 2,881, अंडमान और निकोबार में 2,931, नागालैंड में 57,123 और दिल्ली में 63,329 निजी हथियार लाइसेंस थे।

केंद्र सरकार ने अंततः हथियारों के लाइसेंस का राष्ट्रीय डाटाबेस (एन.डी.ए.एल.) नामक एक परियोजना शुरू की जिसके अंतर्गत 31 मार्च, 2016 से लाइसेंस जारी करने वाले प्रत्येक प्राधिकरण के लिए जारी किए गए प्रत्येक लाइसेंस के ब्यौरे इसमें डालना अनिवार्य किया गया। एन.डी.ए.एल. राष्ट्रीय ई-गवर्नेंस योजनाओं के तहत आप्रवासन, वीजा और विदेशी पंजीकरण एवं ट्रैकिंग (आई.वी.एफ.आर.टी.) का हिस्सा है। लेकिन इसकी अंतिम तारीख बार-बार बढ़ाई जा रही है और नवंबर 2018 तक यह चालू नहीं हो पाया है। वैसे, एक बार यह चालू हो जाए तो देश भर में हथियारों के लाइसेंसों की कुल संख्या जानना संभव हो जाएगा।

एन.डी.ए.एल. परियोजना के अंतर्गत, लाइसेंस जारी करने वाले सभी प्राधिकारणों को यूनीक आइडेंटिफिकेशन नंबर (यू.आई.एन.) निर्मित करने के लिए सभी मौजूदा हथियारों के लाइसेंसों के विवरण अपलोड करना अनिवार्य है। एक कट-ऑफ तारीख देने और इस तिथि के बाद बिना यू.आई.एन. वाले लाइसेंसों को अमान्य घोषित करने के लिए हथियार कानून, 1962 में भी संशोधन[66] किया गया है। गृह मंत्रालय की एक विज्ञप्ति[67] में कहा गया कि एन.डी.ए.एल. के अंतर्गत मौजूद आंकड़ों को "हथियार कानून, 1959 और हथियार नियम, 1962 और अन्य प्रासंगिक नियमों को लागू करने के लिए उपयुक्त नीतिगत बदलावों को कारगर बनाने के लिए इस्तेमाल किए जाने का प्रस्ताव है।"

इस स्टोरी के लिए गृह मंत्रालय, राज्य सरकारों और जिला प्राधिकरणों सहित देशव्यापी स्तर पर किए गए आर.टी.आई. प्रयासों की तेजी के साथ ही हथियारों के लाइसेंस संबंधी डाटाबेस बनाने की प्रक्रिया में तेजी आई। यह स्टोरी *इंडियन एक्सप्रेस* में प्रकाशित हुई थी।[68]

अफजल गुरु से जुड़ी फाइलें

मोहम्मद अफजल गुरु को संसद पर हुए दिसंबर 2001 के आतंकी हमले के आरोप में गिरफ्तार किया गया, उस पर मुकदमा चला, आरोप सिद्ध हुआ और फांसी दी गई। सर्वोच्च न्यायलय ने 4 अगस्त 2005 को उस पर लगे आरोपों की पुष्टि की और उसे मौत की सजा सुनाई, जिसके बाद उसकी पत्नी तबस्सुम अफ़जल ने राष्ट्रपति के समक्ष एक दया याचिका दाखिल की। उसकी फांसी टलती रही और नतीजतन फांसी पर लटकाए जाने की तारीख तक वह सुर्खियों में बना रहा। दिनांक 26 नवंबर 2008 के मुंबई आतंकी हमले के बाद उसका मामला राजनीतिक मुद्दा बन गया। वर्ष 2009 के आम चुनाव में यह मामला बार-बार

---

[66] Vide GSR No. 585(E) dated July 24, 2012: http://www.mha.nic.in/sites/upload_files/mha/files/ArmsRules1962–260813.pdf, accessed February 13, 2017.

[67] गृह सचिव अनिल गोस्वामी द्वारा राज्यों को भेजे गए दिनांक 3 फरवरी, 2015 का पत्र।

[68] http://indianexpress.com/article/india/india-others/nearly-20-lakh-private-arms-licensed-in-half-the-country/, accessed December 27, 2016.

उठाया गया जिसके बाद विपक्षी दलों ने, खासकर भा.ज.पा. ने, उसके मृत्युदंड में हो रही देरी को लेकर यू.पी.ए. सरकार पर दबाव बनाना और उसकी कड़ी आलोचना करना जारी रखा। अंततः, 3 फरवरी 2013 को राष्ट्रपति ने उसकी दया याचिका खारिज कर दी और अफ़ज़ल गुरु को दिल्ली की तिहाड़ जेल में 9 फरवरी 2013 को तड़के फांसी दे दी गई।

राजनीतिक पटल पर आरोपों-प्रत्यारोपों की झड़ी लगी थी। तत्कालीन गृह मंत्री कुछ कह रहे थे, दिल्ली सरकार कुछ और कह रही थी, और राष्ट्रपति का सचिवालय अपनी सफाई पेश कर रहा था। कई आर.टी.आई. आवेदन दाखिल करके, मैंने गृह मंत्रालय, न्याय विभाग, और दिल्ली सरकार से मामले से जुड़े कई सारे दस्तावेज इकट्ठा कर लिए थे। जब गृह मंत्रालय से दिल्ली सरकार के साथ हुए उनके पत्राचार के दस्तावेजों की प्रतियां देने का निवेदन किया गया, तो उन्होंने दस्तावेजों की सूची उपलब्ध करा दी लेकिन उनकी प्रतियां नहीं दीं। इसीलिए, दिल्ली सरकार के पास एक और आवेदन दाखिल किया गया जिसमें उनसे इस पत्राचार की प्रतियां मांगी गईं। दिल्ली सरकार के पी.आई.ओ. काफी मददगार निकले उन्होंने मेरे द्वारा फोटो-प्रतियां के खर्च का भुगतान करने के बाद सूचना[69] दे दी। सभी दस्तावेजों की प्रतियां मिल गईं और चौंका देने वाले तथ्य सामने आए थे।

अफ़ज़ल की पत्नी तबस्सुम ने अक्टूबर 2006 में राष्ट्रपति के समक्ष जो दया याचिका दाखिल की थी, गृह मंत्रालय ने उसी दिन इसे दिल्ली सरकार के पास भेज दिया था क्योंकि जिस सरकार के क्षेत्र में अपराध होता है, मृत्युदंड में दया याचिका के मामले में किसी भी तरह की सिफारिश से पहले, उस सरकार का पक्ष लिया जाता है। गृह मंत्रालय द्वारा कई पत्र और अनुस्मारक भेजे जाने के बाद भी दिल्ली सरकार ने जवाब नहीं दिया था और मामले को लटकाए रखा था।

जहां दिल्ली सरकार इस फाइल पर लगभग चार साल बैठी रही, वहीं पाकिस्तानी आतंकवादी अजमल आमिर कसाब को मुंबई हमले के लिए दिया मृत्युदंड इस मुद्दे को नए सिरे से चर्चा के केंद्र में ले आया। दिनांक 17 मई 2010 को दिल्ली की तत्कालीन मुख्यमंत्री शीला दीक्षित ने बयान दिया कि उनकी सरकार को केंद्र सरकार से ऐसी कोई सूचना प्राप्त नहीं हुई है। मीडिया से बात करते हुए उन्होंने कहा, "मुझे (गृह मंत्रालय से) कोई पत्र प्राप्त नहीं हुआ है। शायद गृह विभाग (दिल्ली सरकार के) को मिला हो।" यह अजीब था क्योंकि वह स्वयं ही गृह विभाग की प्रभारी थीं!

उनका बयान पढ़ने के बाद, मैंने सभी उपलब्ध दस्तावेजों की पड़ताल की और केंद्रीय गृह मंत्रालय, और शीला दीक्षित सरकार के बीच हुए पत्राचार की स्कैन की गई प्रतियां *इंडिया टुडे* के न्यूज पोर्टल पर डाल दीं। दस्तावेज दिखा रहे थे कि गृह मंत्रालय ने इस विषय पर दिल्ली सरकार को 16 पत्र और अनुस्मारक भेजे थे जिनमें से दिल्ली सरकार ने सिर्फ

---

[69] लेखक द्वारा आर.टी.आई. के तहत प्राप्त किए गए दिनांक 24 दिसंबर, 2009 और 15 जनवरी, 2010 के पत्र से।

नौ की प्रतियां दी थीं। ये दस्तावेज दिल्ली की मुख्यमंत्री के बयान को झुठलाने के लिए पर्याप्त थे और इसकी बदौलत अन्य मीडिया संस्थान भी इस विषय पर स्टोरी करने लगे। आखिरकार अगले ही दिन, 18 मई 2010 को शीला दीक्षित ने दिल्ली के उपराज्यपाल के पास फाइल भेजी और उप-राज्यपाल उसी दिन फाइल दिल्ली सरकार को वापस कर दी। इस तरह, दिल्ली सरकार की जिन सिफारिशों का लंबे समय से इंतजार था वह गृह मंत्रालय के पास पहुंच गई जिसे बाद में राष्ट्रपति के पास भेज दिया गया। यह आर.टी.आई. की सफलता थी कि दिल्ली की मुख्यमंत्री को 24 घंटे के अंदर अपना बयान बदलना पड़ा क्योंकि आधिकारिक रूप से मिले सभी दस्तावेज मौजूद थे जिन्हें आर.टी.आई. के बिना हासिल करना निश्चित ही मुश्किल होता।

आरक्षित शौचालय

सरकारी कार्यालयों में जाने और वहां खोजबीन करते हुए, पत्रकारों का कई दिलचस्प लोगों से, चौंकाने वाले व्यवहारों से, और पतनशील परंपराओं से सामना होता रहता है जिनमें से कुछ उनके मन में खबर के आइडिया पैदा करते हैं। मैं इस तरह के अधिकांश विषयों में अक्सर हैरान करने वाली समस्याओं की तह तक जाने और सच्चाई को उजागर करने के लिए आर.टी.आई. आवेदन दाखिल करता हूं। ऐसा ही कुछ यह विषय था जिसमें बहुत-से सरकारी कार्यालयों के सार्वजनिक शौचालयों के बाहर लगे बोर्ड पर लिखा होता है "अधिकारियों के लिए आरक्षित" या "वरिष्ठ अधिकारियों के लिए आरक्षित" या "वी. आई.पी. के लिए आरक्षित"। अनौपचारिक तौर पर, कर्मचारियों ने बहुत हिचकिचाते हुए बताया कि कुछ शौचालय अधिकारियों/वरिष्ठ अधिकारियों के लिए आरक्षित रखे जाते हैं क्योंकि सभी शौचालयों को हर समय साफ-सुथरा रखना मुश्किल होता है। इसके दो मतलब हो सकते हैं: सिर्फ वरिष्ठ अधिकारी ही शौचालयों को साफ रख सकते हैं या सिर्फ वे ही साफ शौचालयों के इस्तेमाल के पात्र हैं। कई वरिष्ठ अधिकारियों के कार्यालय के साथ शौचालय होने के बाद भी, कई सार्वजनिक शौचालयों को अधिकारियों/वरिष्ठ अधिकारियों के लिए आरक्षित रखना हैरान करता था। इस प्रथा में औपनिवेशिक सोच की बू आती है, इसलिए इसके बारे में पता लगाने का फैसला किया गया।

सितंबर 2013 को प्रधानमंत्री कार्यालय, कैबिनेट सचिवालय, डी.ओ.पी.टी., गृह मंत्रालय, विदेश मंत्रालय, पर्यावरण एवं वन मंत्रालय और शहरी विकास मंत्रालय और केंद्रीय लोक निर्माण विभाग (सी.पी.डब्ल्यू.डी.) में अलग-अलग आवेदन किए गए जिनमें उनसे उनके कार्यालय परिसर में शौचालयों की संख्या और उनमें से अधिकारियों/वरिष्ठ अधिकारियों के लिए आरक्षित शौचालयों की संख्या के बारे में पूछा गया। उनसे शौचालयों को वरिष्ठ अधिकारियों के लिए आरक्षित करने के आदेश संबंधी परिपत्रों/निर्देशों की प्रतियों

की भी मांग की गई। अब चाहे इसे औपनिवेशिक सोच की खुमारी कहें या नौकरशाहों के दिलो-दिमाग पर छाए सत्ता का गुमान, लेकिन इनमें से कुछ कार्यालयों में वास्तव में ऐसे निर्देश जारी किए गए थे जिसके तहत कुछ शौचालयों को खास तौर पर कुछ विशिष्ट श्रेणी के और उसके ऊपर के अधिकारियों के लिए आरक्षित किया गया था। यह साफ तौर पर वरिष्ठ अधिकारियों को ज्यादा साफ-स्वच्छ माहौल में हल्का होने की सुविधा देता है और यह चलन अधिकांश सरकारी कार्यालयों में है।

जहां कुछ विभाग यह व्यवस्था अनौपचारिक तौर पर लागू कर रहे थे, वहीं प्रधानमंत्री कार्यालय ने एक परिपत्र जारी किया था:[70]

> "कमरा संख्या 54 (कांफ्रेंस हॉल) से संलग्न शौचालय और कमरा संख्या 153 (कांफ्रेंस हॉल) को खास तौर पर 'सिर्फ अधिकारियों हेतु' चिह्नित किया गया है और केवल अवर सचिव और उससे ऊपर के स्तर के अधिकारियों और पीएमओ में आने वाले गणमान्य व्यक्तियों के इस्तेमाल के लिए ही मान्य है। हालांकि यह देखा गया है जिस स्टाफ को इस शौचालय के इस्तेमाल की अनुमति नहीं है, वे इसका इस्तेमाल करते हैं और उसे गंदा कर जाते हैं। स्टाफ को ऐसे शौचालय के इस्तेमाल की अनुमति नहीं है जिन पर खास तौर से 'केवल अधिकारियों के लिए' अंकित है, इसे नहीं मानने वालों पर प्रशासन उपयुक्त कार्रवाई करने के लिए बाध्य होगा।

प्रधानमंत्री कार्यालय ने आर.टी.आई. आवेदन के जवाब में यह भी कहा कि परिसर में 13 शौचालय हैं, जिनमें से दो वरिष्ठ अधिकारियों के लिए आरक्षित हैं।[71] ऐसा ही एक अन्य परिपत्र तीन साल पहले भी जारी किया गया था।[72]

गृह मंत्रालय ने अपने जवाब में कहा कि नॉर्थ ब्लॉक में 25, एन.डी.सी.सी.-II भवन में 48, और लोकनायक भवन में तीन शौचालय हैं जिनमें से नॉर्थ ब्लॉक में आठ, एन.डी.सी.सी.-II भवन में तीन और लोकनायक भवन में दो शौचालय वरिष्ठ अधिकारियों के लिए आरक्षित हैं। एक तरफ उन्होंने यह स्वीकार किया कि शौचालय अधिकारियों के लिए आरक्षित हैं, वहीं उन्होंने यह भी कहा, "अधिकारियों/वरिष्ठ अधिकारियों के लिए खास तौर पर शौचालय आरक्षित करने हेतु कोई भी निर्देश/आदेश जारी नहीं किए गए हैं।"[73] एम.ओ.ई.एफ. ने जवाब दिया कि उसके मुख्यालय, पर्यावरण भवन, में मौजूद 24 में से तीन शौचालय अधिकारियों/वरिष्ठ अधिकारियों के लिए आरक्षित थे, लेकिन उन्होंने स्पष्ट

---

[70] लेखक द्वारा आर.टी.आई. के जरिए 23 अगस्त, 2013 को प्राप्त की गई प्रतिलिपि।

[71] लेखक को आर.टी.आई. के जरिए प्रधानमंत्री कार्यालय से मिला दिनांक 15 अक्टूबर, 2013 का जवाब।

[72] लेखक द्वारा आर.टी.आई. के जरिए 10 मार्च, 2010 को प्राप्त की गई प्रतिलिपि।

[73] लेखक की आर.टी.आई. पर गृह मंत्रालय से मिला दिनांक 20 नवंबर, 2013 का जवाब।

किया, "अधिकारियों/वरिष्ठ अधिकारियों के लिए खास तौर पर शौचालय आरक्षित करने हेतु जारी निर्देश की प्रतिलिपि उपलब्ध नहीं है।"[74] सी.पी.डब्ल्यू.डी. ने कहा, "ऐसा कोई परिपत्र इस कार्यालय में उपलब्ध नहीं है।"[75] डी.ओ.पी.टी. ने इस संबंध में जवाब दिया, "डी.ओ.पी.टी. ने इस विषय में कोई परिपत्र जारी नहीं किया है।"[76]

जिन विभागों के पास आवेदन दाखिल किए गए थे, उनसे जवाब मिल जाने के बाद एन.एच.आर.सी. के पास एक आवेदन दाखिल करके पूछा गया कि क्या वरिष्ठ अधिकारियों के लिए कुछ शौचालय आरक्षित करना अन्य लोगों के लिए मानवाधिकार का हनन नहीं है। जवाब में, एन.एच.आर.सी. ने मानवाधिकार संरक्षण अधिनियम, 1993 की एक प्रतिलिपि भेज दी और कहा[77] "चूंकि मांगी गई सूचना की कानूनी व्याख्या ज़रूरी है, इसलिए संबंधित कानून की व्याख्या करना और ऐसी अनुपलब्ध सूचना देने की जिम्मेदारी इस लोक प्राधिकरण की नहीं है।"

यह मानते हुए कि भारतीय समाज में भेदभाव और विभाजन का अन्यायपूर्ण चलन है, कम-से-कम सरकारी दफ्तरों के शौचालयों के मामले में इस किस्म के चलन का अनुपालन नहीं करना चाहिए जिससे उनके स्टाफ के बीच भेदभाव पैदा होता हो। चूंकि अब सरकार स्वच्छ भारत मिशन का पालन कर रही है, इसलिए यह उम्मीद की जा सकती है कि स्वच्छता के नाम पर इस आरक्षण का अंत होगा। लेकिन फिलहाल तो यह आरक्षण बदस्तूर जारी है।

मंत्रि-समूहों (जी.ओ.एम.) की गोपनीय सूची

डॉ. मनमोहन सिंह के नेतृत्व वाली यू.पी.ए. सरकार ने कैबिनेट के अंदर मंत्रि-समूह और मंत्रियों का सशक्त समूह (ई.जी.ओ.एम.) गठित करना शुरू किया जिसमें महत्त्वपूर्ण मुद्दों को सुलझाने के लिए कुछ प्रमुख मंत्री शामिल थे। हालांकि, बाद में वह सूची कैबिनेट सचिवालय की वेबसाइट पर डाल दी गई लेकिन शुरुआती दौर में यह सूची नहीं दी गई थी और यह सिर्फ आर.टी.आई. आवेदनों पर सी.आई.सी. द्वारा जारी किए गए निर्देशों के जरिए ही संभव हुआ।

दिनांक 27 सितंबर 2007 को, मैंने प्रधानमंत्री कार्यालय के समक्ष एक आर.टी.आई. आवेदन किया जिसमें जी.ओ.एम. के नाम, इसके अध्यक्षों और सदस्यों के नाम, उन्हें जिन विषयों को संभालने की जिम्मेदारी दी थी उनका विवरण, आयोजित बैठकों की संख्या और रिपोर्ट जमा करने की अपेक्षित तिथियां और रिपोर्ट जमा करने की वास्तविक तिथियां प्रदान

---

[74] एम.ओ.ई.एफ. का दिनांक 18 अक्टूबर, 2013 का जवाब।

[75] सी.पी.डब्ल्यू.डी. का दिनांक 30 अक्टूबर, 2013 का जवाब।

[76] डी.ओ.पी.टी. का दिनांक 8 अक्टूबर, 2013 का जवाब।

[77] एन.एच.आर.सी. का दिनांक 14 नवंबर, 2013 का जवाब।

करने का निवेदन किया। प्रधानमंत्री कार्यालय ने यह आवेदन कैबिनेट सचिवालय के पास भेज दिया। कैबिनेट सचिवालय ने कोई भी सूचना दिए बिना, जवाब दिया:[78]

> समय-समय पर कई मंत्रि-समूहों का गठन किया जाता है और ये मंत्रि-समूह (जी.ओ.एम.) उन्हें दिए गए कार्य का निबटारा करते हैं/विशिष्ट मुद्दों पर अपनी सिफारिशें देते हैं। इस प्रकार के समेकित ब्यौरों को कैबिनेट सचिवालय में नहीं रखा जाता है। परंतु, इस प्रकार की सूचना उपलब्ध कराना विचाराधीन है और नीतिगत तौर पर, आने वाले समय में इस पर फैसला किया जाएगा।

उनके इस जवाब से असंतुष्ट होकर 25 अक्टूबर 2007 को कैबिनेट सचिवालय के पास प्रथम अपील दाखिल की गई। जब निर्धारित समय में याचिका पर कोई जवाब नहीं मिला, तब इस तरह के अनुस्मारक भेजे गए, जैसे "क्या कैबिनेट सचिवालय ने आर.टी.आई. कानून के अंतर्गत आवेदनों का जवाब देने के लिए कोई समय-सीमा निर्धारित की है?" "यदि हां, तो कृपया कैबिनेट सचिवालय द्वारा अनुपालन की जा रही समय-सीमा बताएं"। "अपने आवेदन पर मैं कब तक उत्तर पाने की उम्मीद कर सकता हूं?" जब इन अनुस्मारकों के भी जवाब नहीं मिले, तो सी.आई.सी. के समक्ष दूसरी अपील दाखिल की गई ताकि वह सी.पी.आई.ओ./एफ.ए.ए. को मांगी गई सूचना उपलब्ध कराने, सूचना देने में हुई देरी का कारण बताने, और जिम्मेदारी निर्धारित करने के लिए निर्देश जारी कर सके। सी.आई.सी. से संबंधित अधिकारियों के विरुद्ध सूचना उपलब्ध नहीं कराने और प्रथम अपील पर जवाब नहीं देने के लिए कार्यवाही की जाने की उम्मीद की गई थी। लेकिन ऐसा नहीं हुआ।

दिनांक 30 जनवरी 2009 को मुख्य सूचना आयुक्त वज़ाहत हबीबुल्लाह को प्रेस सूचना ब्यूरो (पी.आई.बी.) के संगोष्ठी भवन में प्रेस एसोसिएशन के एक सम्मेलन को संबोधित करने के लिए आमंत्रित किया गया था। मैं श्रोताओं के बीच मौजूद था। उनकी प्रेजेंटेशन के बाद, मैंने हबीबुल्लाह के समक्ष यह मुद्दा उठाया:[79] "आप कह रहे हैं कि पत्रकारों को स्टोरी के लिए आर.टी.आई. का इस्तेमाल करना चाहिए। मेरे मामले में, मेरी स्टोरीज को सी.आई.सी. के समक्ष दाखिल की गई शिकायतों और अपीलों के निबटान में होने वाले देरी से व्यर्थ किया जा रहा है।" शिकायत से संबंधित आदेश उसी दिन अपलोड कर दिया गया। याचिका पर निर्णय देते हुए हबीबुल्लाह ने कहा:[80]

> चूंकि प्रथम अपील अधिकारी ने याचिकाकर्ता के प्रश्नों, जो प्रत्यक्ष तौर पर उनके लोक प्राधिकरण से संबंध रखते हैं, का जवाब नहीं दिया, इसलिए आयोग ने इस याचिका

[78] लेखक की आर.टी.आई. पर कैबिनेट सचिवालय से मिला दिनांक 19 अक्टूबर, 2007 का जवाब।

[79] लेखक के अपने रिकॉर्ड्स।

[80] See http://www.rti.india.gov.in/cic_decisions/WB-30012009–02.pdf, accessed February 13, 2017.

को प्रथम अपील अधिकारी और संयुक्त सचिव श्री राजीव कुमार, कैबिनेट सचिवालय, राष्ट्रपति भवन, नई दिल्ली के पास वापस भेजने का निर्णय लिया है ताकि वे श्री श्यामलाल यादव की याचिका का निबटान इस आदेश के प्राप्त होने के 10 कार्यदिवस के अंदर करें।

इसके बाद, प्रथम अपील अधिकारी ने सी.पी.आई.ओ. को निर्देश दिया कि वह उस समय तक स्थापित मंत्रि-समूहों (जी.ओ.एम.)/ई.जी.ओ.एम. की सूची[81] उपलब्ध कराए। बाद में, यूपीए-II की सरकार के दौरान, कैबिनेट सचिवालय से एक बार फिर जी.ओ.एम./ई.जी.ओ.एम. की सूची मांगी गई और जवाब में कैबिनेट सचिवालय ने उस समय तक स्थापित किए गए सभी जी.ओ.एम./ई.जी.ओ.एम. के गठन के लिए जारी किए गए आदेशों की प्रतियां उपलब्ध करा दीं। फिर, इस विषय पर अनौपचारिक शोध के जरिए एकत्रित की गई नई सूचना के साथ स्टोरी तैयार की गई और यह प्रणब मुखर्जी के राष्ट्रपति बनने से पहले जुलाई 2012 में प्रकाशित हुई। उस समय अधिकांश जी.ओ.एम./ई.जी.ओ.एम. का नेतृत्व वही करते थे। लेकिन उस समय तक, जी.ओ.एम./ई.जी.ओ.एम. की पूरी सूची कैबिनेट सचिवालय की वेबसाइट पर उपलब्ध करा दी गई थी।

यह स्टोरी *इंडियन एक्सप्रेस* में प्रकाशित हुई।[82] यह विडम्बना है कि ऐसे स्वाभाविक तथ्यों को जानने के लिए भी आर.टी.आई. के तहत कानूनी लड़ाई लड़ने की ज़रूरत पड़ी। ऐसी सूचना सार्वजनिक दायरे में बहुत पहले से उपलब्ध होनी चाहिए थी और ऐसी सूचना को छुपाने का कोई तर्क नहीं हो सकता है, लेकिन आर.टी.आई. ने ही प्राधिकरणों को अपनी सोच बदलने के लिए बाध्य किया और अंततः यह सूचना सबके सामने आई।

जनता के खर्चे पर इफ्तार पार्टियां

नेताओं द्वारा आयोजित इफ्तार पार्टियों में भाग लेते समय, कई मौकों पर मेरी रुचि यह जानने में थी कि उसका खर्च कौन उठाता है। हालांकि कुछ सरकारी अधिकारियों ने निजी बातचीत में माना कि उन्हें अपने विभागों में अपने राजनीतिक नेताओं द्वारा आयोजित ऐसी दावतों के लिए खर्च का इंतजाम करने में दिक्कतों का सामना करना पड़ा है, लेकिन उनकी ओर से इस पर कोई स्पष्ट या संतोषजनक ब्यौरा नहीं मिला। इसीलिए, अगला विकल्प आर.टी.आई. का था।

---

[81] लेखक को कैबिनेट सचिवालय से दिनांक 6 अगस्त, 2009 को मिला जवाब।

[82] "Every 6th working day, a new GoM, Pranab heads almost half," *The Indian Express* (New Delhi, May 22, 2012). Available at http://indianexpress.com/article/news-archive/web/express-exclusive-every-6th-working-day-a-new-gom-pranab-heads-almost-half/, accessed February 24, 2017.

जब व्यय विभाग (डी.ओ.ई.) से पूछा गया कि क्या जनता के पैसे पर इफ्तार पार्टियां आयोजित करना मान्य है, तो उनका जवाब[83] स्पष्ट तौर पर "नहीं" था। लेकिन प्रधानमंत्री कार्यालय, विदेश मंत्रालय, लोकसभा और राज्यसभा सचिवालयों, और सी.पी.डब्ल्यू.डी. ने स्वीकार किया कि उन्होंने 2012 तक पिछले 10 वर्ष में 18 इफ्तार पार्टियों पर 175 लाख रुपये खर्च किए थे।[84]

वर्ष 2007–08 से पांच इफ्तार पार्टियों पर 22.75 लाख रुपये खर्च कर चुके राज्यसभा सचिवालय ने कहा:[85] "हां, सचिवालय इस संदर्भ में आने वाला खर्च वहन करता है।" जब उनसे पूछा गया कि किस नियम के तहत ऐसा किया गया, तो उन्होंने जवाब दिया:[86] "ऐसा कोई नियम नहीं है। यह एक परंपरा है।" लेकिन उन्होंने साथ ही यह भी कहा कि[87] "इसका खर्च राज्यसभा सचिवालय और विदेश मंत्रालय के बीच 2:1 के अनुपात में उठाया जाता है।"

लोकसभा सचिवालय ने कहा कि इफ्तार पार्टियों पर सरकारी पैसा खर्च करना मान्य है, और इसने 2010 और 2011 में ऐसी दो पार्टियों पर रुपये 5,83,000 खर्च किए थे।[88] उसने आगे कहा,[89] "इफ्तार पार्टियों का खर्च लोकसभा सचिवालय के आतिथ्य के मद से पूरा किया जाता है।"

दूसरी ओर, इफ्तार पार्टियों पर दाखिल की गई लगभग सभी आर.टी.आई. पर प्रधानमंत्री कार्यालय का जवाब सबसे दिलचस्प था:[90] "मांगी गई सूचना इस कार्यालय द्वारा रखे गए रिकॉर्ड्स का हिस्सा नहीं है।" प्रधानमंत्री कार्यालय ने वर्ष 2004 से जवाब देने तक छह इफ्तार पार्टियों की मेजबानी की थी जिसका खर्च 103 लाख रुपये[91] था, जिसे विदेश मंत्रालय और सी.पी.डब्ल्यू.डी. ने वहन किया था।

विदेश मंत्रालय ने अपनी ओर से कहा कि उसने 2004 से अब तक आयोजित 10 इफ्तार पार्टियों पर लगभग 41.48[92] लाख रुपये खर्च किए हैं जिनमें प्रधानमंत्री कार्यालय

---

[83] आर.टी.आई. के तहत लेखक को डी.ओ.ई. से मिला दिनांक 26 अगस्त, 2011 का जवाब।

[84] *The Indian Express* (New Delhi, August 6, 2012). Available at http://archive.indianexpress.com/news/mof-says-can-t-spend-public-money-on-iftar-but-govt-spent-rs-1.75-cr-in-10-yrs/984300/, accessed February 24, 2017.

[85] आर.टी.आई. के तहत लेखक को मिला दिनांक 26 मार्च, 2012 का जवाब।

[86] Ibid.

[87] Ibid.

[88] आर.टी.आई. के तहत लेखक को लोक सभा से मिला दिनांक 26 दिसंबर, 2011 का पत्र।

[89] Ibid.

[90] आर.टी.आई. के तहत लेखक को प्रधानमंत्री कार्यालय से मिला दिनांक 13 अप्रैल, 2012 का पत्र।

[91] आर.टी.आई. के तहत लेखक को प्रधानमंत्री कार्यालय से मिला दिनांक 5 दिसंबर, 2011 का पत्र।

[92] आर.टी.आई. के तहत लेखक को एम.ई.ए. से मिला दिनांक 19 जनवरी, 2012 का जवाब।

द्वारा आयोजित पार्टियां भी शामिल थीं। विदेश मंत्रालय ने अन्य संबंधित प्रश्नों के जवाब में कहा: "कोई विशिष्ट सूचना उपलब्ध नहीं है।"[93]

हालांकि रेल मंत्री लालू प्रसाद यादव ने यू.पी.ए.-I के दौरान कुछ इफ्तार पार्टियां आयोजित की थीं, लेकिन रेलवे बोर्ड ने मामले को यह कहकर टाल दिया कि: "मांगी गई सूचना स्पष्ट नहीं, बल्कि काल्पनिक जान पड़ती है। इसके अलावा, आंकड़े नहीं रखे गए हैं और ऐसी सूचना का संकलन लोक प्राधिकरण के संसाधनों को अननुपातिक रूप से प्रभावित करेगा... इफ्तार पार्टियों के लिए कोई भी खानपान संबंधी प्रबंध नहीं किया गया है।"[94]

लेकिन इस स्टोरी और आर.टी.आई. द्वारा किए गए प्रयासों का असर बाद में महसूस हुआ क्योंकि 2012 के बाद जनता के खर्च पर आयोजित होने वाली ऐसी पार्टियों की संख्या लगभग नहीं के बराबर हो गई। लोकसभा सचिवालय ने बाद में सूचित[95] किया कि उन्होंने 2012–13 और 2013–14 में इफ्तार पार्टियों पर कोई पैसा खर्च नहीं किया। राज्यसभा सचिवालय ने भी सूचित[96] किया कि उनके द्वारा आखिरी बार किसी इफ्तार पार्टी में किया गया खर्च 2011–12 में रुपये 82,900 था और उसके बाद से उन्होंने किसी इफ्तार पार्टी में पैसा खर्च नहीं किया है। सरकारी पदों पर बैठे लोग इफ्तार पार्टियां दें और होली-दीवाली, क्रिसमस पर भी ऐसे आयोजन करें, लेकिन यह सब सरकारी खर्चे पर करना जायज नहीं कहा जा सकता है। अच्छी बात है कि इस खुलासे के बाद यह चलन लगभग बंद हो गया। यह भी आर.टी.आई. का एक प्रभाव था।

टेलीफोन टेप करने की कहानी

भारतीय टेलीग्राफ अधिनियम के अनुच्छेद 5(2) के अंतर्गत, केंद्र और राज्य सरकारें टेलीफोन द्वारा की गई बातचीत को "राज्य की संप्रभुता और अखंडता, राज्य की सुरक्षा, विदेशी राज्यों के साथ संबंध या सार्वजनिक व्यवस्था अथवा कोई अपराध भड़कने से रोकने के आधार पर" इंटरसेप्ट/निगरानी कराने का आदेश जारी कर सकती हैं। इसकी मंजूरी मिलने के बाद, इंटरसेप्शन दो महीने तक जारी रह सकते हैं और उसे दो बार नवीकृत किया जा सकता है। इस तरह, किसी भी स्थिति में, इंटरसेप्शन की अवधि 180 दिन से अधिक नहीं हो सकती है।

---

[93] आर.टी.आई. के तहत लेखक को एम.ई.ए. से मिला दिनांक 23 मार्च, 2012 का जवाब।

[94] आर.टी.आई. के तहत लेखक को रेलवे बोर्ड से मिले दिनांक 9 दिसंबर, 2011 और 2 अप्रैल, 2012 के जवाब।

[95] आर.टी.आई. के तहत लेखक को लोक सभा से मिला दिनांक 16 दिसंबर, 2014 का जवाब।

[96] आर.टी.आई. के तहत लेखक को राज्य सभा से मिला दिनांक 27 नवंबर, 2014 का जवाब।

यह 2010 की बात है जब सी.बी.आई., केंद्रीय खुफिया ब्यूरो (आइ.बी., प्रवर्तन निदेशालय (ई.डी.), राजस्व खुफिया निदेशालय (डी.आर.आई.) और नार्कोटिक्स कंट्रोल ब्यूरो (एन.सी.बी.) जैसी विभिन्न एजेंसियों के अनुरोध पर केंद्र सरकार द्वारा स्वीकृत 2004 से किए गए टेलीफोन इंटरसेप्शन के विवरण प्राप्त करने के लिए एक आर.टी.आई. आवेदन किया गया। गृह मंत्रालय ने वार्षिक आधार पर और एजेंसियों के आधार पर सूचना उपलब्ध करने से यह कहकर मना कर दिया कि "इंटरसेप्शन के लिए दिए गए निर्देश संबंधी दस्तावेजों को प्रत्येक छह महीने में नष्ट कर दिया जाता है।"[97] लेकिन जब शब्दों में थोड़े-बहुत बदलाव के साथ आवेदन फिर से दाखिल किए गए, तो गृह मंत्रालय ने चौंकाने वाला खुलासा किया कि "केंद्र सरकार प्रति माह औसतन 7,500 से 9,000 के बीच टेलीफोन इंटरसेप्शन के आदेश जारी करती है" (चित्र 8.3)।[98]

भारतीय टेलेग्राफ अधिनियम 1951 का नियम 419-ए कहता है:

> "भारतीय टेलेग्राफ अधिनियम, 1885 यहां के बाद से कथित (अधिनियम) कहा जाएगा, के अनुच्छेद 5 के उपखंड (2) के तहत किसी भी संदेश या संदेशों की किसी श्रेणी के इंटरसेप्शन के निर्देश भारत सरकार के मामले में गृह सचिव द्वारा और राज्य सरकार के मामले में गृह विभाग में राज्य सरकार के प्रभारी सचिव द्वारा ही दिए जा सकते हैं। अपरिहार्य स्थितियों में, ऐसा आदेश सिर्फ उसी अधिकारी द्वारा जारी किया जा सकता है, जो कम-से-कम केंद्र सरकार के संयुक्त सचिव स्तर का हो, जिसे स्थिति के अनुसार केंद्रीय गृह सचिव या राज्य के गृह सचिव ने, विधिवत ढंग से अधिकृत किया हो।"

चौंकाने वाली बात यह थी कि अगर सक्षम प्राधिकारी, यानी गृह सचिव या उनके द्वारा अधिकृत संयुक्त सचिव, को किसी एक आवेदन का निबटारा करने के लिए दो मिनट का समय लगता हो, तो वह पूरा दिन सिर्फ ऐसी फाइलों का ही निबटान कर रहा होगा। वास्तव में, उसे कुछ अतिरिक्त घंटों की आवश्यकता भी हो सकती है क्योंकि जिन आवेदनों को खारिज किया जा रहा था, वे गृह मंत्रालय के आंकड़ों में शामिल नहीं थे। इसके खुलासे गृह मंत्रालय के लिए परेशानी का कारण रहे होंगे, क्योंकि बाद में जब ऐसा ही एक आवेदन 3 साल बाद फिर से किया गया, तो उसे यह कहकर खारिज कर दिया गया कि "मांगी गई सूचना छूट-प्राप्त है।"[99]

---

[97] आर.टी.आई. के तहत लेखक को गृह मंत्रालय से मिला दिनांक 13 दिसंबर, 2010 का जवाब।

[98] आर.टी.आई. के तहत लेखक को गृह मंत्रालय से मिले दिनांक 8 दिसंबर, 2011 और 19 दिसंबर, 2011 के जवाब।

[99] आर.टी.आई. के तहत लेखक को गृह मंत्रालय से मिला दिनांक 26 सितंबर, 2014 का जवाब।

चित्र 8.5: एक महीने में फोन इंटरसेप्शन के 9000 आदेश

9,000 orders for phone interception a month: Govt

SHYAMLAL YADAV
NEW DELHI, JANUARY 22

ON an average, the Union Home Ministry orders 250-300 telephone interceptions every day.

In response to an RTI application by *The Indian Express*, the Home Ministry has stated: "On an average, between 7,500 and 9,000 orders for interception of telephones are issued by the Central government per month." According to the Indian Telegraph Rules, the Union Home Secretary is the authority to grant approval for interception of telephones.

Under Section 5(2) of the Indian Telegraph Act, telephonic conversations can be intercepted/monitored inter alia on grounds of sovereignty and integrity of India, security of the State, relations with foreign states or public order or for preventing incitement to commission of an offence.

Once cleared, the interceptions can be continued for two months and may be renewed twice. In any case, the interception cannot be in force more than 180 days.

The Home Ministry, in its response to the RTI application, did not divulge details saying records pertaining to these interceptions are destroyed after six months, unless these are, or likely to be, required for functional requirements. The agencies which get clearance for interception of telephones include law enforcement agencies functioning under the Central government.

Telephone interceptions are cleared as per Rule 419-A of the Indian Telegraph Rules. But these are not the only phones which are being intercepted. In fact, state governments have similar powers to intercept phones. In their case, requests for interception are cleared by the Secretary of Home Department.

The Centre and state governments are supposed to put these interceptions before a review committee headed by the Cabinet Secretary in case of the Centre, and by the Chief Secretary in case of the state.

स्रोत: इंडियन एक्सप्रेस

राष्ट्रीय सलाहकार परिषद का विघटन

मई 2004 में यू.पी.ए.-I के सत्ता में आने के बाद, एन.सी.एम.पी. यानी राष्ट्रीय न्यूनतम साझा कार्यक्रम के क्रियान्वयन और इसकी प्रगति की निगरानी के लिए सोनिया गांधी की अध्यक्षता में 4 जून 2004 को एन.ए.सी. (राष्ट्रीय सलाहकार परिषद) का गठन हुआ। लेकिन सोनिया गांधी को 23 मार्च 2006 को लाभ के पद के विवाद में एन.ए.सी. छोडनी पड़ी और प्रधानमंत्री मनमोहन सिंह ने उसी दिन उनका त्यागपत्र स्वीकार कर लिया। उन्होंने रायबरेली से लोकसभा सदस्यता भी छोड़ दी। हालांकि बाद में वे उप-चुनाव में दोबारा वहां से चुनी गईं।

एन.ए.सी. सरकार द्वारा वित्तपोषित थी जिसमें सोनिया गांधी केंद्रीय कैबिनेट मंत्री के बराबर के पद पर थीं। इसका गठन गठबंधन सरकार को नीतिगत मामलों में परामर्श देने के लिए किया गया था और जल्द ही इसे "सुपर गवर्नमेंट" के नाम से जाना जाने लगा था। हालांकि सोनिया गांधी ने इस्तीफा दे दिया, लेकिन एन.ए.सी. ने काम करना जारी रखा। एन.ए.सी. के पास आर.टी.आई. कानून के तहत 16 नवंबर 2007 को एक आवेदन भेजा गया जिसमें उनसे उस तारीख तक सदस्यों की संख्या, सोनिया गांधी के इस्तीफे के बाद आयोजित की गई बैठकों की संख्या और उनकी अध्यक्षता करने वालों के नाम, उन बैठकों में उपस्थित सदस्यों के नाम की सूची और प्रत्येक बैठक का एजेंडा देने का अनुरोध किया गया।

एन.ए.सी. ने बैठकों की सूची, उपस्थित सदस्यों की सूची और बैठकों के एजेंडा की सूची उपलब्ध[100] कराई, लेकिन यह पूछे जाने पर कि "उन बैठकों की अध्यक्षता किसने की", उसने अपने जवाब में कहा[101] कि "एन.ए.सी. के किसी भी सदस्य ने मीटिंग की अध्यक्षता नहीं की।" जब सूचना के इस हिस्से पर स्पष्टीकरण के लिए प्रथम अपील दाखिल की गई, तो सी.पी.आई.ओ. ने सूचित[102] किया कि "बैठकों का समन्वय एन.ए.सी. सचिवालय द्वारा किया गया था।"

इसके आधार पर, *इंडिया टुडे* में एक स्टोरी प्रकाशित की गई।[103] लेकिन स्पष्टतः आर.टी. आई. द्वारा किए गए प्रयास पहले ही अपना असर छोड़ चुके थे क्योंकि यू.पी.ए. सरकार द्वारा एन.ए.सी. को भंग कर दिया गया और 31 मार्च 2008 के बाद इसे समय-विस्तार नहीं दिया गया (हालांकि 29 मार्च 2010 को यू.पी.ए.-II के दौरान इसकी पुनर्स्थापना कर दी गई)। लगभग दो वर्ष के लिए, एन.ए.सी. ने 2 मोतीलाल नेहरू प्लेस, नई दिल्ली का बंगला अपने कब्जे में रखा जिसमें उसके स्टाफ ने उसके नेतृत्वहीन होते हुए भी और कई सदस्यों द्वारा

---

[100] लेखक को एन.ए.सी. से मिला दिनांक 29 नवंबर, 2007 का पत्र।

[101] लेखक को एन.ए.सी. से मिला दिनांक 8 जनवरी, 2008 का पत्र।

[102] लेखक को एन.ए.सी. से मिला दिनांक 12 मार्च, 2008 का पत्र।

[103] No attendance council, *India Today*, April 7, 2008.

बैठकों में भाग नहीं लेने के बाद भी सुविधाओं और भत्तों का आनंद लिया। आर.टी.आई. प्रयासों ने निस्संदेह सरकार को इसका कार्यकाल मार्च 2008 के बाद आगे नहीं बढ़ाने के लिए बाध्य कर दिया। जाहिर तौर पर, यह आर.टी.आई. का प्रभाव था।

चुनावी शपथपत्रों की पड़ताल

जब 2 मई 2002 के सर्वोच्च न्यायलय के दिशा-निर्देश का पालन करते हुए, चुनाव आयोग ने सभी उम्मीदवारों के विवरण, उनके खिलाफ विचाराधीन आपराधिक मामलों और उनके जीवनसाथी और बच्चों की परिसंपत्तियों और देयताओं के ब्यौरे निर्वाचन अधिकारी के समक्ष दाखिल करना अनिवार्य घोषित कर दिया था, तब उन शपथ पत्रों की जांच करने के लिए कोई व्यवस्था नहीं थी। मैंने सी.बी.डी.टी. में 24 सितंबर 2008 को एक आवेदन किया जिसमें उनसे पूछा कि क्या 2004 से चुनावी उम्मीदवारों द्वारा अपने नामांकन-पत्र दाखिल करते समय दिए गए घोषणाओं और हलफनामों को जांचने के लिए कोई व्यवस्था मौजूद थी या नहीं। इसके अलावा, इस संदर्भ में सी.बी.डी.टी. ने अपने अधिकारियों को यदि कोई पत्र लिखे हों, तो उनकी प्रतियां भी मांगी गईं। सी.बी.डी.टी. ने 13 अक्टूबर 2008 को जवाब दिया कि "सी.बी.डी.टी. ने 2004 चुनाव के बाद चुनाव लड़ रहे उम्मीदवारों के शपथपत्रों की सत्यता जांचने के लिए कोई भी परिपत्र जारी नहीं किया है।" इस जवाब के आधार पर *इंडिया टुडे* के वेब संस्करण में एक स्टोरी प्रकाशित की गई।[104]

चुनाव आयोग ने इसके बाद पहला निवेदन[105] 2010 के बिहार विधानसभा चुनावों से पहले किया और आगामी चुनावों में इसे दोहराया जिसमें आयकर विभाग से कहा गया कि वे उम्मीदवारों द्वारा दाखिल परिसंपत्तियों और देयताओं के ब्यौरों का उनके आयकर रिटर्न के साथ मिलान करें। लेकिन इसके बाद भी सी.बी.डी.टी. ऐसा करने में असफल रही। जून 2013 में समाधान तलाशने के लिए, सी.बी.डी.टी. और चुनाव आयोग के अधिकारियों के बीच एक बैठक हुई जिसमें उम्मीदवारों के शपथ-पत्रों को अलग-अलग श्रेणियों में बांटकर, सामाग्री को जांच-के-लिए-आसान प्रारूप में सी.बी.डी.टी. के समक्ष प्रस्तुत करने का निर्णय लिया गया।[106]

तब से कई चुनाव हो चुके हैं, लेकिन फिर से आयकर अधिकारियों ने कार्यवाही नहीं की। वास्तव में, गतिरोध का मुख्य मुद्दा काम की मात्रा को लेकर हुई असहमति थी:

---

[104] See http://indiatoday.intoday.in/story/CBDT+has+no+system+to+check+candidates'+affidavits/1/32650.html, accessed December 27, 2016.

[105] "Taxman sits on EC request for scrutiny of candidates' returns," *The Indian Express* (February 25, 2014), http://indianexpress.com/article/india/india-others/taxman-sits-on-ec-request-for-scrutiny-of-candidates-returns/, accessed December 27, 2016.

[106] Ibid.

सी.बी.डी.टी. चाहता था कि चुनाव आयोग उनके पास कुछ चुनिंदा शपथ-पत्र ही भेजे, वहीं चुनाव आयोग चाहता था कि सी.बी.डी.टी. जांच के लिए सभी शपथ-पत्रों को डाउनलोड करे। दिनांक 23 अक्टूबर 2013 को सी.बी.डी.टी. ने चुनाव आयोग को लिखा कि उनके दिशा-निर्देशों (जांच संबंधी) "में उपयुक्त संशोधन की ज़रूरत है, खासकर चुनाव लड़ रहे उम्मीदवारों के शपथ-पत्रों की सत्यता की जांच के संदर्भ में"। चुनाव आयोग ने 3 जनवरी 2014 को जवाब दिया और इस बात पर जोर दिया कि "उम्मीदवारों के शपथ-पत्रों की सत्यता की जांच की जानी चाहिए और छह महीने के अंदर आयोग को इस बारे में सूचित किया जाना चाहिए।"[107]

चुनावी उम्मीदवारों के शपथ-पत्रों की जांच के लिए उपयुक्त तंत्र विकसित होना अब भी बाकी है और चुनाव आयोग और सी.बी.डी.टी. के बीच झगड़ा जारी है। तब तक के लिए यह काम उम्मीदवारों के प्रतिद्वंद्वियों या सामान्य नागरिकों पर निर्भर है कि वे शपथ-पत्रों की जांच करें और इसे चुनाव आयोग के संज्ञान में लाएं। खैर, चाहे जो भी रास्ता चुना जाए और भविष्य में चाहे उसका जो भी नतीजा हो, यह घटनाक्रम दिखाता है कि आर.टी.आई. कानून की मदद से जब से इस मुद्दे को सामने लाया गया है, तब से एक व्यवस्था बनाने की कार्यवाही में तेजी आई है।

बिना छुट्टी लिए छुट्टी पर

केंद्र सरकार के कुछ अधिकारी सड़ती हुई व्यवस्था को लेकर बहुत ज्यादा चिंतित हैं। ये अधिकारी जब पत्रकारों के संपर्क में आते हैं, तो अक्सर कई दिलचस्प सुझाव दे जाते हैं। डी.ओ.पी.टी. के गलियारों में आते-जाते हुए, मई 2012 में ऐसे ही एक अधिकारी ने मुझे बताया कि बहुत-से आई.ए.एस. अधिकारी निर्दिष्ट-कार्य के लिए विदेश जाते हैं और फिर वहां अपने ठहरने की अवधि बढ़वा लेते हैं, और अपनी प्रतिनियुक्ति या अवकाश की अवधि के बाद भी कई वर्ष वहां बिना छुट्टी लिए ही बिताते हैं। इनमें से कुछ अधिकारी यू.एन. की एजेंसियों का और अन्य अंतर्राष्ट्रीय संस्थाओं का हिस्सा बन जाते हैं और फिर अपनी सेवानिवृत्ति से कुछ समय पहले ही वापस आते हैं। केंद्र और राज्य सरकारों के बीच नियमों की जटिलताओं और भिन्नताओं का फायदा उठाकर, वे बिना किसी समस्या के सभी अड़चनों को पार कर जाते हैं और अपने सेवानिवृत्ति के बाद पेंशन आदि का लाभ उठाते हैं।

बिना किसी छुट्टी की इजाजत के अपने कॉडर से गायब ऐसे आई.ए.एस. अधिकारियों की सूची प्राप्त करने के लिए एक आर.टी.आई. आवेदन किया गया।

---

[107] Ibid.

डी.ओ.पी.टी. ने केंद्र और संबंधित राज्य सरकारों के बीच हुए सभी पत्राचार तथा ऐसे आई.ए.एस. अधिकारियों की सूची उपलब्ध कराई। अखिल भारतीय सेवा (ए.आई.एस.) अवकाश नियमावली का नियम 7(2) कहता है:

> "सेवा का सदस्य यदि स्वीकृत अवकाश या अनुमति की समाप्ति तिथि के बाद एक वर्ष से अधिक समय तक बिना आज्ञा के अनुपस्थित रहता है, या यदि वह नौकरी से लगातार पांच वर्ष से अधिक समय तक अनुपस्थित रहता है अथवा अनुमोदित अवधि से अधिक समय तक बाहर रहता है, तो यह माना जाएगा कि उसने सेवा से इस्तीफा दे दिया है।"

लेकिन इस नियम को लागू करना बहुत मुश्किल था क्योंकि केंद्र सरकार बिना संबंधित राज्य की सहमति के कोई कार्रवाई नहीं कर सकती है।

डी.ओ.पी.टी. द्वारा उपलब्ध कराई गई सूचना से केंद्र की असहायता स्पष्ट थी क्योंकि इनमें से कम-से-कम एक अधिकारी 14 वर्ष से 'अनधिकृत रूप से अनुपस्थित' था। ज्यादातर मामलों में, अधिकारी सेवा-हित में अध्ययन अवकाश लेकर विदेश गए थे, लेकिन प्रत्यक्षतः 'स्व-हित' में वहीं रुक गए। अन्य मामलों में, उन्होंने वित्त मंत्रालय और वाणिज्य मंत्रालय जैसे प्रमुख मंत्रालयों में प्रतिष्ठित विदेशी ओहदों पर किए गए तबादले का इस्तेमाल किया और फिर वापस नहीं लौटे।

आर.टी.आई. के जरिए पूछे गए सवालों[108] ने कुछ दिलचस्प मामले उजागर किए। महाराष्ट्र कॉडर के एक अधिकारी एल.वी. नीलेश जुलाई 1999 में दो वर्ष के अध्ययन अवकाश पर गए, लेकिन मार्च 2000 में उन्होंने नीलेश लोंधे नाम से कैलिफोर्निया स्थित एक सॉफ्टवेर कंपनी में नौकरी कर ली। उन्हें 11 वर्ष की अनधिकृत अनुपस्थिति के बाद जुलाई 2012 में सेवा से हटाया गया। अमित कुमार जैन (सिक्किम कॉडर अधिकारी, 1991 बैच) 1 जून 2003 से बिना अनुमति के अनुपस्थित थे। अनिल यादव (मध्य प्रदेश कॉडर के अधिकारी, 1999 बैच) 25 जुलाई 2007 से गायब थे। अलोक खरे (असम-मेघालय, 1992) को 25 जुलाई 2002 को अमेरिका से पीएच.डी. करने हेतु दो वर्ष का अध्ययन अवकाश दिया गया था और 31 दिसंबर 2008 तक वे अर्जित अवकाश पर रहे, फिर अर्ध-वेतन अवकाश पर रहे और उसके बाद असाधारण अवकाश (ई.ओ.एल.) पर रहे। जनवरी 2009 के बाद वह अनधिकृत अवकाश पर थे। शिशिर प्रियदर्शी (उत्तर प्रदेश, 1980) को जुलाई 1997 में विश्व व्यापार संगठन से जुड़ने के लिए एक वर्ष का अवकाश

---

[108] Responses of DoPT dated September 4, 2014; July 23, 2013; and August 1, 2012. *The Indian Express*, July 26, 2012; available at http://archive.indianexpress.com/news/the-missing-babus/979545/, accessed on February 24, 2017 and *The Indian Express*, September 10, 2012; available at http://archive.indianexpress.com/news/6-more-ias-officers–missing–govt-seeks-details-from-states/1000369/, accessed on February 24, 2017.

दिया गया था और वे विदेशी नियुक्ति से आकर कॉडर में 1 सितंबर 2008 को दोबारा शामिल हुए। उन्होंने फिर से अवकाश के लिए आवेदन किया, जिसे स्वीकृत नहीं किया गया। डी.ओ.पी.टी. ने राज्य सरकार को आधा दर्जन से अधिक अनुस्मारक भेजे और कहा कि उनकी अनुपस्थिति को इस्तीफा मानकर कार्रवाई आगे बढ़ाएं पर राज्य सरकार से कोई जवाब नहीं आया।

संजीव अहलूवालिया (उ.प्र., 1980) को 18 सितंबर 2005 को विश्व बैंक के सलाहकार के तौर पर एक वर्ष के लिए सूडान भेजा गया था। दिनांक 18 सितंबर 2006 के बाद राज्य सरकार उनके वापस आने का इंतजार करती रही। इस मामले में, फिर से, डी.ओ.पी.टी. द्वारा राज्य सरकारों को भेजे गए अनुस्मारकों पर कोई जवाब नहीं आया। सरोज कुमार झा (ओड़ीशा, 1990) के मामले में 2009 में जाकर डी.ओ.पी.टी. को अहसास हुआ कि वह 5 जून 2002 से अपने काम से अनुपस्थित थे। डी.ओ.पी.टी. ने राज्य सरकार से विवरण देने का निवेदन किया (पहला निवेदन नवंबर 2009 में भेजा गया), लेकिन जून 2012 तक कोई निर्णय नहीं लिया गया। वी. रामाकृष्णन (केरल, 1992) को 16 जून 2000 से दो वर्ष के लिए अमेरिका जाकर पढ़ने के लिए अवकाश दिया गया था। वापस आने पर उन्होंने अगले पांच वर्ष के लिए ई.ओ.एल. की अर्जी दी। डी.ओ.पी.टी. ने तीन वर्ष, यानी 18 जून 2005 तक के लिए यह अवकाश प्रदान किया। सात वर्ष बाद, डी.ओ.पी.टी. के पास उनके पते-ठिकाने के बारे में कोई सूचना नहीं थी। डी.ओ.पी.टी. ने मुझे यह भी सूचित किया कि आई.ए.एस. अधिकारी जे. राधाकृष्णन (तमिलनाडु, 1992), नमिता दत्त (उत्तराखंड, 1991), संजय अग्रवाल (महाराष्ट्र, 1996), ज्योत्सना वर्मा (झारखंड, 1992), के.सी. मिश्रा (बिहार, 1977), और प्रशांत (पश्चिम बंगाल, 1988) के बारे में कोई जानकारी नहीं थी कि वे विदेश की नियुक्तियों से वापस आए या नहीं।

इसके बाद, *इंडियन एक्सप्रेस* में दो स्टोरी प्रकाशित हुईं।[109] डी.ओ.पी.टी. ने सभी राज्य सरकारों के मुख्य सचिवों को फिर से 'अतिआवश्यक अनुस्मारक' भेजे जिसमें उनसे 30 सितंबर 2012 के पहले से गायब अधिकारियों के ब्यौरे मांगे गए थे। तब से, कम-से-कम सात आई.ए.एस. अधिकारियों के लिए यह मान लिया गया कि वे इस्तीफा दे चुके हैं।[110] डी.ओ.पी.टी. ने जहां गायब अधिकारियों के विरुद्ध मान लिए गए इस्तीफे की कार्यवाही

---

[109] "The missing babus," *The Indian Express* (New Delhi, July 26, 2012), available at http://archive.indianexpress.com/news/the-missing-babus/979545/, accessed February 24, 2017; "6 more IAS officers 'missing, Govt seeks details from states," *The Indian Express* (New Delhi, September 10, 2012), available at http://archive.indianexpress.com/news/6-more-ias-officers–missing–govt-seeks-details-from-states/1000369/ accessed February 24, 2017.

[110] आर.टी.आई. कानून के तहत लेखक को डी.ओ.पी.टी. का जवाब।

आरंभ की, वहीं दूसरे मामलों में वह असहाय थी क्योंकि राज्य सरकारें डी.ओ.पी.टी. की सिफारिशें मानने को तैयार नहीं थीं।

लेकिन डी.ओ.पी.टी. ने 3 नवंबर 2015 को नए निर्देश जारी किए:

> "यदि सेवा का कोई सदस्य (एम.ओ.एस.) अवकाश/अध्ययन अवकाश/विदेश में तैनाती के कार्यकाल की स्वीकृत अवधि के बाद भी अनधिकृत रूप से अनुपस्थित रहता है, तो अवकाश अवधि/विदेश में तैनाती के कार्यकाल इत्यादि की समाप्ति के बाद एक महीने प्रतीक्षा की जाएगी। इसके बाद संबंधित राज्य सरकार एक कारण बताओ नोटिस जारी करेगी, और इस प्रकार संबंधित अधिकारी को अपना पक्ष रखने का एक मौका देगी। इसके बाद, यदि संबंधित अधिकारी ड्यूटी पर नहीं लौटता है, तो संबंधित राज्य सरकार मान्य इस्तीफे की कार्यवाही आरंभ करेगी और अगले दो महीने में मान्य इस्तीफे की प्रक्रिया को अमल में लाने के लिए केंद्र सरकार को पूर्ण प्रस्ताव भेजेगी। यदि राज्य सरकार इन निर्देशों का पालन करने में विफल रहती है और यदि निर्धारित समयसीमा का अनुसरण नहीं करती है, तो केंद्र सरकार अपनी ओर से मान्य इस्तीफे की कार्यवाही आरंभ कर सकती है।"

जहां ये नए निर्देश आई.ए.एस., आई.पी.एस., और भारतीय वन सेवा (आई.एफ.ओ.एस.) यानी तीनों अखिल भारतीय सेवाओं (ए.आई.एस.) के लिए जारी किए गए हैं, दूसरी तरफ गायब अधिकारियों की एक ऐसी ही सूचियां केंद्रीय सेवाओं जैसे सी. एंड सी.ई.एस., भारतीय आर्थिक सेवा (आई.ई.एस.), भारतीय सांख्यिकी सेवा (आई.एस.एस.) जैसी सेवाओं और चिकित्सा क्षेत्र में भी मौजूद हैं। जैसे कि चिकित्सा क्षेत्र में विदेश जाने वाले कुछ सरकारी डॉक्टर वापस ही नहीं लौटते। सी.बी.ई.सी. ने सूचित[111] किया कि ऐसे कम-से-कम 14 अधिकारी हैं जिनके पते-ठिकानों के बारे में पिछले पांच वर्ष से कोई जानकारी नहीं है। लेकिन, इस स्टोरी के प्रकाशित होने से पहले ही, उनमें से 11 को मान्य-इस्तीफे के तहत नौकरी से हटा[112] दिया गया था। आर.टी.आई. के जरिए हुई इस पड़ताल से विभिन्न सेवाओं की कॉडर कंट्रोलिंग अथॉरिटी पर असर साफ दिखा और यह प्रयास भगोड़े अधिकारियों पर भारी पड़ा।

---

[111] लेखक को 3 अगस्त, 2015 को एक आर.टी.आई. के जवाब में।

[112] "Absent for years, government sacks 11 IRS officers," *The Indian Express* (New Delhi, January 14, 2016). Available at http://indianexpress.com/article/india/india-news-india/absent-for-years-government-sacks-11-irs-officers/, accessed February 24, 2017.

9 सरकार द्वारा वित्तपोषित गैर-सरकारी संगठन

इस सूचना का कोई सार्वजनिक प्रचार-प्रसार नहीं होता। उदाहरण के लिए, के.वी.के. चलाने को इच्छुक हो सकने वाले विश्वविद्यालयों/महाविद्यालयों/गैर-सरकारी संगठनों से प्रस्ताव आमंत्रित करने के लिए कोई सार्वजनिक विज्ञापन नहीं दिया जाता। परिणामस्वरूप, मौजूदा राजकीय कृषि विश्वविद्यालयों के पक्ष में एक अंतर्निहित झुकाव रहता है और सिर्फ कुछ ऐसे गैर-सरकारी संगठन ही इसका फायदा उठा पाते हैं जिनकी ऊपर तक पहुंच हो और जिनको इसकी भनक रहती हो।[1]

– कृषि मंत्रालय के अतिरिक्त सचिव द्वारा एक कृषि विज्ञान केंद्र (के.वी.के.) की फाइल में 2010 में लिखा गया एक नोट

तालिका 9.1: सरकार से अनुदान पा रहे गैर-सरकारी संगठनों के बारे में दाखिल आर.टी.आई. की झलकियां

सूचना	सरकार से अनुदान प्राप्त कर रहे गैर-सरकारी संगठन
प्राधिकरण	मानव संसाधन विकास मंत्रालय, और कृषि एवं किसान कल्याण मंत्रालय
समस्याएं	मानव संसाधन विकास मंत्रालय ने जन शिक्षण संस्थानों (जे.एस.एस.) के ब्यौरे दिए, और कृषि मंत्रालय ने (इसकी ओर से आई.सी.ए.आर. ने) कृषि विज्ञान केंद्रों (के.वी.के.) के ब्यौरे प्रदान किए, लेकिन अधिक जानकारी के लिए फाइलों की पड़ताल करनी पड़ी।
आवेदन और अपीलें	12, दो स्टोरीज के लिए
लगा समय	चार माह से अधिक
स्टोरीज	पॉलिटिशियंस एन.जी.ओ.'ज गेट 52 ऑफ 215 एच.आर.डी. रिसोर्स सेंटर्स... *इंडियन एक्सप्रेस*, 8 अप्रैल 2013; सीड्स ऑफ पॉलिटिकल पैट्रोनेज... *इंडियन एक्सप्रेस*, 16 मई 2013
प्रभाव	मानव संसाधन विकास मंत्रालय ने गैर-सरकारी संगठनों को और अधिक जे.एस.एस. की मंजूरी देना बंद किया, नई योजना में कार्यप्रणाली में बदलाव किया; कृषि मंत्रालय ने गैर-सरकारी संगठनों को और अधिक के.वी.के. की मंजूरी देना बंद किया।
मेरे द्वारा फॉलोअप	नई योजना के लिए आई.सी.ए.आर. तथा यू.जी.सी., दोनों प्राधिकरणों से फॉलोअप एक्शन के बारे में जानकारी लिए कुछ और आवेदन दाखिल किए गए।

स्रोत: लेखक।

[1] लेखक द्वारा आर.टी.आई. का इस्तेमाल करके आई.सी.ए.आर. से प्राप्त किया गया नोट।

विभिन्न प्रावधानों के तहत कम-से-कम 30 लाख गैर-सरकारी संगठन पंजीकृत[2] हैं, और उनमें से 31,000 से अधिक एफ.सी.आर.ए. के तहत विदेशी सहयोग पाने के लिए पंजीकृत[3] हैं। सरकार में अच्छी जान-पहचान के बिना कोई व्यक्ति एन.जी.ओ. चलाकर पर्याप्त सरकारी अनुदान प्राप्त नहीं कर सकता है। एफ.सी.आर.ए. के तहत मिलने वाले विदेशी अनुदान के संदर्भ में सार्वजनिक दायरे में उपलब्ध ऑनलाइन आंकड़ों के इस्तेमाल से कुछ खबरों[4] पर काम करते हुए, मैं गैर-सरकारी संगठनों द्वारा मंत्रालयों, विभागों, और अन्य सरकारी एजेंसियों से मिली राशियों के ब्यौरे पाने का प्रयास कर रहा था। विभिन्न केंद्रीय मंत्रालयों द्वारा कई गैर-सरकारी संगठनों को मंत्रालयों से अच्छा-खासा सार्वजनिक अनुदान मिल रहा था और इन्हें राजनेताओं, नौकरशाहों, या उनके निकट संबंधियों द्वारा प्रत्यक्ष या अप्रत्यक्ष रूप से संचालित किया जा रहा था और इनकी कार्यप्रणाली में और सरकार से मिले धन के इस्तेमाल में पारदर्शिता का संपूर्ण अभाव दिख रहा था।

इसकी शुरुआत उन गैर-सरकारी संगठनों की छान-बीन से हुई थी जिनके सिर पर सरकारी संरक्षण होने की बात निश्चित रूप से स्थापित की जा सकती थी। सामाजिक क्षेत्र से जुड़े मंत्रालयों, जैसे कि स्वास्थ्य एवं परिवार कल्याण, महिला एवं बाल विकास, मानव संसाधन विकास, और सामाजिक न्याय एवं सशक्तीकरण सहित अन्य मंत्रालयों से प्राप्त सूचना की पड़ताल की गई, और फिर दो किस्म के गैर-सरकारी संगठनों पर ध्यान केंद्रित किया गया, जिनमें से पहली किस्म को कृषि मंत्रालय से और दूसरी को मानव संसाधन विकास मंत्रालय से अनुदान मिलता था।

जन शिक्षण संस्थान

जन शिक्षण संस्थानों (जे.एस.एस.) को मानव संसाधन विकास मंत्रालय से अनुदान मिलता है, और इनका मकसद अनपढ़ों और नव-साक्षरों के साथ ही बीच में स्कूल छोड़ देने वालों को भी व्यावसायिक कौशल प्रदान करना है। देश भर में मौजूद जन शिक्षण संस्थानों की सूची मानव संसाधन विकास मंत्रालय की वेबसाइट पर उपलब्ध है। उन्हें मान्यता देने और अनुदान जारी करने के रुझान का अध्ययन करने के बाद पता चला कि मानव संसाधन विकास मंत्रालय प्रत्येक जे.एस.एस. को आवर्ती खर्चों के लिए प्रति वर्ष रुपये 25–35 लाख या इससे अधिक की धनराशि, गैर-आवर्ती खर्चों के लिए प्रति वर्ष रुपये 10–15 लाख की धनराशि, और भवन-निर्माण के लिए एकमुश्त रुपये 20 लाख की धनराशि प्रदान[5] करता है।

---

[2] See http://indianexpress.com/article/india/india-others/india-has-31-lakh-ngos-twice-the-number-of-schools-almost-twice-number-of-policemen/, accessed December 28, 2016.

[3] See https://fcraonline.nic.in/fc8_statewise.aspx, accessed December 28, 2016.

[4] See http://archive.indianexpress.com/news/the-ngos-that-will-come-under-the-lokpal-s-ambit/894896/, accessed December 28, 2016.

[5] See http://mhrd.gov.in/jss, accessed December 28, 2016.

संबंधित वेबसाइटों पर उपलब्ध जानकारी अपर्याप्त थी और दिए गए फोन नंबरों में से अधिकांश सही नहीं थे, इसलिए जून 2012 में मानव संसाधन विकास मंत्रालय के पास दो अलग-अलग आर.टी.आई. आवेदन दाखिल किए गए जिनके जरिए कर्मचारियों की सूची मांगी गई और जे.एस.एस. से संबंधित भर्तियों में अपनाई जाने वाली नीति की सूचना मांगी गई। इसके शीघ्र बाद एक और आवेदन दाखिल किया गया जिसमें उनके द्वारा विगत पांच वर्ष में प्राप्त की गई धनराशि के विवरण देने और साथ ही इन धनराशियों के उपयोगिता प्रमाणपत्रों की प्रतियां देने का अनुरोध किया गया। मानव संसाधन विकास मंत्रालय ने दो वर्ष में विभिन्न जे.एस.एस. को जारी की गई धनराशि के ब्यौरे प्रदान[6] किए और दूसरा आवेदन देश भर में मौजूद सभी जे.एस.एस. को अग्रेषित[7] कर दिया, और कर्मचारियों, धनराशि और उसके उपयोगिता प्रमाणपत्र प्राप्त हो गए। लेकिन एक सांगोपांग स्टोरी के लिए इतना पर्याप्त नहीं था। अब भी इन जे.एस.एस. के पीछे मौजूद लोगों के नामों की ज़रूरत थी। इसके अतिरिक्त, मई 2012 में मानव संसाधन विकास मंत्रालय में दाखिल किए गए एक और आवेदन के जवाब में जे.एस.एस. के विरुद्ध प्राप्त हुई शिकायतों की प्रतियां मिलनी अभी बाकी थीं।

इसलिए, अगस्त 2012 में मानव संसाधन विकास मंत्रालय के पास एक अन्य अनुरोध किया गया जिसमें विभिन्न जे.एस.एस. को मंजूरी और अनुदान से संबंधित फाइलों के निरीक्षण की अनुमति मांगी गई। अनुमति मिलने के बाद, अगले दो महीनों[8] तक मैं मानव संसाधन विकास मंत्रालय के शास्त्री भवन स्थित कार्यालय में जाता रहा और विगत वर्षों के दौरान जे.एस.एस. को मंजूरी दिए जाने से संबंधित प्रत्येक फाइल को पढ़ता रहा। इस काम का असली उद्देश्य जन शिक्षण संस्थानों को चलाने वाले लोगों के नाम जानना था। इन फाइलों में बहुत सारे सिफारिशी पत्र थे जिनसे इन लोगों के बारे में जानना आसान हो गया था। इस काम में दो महीने का समय इसलिए लगा क्योंकि दूसरे ज़रूरी कामों के कारण मैं हर रोज उनके कार्यालय नहीं जा सकता था, और साथ ही, ये फाइलें मंत्रालय के बहुत-से अनुभागों में बिखरी हुई थीं। इसके अलावा निरीक्षण का काम बहुत हद तक दोनों के लिए सुविधाजनक समय पर ही हो सकता था।

जन शिक्षण संस्थान सोसाइटीज द्वारा संचालित किए जाते हैं। मानव संसाधन विकास मंत्री डॉ. मुरली मनोहर जोशी के कार्यकाल के दौरान, अनुमोदित किए गए बहुत-से जन शिक्षण संस्थान[9] भा.ज.पा. नेताओं या उनके रिश्तेदारों के नियंत्रण में थे। मंत्रालय में उनके उत्तराधिकारी अर्जुन सिंह भी उन्हीं के नक्शे-कदम पर चले और उन्होंने भी अपने चहेते

---

[6] लेखक को आर.टी.आई. के जरिए प्राप्त दिनांक 23 जनवरी, 2012 का पत्र।

[7] प्रतिलिपि लेखक को भी पृष्ठांकित की गई थी।

[8] अधिकारियों और मेरे लिए पारस्परिक रूप से सुविधाजनक तिथियों पर।

[9] See http://indianexpress.com/article/news-archive/web/political-resource-development/, accessed December 28, 2016.

कांग्रेसियों को बहुत-से जे.एस.एस. के लिए मंजूरी दी।[10] इन्हें मंजूरी दिए जाने में कोई पारदर्शिता नहीं थी और मंत्रियों ने अपने लोगों को मनचाहे ढंग से इनकी मंजूरी दी थी।[11] इन सोसाइटीज को मंजूरी और अनुदान दिए जाने में कुप्रबंधन स्पष्ट था।

बहुत-से जे.एस.एस. और उनकी संचालक सोसाइटी तक भी पहुंच बनाई गई। यह दिलचस्प है कि इस बात का कहीं कोई जिक्र नहीं था कि चयन प्रक्रिया में किन सोसाइटीज के प्रस्तावों को खारिज किया गया था। जहां तक पड़ताल की गई फाइलों का सवाल है, तो वे मौजूदा जे.एस.एस. से संबंधित थीं। प्रत्येक जे.एस.एस. की दो फाइलें थीं; जिनमें से एक उनकी सोसाइटी से संबंधित थी और दूसरी उन्हें जारी की गई धनराशि से संबंधित थी। यह अधिकाधिक स्पष्ट होता जा रहा था कि जिन सोसाइटीज के प्रस्ताव खारिज किए गए थे उनके नाम जानना बहुत महत्त्वपूर्ण है। अधिकारियों से भी इस बाबत पूछा गया लेकिन उन्होंने कहा कि उनके पास ऐसी कोई सूचना नहीं है। यह इनकार 'दस्तावेजी' रूप से चाहिए था, इसलिए कागजात का निरीक्षण पूरा करने और समस्त उपलब्ध सूचना का विश्लेषण करने के बाद, 31 जनवरी 2013 को मानव संसाधन विकास मंत्रालय के पास एक नया आर.टी.आई. आवेदन दाखिल किया गया जिसमें जन शिक्षण संस्थानों के प्रस्तावों को मंजूरी दिए जाने की प्रक्रियाओं, उनकी चयन प्रक्रिया, चयन के मापदंड, और खासकर जिन जिलों में किसी खास जे.एस.एस. को मंत्रालय द्वारा मंजूरी मिली थी उन जिलों में खारिज किए गए प्रस्तावों की प्रतियां देने का अनुरोध किया गया था। मानव संसाधन विकास मंत्रालय ने सीधे-सीधे स्वीकार किया कि:[12] "सिर्फ उन्हीं जन शिक्षण संस्थानों के प्रस्तावों और उनकी व्यवहार्यता अध्ययन रिपोर्टों को इस विभाग द्वारा रिकॉर्ड के लिए रखा जाता है जिन्हें इसकी मंजूरी दी गई थी।" अब यह बात दस्तावेजी रूप से मौजूद थी कि मंत्रालय के पास खारिज किए गए मामलों की फाइलें नहीं थीं। एक बार फिर यह स्पष्ट हो गया कि चयन प्रक्रिया में पारदर्शिता का संपूर्ण अभाव था।

अब स्टोरी के लिए भरपूर सामग्री थी। इसके मुख्य बिंदु इस प्रकार थे: सरकार उन संस्थानों को तरजीह देती थी जिनके संबंध राजनेताओं या उनके करीबियों के साथ थे। वर्ष 2000 के बाद से मानव संसाधन विकास मंत्रालय द्वारा अनुमोदित लगभग चौथाई जे.एस.एस. का ताल्लुक प्रमुख राजनीतिक दलों के नेताओं या उनके रिश्तेदारों अथवा मित्रों से पाया गया। कुल 215 में से कम-से-कम 52 जे.एस.एस. का नियंत्रण राजनेताओं या उनके प्रियजनों के हाथ में था - जिनमें से 30 का संबंध कांग्रेस से, 17 का भा.ज.पा. से, और बाकी 5 का संबंध अन्य पार्टियों से था।[13]

---

[10] Ibid.

[11] Ibid.

[12] लेखक की दिनांक 31 जनवरी, 2013 की आर.टी.आई. के जवाब में पत्र संख्या 2–8/2013-NLM-3 देखें।

[13] See http://indianexpress.com/article/news-archive/web/political-resource-development/, accessed December 28, 2016.

चित्र 9.1: राजनीतिक संसाधनों का विकास

POLITICAL RESOURCE DEVELOPMENT

There are 271 Jan Shikshan Sansthans or JSSs in the country to help boost education programmes in the districts and 215 of them came up after 2000. At least 52 of these bodies were given to NGOs linked to politicians, mostly in the BJP and Congress, indicating that a significant chunk of the programme was converted into political largesse by both parties when they were in power. The following is the list of these NGOs:

17 JSSs linked to BJP leaders

LOCATION: **BOKARO, JHARKHAND**
NGO: Randhir Verma Memorial Society (RVMS).
Political link: RVMS was founded in the memory of the late husband of Rita Verma, who is patron of the NGO and was MoS, HRD, until end-2003.
Date of sanction: February 4, 2004.

LOCATION: **ETAWAH, UP**
NGO: Munna Smriti Sansthan.
Political link: Sarita Bhadauria.
Date of sanction: October 2006

LOCATION: **AMETHI, UP**
NGO: Atal Gramodyog Sewa Samiti.
Political link: Wife of former BJP MLA Yamuna Prasad Mishra.
Date of sanction: March 2003.

LOCATION: **MIRZAPUR, UP**
NGO: People's Association for Development.
Political link: former Allahabad BJP president Sunil Jain.
Date of Sanction: January 2004.

LOCATION: **FARRUKHABAD, UP**
NGO: Shri Ram Vivekanand Shiksha Samiti.
Political link: Sunil Dwivedi, earlier with BSP.
Date of sanction: February 2002.

LOCATION: **AMBEDKAR NAGAR, UP**
NGO: Thakur Gurudatt Singh Smriti Sewa Sanstha.
Political link: Shakti Singh, known to be close to BJP.
Date of sanction: March 2000.

LOCATION: **JAUNPUR, UP**
NGO: Pratap Gramin Uthan Samiti.
Political link: Former state minister Brajesh Sharma.
Date of sanction: March 2000.

LOCATION: **BAHRAICH, UP**
NGO: Gramodaya Sansthan.
Political link: Faizabad BJP leader Aditya Narain Mishra.
Date of sanction: March 2003.

LOCATION: **GAUTAM BUDH NAGAR, UP**
NGO: Ujjain-based Vasudhaiva Kutumbakam Sansthan.
Political link: Veerendra Kawadia, brother of Ashok Kawadia, who was aide of former HRD minister M M Joshi.
Date of sanction: February 2004.

LOCATION: **GWALIOR, MP**
NGO: Gwalior Udyamita Vikas Prashikshan Kendra.
Political link: Shobha Mishra.
Date of sanction: January 2003.

LOCATION: **GOA**
NGO: Vidyaprobodhini.
Political link: Prabhakar Bhate, known to be close to BJP.
Date of sanction: May 2001.

LOCATION: **SHIMOGA, KARNATAKA**
NGO: Vivekanand Vidya Samsthe.
Political link: former chief minister B S Yeddyurappa who has since quit BJP
Date of sanction: April 2000.

LOCATION: **BAGALKOT, KARNATAKA**
NGO: BVVS Sangha.
Political link: Bagalkot MLA Veeranna C Charantimath.
Date of sanction: June 2004.

LOCATION: **WASHIM, MAHARASHTRA**
NGO: Mahila Utkarsh Pratisthan.
Political link: MP Bhavna Gavli, who wrote to former HRD minister Joshi with recommendation letters from 27 prominent BJP leaders.
Date of sanction: January 2003.

LOCATION: **RAIGAD, MAHARASHTRA**
NGO: Yuvak Pratisthan.
Political link: former MP Kirit Somaiya and his wife Medha.
Date of sanction: February 2004.

LOCATION: **MAU, UP**
NGO: Shiksha Prasanni Samiti.
Political link: Ghazipur BJP leader Parasnath Rai.
Date of sanction: March 2004

LOCATION: **SULTANPUR, UP**
NGO: Vidyadhan Sansthan.
Political link: Anil Tewari, who was a BJP minister in the state.
Date of sanction: March 2000

30 JSSs linked to Congress leaders:

LOCATION: **SHAHJAHANPUR, UP**
NGO: Srijan JP Foundation
Political link: Trustees include MoS HRD Jitin Prasada, Union minister Rajiv Shukla and Haryana minister Kiran Choudhry.
Date of sanction: February 2006.

LOCATION: **RAE BARELI, UP**
NGO: Rajeev Manav Sewa Samiti
Political link: Local leader Suresh Pratap Singh.
Date of sanction: February 2006.

LOCATION: **FATEHPUR, UP**
NGO: Shri Vighneshwar Paryavaran Sansthan.
Political link: Yamuna Prasad Pande, who contested 1993 assembly polls from Handia
Date of sanction: May 2005.

LOCATION: **KAUSHAMBI, UP**
NGO: Shri Vighneshwar Paryavaran Sansthan.
Political link: Yamuna Prasad Pande, who contested 1993 assembly polls from Handia.
Date of sanction: October 2006.

LOCATION: **SONBHADRA, UP**
NGO: Pandit Kamlapati Smarak Samiti.
Political link: Society in memory of late Congress leader Kamlapati Tripathi.
Date of sanction: October 2006.

LOCATION: **MATHURA, UP**
NGO: Rajendra Behari Mathur Chetna Sansthan.
Political link: UP Assembly leader Pradeep Mathur.
Date of sanction: 2006-09.

LOCATION: **SIDHARTHNAGAR, UP**
NGO: Surya Bux Pal Charitable Trust.
Political link: Wife of Congress MP Jagdambika Pal.
Date of sanction: February 2006.

LOCATION: **AURANGABAD, BIHAR**
NGO: Chanakya Vihar Sewa Sansthan.
Political link: Thakur Sanjay Kumar Singh Chauhan
Date of sanction: October 2006.

LOCATION: **DEVAS, MP**
NGO: Sankalp Sewa Samiti.
Political link: Pankaj Sanghvi.
Date of sanction: October 2006.

LOCATION: **ALIRAJPUR, MP**
NGO: Mahashakti Seva Kendra.
Political link: Also headed by Indira Iyengar.
Date of sanction: 2009

LOCATION: **BHOPAL, MP**
NGO: Manav Sansadhan Vikas Samiti.
Political link: former state minister Mukesh Naik.
Date of sanction: March 2000.

LOCATION: **GUNA, MP**
NGO: Azad Nirdhan Bal Kalyan Samiti.
Political link: Sachin Kumar.
Date of sanction: August 2000.

LOCATION: **SIDHI, MP**
NGO: Savyasachi Center for Urban and Rural Development.
Political link: Rajendra Singh Bhadauria.
Date of sanction: January 2005.

LOCATION: **HOSHANGABAD, MP**
NGO: Jawaharlal Youth Welfare and Social Resource Center.
Political link: Mahendra Singh Chauhan.
Date of sanction: January 2005.

LOCATION: **CHHATARPUR, MP**
NGO: Bundeli Vikas Samiti.
Political link: Twice MLA Shankar Singh Bundela.
Date of sanction: February 2006.

LOCATION: **AZAMGARH, UP**
Organisation: Shivji Inter College.
Political link: Former MP Santosh Kumar Singh.
Date of sanction: October 2006.

LOCATION: **BAREILLY, UP**
NGO: Ansari Krishi & Gramin Vikas Sewa Samiti.
Political link: M M Ansari, son of a former Congress MLC.
Date of sanction: May 2007.

LOCATION: **LUCKNOW, UP**
NGO: All India Minorities Welfare Action Group.
Political link: Syed Ahmad Zameel.
Date of sanction: October 2007.

LOCATION: **BILASPUR, CHHATTISGARH**
NGO: Abhiyan.
Political link: Bilaspur Mayor Vani Rao
Date of sanction: October 2007.

LOCATION: **SAGAR, MP**
NGO: Gyanveer Sewa Samiti.
Political link: MLA Govind Singh Rajput.
Date of sanction: April 2006.

LOCATION: **WEST GODAVARI, ANDHRA PRADESH**
NGO: Kavuru Foundation.
Political link: MP K Sambashiva Rao.
Date of sanction: February 2006.

LOCATION: **SABARKANTHA, GUJARAT**
NGO: Gram Vikas Mandal
Political link: State Congress secretary Gopal Singh N Rathod.
Date of sanction: October 2007.

LOCATION: **SAMASTIPUR, BIHAR**
NGO: Prayas.
Political link: Former IPS officer Amod Kanth who contested 2008 Delhi Assembly polls on Congress ticket.
Date of sanction: 2009.

LOCATION: **JHABUA, MP**
NGO: Mahashakti Seva Kendra.
Political link: Headed by former member of state minorities commission Indira Iyengar, considered close to then HRD minister, late Arjun Singh.
Date of sanction: October 2006.

LOCATION: **DELHI**
NGO: Prayas.
Political link: Former IPS officer Amod Kanth.
Date of sanction: 2000

LOCATION: **CHANDAULI, UP**
NGO: Asha Education Society.
Political link: Congress leader Avdhesh Singh, earlier with BSP.
Date of sanction: October 2007.

LOCATION: **KOTTAYAM, KERALA**
NGO: Bharat Sevak Samaj.
Political link: State Congress committee member B S Balchandran.
Date of sanction: October 2000.

LOCATION: **SITAPUR, UP**
NGO: Momin Ansar Welfare Association, Pilibhit.
Political link: State Congress leader Anusuya Sharma
Date of sanction: February 2006.

LOCATION: **KANPUR DEHAT, UP**
NGO: All India Minorities Welfare Society.
Political link: Zafar Ali Naqvi, Lok Sabha MP from Kheri Lakhimpur.
Date of sanction: 2008-09.

LOCATION: **BHADOHI, UP**
NGO: Badrinarain Dhanraji Devi Gramotthan & Shikshan Sansthan (Allahabad).
Political link: Chairman Keshav Deo Tripathi was a prominent Congress leader who later joined the Tewari Congress.
Date of sanction: 2005.

5 JSSs linked to leaders of other parties:

LOCATION: **GORAKHPUR, UP**
NGO: Gramin & Samajik Vikas Sewa Sansthan.
Political link: BSP MLA from Sahjanva. Brijesh Singh alias Rajendra.
Date of sanction: February 2006.

LOCATION: **EAST MIDNAPORE, WB**
NGO: Haldia Service Society.
Political link: Former CPM MLA Tomalika Ponda Seth.
Date of sanction: October 2007.

LOCATION: **JORHAT, ASSAM**
Political link: Former AGP MP Arun Kumar Sarma.
Date of sanction: February 2004.

LOCATION: **SINDHUDURG, MAHARASHTRA**
NGO: Manav Sadan Vikas Sanstha.
Political link: Former Union minister Suresh Prabhu of Shiv Sena.
Date of sanction: March 2000.

LOCATION: **RAIPUR, CHHATTISGARH**
NGO: IRCEN.
Political link: Former Rajya Sabha MP from Meghalaya, Thomas A Sangma of National People's Party.
Date of sanction: March 2000.

स्रोत: इंडियन एक्सप्रेस (8 अप्रैल 2013)

यह दिलचस्प है कि जब कपिल सिब्बल को यू.पी.ए.-2 में मानव संसाधन विकास मंत्रालय मिला, तो वह एक भी जे.एस.एस. को मंजूरी नहीं दिला सके क्योंकि उनके पूर्ववर्ती अर्जुन सिंह ने 11वीं पचंवर्षीय योजना के दौरान आवंटित किए जाने के लिए अपेक्षित 73 जे.एस.एस. का पूरा कोटा ही खत्म कर दिया था।[14] सुरक्षित दायरे में रहते हुए, स्टोरी में सिर्फ उन्हीं 52 जे.एस.एस. को शामिल किया गया था जिनके नेताओं के साथ संबंधों को लेकर कोई संदेह नहीं था। उन जे.एस.एस. को छोड़ दिया गया जिनका राजनेताओं से सीधा जुड़ाव नहीं था।

गैर-सरकारी संगठनों के चयन से संबंधित उपलब्ध दस्तावेजों ने दर्शाया कि उनमें से कुछ ने अपनी मंत्रालय को किस तरह प्रभावित करने का प्रयास किया था। उदाहरण के लिए, मध्य प्रदेश के झाबुआ जिले में एक जे.एस.एस. के लिए महाशक्ति सेवा केंद्र द्वारा दाखिल किए गए प्रस्ताव के पहले पन्ने पर कांग्रेस अध्यक्ष सोनिया गांधी की ओर से मिला एक पत्र नत्थी था जो उस गैर-सरकारी संगठन द्वारा उन्हें भेजे गए तोहफे की पावती भर थी और तोहफा स्वीकार किए जाने का संदेश दिया गया था।[15] इस फाइल में उस गैर-सरकारी संगठन द्वारा भा.ज.पा. नेता नज़मा हेप्तुल्लाह को भेजे गए नव वर्ष शुभकामना संदेश के जवाब में भेजा गया पत्र भी नत्थी था।[16] यह पता चला कि उस गैर-सरकारी संगठन का नियंत्रण कांग्रेस नेता इंदिरा अय्यंगर के पास था। उनके संगठन को एक जे.एस.एस. का संचालन करने के लिए चुना गया था। बाद में, उसे मध्य प्रदेश के अलीराजपुर में भी एक जे.एस.एस. आवंटित किया गया।

फाइलों से यह भी पता चला कि 2004 की गर्मियों में हुए आम चुनावों[17] से ठीक पहले कई भा.ज.पा. नेताओं या उनके रिश्तेदारों द्वारा दाखिल किए गए जे.एस.एस. के आवेदनों को भी 2004 की पहली तिमाही में मंजूरी मिली थी।[18] इसी तरह, 2008–09 के दौरान यू.पी.ए.-1 सरकार की आखिरी तिमाही में, जिस समय अर्जुन सिंह मानव संसाधन विकास मंत्री थे, बहुत-से कांग्रेस नेताओं या उनके रिश्तेदारों को जे.एस.एस. की मंजूरी मिली। लोक सभा चुनाव की घोषणा 2 मार्च 2009 को की गई थी।[19]

यह स्टोरी *इंडियन एक्सप्रेस* में प्रकाशित हुई।[20] अब नए जे.एस.एस. की मंजूरी नहीं दी जा रही है और अपनी इसी तरह की योजनाओं को अंतिम रूप देते समय मानव संसाधन

[14] Ibid.

[15] लेखक को फाइलों की जांच के दौरान यह पता चला।

[16] Ibid.

[17] लोक सभा चुनाव 2004 की घोषणा 29 फरवरी, 2004 को की गई थी।

[18] Ibid.

[19] Ibid.

[20] "Politicians' NGOs Get 52 of 215 HRD Resource Centres," *The Indian Express* (April 8, 2013), pp. 1, 2.

विकास मंत्रालय ने सावधानी के साथ कदम आगे बढ़ाए हैं। 2014 में एन.डी.ए. सरकार आने के बाद कौशल विकास की एक नई योजना शुरू की है, और कौशल विकास केंद्रों[21] के लिए यू.जी.सी. विभिन्न विश्वविद्यालयों और संस्थानों को मंजूरी दे रही है। यू.जी.सी. गैर-सरकारी संगठनों/संस्थानों को प्रत्यक्ष रूप से धन नहीं दे रही है[22] बल्कि वह इन विश्वविद्यालयों और संस्थानों को धन दे रही है जो स्थानीय स्तर पर 'उद्योग साझीदारों' के साथ सहभागिता कर रहे हैं। धनराशि वितरण के इस नए तरीके की खामियों का पता लगाना अभी बाकी है।

कृषि विज्ञान केंद्र

सन् 1970 के दशक की शुरुआत में कृषि मंत्रालय ने भारतीय कृषि अनुसंधान परिषद (आई.सी.ए.आर.) के जरिए के.वी.के. या कृषि विज्ञान केंद्र स्थापित करने शुरू किए ताकि किसानों की सामाजिक-आर्थिक स्थिति सुधारने के लिए उन्हें कृषि उत्पादन में बढ़ोत्तरी करने के लिए शिक्षित किया जा सके।[23] के.वी.के. की अनिवार्यताओं में से एक कृषि प्रौद्योगिकी के संसाधन और ज्ञान केंद्रों के रूप में काम करना था ताकि वे अपने जिले की कृषि अर्थव्यवस्था को सुधारने के लिए सार्वजनिक, निजी, और स्वैच्छिक क्षेत्रों द्वारा ली गई सहायता कर सकें।[24] आवश्यक मापदंडों को पूरा करने वाले बहुत-से गैर-सरकारी संगठनों को अपने खुद के के.वी.के. चलाने की मंजूरी दी गई थी। आई.सी.ए.आर. से ऐसे गैर-सरकारी संगठनों की एक सूची के साथ विगत पांच वर्ष में उन्हें मिली धनराशि के ब्यौरे प्राप्त किए गए क्योंकि आई.सी.ए.आर. ही कृषि विज्ञान केंद्रों को चलाने के लिए धनराशि प्रदान करता है।[25] विगत वर्षों में, कृषि विज्ञान केंद्रों का एक छोटा परंतु महत्त्वपूर्ण हिस्सा राजनीतिक लाभ प्रदान करने वाले चैनल के रूप में तब्दील हुआ है क्योंकि सभी किस्म के राजनेताओं या उनके मित्रों और रिश्तेदारों को के.वी.के. आवंटित किए गए हैं।[26]

वर्ष 2012 के बाद से कृषि विज्ञान केंद्रों के संचालन से संबंधित ब्यौरे अनौपचारिक रूप से भी एकत्रित किए गए। जे.एस.एस. वाली स्टोरी की ही भांति, गैर-सरकारी संगठनों द्वारा

---

[21] See http://www.ugc.ac.in/pdfnews/4880344_Amended-KAUSHAL.pdf, accessed December 28, 2016.

[22] लेखक के आर.टी.आई. आवेदन पर यू.जी.सी. से मिला दिनांक 10 सितंबर, 2015 का जवाब।

[23] http://www.icar.org.in/en/krishi-vigyan-kendra.htm accessed December 28, 2016.

[24] Ibid.

[25] लेखक द्वारा आर.टी.आई. के तहत आई.सी.ए.आर. से प्राप्त किया गया दिनांक 1 अगस्त, 2012 का नोट देखें।

[26] See http://archive.indianexpress.com/news/seeds-of-political-patronage/1116240/, accessed December 28, 2016.

संचालित कृषि विज्ञान केंद्रों की सूची प्राप्त करने के लिए आई.सी.ए.आर. की वेबसाइट की पड़ताल की गई थी। कुल 630 के.वी.के. में से 99 को गैर-सरकारी संगठनों द्वारा चलाया जा रहा था। परंतु अभी और अधिक जानकारी की ज़रूरत थी, इसलिए 15 मई 2012 को कृषि मंत्रालय में पहला आर.टी.आई. आवेदन करके उनसे के.वी.के. की सूची मांगी गई और साथ ही विगत पांच वर्ष में उन्हें जारी की गई धनराशि के ब्यौरे मांगे गए। यह जानकारी मिल जाने के बाद, सभी 630 कृषि विज्ञान केंद्रों से संबंधित फाइलों का निरीक्षण करने के लिए एक और आवेदन दाखिल किया गया। दिसंबर 2012 में तीन सप्ताह के दौरान सभी 630 के.वी.के. से संबंधित फाइलों की पड़ताल की गई। गैर-सरकारी संगठनों द्वारा चलाए जा रहे 99 कृषि विज्ञान केंद्रों की फाइलें अलग कर ली थीं। इन फाइलों का बारीकी से अध्ययन करते हुए पता चला कि बहुत-से मामलों में मनमर्जी से फैसले ले लिए गए थे।[27] कृषि विज्ञान केंद्रों की 99 फाइलों में 650 से अधिक पन्नों की शिनाख्त की गई और फोटो-प्रतियों को व्यवस्थित किया गया। ये प्रतियां जनवरी 2013 के मध्य में प्राप्त हुईं जिनकी मदद से स्टोरी[28] (चित्र 9.2) तैयार की गई।

कुछ फाइलें खुद ही सारी कहानी बयां कर रही थीं। उदाहरण के लिए, कृषि मंत्रालय में तत्कालीन अतिरिक्त सचिव राजीव महर्षि (जो बाद में केंद्रीय गृह सचिव बने) ने 2010 में चयन प्रक्रिया के दौरान एक फाइल पर यह टिप्पणी लिखी कि:

> इस सूचना का कोई सार्वजनिक प्रचार-प्रसार नहीं होता है। उदाहरण के लिए, के.वी.के. को चलाने को इच्छुक हो सकने वाले विश्वविद्यालयों/महाविद्यालयों/गैर-सरकारी संगठनों से प्रस्ताव आमंत्रित करने के लिए कोई सार्वजनिक विज्ञापन नहीं दिया जाता। परिणामस्वरूप, मौजूदा राजकीय कृषि विश्वविद्यालयों के पक्ष में एक अंतर्निहित झुकाव रहता है और सिर्फ कुछ ऐसे गैर-सरकारी संगठन ही इसका फायदा उठा पाते हैं जिनकी ऊपर तक पहुंच हो और जिनको इसकी भनक रहती हो।[29]

उसी फाइल में कृषि, खाद्य और सार्वजनिक वितरण मंत्रालय के राज्य मंत्री के.वी. थॉमस ने दिशा-निर्देशों को देखने के बाद टिप्पणी लिखी कि: "मुझे दिशा-निर्देश बिल्कुल भी अच्छी तरह से तैयार नहीं लगे। ये बहुत ही अस्पष्ट हैं।"[30]

इकट्ठा की गई जानकारी से यह स्पष्ट था कि गैर-सरकारी संगठनों द्वारा चलाए जा रहे 99 के.वी.के. में से कम-से-कम 39 के.वी.के.[31] का राजनेताओं या उनके रिश्तेदारों के साथ

---

[27] Ibid.

[28] Ibid.

[29] लेखक द्वारा आर.टी.आई. का इस्तेमाल करके प्राप्त की गई नोट्स की प्रतिलिपि।

[30] Ibid.

[31] See http://archive.indianexpress.com/news/seeds-of-political-patronage/1116240/, accessed December 28, 2016.

चित्र 9.2: राजनीतिक प्रश्रय के बीज

EXPRESS RTI APPLICATION — YOUR RIGHT TO KNOW

Seeds of political patronage

39 NGOs that got Krishi Vigyan Kendras have connections with politicians, including Sharad Pawar

SHYAMLAL YADAV
NEW DELHI, MAY 15

IN THE early 1970s, the agriculture ministry, through the Indian Council of Agricultural Research (ICAR), began setting up Krishi Vigyan Kendras (KVKs) or farm science centres to educate farmers to increase agricultural production and to improve their socio-economic condition. Over the years, a small but significant portion of them have ended up as an instrument of political favour, having been allotted to politicians across the spectrum or their friends and relatives, *The Indian Express* has found.

Information accessed through the RTI Act shows that of the 630 KVKs in the country, 99 are run by non-governmental organisations. Of these 99, at least 39 are closely linked to politicians or their relatives if not directly controlled by them. The list also includes three KVKs run by NGOs belonging to former IAS officers known to be associated with politicians.

These institutions get generous grants from the government but the selection of NGOs, at least in the last decade, were apparently done through an opaque process criticised by agriculture ministry officials themselves.

The prominent names include Agriculture Minister Sharad Pawar, Bihar Governor D Y Patil, former President Pratibha Patil's son Rajendra Shekhawat — all of them from Maharashtra, incidentally — besides jailed former Haryana chief minister Om Prakash Chautala's son Abhay and UP Congress MPs Sanjay Singh and Ratna Singh. One Tamil Nadu NGO was recommended by Congress treasurer Motilal Vora, former minister of state Gingee Ramachandran and others.

The Baramati NGO of which Pawar is a trustee was given a KVK in 1992. In the nearly nine years that he has been agriculture minister, his ministry sanctioned about 300 KVKs, about two dozen of these to NGOs. A third of these two dozen were cornered by organisations belonging to politicians or recommended by them, including some from Pawar's NCP. Government files show that Pawar personally intervened to recommend some of these NGOs, which got funds up to Rs 1.5 crore per year.

Of the 99 KVKs run by NGOs, 25 are in Maharashtra, 18 run by politicians or their relatives. Of the 39 run by NGOs with political links, 20 are linked to Congress leaders, six to NCP leaders, and five to BJP leaders.

ICAR officials said the government does not publish advertisements inviting proposals to establish KVKs and only a handful of organisations apply. Rajiv Mehrishi, then additional secretary in the ministry, observed during a selection in 2010: "There is no public dissemination of this information. There is no public advertisement, for example, inviting offers from universities/colleges/NGOs who might want to sponsor the KVKs. As a result, there is an inherent bias in favour of the existing state agriculture universities, with the exception of few well connected and really clued up NGOs."

After seeing the guidelines, Minister of State for Agriculture, Food and Public Distribution K V Thomas observed on the same file as Mehrishi: "I don't find the guidelines are very comprehensive at all. Lot of ambiguities remain."

ICAR RESPONSE

Responding to queries sent by *The Indian Express* to Pawar, an ICAR official said the functioning of KVKs, including sanction and allotment of funds, is transparent and as per well laid procedures. "There exist guidelines to manage/approve KVKs entitled 'A Guide for the KVK Managers' dealing inter alia. By way of evolutionary process, certain process changes have been made in the guidelines over the years in certain areas. For updating further the guidelines for KVKs a high-powered committee has been constituted under the chairmanship of Dr R S Paroda, former secretary (DARE) and Director General, ICAR," the official said.

"For establishment of KVKs, the concerned zonal project directorates have nowadays been issuing notifications on websites. Application received from various organisations, including NGOs, are considered by the selection committee and based on the recommendations ... appropriate decisions are taken by the competent authority."

POLITICAL HARVEST

THE FIRST KRISHI VIGYAN KENDRA was established in Pondicherry in 1974 and there are 630 around the country now, with 99 being run by NGOs. They get government funds of up to Rs 1.5 crore a year depending on the size of the district they are located in. The KVKs aim to educate farmers to increase agricultural production and to improve their socio-economic condition. Below is the list of 39 KVK's run by NGOs controlled by politicians, their relatives or aides:

BARAMATI (MAHARASHTRA)
NGO: Agriculture Development Trust
POLITICAL LINK: Agriculture Minister Sharad Pawar is a trustee
DATE OF SANCTION: 1992

KOLHAPUR (MAHARASHTRA)
NGO: D Y Patil Education Society
POLITICAL LINK: Congress leader D Y Patil, presently governor of Bihar
DATE OF SANCTION: 1994

AMRAVATI (MAHARASHTRA)
NGO: Shram Sadhana
POLITICAL LINK: Rajendra Shekhawat, Congress MLA and son of former President Pratibha Patil
DATE OF SANCTION: 1995

AURANGABAD (MAHARASHTRA)
NGO: Mahatma Gandhi Mission
POLITICAL LINK: Kamal Kishore Kadam, Maharashtra higher education minister when Sharad Pawar was chief minister
DATE OF SANCTION: 2011

AHMEDNAGAR (MAHARASHTRA)
NGO: Maruttrao Ghule Patil Shikshan Sansthan
POLITICAL LINK: Chandrashekhar Maruttrao Ghule, NCP MLA
DATE OF SANCTION: 2011

AKOLA (MAHARASHTRA)
NGO: Rural Development and Research Foundation
POLITICAL LINK: Sanjay Dhotre, BJP Lok Sabha MP from Akola
DATE OF SANCTION: 2010

LATUR (MAHARASHTRA)
NGO: Manjara Charitable Trust
POLITICAL LINK: Late former chief minister Vilasrao Deshmukh's family
DATE OF SANCTION: 2005

HINGOLI (MAHARASHTRA)
NGO: Sant Namdeo Sewabhavi Sanstha
POLITICAL LINK: Shivaji G Mane, former Shiv Sena MP and now NCP leader
DATE OF SANCTION: 2002

AMRAVATI (MAHARASHTRA)
NGO: Shram Safalya Foundation
POLITICAL LINK: Vasudhatai Deshmukh, former state minister
DATE OF SANCTION: 1995

SINDHUDURG (MAHARASHTRA)
NGO: Sindhudurg Zila Krishi Pratishthan
POLITICAL LINK: Chairman Sudhir Sawant is Congress MLC and former MP
DATE OF SANCTION: 1995

NANDED (MAHARASHTRA)
NGO: JNIESTE
POLITICAL LINK: Former Rajya Sabha MP from Congress V M Jadhav
DATE OF SANCTION: 1994

PARBHANI (MAHARASHTRA)
NGO: Jeevan Jyoti Charitable Trust
POLITICAL LINK: Chairman Laxmitai Deshmukh, wife of former Congress MP Ashokrao Deshmukh
DATE OF SANCTION: 1994

WASHIM (MAHARASHTRA)
NGO: Sevide Foundation
POLITICAL LINK: President Anantrao Vithalrao Deshmukh, former MP
DATE OF SANCTION: 1994

BULDHANA (MAHARASHTRA)
NGO: Satpuda Education Society
POLITICAL LINK: K G Ingle, former Congress MLA and now NCP leader
DATE OF SANCTION: 1994

SANGLI (MAHARASHTRA)
NGO: Vasant Prakash Vikas Sansthan
POLITICAL LINK: Chairperson Shailaja Patil, wife of former Congress MP Prakash Patil and daughter-in-law of former CM Vasantdada Patil
DATE OF SANCTION: 1992

THANE (MAHARASHTRA)
NGO: Gokhale Education Society
POLITICAL LINK: Vice-President of society is former MP S N Deshmukh
DATE OF SANCTION: 1976

JALGAON (MAHARASHTRA)
NGO: Satpuda Vikas Mandal
POLITICAL LINK: Shireesh Madhukar Rao Choudhary, former NCP leader and now independent MLA
DATE OF SANCTION: 1984

AHMEDNAGAR (MAHARASHTRA)
NGO: PIRENS
POLITICAL LINK: Former union minister and Congress leader Balasaheb Vikhe Patil
DATE OF SANCTION: 1992

SITAPUR (UP)
NGO: Ramvir Ranjanjay Degree College Association, Amethi
POLITICAL LINK: Dr Sanjay Singh, Congress MP from Sultanpur
DATE OF SANCTION: 2011

PRATAPGARH (UP)
NGO: Raja Avdhesh Singh Memorial Society
POLITICAL LINK: Ratna Singh, Congress MP from Pratapgarh
DATE OF SANCTION: 1999

UNNAO (UP)
NGO: Kunwar Ram Bux Education Society
POLITICAL LINK: Ramesh Kumar Singh, state BJP leader
DATE OF SANCTION: 1999

SULTANPUR (UP)
NGO: Kamla Nehru Memorial Trust
POLITICAL LINK: Vinod Singh, former minister in BSP government and son of former Congress union minister K N Singh
DATE OF SANCTION: 1976

ARIYALUR (TAMIL NADU)
NGO: CREED
POLITICAL LINK: Recommended by then MoS Gingee Ramachandran, MPs S K Kharventhan, Vasanthy Stanley, Motilal Vora and R D Athithan
DATE OF SANCTION: 2009

KARUR (TAMIL NADU)
NGO: Saraswati Krishi Vigyan Kendra
POLITICAL LINK: Chairman R Latha is wife of late K N Ramajayam, brother of former DMK minister K N Nehru
DATE OF SANCTION: 2005

ERODE (TAMIL NADU)
NGO: Myrada (Bangalore)
POLITICAL LINK: Retired IAS officer Arvind G. Risbud is Executive Director, three other retired IAS officers on board
DATE OF SANCTION: 1991

BELGAUM (KARNATAKA)
NGO: KLE University
POLITICAL LINK: Chancellor Prabhakar B Kore is a BJP Rajya Sabha member
DATE OF SANCTION: 2011

BELGAUM (KARNATAKA)
NGO: BIRD
POLITICAL LINK: Chairman R M Patil, former Karnataka minister
DATE OF SANCTION: 1994

GADAG (KARNATAKA)
NGO: Agriculture Science Foundation
POLITICAL LINK: Four-time former Congress MLA D R Patil is governing council member
DATE OF SANCTION: 1985

BURHANPUR (MP)
NGO: Lokmata Devi Ahilya Bai Holkar Social National Mission
POLITICAL LINK: Hamid Qazi, former NCP MLA
DATE OF SANCTION: 2007

RAISEN (MP)
NGO: Deendayal Krishi Vikas Kendra
POLITICAL LINK: Chairman Ajit Khandelwal said to be close to BJP
DATE OF SANCTION: 2004

RATLAM (MP)
NGO: Shiksha Samiti Kalukheda
POLITICAL LINK: Chairman Mahendra Singh Kalukheda, Congress MLA
DATE OF SANCTION: 1994

BISHNUPUR (MANIPUR)
NGO: Joint Farming-cum-Pisciculture Co-operative Society
POLITICAL LINK: Th. Chaoba Singh, former chief minister and current Manipur BJP president
DATE OF SANCTION: 2003

SENAPATI (MANIPUR)
NGO: FEEDS
POLITICAL LINK: Haokholet Kipgen, former MLA from National People's Party
DATE OF SANCTION: 2002

JAIPUR (RAJASTHAN)
NGO: Pragati Trust
POLITICAL LINK: former Chief Secretary of Rajasthan Mitha Lal Mehta
DATE OF SANCTION: 1992

HANUMANGARH (RAJASTHAN)
NGO: Gramothan Vidyapith
POLITICAL LINK: Son of Om Prakash Chautala, Abhay Singh Chautala is president of NGO
DATE OF SANCTION: 1989

REWARI (HARYANA): NGO
Bhagawat Bhakti Ashram
POLITICAL LINK: Rao Sheoraj Singh, brother of late Rao Veerendra Singh, former CM
DATE OF SANCTION: 1983

AMBALA (HARYANA)
NGO: SCHE
POLITICAL LINK: Akhil Bassi, who was close to Congress
DATE OF SANCTION: 1995

SITAMARHI (BIHAR)
NGO: Samta Sewa Kendra
POLITICAL LINK: Nawal Kishore Rai, former Janata Dal (United) MP
DATE OF SANCTION: 2006

VISAKHAPATNAM (ANDHRA PRADESH)
NGO: Bhagavatula Charitable Trust
POLITICAL LINK: President of trust is PVRK Prasad, retired IAS officer who served as media advisor to late prime minister P V Narasimha Rao
DATE OF SANCTION: 1995

PAWAR PLAY

SOME INSTANCES OF SHARAD PAWAR ALLOTTING OR INFLUENCING ALLOTMENT OF KVKs SINCE 2004:

AURANGABAD (MAHARASHTRA): A site selection panel had recommended sanctioning the KVK to Marathwada Agriculture University. Pawar rejected the suggestion and wrote on the file, "We should give this KVK to Mahatma Gandhi Mission. I am confident their performance will be better." The mission got the KVK in July 2009. It belongs to Kamal Kishore Kadam, a former Maharashtra minister and NCP leader.

AHMEDNAGAR (MAHARASHTRA): The site selection panel had recommended the Mahatma Phule Krishi Vidyapeeth. Pawar advised "other options need to be explored". The KVK was later given to Maruttrao Ghule Patil Shikshan Sansthan, run by NCP MLA Chandrashekhar Maruttrao Ghule, with Pawar approving the proposal on August 29, 2011.

SITAPUR (UP): On February 23, 2011, Pawar approved a KVK for Ramvir Ranjanjay Degree College Association, Amethi, run by Sanjay Singh, Congress MP from Sultanpur. The proposal had been made only on February 8, and came with a handwritten note from a bureaucrat and marked "urgent". The site selection panel picked this over three other proposals.

AKOLA (MAHARASHTRA): On May 13, 2010, Pawar approved a KVK to be run by the Rural Development and Research Foundation, whose president is BJP MP Sanjay Dhotre. The name was picked by the site selection panel from a list of nine.

BELGAUM (KARNATAKA): KLE University, whose chancellor Prabhakar B Kore is a BJP Rajya Sabha member, got a KVK. It had been recommended in response to a proposal from the University of Agricultural Sciences, Dharwad. When the file was sent to the DG, ICAR, he wrote on it, "as discussed with Hon'ble AM (agriculture minister), case may be kept pending for a while". Subsequently, Pawar wrote "put up early" on a letter written by Kore. A new site selection panel was formed after the issue was "discussed with Hon'ble AM and PS to Hon'ble AM" and Pawar sanctioned the KVK to KLE.

SITAMARHI (BIHAR): On February 1, 2006, Pawar sanctioned a KVK to Samta Sewa Kendra of former JD(U) MP Nawal Kishore Rai. Rai was making representations to agriculture ministers since 1996, seeking a KVK for the district. Later, he sought it for his NGO, which Pawar approved.

ARIYALUR (TAMIL NADU): On January 3, 2008, Pawar sanctioned a KVK to the NGO Creed after its name was recommended by then minister of state Gingee Ramachandran, MPs Vasanthy Stanley and Motilal Vora and then MPs R D Athithan and S K Kharventhan.

स्रोत: इंडियन एक्सप्रेस (16 मई 2013)

गहरा संबंध था, भले ही वे उन्हें सीधे-सीधे नियंत्रित नहीं कर रहे हों। यह भी पता चला तीन कृषि विज्ञान केंद्रों को पूर्व आई.ए.एस. अधिकारियों से ताल्लुक रखने वाले गैर-सरकारी संगठन चला रहे थे। इनमें प्रमुख नाम पूर्व कृषि मंत्री शरद पवार, बिहार के तत्कालीन राज्यपाल डी.वाई. पाटिल, पूर्व राष्ट्रपति प्रतिभा पाटिल के पुत्र राजेंद्र शेखावत, हरियाणा के पूर्व मुख्यमंत्री ओम प्रकाश चौटाला के पुत्र अभय चौटाला, उ.प्र. के कांग्रेस सांसद संजय सिंह और कांग्रेस की पूर्व लोक सभा सांसद रत्ना सिंह के थे। तमिलनाडु के एक गैर-सरकारी संगठन की सिफारिश कांग्रेस के कोषाध्यक्ष मोतीलाल वोरा, पूर्व केंद्रीय राज्यमंत्री जिंजी

रामचंद्रन और अन्य प्रमुख लोगों ने की थी। गैर-सरकारी संगठनों द्वारा चलाए जा रहे 99 कृषि विज्ञान केंद्रों में से 25 महाराष्ट्र में थे जिनमें से 18 को राजनेता या उनके रिश्तेदार चला रहे थे। गैर-सरकारी संगठनों द्वारा चलाए जा रहे कुल 39 कृषि विज्ञान केंद्रों के प्रत्यक्ष राजनीतिक संपर्क थे, जिनमें से अन्य के अलावा 20 का संबंध कांग्रेस नेताओं से, छह का एन.सी.पी. से और पांच का भा.ज.पा. के साथ था।

फाइलों ने शरद पवार के कुछ दिलचस्प फैसलों का भी खुलासा किया क्योंकि वही एकमात्र ऐसे व्यक्ति थे जिन्होंने 2004 के बाद से कृषि विज्ञान केंद्रों के आवंटन से संबंधित फैसले लिए या इन्हें प्रभावित किया। जैसे कि औरंगाबाद (महाराष्ट्र) के मामले में, एक साइट सेलेक्शन पैनल ने मराठवाड़ा कृषि विश्वविद्यालय को के.वी.के. की मंजूरी देने की सिफारिश की थी। लेकिन पवार ने इस सुझाव को खारिज कर दिया और फाइल पर लिखा[32], "हमें यह के.वी.के. महात्मा गांधी मिशन को देना चाहिए। मुझे विश्वास है कि वे इसे अच्छे ढंग से चलाएंगे।" महात्मा गांधी मिशन को जुलाई 2009 में के.वी.के. मिल गया। इस महात्मा गांधी मिशन और के.वी.के. का ताल्लुक महाराष्ट्र के पूर्व मंत्री और एन.सी.पी. नेता कमल किशोर कदम से था। अहमदनगर के मामले में, साइट सेलेक्शन पैनल ने महात्मा फुले कृषि विद्यापीठ की सिफारिश की थी। लेकिन पवार ने फाइल पर टिप्पणी[33] लिखी कि "अन्य विकल्पों की पड़ताल की जानी चाहिए।" बाद में यह के.वी.के. एन.सी.पी. के विधायक चंद्रशेखर मारुतराव घुले के मारुतराव घुले पाटिल शिक्षण संस्थान को आवंटित कर दिया गया और 29 अगस्त 2011 को पवार ने इस आशय के प्रस्ताव को मंजूरी दे दी। अकोला (महाराष्ट्र) के एक अन्य मामले में, पवार ने 13 मई 2010 को ग्रामीण विकास एवं अनुसंधान फाउंडेशन को के.वी.के. संचालित करने की मंजूरी दी जिसके अध्यक्ष भा.ज.पा. सांसद संजय धोत्रे थे।[34] यह नाम साइट सेलेक्शन पैनल द्वारा नौ दावेदारों की सूची में से चुना गया था।

उ.प्र. के सीतापुर का मामला भी इसी तरह का था जिसमें पवार ने 23 फरवरी 2011 को सुल्तानपुर के तत्कालीन कांग्रेस सांसद संजय सिंह द्वारा चलाए जा रहे रणवीर रणंजय डिग्री कॉलेज एसोसिएशन को एक के.वी.के. की मंजूरी दी थी।[35] यह प्रस्ताव कुछ ही दिन पहले, 8 फरवरी 2011 को प्रस्तुत किया गया था और इसमें एक नौकरशाह की हस्तलिखित टिप्पणी[36] "अर्जेंट" थी। साइट सेलेक्शन पैनल ने इसे तीन अलग-अलग सोसाइटीज द्वारा दिए गए प्रस्तावों पर वरीयता देते हुए चुना था।

---

[32] लेखक द्वारा आर.टी.आई. का इस्तेमाल करके प्राप्त की गई नोट्स की प्रतिलिपि।

[33] Ibid.

[34] Ibid.

[35] Ibid.

[36] Ibid.

इसी तरह, बेलगाम (कर्नाटक) स्थित के.एल.ई. विश्वविद्यालय को एक के.वी.के. मिला। इस विश्वविद्यालय के कुलाधिपति प्रभाकर बी. कोरे राज्य सभा से भा.ज.पा. सांसद थे। यूनिवर्सिटी ऑफ एग्रीकल्चरल साइंसेज, धारवाड़ से मिले एक प्रस्ताव को खारिज कर इसकी सिफारिश की गई थी। जब फाइल आई.सी.ए.आर. के महानिदेशक के पास भेजी गई, तो उन्होंने लिखा[37] कि, "माननीय कृषि मंत्री के साथ हुई चर्चा के अनुसार, मामले को कुछ समय के लिए लंबित रखा जा सकता है।" इसके बाद, कोरे द्वारा लिखे गए एक पत्र पर पवार ने लिखा,[38] "शीघ्र प्रस्तुत करें"। आखिरकार, "माननीय कृषि मंत्री और माननीय कृषि मंत्री के निजी सचिव के साथ चर्चा"[39] के बाद एक नया साइट सेलेक्शन पैनल गठित किया गया और पवार ने यूनिवर्सिटी ऑफ एग्रीकल्चरल साइंसेज, धारवाड़ का दावा खारिज करके के.एल.ई. विश्वविद्यालय को के.वी.के. की मंजूरी दे दी।

पवार ने 1 फरवरी 2006 को सीतामढ़ी (बिहार) में भी एक के.वी.के. की मंजूरी दी और इस बार यह पूर्व ज.द.(यू.) सांसद नवल किशोर राय के समता सेवा केंद्र को दिया गया। जिले के लिए एक के.वी.के. पाने के प्रयास में, राय 1996 से कृषि मंत्रालयों में लिखा-पढ़ी कर रहे थे। बाद में, उन्होंने अपने ही गैर-सरकारी संगठन के लिए इसकी मांग की और पवार ने इसे मंजूरी दे दी। अरियलूर (तमिलनाडु) में पवार ने 3 जनवरी 2008 को गैर-सरकारी संगठन सी.आर.ई.ई.डी. को एक के.वी.के. की मंजूरी दी। उन्होंने पूर्व केंद्रीय राज्य मंत्री जिंजी रामचंद्रन, सांसद वासंती स्टेनली और मोतीलाल वोरा, तथा पूर्व सांसद आर.डी. अतिथन और एस.के. खरवेंतहन की अनुशंसा के बाद यह मंजूरी दी।[40]

आर.टी.आई. कानून के बगैर सरकारी रिकॉर्डों से इतने सारे मनमाने फैसलों का पता लगाना कठिन रहा होता। गौर करने वाली बात यह है कि यह सब ऐसे समय में हो रहा था जब मंत्रियों के विवेकाधीन कोटे में कटौती करने की चर्चा हर तरफ थी, और डी.ओ.पी.टी. मंत्रियों के विवेकाधीन कोटे पर जानकारी इकट्ठा कर रहा था और इस संबंध में कई दिशा-निर्देश और परिपत्र जारी कर रहा था।[41]

शोध और फाइलों के निरीक्षण के बाद, प्रयास किया गया कि संबंधित पक्षों से उनके कुप्रबंधन पर प्रामाणिक जवाब लिया जाए। दिनांक 11 फरवरी 2013 को शरद पवार को

---

[37] Ibid.

[38] Ibid.

[39] Ibid.

[40] लेखक ने दस्तावेजों की जांच की और इन सभी नोट्स की प्रतिलिपि प्राप्त की।

[41] यू.पी.ए. सरकार ने "केंद्र में मंत्रियों द्वारा उपभोग की जा रही स्वविवेक संबंधी शक्तियों को छोड़ने" पर विचार करने और सलाह लेने के लिए 6 जनवरी, 2011 को एक मंत्री समूह गठित किया और इस संदर्भ में डी.ओ.पी.टी. विभिन्न मंत्रालयों से सूचना एकत्रित कर रहा था: http://ccis.nic.in/WriteReadData/CircularPortal/D2/D02ser/372_14_2012-AVDIII-16042012.pdf, accessed December 28, 2016.

एक ई-मेल भेजकर उनकी टिप्पणी मांगी गई। उनसे इस पर स्पष्टीकरण देने का अनुरोध किया गया था: "सिर्फ अच्छे संपर्कों वाले संस्थान ही, जिनमें राजनेताओं से ताल्लुक रखने वाले गैर-सरकारी संगठन शामिल हैं, के.वी.के. के लिए आवेदन करते हैं और उन्हें ही इसके लिए मंजूरी दी जाती है जबकि के.वी.के. के लिए न तो आवेदन मंगाए जाते हैं और न ही विज्ञापन दिए जाते हैं; के.वी.के. को मंजूरी दिए जाने के बारे में कोई स्पष्ट दिशा-निर्देश नहीं हैं; और इन्हें मंजूरी दिए जाने में पारदर्शिता के कोई प्रयास नहीं किए जाते हैं।"

बाद में, आई.सी.ए.आर. के एक अवर सचिव ने उनकी ओर से जवाब[42] दिया:

> "के.वी.के. स्थापित करने के लिए संबंधित जोनल परियोजना निदेशालय आजकल वेबसाइटों पर अधिसूचनाएं जारी कर रहे हैं... के.वी.के. के लिए दिशा-निर्देशों को अधिक बेहतर बनाने के लिए एक उच्च-स्तरीय समिति गठित की गई है.... धनराशि की मंजूरी और आवंटन सहित के.वी.के. की कार्यप्रणाली पूरी तरह पारदर्शी है और स्थापित प्रक्रियाओं के अनुरूप है।"

मई 2014 में एन.डी.ए. सरकार के सत्ता में आने के बाद, कृषि मंत्रालय ने उस समय तक स्थापित सभी 639 कृषि विज्ञान केंद्रों की कार्यप्रणाली की समीक्षा की। दिनांक 19–20 अगस्त 2014 को दिल्ली में आयोजित आई.सी.ए.आर. की एक बैठक में, कृषि और किसान कल्याण (नई सरकार ने मंत्रालय का नाम बदल दिया) हेतु राज्य मंत्री संजीव बालियान ने कृषि विज्ञान केंद्रों को अपनी कार्यप्रणाली में सुधार लाने अन्यथा परिणाम भुगतने की चेतावनी दी।[43] बाद में, दिसंबर 2014 में कृषि और किसान कल्याण मंत्री राधा मोहन सिंह ने पूर्व कृषि सचिव जे.एन.एल. श्रीवास्तव की अध्यक्षता में एक समिति[44] गठित की जिसने फरवरी 2015 में अपनी रिपोर्ट दाखिल की और यह सिफारिश[45] की कि कृषि विज्ञान केंद्रों को मापदंडों का पालन करना चाहिए, हालांकि यह कोई समेकित जांच नहीं थी क्योंकि समिति ने दिल्ली के पास, गुड़गांव, मुजफ्फरनगर, करनाल, और अंबाला में स्थित सिर्फ चार के.वी.के. का दौरा करके रिपोर्ट तैयार कर दी थी। इस समय, प्रत्येक जिले में औसतन एक के.वी.के. है और देश के किसानों की दशा तो यही बताती है कि इनमें से

[42] लेखक को आई.सी.ए.आर. से मिला दिनांक 18 मार्च, 2013 का जवाब।

[43] See http://indianexpress.com/article/india/india-others/agriculture-ministry-cracks-down-on-mismanagement-in-kvks/, accessed December 28, 2016.

[44] See http://indianexpress.com/article/india/india-others/panel-to-inquire-into-functioning-of-kvks/, accessed December 28, 2016.

[45] लेखक द्वारा आर.टी.आई. के इस्तेमाल से मार्च, 2015 में प्राप्त की गई रिपोर्ट: http://indianexpress.com/article/india/india-others/follow-norms-says-krishi-kendra-review-panel/, accessed December 28, 2016.

ज्यादातर प्रभावी नहीं हैं क्योंकि इनका प्रबंधन उचित ढंग से नहीं किया जा रहा है। बाद में, कृषि और किसान कल्याण मंत्री राधा मोहन सिंह ने कहा कि, "हमारी सरकार ने पहला काम यह सुनिश्चित किया कि गैर-सरकारी संगठनों को के.वी.के. नहीं दिए जाएं।"[46] हालांकि उनकी सरकार ने भी एक एनजीओ को एक के.वी.के. दिया है जो उ.प्र. के मुख्यमंत्री योगी आदित्यनाथ से जुड़ा गुरु गोरखनाथ सेवा संस्थान है। आइ.सी.ए.आर. की वेबसाइट के अनुसार इस के.वी.के. को अक्टूबर 2016 में मंजूरी दी गई। गोरखपुर में एक अन्य के.वी. के. आचार्य नरेंद्रदेव कृषि विश्वविद्यालय, फैजाबाद द्वारा संचालित है जिसे 2004 में मंजूरी दी गई थी।

गैर-सरकारी संगठनों की गतिविधियां सिर्फ कागज पर

लगभग प्रत्येक सरकारी विभाग के पास खुद की योजनाएं होती हैं जिसकी गतिविधियों में वे गैर-सरकारी संगठनों को शामिल करते हैं ताकि विकास को अंतिम व्यक्ति तक पहुंचाया जा सके। पूर्व विदेश मंत्री सलमान खुर्शीद और उनकी पत्नी लुइस खुर्शीद[47] द्वारा संचालित जाकिर हुसैन मेमोरियल ट्रस्ट से उपजे विवाद के दौरान, मुझे डॉ. आंबेडकर फाउंडेशन (डी.ए.एफ.) द्वारा भारतीय लोक प्रशासन संस्थान (आई.आई.पी.ए.) के साथ सहभागिता में, दिल्ली में आयोजित एक सम्मेलन में आर.टी.आई. पर चर्चा के लिए आमंत्रित किया गया था। चर्चा के दौरान मेरा ध्यान गैर-सरकारी संगठनों की बहुत कम उपस्थिति पर गया। चूंकि यह सम्मेलन कमजोर तबकों के लिए काम कर रहे गैर-सरकारी संगठनों के लिए था, इसलिए मुझे उम्मीद थी कि उनकी इस विषय में दिलचस्प होगी और वे बड़ी संख्या में भागीदारी करेंगे। पूछे जाने पर आयोजकों ने बताया कि उन्हें ऐसे गैर-सरकारी संगठनों की पहचान और तलाश करने में बहुत कठिनाई हुई। इसलिए, सम्मेलन से लौटने के बाद, डी.ए.एफ. और आई.आई.पी.ए. के पास विभिन्न आर.टी.आई. आवेदन दाखिल किए गए। दोनों संस्थानों ने बेहिचक सूचना प्रदान की, और दोनों कार्यालयों से पूरी फाइल नोटिंग की प्रतियां प्राप्त हुईं। सामाजिक न्याय और सशक्तीकरण मंत्रालय के अंतर्गत काम करने वाले

---

[46] "Who is a farmer leader? Rahul just speaks about them, but BJP has most farmer MPs: Union Agriculture Minister Radha Mohan Singh," *The Indian Express* (New Delhi, January 17, 2016). Available at: http://indianexpress.com/article/india/india-news-india/idea-exchange-whos-a-farmer-leader-rahul-just-speaks-about-them-but-bjp-has-most-farmer-mps-whos-a-farmer-leader-rahul-just-speaks-about-them-but-bjp-has-most-farmer-mps-union-agriculture-m/, accessed January 16, 2017.

[47] दिनांक 10 अक्टूबर, 2012 को, आज तक चैनल ने यह स्टोरी ब्रेक की कि खुर्शीद और उनकी पत्नी शारीरिक रूप से अशक्त लोगों के लिए एक न्यास चलाते हैं और उन्होंने वे अनुदान प्राप्त करने के लिए अधिकारियों के फर्जी हस्ताक्षर किए जो कभी भी लाभार्थियों को नहीं मिले।

डी.ए.एफ. ने यह पाया कि अनुसूचित जाति और समाज के कमजोर तबकों के लिए काम कर रहे, और सरकार से अनुदान प्राप्त कर रहे अधिकांश गैर-सरकारी संगठन सिर्फ डॉ. बाबासाहेब आंबेडकर की जयंती और पुण्यतिथि पर ही नजर आते हैं।

इस तरह के गैर-सरकारी संगठनों के क्षमता-निर्माण पर पांच-दिवसीय कार्यशाला के लिए महज दो दर्जन भागीदारों की एक सूची तैयार करने में डी.ए.एफ. को दो साल का समय लगा। इसके अतिरिक्त, डी.ए.एफ. को यह भी पता चला कि इनमें से अधिकांश गैर-सरकारी संगठनों को चला रहे लोग कमजोर तबकों से नहीं हैं। दिल्ली और राष्ट्रीय राजधानी क्षेत्र में कमजोर तबकों के लिए काम कर रहे लगभग 100 गैर-सरकारी संगठनों के एक अनौपचारिक अध्ययन के आधार पर डी.ए.एफ. के एक अधिकारी ने टिप्पणी लिखी कि:

> "अनुसूचित जाति/कमजोर तबकों के लिए काम कर रहे अधिकांश सक्रिय गैर-सरकारी संगठनों का संचालन गैर-अनुसूचित जाति/गैर-कमजोर तबके के लोगों द्वारा किया जाता है; इनमें से अधिकांशः 'वन मैन शो' हैं और कुछ एन.जी.ओ. सिर्फ 14 अप्रैल (डॉ. आंबेडकर की जयंती) और 6 दिसंबर (डॉ. आंबेडकर की पुण्यतिथि) पर ही सक्रिय दिखते हैं; इनमें से अधिकांशतः निष्क्रिय हैं क्योंकि इन्हें बनाने का फैसला पेशवर ढंग से नहीं बल्कि भावावेश में लिया गया था; उन्हें सरकार द्वारा कमजोर तबकों के विकास के लिए उठाए जा रहे कदमों के बारे में बहुत सीमित जानकारी है।[48]

कार्यशाला आयोजित करने का फैसला डी.ए.एफ. की 24 जुलाई 2009 की संचालन समिति की बैठक में लिया गया था। इसे बार-बार स्थगित किया गया, और उचित नामांकन की कमी के कारण यह अंततः जून 2012 में आयोजित की गई। गैर-सरकारी संगठनों की छंटाई के लिए लंबे समय तक चले प्रयासों के बाद, डी.ए.एफ. ने कमजोर तबकों के सशक्तीकरण के लिए सरकार से धनराशि प्राप्त कर रहे दिल्ली के 22 गैर-सरकारी संगठनों को फरवरी 2011 में पत्र भेजे। परंतु कई महीनों तक कोशिश के बावजूद "सिर्फ तीन एन.जी.ओ. ने अपनी भागीदारी की पुष्टि की और चार पत्र लौट आए थे।"[49] डी.ए.एफ. ने राष्ट्रीय सफाई कर्मचारी आयोग और राष्ट्रीय सफाई कर्मचारी वित्त एवं विकास निगम को ऐसे और अधिक एन.जी.ओ. के नाम भेजने के लिए पत्र लिखा, लेकिन उन्होंने कहा कि उनके "पास अनुसूचित जाति के लिए काम कर रहे एन.जी.ओ. की सूची/पते नहीं हैं।" और अधिक अनुस्मारक भेजने और तारीख आगे बढ़ाने के बावजूद, अंततः 10 एन.जी.ओ. के सिर्फ 21 प्रतिभागियों ने कार्यशाला में शिरकत की।[50]

---

[48] लेखक द्वारा आर.टी.आई. का इस्तेमाल करके डी.ए.एफ. और आई.आई.पी.ए. से प्राप्त किए गए नोट्स।

[49] Ibid.

[50] Ibid.

इसके बावजूद, और यह मानते हुए कि "एन.जी.ओ. सरकारी तथा अर्द्ध सरकारी संगठनों की विस्तारित शाखा के रूप में भी विकास/जागरूकता कार्यक्रमों में बहुत महत्त्वपूर्ण भूमिका निभाते हैं", डी.ए.एफ. ने अन्य राज्यों में काम करने वाले एन.जी.ओ. के लिए भी इस तरह की और अधिक कार्यशालाएं आयोजित करने का फैसला किया। परंतु, महाराष्ट्र में नवंबर की शुरुआत में जिन 50 एन.जी.ओ. को पत्र भेजे गए उनके बारे में डी.ए.एफ. की टिप्पणी बताती है कि सिर्फ दो ने भागीदारी की इच्छा प्रकट की थी। यह वास्तव में बेहद दुखद स्थिति है![51]

मान लिया कि कुछ गैर-सरकारी संगठन सुशासन को जमीनी स्तर तक ले जाने में महत्त्वपूर्ण भूमिका अदा कर रहे हैं, लेकिन सरकारी क्षेत्र के मुकाबले गैर-सरकारी संगठनों में सरकारी निधियों की धांधली बहुत ज्यादा होने का संदेह है। यह दुखद है कि गैर-सरकारी संगठन आर.टी.आई. के दायरे से बाहर हैं, इसलिए उन्हें आर.टी.आई. कानून के तहत सीधे-सीधे पकड़ पाना मुश्किल हो जाता है। लेकिन इस समस्या से निपटने के अन्य तरीके हैं। गैर-सरकारी संगठन चाहे सरकारी एजेंसियों से धनराशियां प्राप्त कर रहे हों या फिर उन्हें विदेशों से अनुदान मिल रहा हो, उनके लिए कुछ खास दिशा-निर्देशों का पालन करना ज़रूरी होता है। उन पर नजर रखने के तरीके हैं; क्योंकि एन.जी.ओ. अनुदान पाने या इसकी मंजूरी के लिए सरकारी एजेंसियों के पास जाते हैं। इसलिए, सूचना पाने के लिए संबंधित सरकारी एजेंसियों में आर.टी.आई. आवेदन दाखिल करने की ज़रूरत है। इसमें कोई संदेह नहीं कि गैर-सरकारी संगठनों में पारदर्शिता और जवाबदेही बढ़ाने के लिए, आर.टी.आई. की मदद से ऐसे कुप्रबंधनों का ज्यादा-से-ज्यादा पर्दाफाश किया जा सकता है। लेकिन दुर्भाग्यपूर्ण है कि राजनीतिक दलों की ही तरह आर.टी.आई. की वकालत करने वाले एन.जी.ओ. भी नहीं चाहते कि वे इसके दायरे में आएं।

---

[51] 'NGOs getting government funds…' *The Indian Express*, New Delhi, January 8, 2013. Available at: http://archive.indianexpress.com/news/ngos-getting-govt-funds-for-sc-welfare-are-inactive-study/1055982/, accessed February 16, 2017.

10 बला टालने का खेल

बहुत लंबे समय से हमारे ध्यान में है कि आर.टी.आई. कानून के अनुच्छेद 8 के तहत दी गई छूटों की आड़ में जन सूचना अधिकारी (पी.आई.ओ.) आम जनता को ऐसी सूचना भी नहीं दे रहे हैं, जिसके वे हकदार हैं।[1]

– आर.बी.आई. बनाम जयंतीलाल एन. मिस्त्री और
अन्य के मामले में 16 दिसंबर 2015 को उच्चतम न्यायालय

पिछले करीब 12 वर्ष से मैं पत्रकारिता के काम के लिए आर.टी.आई. का इस्तेमाल करता आ रहा हूं और इस दौरान राष्ट्रीय महत्त्व के विभिन्न प्रकार के मुद्दों से जुड़ी सूचना प्राप्त करने के प्रयास में सरकारी तंत्र के सभी हिस्सों से मेरा बहुत पाला पड़ा है जिनमें राष्ट्रपति के सचिवालय, प्रधानमंत्री कार्यालय, कैबिनेट सचिवालय, राज्यों के मुख्यमंत्रियों के कार्यालयों, केंद्र और राज्यों के मंत्रालयों, सार्वजनिक क्षेत्र के उपक्रमों, जांच एजेंसियों से लेकर पुलिस विभागों, और प्रत्येक राज्य के सुदूरवर्ती जिलों के जिलाधिकारी और पुलिस अधीक्षक कार्यालय तक शामिल हैं। परंतु, आर.टी.आई. कानून के बावजूद, सरकार से महत्त्वपूर्ण सूचना प्राप्त करना एक कठिन, श्रमसाध्य और अक्सर हताश कर देने वाला काम है और तब ऐसा महसूस होता है मानो पारदर्शिता को धता बताना और सूचना को छुपाना ही बहुत-से सरकारी अधिकारियों का मूलमंत्र है और इधर-से-उधर चक्कर कटवाना उनका पसंदीदा मनोरंजन है। अपने शुरुआती डर से उबर चुकने के बाद, कई सरकारी विभाग आर.टी.आई. कानून को निष्फल करने का हर संभव प्रयास करते हैं।

तथ्य यह है कि सूचना की चाह रखने वाले व्यक्ति को यह मिलेगी या नहीं और आर.टी. आई. आवेदन का क्या होगा, यह सब मेज की दूसरी तरफ बैठे व्यक्ति, यानी पी.आई.ओ. की सोच पर निर्भर करता है। एक ही तरह की सूचना के लिए किसी आवेदन के जवाब में एक कार्यालय से पूरी सूचना मिल सकती है, तो वैसी ही सूचना की मांग पर किसी दूसरे कार्यालय से सूचना से छूट का दावा करते हुए सूचना देने से इनकार किया जा सकता है। आवेदक को महज भरमाने और सूचना के उद्देश्य को नुकसान पहुंचाने के लिए इसे सैकड़ों कार्यालयों को अग्रेषित किया जा सकता है। आर.टी.आई. पर काम करते हुए सरकारी कार्यालयों और अधिकारियों के साथ ऐसे बहुत सारे अनुभव मिले जिन्हें साझा करना ज़रूरी है। उदाहरण के लिए, आर.टी.आई. कानून का अनुच्छेद 6(3) कहता है:[2]

---

[1] See http://judis.nic.in/supremecourt/imgst.aspx?filename=43192, accessed December 29, 2016.

[2] See http://www.rightoinformation.gov.in/webactrti.htm, accessed December 29, 2016.

> जहां किसी लोक प्राधिकरण के पास किसी ऐसी सूचना के लिए अनुरोध करते हुए कोई आवेदन किया जाता है - जो किसी अन्य लोक प्राधिकारी के पास मौजूद है; या जिसकी विषयवस्तु किसी अन्य लोक प्राधिकारी के कार्यों से अधिक निकट रूप से संबंधित है - वहां वह लोक प्राधिकारी, जिसके पास ऐसा आवेदन किया गया है, ऐसे आवेदन को या उसके ऐसे भाग को उस अन्य लोक प्राधिकारी को भेजेगा जिससे वह संबंधित हो, और ऐसे भेजे गए आवेदन या इसके हिस्से के बारे में आवेदक को तुरंत सूचना देगा: परंतु यह कि इस उप-धारा के अनुसरण में किसी आवेदन को भेजने का काम यथासाध्य शीघ्रता से किया जाएगा, किंतु किसी भी दशा में यह काम आवेदन की प्राप्ति की तारीख से पांच दिनों के बाद के लिए नहीं टाला जाएगा।

इसके अतिरिक्त, अनुच्छेद 7(9) कहता है:[3] "किसी सूचना को सामान्यतः उसी प्रारूप में उपलब्ध कराया जाएगा जिसमें वह मांगी गई है, बशर्ते कि वह लोक प्राधिकारी के स्रोत-संसाधनों को अननुपाती रूप से प्रभावित नहीं करता हो या प्रश्नगत अभिलेख की सुरक्षा या संरक्षण के प्रतिकूल न हो।" सूचना आयोगों के बहुत-से फैसलों में और मद्रास उच्च न्यायालय के एक फैसले में कहा गया है कि अनुच्छेद 7(9) का इस्तेमाल किसी भी सूचना को देने से इनकार करने के लिए नहीं किया जा सकता है।

परंतु कई लोक प्राधिकरणों ने इन दोनों अनुच्छेदों की अलग-अलग ढंग से गलत व्याख्या की है और एक तरह से सूचना छुपाने के लिए इनका दुरुपयोग किया है। सूचना देने से इनकार करने के लिए और मामले को एक जगह से दूसरी जगह भटकाने के अपने पसंदीदा शगल के लिए अनुच्छेद 6(3) का सबसे सामान्य रूप से दुरुपयोग किया गया है। सी.पी.डब्ल्यू.डी., राजस्व विभाग, सी.बी.डी.टी., डाक विभाग, जल संसाधन मंत्रालय, निर्वाचन आयोग और राज्य के पुलिस महानिदेशकों सहित बहुत-से विभागों और मंत्रालयों से मुझे अनेक आवेदनों पर निराश करने वाले और अक्सर चौंकाने वाले जवाब मिले। पारदर्शिता कानून से लोक प्राधिकरणों के बहुमूल्य समय की बर्बादी का दावा करने और इसका इस्तेमाल करने वालों द्वारा इसका तथाकथित 'दुरुपयोग' किए जाने की वजह से हमेशा इसकी आलोचना करने वालों के लिए ये सबक हैं। ऐसे बहुत-से उदाहरण हैं कि सरकारी अधिकारी भी वक्त की बरबादी करके एक तरह से कानून का दुरुपयोग कर रहे हैं। अनुच्छेद 6(3) का बिना सोचे-विचारे इस्तेमाल करके और आवश्यक सूचना किसके पास है यह जानने का कोई प्रयास किए बिना ही सैकड़ों अधिकारियों के पास आवेदन अग्रेषित करके समय, ऊर्जा और संसाधनों की बर्बादी कर रहे हैं। इसी तरह अनुच्छेद 7(9) का इस्तेमाल करके सूचना से इनकार कर रहे हैं।

---

[3] Ibid.

लिफाफे 2,000 सूचना नदारद

चुनाव आयोग से मुझे ऐसा ही पहला बड़ा झटका लगा और निश्चित रूप से यह बहुत हैरान करने वाला था। मैंने चुनाव आयोग में एक आवेदन किया गया था, जिसके जवाब में मुझे हैरान करते हुए 2,000 से ज्यादा लिफाफे मिले लेकिन मांगी गई सूचना नहीं मिली- उन सभी में यही कहा गया था कि "मांगी गई सूचना को शून्य माना जाए!" या फिर अन्य सी.पी. आई.ओ. के पास "आपका आवेदन अग्रेषित किया जा रहा है"। मेरे आवेदनों को पहले चुनाव आयोग द्वारा सभी राज्यों के सी.ई.ओ. यानी मुख्य निर्वाचन अधिकारियों के पास और फिर सी.ई.ओ. द्वारा जिला चुनाव अधिकारियों (डी.ई.ओ.), यानी जिला अधिकारियों के पास अग्रेषित किया गया। अधिकांश मामलों में, जिला निर्वाचन अधिकारियों ने भी कुशलतापूर्वक अपना पल्ला झाड़ते हुए मेरे सवालों को प्रत्येक विधानसभा निर्वाचन-क्षेत्र के निर्वाचन अधिकारियों के पास सीधे जवाब देने के लिए अग्रेषित कर दिया। ऐसे हरेक पत्र की एक प्रति मेरे पास आ रही थी तो लिफाफों की संख्या बढ़ती गई।

दरअसल, बांग्लादेशी प्रवासियों से जुड़े विवाद के दौरान, दिल्ली के सी.ई.ओ., गृह मंत्रालय, दिल्ली-आधारित विदेशी क्षेत्रीय पंजीकरण कार्यालय (एफ.आर.आर.ओ.) और चुनाव आयोग के पास बांग्लादेशी प्रवासियों से संबंधित सूचना के लिए अनुरोध दाखिल किए गए थे। इन सभी प्राधिकरणों के पास भाषा बदलकर आवेदन[4] दाखिल किए गए थे। चुनाव आयोग के पास दाखिल किए गए आवेदन की भाषा इस प्रकार थी:

> क्या चुनाव आयोग को अब तक गृह मंत्रालय, भारत सरकार की ओर से मतदाता सूची से संदिग्ध बांग्लादेशियों के नामों की पहचान करने और उन्हें हटाने के संबंध में कोई अनुरोध प्राप्त हुआ है? यदि हां, तो चुनाव आयोग को यह अनुरोध कब प्राप्त हुआ? ऐसे अनुरोधों की प्रतिलिपियां प्रदान करते हुए इस संबंध में चुनाव आयोग द्वारा उठाए गए कदमों के ब्यौरे प्रदान करें। चुनाव आयोग ने कितने राज्यों में घर-घर सर्वेक्षण करवा कर मतदाता सूची में मौजूद मतदाताओं के नामों का सत्यापन करने का निर्देश दिया है? इस अभियान के दौरान मतदाता सूची से कितने संदिग्ध मतदाताओं के नामों को 30 अप्रैल 2008 तक हटाया गया है? कृपया यह सूचना राज्यवार प्रदान करें। क्या चुनाव आयोग के पास मतदाता सूचियों में दर्ज बांग्लादेशियों की कोई अनुमानित संख्या है? यदि हां, तो कृपया यह सूचना प्रदान करें।

गृह मंत्रालय ने इस बात पर जोर देते हुए कि इसका सरोकार चुनाव आयोग से है, यह आवेदन चुनाव आयोग के पास अग्रेषित किया। चुनाव आयोग के सी.पी.आई.ओ. जे.के. राव ने जवाब दिया कि[5] "आयोग को हाल के वर्षों में मतदाता सूची से संदिग्ध बांग्लादेशियों

---

[4] लेखक द्वारा 21 मई, 2008 को इन सभी प्राधिकरणों के पास शब्दों में थोड़ा-बहुत बदलाव के साथ आवेदन दाखिल किए गए थे।

[5] आर.टी.आई. के तहत लेखक को मिला दिनांक 18 जून, 2008 का पत्र।

के नामों की पहचान करने और उन्हें हटाने के संबंध में गृह मंत्रालय से कोई अनुरोध प्राप्त नहीं हुआ है।" उन्होंने आगे कहा,[6] "हाल ही में, उत्तर प्रदेश, मध्य प्रदेश, गुजरात, कर्नाटक और राष्ट्रीय राजधानी क्षेत्र दिल्ली में घर-घर जाकर सत्यापन कराया गया है। यह माना गया है कि इस आवेदन में वर्णित 'संदिग्ध मतदाताओं' का अर्थ ऐसे 'मतदाताओं से है जिनकी नागरिकता संदिग्ध है'।" और उन्होंने आवेदन-पत्र को इन सभी राज्यों के सी.ई.ओ. के पास अग्रेषित किया और यह भी कहा कि "आयोग के पास उन मतदाताओं की कोई अनुमानित संख्या नहीं है जिन पर बाग्लादेशी होने का संदेह है।"

दिल्ली के सी.ई.ओ. ने जवाब दिया:[7]

> "दिल्ली में मौजूद गैर-कानूनी बांग्लादेशी नागरिकों के निर्वासन कार्य की प्रगति की समीक्षा करने के लिए, संयुक्त सचिव (विदेशी नागरिक), गृह मंत्रालय, भारत सरकार की अध्यक्षता में निगरानी प्राधिकरण की मासिक बैठक आयोजित की जा रही है। इस बैठक में चुनाव विभाग, राष्ट्रीय राजधानी क्षेत्र दिल्ली के एक अधिकारी भी आमंत्रित सदस्य हैं क्योंकि एफ.आर.आर.ओ., दिल्ली मासिक आधार पर राष्ट्रीय राजधानी क्षेत्र दिल्ली में चिह्नित लोगों की एक सूची भेजती है। यह सूची विधानसभा निर्वाचन-क्षेत्रों के अनुसार छांटी जाती है और फिर संबंधित ई.आर.ओ. को इस निर्देश के साथ भेजी जाती है कि वह आवश्यक कानूनी प्रक्रिया का पालन करने के बाद निर्वाचक नामावली से नामों को हटाने के लिए तत्काल ज़रूरी कदम उठाए।"

चुनाव आयोग के सी.पी.आई.ओ. जे.के. राव ने यह भी स्पष्ट किया कि:

> "निर्वाचक नामावलियों की एक विशेष सघन समीक्षा की गई थी जो घर-घर जाकर सत्यापन करने के बाद की गई थी... इस कार्य के दौरान, सभी ई.आर.ओ. को निर्देश दिया गया था कि वे सिर्फ भारतीय नागरिकों के नामों को ही शामिल करें और विदेशी राष्ट्रीयता के लोगों के नामों पर विशेष सावधानी बरतें।"

दिलचस्प बात है कि कुछ राज्यों के सी.ई.ओ. को भी यह आवेदन भेजा गया और उन्होंने यह आवेदन डी.ई.ओ. को अग्रेषित किया और बहुत-से डी.ई.ओ. ने इसे प्रत्येक विधानसभा निर्वाचन-क्षेत्र में निर्वाचक नामावलियों में संशोधन के प्रभारी अधिकारियों को अग्रेषित किया। जब मुझे अहसास हुआ कि प्रत्येक पत्र एक अधिकारी के पास से दूसरे अधिकारी को अग्रेषित किया गया है और उसकी एक प्रति मुझे जा रही है, तो मैं लिफाफों की बाढ़ के प्रति बेफिक्र हो गया। अंततः, मेरे पास हजारों लिफाफे थे लेकिन उन सभी में सूचना लगभग नहीं के बराबर थी।

---

[6] Ibid.

[7] लेखक को मिले दिनांक 10 जून, 2008 के जवाब के जरिए।

जिन राज्यों और जिलों में, अनुमानतः बड़ी संख्या में संदिग्ध बांग्लादेशियों के होने का अंदेशा था उन्होंने या तो जवाब नहीं दिया या फिर उन्होंने आवेदन को उप-मंडल स्तर पर अग्रेषित कर दिया, इसलिए जवाब संग्रहीत नहीं था। एक दिन मैं चुनाव आयोग के कार्यालय गया और उप-चुनाव आयुक्त आर. बालाकृष्णन से मिला और उन्हें प्राप्त हुए बेकार के लिफाफों के ढेर के बारे में बताया। उनके अनुसार, बांग्लादेशी प्रवासियों की समस्या मुख्यतः असम में थी; जिस पर मैंने कहा कि मुझे असम के बहुत-से जिलों और उप-मंडलों से कोई जवाब नहीं मिले। मैंने उनसे पूछा कि मुझे क्या करना चाहिए। उन्होंने तुरंत असम के सी.ई.ओ. को फोन किया जिन्होंने उन्हें बताया कि असम में लगभग 1,50,000 नाम "डी श्रेणी" के मतदाताओं के थे जिनकी पहचान निर्वाचक नामावलियों की समीक्षा के दौरान हुई थी। यानी, जाहिर है कि असम के सी.ई.ओ. के पास सूचना थी लेकिन उनके पी.आई.ओ. ने अनावश्यक रूप से या फिर अनुरोध को टालने के इरादे से आवेदन को निचले स्तर तक के अधिकारियों को बिलावजह अग्रेषित किया था।

लगभग ऐसा ही कुछ तब हुआ जब 2009 के आम चुनावों के दौरान जब्त की गई नकदी और इस मामले में उठाए गए कदमों के ब्यौरे मांगने के लिए 12 जनवरी 2010 को चुनाव आयोग के पास एक और आर.टी.आई. आवेदन भेजा गया। उस आवेदन को भी सभी राज्यों के सी.ई.ओ. के पास अग्रेषित[8] कर दिया गया और उन्होंने आर.टी.आई. कानून के अनुच्छेद 6(3) की व्याख्या करते हुए इसे जिला स्तर पर अग्रेषित कर दिया। लेकिन बाद में, ई.सी.आई. ने इस व्यवस्था को सुधारा क्योंकि जब ऐसे प्रश्न 2014 के आम चुनावों के बाद पूछे गए, तो ई.सी.आई. ने दिल्ली से ही देश भर के आंकड़े[9] प्रदान कर दिए।

अग्रेषित करने में अग्रणी आयकर विभाग

ऐसे अन्य विभाग भी हैं जो संवेदनशील रवैया अपनाए बिना ही आर.टी.आई. कानून के अनुच्छेद 6(3) का बेहिचक इस्तेमाल करते हैं। राजस्व विभाग, वित्त मंत्रालय के अंतर्गत आने वाले सी.बी.डी.टी. यानी केंद्रीय प्रत्यक्ष कर बोर्ड के समक्ष जब तीन प्रश्नों वाला एक आवेदन दाखिल किया गया, तो प्रत्येक प्रश्न के लिए 500 से अधिक लिफाफे प्राप्त हुए। पहला अनुरोध सोसाइटी/गैर-सरकारी संगठनों के बकाया करों के ब्यौरों के लिए, दूसरा, राजनीतिक दलों द्वारा दाखिल किए गए आयकर रिटर्न्स की प्रतियां के लिए, और तीसरा, राजनीतिक दलों द्वारा प्राप्त की गई छूटों के ब्यौरों के लिए था। यह आवेदन सी.बी.डी.टी. को किया गया था लेकिन उसके सी.पी.आई.ओ. ने इसे एक के बाद एक करके देशभर के

---

[8] ई.सी.आई. से मिला दिनांक 16 मार्च, 2010 का पत्र।

[9] जब्त की गई नकदी का, दिनांक 3 मार्च, 2014 के पत्र के जरिए।

लगभग प्रत्येक आयकर कार्यालय को अग्रेषित कर दिया, जबकि सूचना सिर्फ कुछ ही कार्यालयों से संबंधित थी। मजे की बात है कि ऐसा वहां बार-बार हुआ है।

आर.टी.आई. आवेदनों के प्रति सी.बी.डी.टी. का रवैया हमेशा ऐसा ही रहा है। एक दिलचस्प मामले में, केंद्र सरकार के तहत आने वाली विभिन्न सेवाओं के लिए कैडर-नियंत्रित करने वाले प्राधिकरणों के कई विभागों में एक आवेदन दाखिल किया गया था, जिनमें डी.ओ.पी.टी. (आई.ए.एस. हेतु), गृह मंत्रालय (आई.पी.एस. हेतु), स्वास्थ्य एवं परिवार कल्याण मंत्रालय (केंद्र सरकार द्वारा चालित कई अस्पतालों के डॉक्टरों हेतु), सी.बी.डी.टी. (आई.आर.एस. हेतु), सी.बी.ई.सी. (सी. एंड सी.ई.एस. हेतु), सांख्यिकी एवं कार्यक्रम क्रियान्वयन मंत्रालय (आई.एस.एस. हेतु), और डी.ई.ए. (आई.ई.एस. हेतु) शामिल थे। इस आवेदन में उनसे महज ऐसे अधिकारियों की सूची मांगी गई थी जो बिना छुट्टी लिए अपनी ड्यूटी से गायब हैं। सी.बी.डी.टी. को छोड़कर अन्य सभी से जवाब मिल गए।[10] यहां तक कि इसके सहोदर संगठन सी.बी.ई.सी. ने सी. एंड सी.ई.एस. के ऐसे अधिकारियों की सूची प्रदान कर दी। लेकिन सी.बी.डी.टी. ने देश भर में अपने तहत आने वाले सभी मुख्य आयुक्तों को आवेदन अग्रेषित कर दिया। और उन्होंने सी.बी.डी.टी. का अनुकरण करते हुए, बिना सोचे-विचारे अपने विभिन्न अधीनस्थ कार्यालयों को आवेदन अग्रेषित कर दिया। परिणामतः, चार सौ से अधिक लिफाफे मिले और इनमें से ज्यादातर में कहा गया था कि संबंधित मुद्दे से उनका कोई लेना-देना नहीं है। सूचना निश्चित तौर पर सी.बी.डी.टी. में कार्मिक मामलों की देखभाल करने वाले अनुभाग के पास उपलब्ध रही होगी, लेकिन आवेदन के प्रति उनका रवैया साफ दिखाता था कि वे सूचना नहीं देना चाहते थे। इसी तरह, चुनाव प्रत्याशियों द्वारा दाखिल किए गए शपथ-पत्रों की जांच के संदर्भ में चुनाव आयोग से सी.बी.डी.टी. को और सी.बी.डी.टी. से चुनाव आयोग को लिखे गए पत्रों की प्रतियां पाने के लिए दाखिल किए गए आवेदन पर भी उनका यही रवैया दिखा। आवेदन को एक के बाद एक करके देशभर के सभी आयकर कार्यालयों को अग्रेषित कर दिया गया। ऐसे मामलों में, लिफाफे तो मिले लेकिन सूचना महज आधे दर्जन कार्यालयों से आई। जहां तक मेरा अनुभव है, आर.टी.आई. के संदर्भ में सी.बी.डी.टी. का रवैया सारे सरकारी विभागों में सबसे बदतर है।

आई.आई.टी. और आई.आई.एम. का संवेदनहीन रवैया

ऐसे बहुत-से मामले थे जिनमें मुझे सूचना देने से सिर्फ इसलिए इनकार किया गया क्योंकि मैं एक मीडिया संस्थान में हूं इसलिए मुझसे एक भारतीय नागरिक के समान व्यवहार नहीं किया जा सकता है। क्या यह अजीब नहीं है कि महज मेरे पदनाम और पत्राचार

[10] सी.बी.डी.टी. के अतिरिक्त, अन्य सभी विभागों ने आर.टी.आई. के तहत लेखक को ऐसे अधिकारियों की सूची प्रदान की थी।

हेतु कार्यालय के पते के आधार पर मुझसे कहा जाता है कि एक मीडिया संस्थान का प्रतिनिधि होने के कारण मुझे वे अधिकार नहीं दिए जा सकते जो आम नागरिक को मिलते हैं? हैरान करने वाली बात यह है कि ऐसे बहुत-से जवाब शैक्षणिक उत्कृष्टता रखने वाले आई.आई.टी. और आई.आई.एम. जैसे शिक्षा संस्थानों से मिले थे। उदाहरण के लिए, 26 मई 2011 को उस समय के सभी सात आई.आई.टी. में एक आवेदन दाखिल किया गया, तो आई.आई.टी. मद्रास ने सूचना देने से मना करते हुए इस अजीब और अपमानजनक ढंग से जवाब दिया:[11] "सिर्फ नागरिकों के पास सूचना का अधिकार है। कॉरपोरेशन, फर्म या व्यक्तियों के समूह और न्यासों आदि को संविधान के तहत नागरिक नहीं माना जाता है। वे पी.आई.ओ. के समक्ष सूचना के लिए आवेदन दाखिल करने हेतु अधिकृत नहीं हैं।"

आई.आई.एम. अहमदाबाद का मामला भी काफी मिलता-जुलता था। उनके सी.पी.आई.ओ. ने मेरे दो अनुरोधों पर सूचना देने से इनकार करते हुए कहा: "कृपया ध्यान दें कि आर.टी.आई. कानून के अनुच्छेद 3 के अनुसार 'सभी नागरिकों के पास सूचना का अधिकार है।" आपका आवेदन *इंडिया टुडे* के वरिष्ठ संपादक की हैसियत से है, जो भारत का नागरिक नहीं है।"[12] आवेदन में एक सवाल यह जानने के लिए था कि प्रत्येक आई.आई.एम. ने विगत पांच वर्ष में विभिन्न स्रोतों से कितनी धनराशि प्राप्त की थी; जबकि दूसरा सवाल विगत पांच वर्ष में प्रदान की गई पी.एच.डी. डिग्रियों की कुल संख्या जानने के लिए था।

आई.आई.टी. और आई.आई.एम. द्वारा किए गए ऐसे इनकारों के जवाब में, मैंने इन सख्त शब्दों में पहली अपील दाखिल कीं:

> "कथित आवेदन में मैंने निश्चित सूचना का अनुरोध करते हुए स्पष्ट रूप से अपना नाम लिखा है और साथ ही अपने पद और जहां मैं काम करता हूं उस संस्थान का नाम और पता लिखा है, परंतु इस प्रकार से शुद्धतः व्यक्तिगत आधार पर सूचना मांगी है और कथित आवेदन की भाषा और विषयवस्तु पूर्णतः स्पष्ट है। मेरे पद और जहां मैं कार्य करता हूं उस संस्थान को इस तरह से पेश नहीं किया जा सकता है मानो वह संस्थान ही संबंधित संगठन से सूचना मांग रहा है और ऐसा कोई भी निष्कर्ष पूर्णतः त्रुटिपूर्ण, विकृत, गैर-कानूनी, अर्थहीन और असंवैधानिक है। मेरे द्वारा मांगी गई सूचना एक व्यक्ति के रूप में शुद्धतः मेरे द्वारा मांगी गई है और मैं पूरी तरह से इस देश का एक नागरिक हूं और सूचना का अनुरोध करने वाले व्यक्ति के, यानी मेरे नाम के नीचे, मैंने अपने पद और जहां मैं काम करता हूं उस संस्थान का नाम दिया है जो मेरे व्यक्तिगत परिचय और पहचान के रूप में है जिसका अर्थ यह नहीं है कि वह संस्थान ही संबंधित निकाय से सूचना मांग रहा है। यह भी स्पष्ट

[11] लेखक को आर.टी.आई. के तहत आई.आई.टी. मद्रास से मिला दिनांक 6 जून, 2011 का पत्र।

[12] लेखक को आर.टी.आई. के तहत आई.आई.एम. अहमदाबाद से मिला दिनांक 3 जून, 2011 का पत्र।

किया जाता है कि यदि किसी निकाय द्वारा सूचना मांगी जाती है, तो वे इसे अपने लेटरहेड में दाखिल करते हैं और साथ ही निकाय के किसी अधिकृत प्रतिनिधि को आवश्यक दस्तावेजों के साथ आवेदन दाखिल करने के लिए अधिकृत किए जाने से संबंधित एक संकल्प-पत्र देते हैं। कोई संस्थान आर.टी.आई. के तहत इतने सीधे-सरल ढंग से आवेदन दाखिल नहीं कर सकता है क्योंकि इसके लिए संस्थान में औपचारिकताएं पूरा करनी होती हैं क्योंकि संस्थान में फैसले व्यक्तिगत रूप से नहीं बल्कि सामूहिक रूप से लिए जाते हैं। साथ ही, यह कहना भी आवश्यक है कि यदि संबंधित प्राधिकरण को मेरी नागरिकता के बारे में कोई संदेह था तो उन्होंने इस बारे में स्पष्टीकरण मांगा होता लेकिन इस आधार पर सूचना देने से इनकार करना पूरी तरह से गैर-कानूनी, अनुचित और आर.टी.आई. कानून के तहत पारदर्शिता के उद्देश्य के विरुद्ध है।

मैं यह भी कहना चाहता हूं कि इस कानून का उद्देश्य लोकतांत्रिक आदर्शों की श्रेष्ठता को अक्षुण्ण रखते हुए हितों के टकराव को कम करना है और सूचना की चाह रखने वाले नागरिकों को सूचना प्रदान करना है। मैं इस देश का एक नागरिक हूं और मेरा जन्म भारतीय भूभाग में हुआ है और मेरे माता-पिता का जन्म भी भारतीय भूभाग में हुआ है और इस बात में कोई भी संदेह नहीं हो सकता है।

फिर भी, यदि पी.आई.ओ. द्वारा मेरे आवेदन को ठुकराने के लिए दिए गए तर्क को सही मान भी लिया जाए, तब भी, आर.के. मल्होत्रा बनाम सेंट्रल बैंक ऑफ इंडिया के मामले में, अपील संख्या 908/CPB/2007, 17 सितंबर 2007 में, केंद्रीय सूचना आयोग ने स्पष्ट किया था कि आयोग ने हमेशा ही यह रवैया अपनाया है कि कंपनियों के डायरेक्टर, फर्मों के साझीदार और व्यक्तियों के एसोसिएशन के पदाधिकारी भी क्रमशः कंपनियों, फर्मों और एसोसिएशनों की ओर से सूचना मांग सकते हैं। इसलिए, सी.पी.आई.ओ. मेरा आवेदन खारिज नहीं कर सकता है। इसलिए, उपरोक्त के अनुसार डायरेक्टर, साझीदार और पदाधिकारी भी आर.टी.आई. कानून के तहत सूचना मांग सकते हैं।"

यह तरकीब काम कर गई क्योंकि निर्धारित समयावधि में मुझे सूचना मिल गई।

आई.आई.टी. मद्रास में प्रथम अपील अधिकारी ने जवाब दिया: "मैंने संबंधित अधिकारी को 45 दिन के अंदर आपके पास सूचना पहुंचाने का निर्देश दिया है।"[13] बाद में सूचना प्रदान कर दी गई।

हालांकि उनके द्वारा पहली बार इनकार किए जाने से मैं हैरान नहीं था, लेकिन हैरत की बात यह थी कि एक साल बाद जब एक नया आवेदन दाखिल किया गया, तो संबंधित संस्थानों ने फिर वही बर्ताव किया, मानो वे पिछले साल के अनुभव को भूल गए हों। आई.आई.टी. मद्रास और आई.आई.टी. खड़गपुर, दोनों से इनकार मिला। आई.आई.टी.

---

[13] लेखक को आर.टी.आई. के तहत मिला पहली अपील-संबंधी दिनांक 14 जुलाई, 2011 का आदेश।

चित्र 10.1: आई.आई.टी. खड़गपुर से आर.टी.आई. आवेदन का जवाब

भारतीय प्रौद्योगिकी संस्थान
खड़गपुर-721302, भारत

INDIAN INSTITUTE OF TECHNOLOGY
KHARAGPUR - 721302, INDIA

डॉ. अनाथबंधु पात्र
उप कुलसचिव एवं जन सूचना अधिकारी
Dr. Anathbandhu Patra
Deputy Registrar and Public Information Officer

SPEED POST

I.D. No.: IIT/RTI/060612
Dated 19 June, 2012

To
Shri Shyamlal Yadav
Senior Assistant Editor
The Indian Express, 9 & 10,
Bahadur Shah Zafar Marg,
New Delhi- 110 002

Sir,

Please refer to your application dated 12/06/12 (received on 18/06/2012).

This is to inform you that the RTI Act, 2005 confers the right to information on all "citizens" and not on all "persons". The "citizenship" can only be a natural born person and it does not even by implication include a legal or a juristic person. Hence, you, being a person of The Indian Express, New Delhi are not entitled to seek any information under the RTI Act, 2005.

स्रोत: लेखक।

खड़गपुर के सी.पी.आई.ओ. ने अतीत में हुई घटना के बावजूद इनकार का रास्ता चुना था जबकि एक साल पहले जून 2011 में मेरे *इंडिया टुडे* के साथ काम करने के दौरान पहली अपील दाखिल करने के बाद उन्हें मेरे सवालों के जवाब देने पड़े थे। इस बार उन्होंने फिर से कहा[14] कि आर.टी.आई. कानून सभी 'नागरिकों' को सूचना का अधिकार प्रदान करता है न कि सभी 'लोगों' को। 'नागरिकता' सिर्फ प्राकृतिक रूप से जन्म लेने वाले व्यक्ति की हो सकती है और इसके निहितार्थ में भी कोई कानूनी या न्याय-संबंधी व्यक्ति शामिल नहीं है। इसलिए, आप *इंडियन एक्सप्रेस*, नई दिल्ली के एक व्यक्ति होने के कारण, आर.टी.आई. कानून के तहत कोई भी सूचना पाने के लिए अधिकृत नहीं हैं। (चित्र 10.1 में दिया पत्र देखें)

जब फिर से प्रथम अपील दाखिल की गई, तो उन्होंने इस बार भी सूचना प्रदान कर दी। एक साल पहले प्रथम अपील के बाद सूचना प्रदान करने वाले आई.आई.टी. मद्रास के पास फिर से एक आर.टी.आई. आवेदन दाखिल किया गया जिस पर उनका जवाब था कि, "कॉरपोरेशन, फर्म या व्यक्तियों के एसोसिएशन और न्यासों आदि को संविधान के तहत

[14] लेखक को मिला आई.आई.टी. खड़गपुर का दिनांक 19 जून, 2012 का जवाब।

नागरिक नहीं माना जाता है। वे पी.आई.ओ. के समक्ष सूचना के लिए आवेदन दाखिल करने हेतु अधिकृत नहीं हैं।"[15]

आई.आई.एम. अहमदाबाद के सी.पी.आई.ओ. ने सूचना देने से इनकार करते हुए लगभग वही बात कही जो उन्होंने अपने पहले के जवाब में कही थी। उन्होंने कहा, "आप *इंडियन एक्सप्रेस* के वरिष्ठ सहायक संपादक की क्षमता में आवेदन कर रहे हैं, जो भारत का नागरिक नहीं है।"[16]

यह वाकई हैरानी की बात है कि ऐसे उत्कृष्ट शिक्षा संस्थानों में आर.टी.आई. कानून से व्यवहार कर रहे अधिकारियों को याद नहीं है या उनके रिकॉर्ड में यह नहीं है कि अतीत में उनके अतार्किक जवाबों का क्या हस्र हुआ था। साथ ही, यह भी बहुत दुखद है कि वे ऐसे ही मिलते-जुलते विषय पर सी.आई.सी. द्वारा दिए गए आदेश से अनभिज्ञ थे, जबकि पहले दाखिल की गई प्रथम अपीलों में उन्हें इसकी याद दिलाई गई थी। पिछली प्रथम अपीलों में उनके रवैये को खारिज कर दिए जाने के बावजूद, उन्होंने फिर से वही रवैया अपनाया था!

आई.आई.टी. से मिला एक और जवाब बहुत दिलचस्प था। दरअसल, मानव संसाधन विकास मंत्रालय के पास एक आर.टी.आई. दाखिल करके उन विद्यार्थियों की सूची मांगी गई थी जिन्हें विभिन्न आई.आई.टी. से विगत पांच वर्ष के दौरान बीच में ही पढ़ाई छोड़नी पड़ी थी। मानव संसाधन विकास मंत्रालय ने इसे सभी आई.आई.टी. को अग्रेषित किया और आई.आई.टी. कानपुर को छोड़कर बाकी सभी ने सूचना प्रदान कर दी। आर.टी.आई. पर मेरे अनुभव में, इनकार किए जाने का यह पहला ऐसा मामला था जिसमें एक लोक प्राधिकरण ने सूचना देने से सिर्फ इसलिए इनकार कर दिया क्योंकि आवेदन उसे किसी दूसरे लोक प्राधिकरण द्वारा अग्रेषित किया गया था। आई.आई.टी. कानपुर ने सूचना प्रदान नहीं की और मानव संसाधन विकास मंत्रालय से "आवेदक को यह सूचित करने" को कहा[17] कि "सूचना लोक प्राधिकरण (यानी मानव संसाधन विकास मंत्रालय) के पास उपलब्ध नहीं है।"

मंत्रिमंडल के बाहर कितने मंत्री

प्रधानमंत्री कार्यालय और कैबिनेट सचिवालय द्वारा ऐसे लोगों की सूची प्रदान नहीं करने का एक प्रयास किया गया था जिन्हें केंद्रीय कैबिनेट मंत्रियों और केंद्रीय राज्य मंत्रियों का दर्जा दिया गया था। इस मुद्दे पर पहला आवेदन 30 जुलाई 2009 को कैबिनेट सचिवालय के सी.पी.आई.ओ. के पास किया गया था और उनसे कैबिनेट मंत्री और राज्य मंत्रियों के

---

[15] लेखक को मिला आई.आई.टी. मद्रास का दिनांक 21 जून, 2012 का जवाब।

[16] लेखक को मिला आई.आई.एम. अहमदाबाद का दिनांक 21 जून, 2013 का जवाब।

[17] दिनांक 30 मार्च, 2015 के पत्र की प्रतिलिपि जिसमें लेखक को भी पृष्ठांकित किया गया था।

बराबर दर्जा प्राप्त लोगों की सूची मांगी गई थी। कैबिनेट सचिवालय के सी.पी.आई.ओ. ने यह अनुरोध इस तथ्य के आधार पर गृह मंत्रालय को अग्रेषित किया कि गृह मंत्रालय ही ऐसी सूचना का संरक्षक है। गृह मंत्रालय ने अपने जवाब[18] में कहा, "किसी व्यक्ति को मंत्री का दर्जा प्रदान करने के लिए, अलग-अलग प्रशासनिक मंत्रालय/विभाग द्वारा सीधे प्रधानमंत्री के अनुमोदन के लिए दस्तावेज तैयार किया जाता है। इस मंत्रालय के पास कोई केंद्रीय सूची नहीं रखी जाती है।" गृह मंत्रालय द्वारा यह जवाब मिलने के बाद, प्रधानमंत्री कार्यालय और कैबिनेट सचिवालय के पास एक आवेदन भेजा गया जिसमें उनसे पूछा गया कि "क्या प्रधानमंत्री किसी व्यक्ति को केंद्रीय मंत्री/राज्य मंत्री का पद प्रदान करने के लिए अनुमति देते हैं; यदि हां, तो कृपया मई 2004 से कैबिनेट मंत्री/राज्य मंत्री का दर्जा दिए गए लोगों की सूचना प्रदान करें।" इस नए आवेदन पर प्रधानमंत्री कार्यालय ने महज इतना जवाब दिया: "हां, प्रस्तावों पर स्थापित प्रक्रियाओं के अनुसार प्रधानमंत्री के अनुमोदन की आवश्यकता होती है।" इस पर भी, कैबिनेट सचिवालय के जरिए गृह मंत्रालय से मिले जवाब में कहा गया कि उनके पास संकलित सूची नहीं है।

वर्ष 2009 और 2010 के बीच, ऐसे लोगों की सूची पाने के लिए प्रधानमंत्री कार्यालय और कैबिनेट सचिवालय के पास आर.टी.आई. आवेदन दाखिल करके कम-से-कम चार बार प्रयास किया गया, लेकिन एक बार भी सही जवाब नहीं मिला। प्रधानमंत्री कार्यालय से विशेष रूप से ऐसे लोगों की सूची भेजने का अनुरोध किया गया जिन्हें प्रधानमंत्री ने 2004 के बाद से कैबिनेट मंत्री या राज्य मंत्री का दर्जा देने के लिए मंजूरी दी थी और हर बार प्रधानमंत्री कार्यालय ने अनुरोध कैबिनेट सचिवालय के पास अग्रेषित कर दिया और कैबिनेट सचिवालय ने इसे गृह मंत्रालय के पास अग्रेषित कर दिया। गृह मंत्रालय के पास आवेदनों को अग्रेषित करते समय, कैबिनेट सचिवालय एक ही लाइन दोहराता रहा: "आपके आवेदन का जवाब देने के लिए कैबिनेट सचिवालय उचित लोक प्राधिकरण नहीं है। आपका आवेदन गृह मंत्रालय के पास स्थानांतरित किया जा रहा है क्योंकि यह कार्य उस मंत्रालय को आवंटित है।" और गृह मंत्रालय ने गृह मंत्रालय के तहत कैबिनेट मंत्रियों और राज्य मंत्रियों का दर्जा प्राप्त लोगों की सूची तीन बार अग्रेषित की, लेकिन कहा कि उनके पास अन्य मंत्रालयों और विभागों में मौजूद ऐसे लोगों के बारे में कोई सूचना नहीं है।

चूंकि प्रधानमंत्री ही लोगों को मंत्री का दर्जा देने वाली फाइलों को अनुमोदित करते हैं इसलिए मैंने प्रधानमंत्री कार्यालय को याद दिलाया कि उनके पास यह सूचना अवश्य होगी कि प्रधानमंत्री ने ऐसे कितने प्रस्तावों को मंजूरी दी है। परंतु, उन्होंने फिर से अपनी पुरानी बात दोहराते हुए सूचना देने से इनकार कर दिया।

---

[18] लेखक की आर.टी.आई. पर गृह मंत्रालय द्वारा दिए गए दिनांक 19 अगस्त, 2009 और 28 सितंबर, 2010 के जवाब।

इसके बाद, एक नए विकल्प के तौर पर, राष्ट्रपति के सचिवालय के पास एक आवेदन दाखिल करके नए शामिल किए गए केंद्रीय मंत्रियों के ताजा शपथ-ग्रहण समारोह में आमंत्रित लोगों की एक सूची देने का अनुरोध किया गया और उम्मीद थी कि मुझे जिन नामों की तलाश है उन्हें इस समारोह में अवश्य ही आमंत्रित किया गया होगा। मैंने सोचा कि यह सूची मिल जाए, तो कैबिनेट मंत्रियों और मंत्रियों की केंद्रीय परिषद के बाहर स्थित मंत्रियों और राज्य मंत्रियों के दर्जे का लुत्फ उठा रहे लोगों के नाम तलाश में ज्यादा समय नहीं लगेगा। लेकिन कोई हैरत नहीं हुई जब राष्ट्रपति के सचिवालय के सी.पी.आई.ओ. ने सूचना देने से इनकार कर दिया। इस पर प्रथम अपील दाखिल की गई और उसका भी वही अंजाम हुआ।

लेकिन अब मैंने नया रास्ता अपनाया। प्रधानमंत्री कार्यालय के पास एक आवेदन दाखिल करके पूछा गया कि क्या केंद्रीय कैबिनेट मंत्री और राज्य मंत्री का दर्जा प्राप्त लोगों को अपनी परिसंपत्तियों और देयताओं की घोषणा करनी होती है जैसा कि केंद्रीय परिषद के सदस्य करते हैं। यदि हां, तो ऐसे लोगों की सूची प्रदान करें जिन्होंने ऐसे ब्यौरों की घोषणा कर दी है और साथ ही ऐसा न करने वालों की सूची भी प्रदान करें। मेरा खयाल था कि ऐसी सूची मिल जाने पर प्रश्नों के जवाब मिल जाएंगे। लेकिन फिर से निराशा ही हाथ लगी क्योंकि प्रधानमंत्री कार्यालय ने जवाब[19] दिया कि केंद्रीय मंडल के सदस्यों पर लागू होने वाली आचरण संहिता मंत्रिमंडल के बाहर स्थित कैबिनेट मंत्री और राज्य मंत्री का दर्जा प्राप्त लोगों पर लागू नहीं होती है।

अंततः उसी मुद्दे पर तीन आवेदनों पर सूचना से इनकार कर देने के बाद, गृह मंत्रालय ने चौथी बार में एक सूची प्रदान की[20] जिसमें 11 लोगों को कैबिनेट का तथा 27 अन्य को राज्य मंत्री का दर्जा मिला हुआ था। यह बात परेशान करने वाली थी कि जो जवाब सिर्फ एक आवेदन के बाद मिल जाना चाहिए था उसे पाने के लिए बार-बार प्रयास करने के बाद भी दो साल से अधिक का समय लग गया।

सोनिया गांधी और राहुल गांधी की विदेश यात्राएं

यू.पी.ए. सरकार के 10 वर्ष के शासनकाल के दौरान की गई कुछ सबसे दिलचस्प विदेश यात्राओं में सोनिया गांधी और राहुल गांधी द्वारा की गई विदेश यात्राएं थीं।

हालांकि सांसदों के लिए अपनी निजी विदेश यात्राओं के ब्यौरों की घोषणा करना अनिवार्य नहीं है, परंतु अधिकांश सांसद लोक सभा और राज्य सभा सचिवालयों को इस बारे में सूचित करते हैं।[21] लेकिन सोनिया गांधी और राहुल गांधी ने कभी भी लोक सभा को अपनी निजी विदेश यात्राओं के बारे में सूचित नहीं किया था।

---

[19] लेखक को भेजा गया दिनांक 23 जून, 2011 का पत्र।

[20] लेखक को आर.टी.आई. पर मिला दिनांक 15 अक्टूबर, 2010 का पत्र।

[21] लेखक को आर.टी.आई. के तहत मिला दिनांक 27 जनवरी, 2012 का जवाब।

सरकारी पद पर बैठे किसी भी शख्स को विदेश यात्राओं से पहले विदेश मंत्रालय से पोलिटिकल क्लीयरेंस लेनी होती है। जब विदेश मंत्रालय के पास ऐसे लोगों की सूची देने का अनुरोध किया गया जिन्हें विदेश यात्रा के लिए पोलिटिकल क्लीयरेंस प्राप्त करने से छूट थी और यह पूछा गया कि क्या स्पेशल प्रोटेक्शन ग्रुप/नेशनल सिक्योरिटी गार्ड्स (एस.पी.जी./एन.एस.जी.) से सुरक्षा प्राप्त लोगों को ऐसी कोई छूट मिली है, तो विदेश मंत्रालय ने जवाब दिया,[22] "हम गृह मंत्रालय के सी.पी.आई.ओ. के पास अनुरोध भेज रहे हैं कि वह सीधे आपको एस.पी.जी./एन.एस.जी. द्वारा सुरक्षा प्राप्त या किसी अन्य सुरक्षा विभाग द्वारा सुरक्षा प्राप्त सार्वजनिक पदों पर बैठे लोगों की सूची प्रदान करे जिन्हें विदेश जाने के लिए पोलिटिकल क्लीयरेंस लेने से छूट प्राप्त है।" परंतु सोनिया गांधी और राहुल गांधी द्वारा जून 2004 से की गई विदेश यात्राओं के ब्यौरे देने के अनुरोध पर, विदेश मंत्रालय ने कहा:[23]

> चूंकि लोक सभा/राज्य सभा सचिवालय विदेश मंत्रालय के पास संसद के माननीय सदस्यों की यात्राओं के लिए पोलिटिकल क्लीयरेंस लेने के मुद्दे पर संपर्क करते हैं, इसलिए हम इस जवाब की एक प्रतिलिपि सी.पी.आई.ओ., लोक सभा सचिवालय को भेज रहे हैं और उनसे इस संदर्भ में उपलब्ध सूचना आपको सीधे प्रदान करने का अनुरोध करते हैं।

लोक सभा सचिवालय ने पहले ही उसके समक्ष दाखिल किए गए एक अन्य आवेदन पर जवाब भेज दिया था:

> "परिपाटी के अनुसार, लोक सभा के सदस्य माननीय लोकसभाध्यक्ष को अपनी विदेश यात्राओं (निजी और/या सरकारी) के बारे में सूचित करते हैं। परंतु, ऐसा कोई नियम नहीं है या लोकसभा अध्यक्ष का ऐसा कोई निर्देश नहीं है अथवा लोक सभा सचिवालय के किसी अन्य दस्तावेज में ऐसा कुछ नहीं है जिसके द्वारा सदस्यों के लिए अपनी विदेश यात्राओं के बारे में यात्रा से पहले/बाद में माननीय लोकसभाध्यक्ष को सूचना देना अनिवार्य बनाया गया हो।[24]

अब, लोक सभा सचिवालय ने फिर से जवाब दिया[25], "श्रीमती सोनिया गांधी, सांसद और श्री राहुल गांधी, सांसद वर्ष 2004–12 के दौरान द्विपक्षीय संबंधों के तहत विदेश जाने वाले किसी भी संसदीय शिष्टमंडल का हिस्सा नहीं रहे हैं। इसीलिए, विदेश मंत्रालय से उनके लिए कभी भी पोलिटिकल क्लीयरेंस नहीं मांगा गया था।"

---

[22] लेखक को आर.टी.आई. के तहत विदेश मंत्रालय से मिला दिनांक 23 मई, 2012 का जवाब।

[23] Ibid.

[24] लेखक को आर.टी.आई. के तहत मिला दिनांक 27 जनवरी, 2012 का जवाब।

[25] लेखक को आर.टी.आई. के तहत लोक सभा सचिवालय से मिला दिनांक 19 जून, 2012 का जवाब।

विदेश मंत्रालय द्वारा अग्रेषित आवेदन के जवाब में, गृह मंत्रालय ने कहा[26]:

> विदेश जाने के लिए पोलिटिकल क्लीयरेंस प्राप्त करने से छूट पाने का मामला विदेश मंत्रालय से संबंधित है, जो पहले ही आपको जवाब दे चुका है। परंतु, आपके आर.टी. आई. आवेदन की प्रतिलिपि कैबिनेट सचिवालय के सी.पी.आई.ओ. और एन.एस.जी. को अग्रेषित की जा रही है ताकि वे सीधे आपको ही सूचना, यदि कोई हो, प्रदान करें।

दिलचस्प यह है कि कैबिनेट सचिवालय ने जवाब दिया,[27]

> "यह स्पष्ट नहीं है कि आपका आवेदन सचिवालय को क्यों स्थानांतरित किया गया है क्योंकि विदेश यात्राओं के लिए पोलिटिकल क्लीयरेंस से संबंधित मामला पूरी तरह से विदेश मंत्रालय के दायरे में आता है। इस सचिवालय द्वारा इस संबंध में कोई निर्देश जारी नहीं किए गए हैं। तदनुसार, आवेदन विदेश मंत्रालय को वापस भेजा जा रहा है।

एन.ए.सी. यानी राष्ट्रीय सलाहकार परिषद (कैबिनेट मंत्री के बराबर वाली जिसकी अध्यक्षता सोनिया गांधी के पास थी) ने कहा,[28] "एन.ए.सी. के अध्यक्ष/सदस्यों की विदेश यात्राओं के संबंध में, परिषद की स्थापना के बाद से तत्कालीन अध्यक्ष ने जुलाई 2004 में बैंकॉक की यात्रा की थी जिस पर कुल रुपये 2,22,939 (लगभग) का खर्च हुए थे।"

बाद में एन.ए.सी. ने स्पष्टीकरण दिया, "कैबिनेट सचिवालय के दिनांक 31 मई 2004 के आदेश के अनुसार, राष्ट्रीय सलाहकार परिषद की कार्यप्रणाली में होने वाले समस्त खर्च का भुगतान केंद्र सरकार द्वारा प्रधानमंत्री कार्यालय के जरिए किया जाएगा और प्रधानमंत्री कार्यालय ही समस्त सूचना का संरक्षक होगा।"

परंतु, नरेंद्र मोदी द्वारा प्रधानमंत्री का पदभार ग्रहण किए जाने के बाद प्रधानमंत्री कार्यालय में दाखिल किए गए एक नए आर.टी.आई. आवेदन के जवाब में, प्रधानमंत्री कार्यालय ने कहा:

> "श्रीमती सोनिया गांधी और श्री राहुल गांधी द्वारा की गई विदेश यात्राओं से संबंधित सूचना इस कार्यालय में उपलब्ध नहीं हैं। परंतु, प्रधानमंत्री कार्यालय के रिकॉर्ड्स के अनुसार, श्रीमती सोनिया गांधी ने एन.ए.सी. के अध्यक्ष के तौर पर अंतर्राष्ट्रीय एड्स सम्मेलन में भाग लेने के लिए 14–17 जुलाई 2004 को बैंकॉक, थाइलैंड की एक सरकारी विदेश यात्रा की थी।[29]

---

[26] लेखक को आर.टी.आई. के तहत गृह मंत्रालय से मिला दिनांक 20 जून, 2012 का जवाब।

[27] लेखक को आर.टी.आई. के तहत कैबिनेट सचिवालय से मिला दिनांक 22 जून, 2012 का जवाब।

[28] लेखक को आर.टी.आई. के तहत एन.ए.सी. से मिला दिनांक 29 नवंबर, 2007 का जवाब।

[29] लेखक को आर.टी.आई. के तहत मिला दिनांक 26 अगस्त, 2014 का जवाब।

इस तरह, यू.पी.ए. के 10 वर्ष के शासन के दौरान, सोनिया गांधी की बैंकॉक यात्रा को छोड़कर, प्रधानमंत्री कार्यालय, गृह मंत्रालय, विदेश मंत्रालय और एन.ए.सी. के पास, उनके दिए गए जवाबों के अनुसार, किसी भी विदेश यात्रा की सूचना उपलब्ध नहीं थी। सार्वजनिक पदों पर बैठे लोगों की विदेश यात्राओं से संबंधित सूचना रखने वाले कई विभागों से सूचना प्राप्त करने का भरपूर प्रयास करने के बाद, मुझे अहसास हुआ कि कांग्रेस के प्रथम परिवार के दोनों सांसदों द्वारा की गई विदेश यात्राओं से संबंधित सूचना जुटाना असंभव था।

एक तरफ, कई लोक प्राधिकरण लगातार यह शिकायत करते हैं कि आवेदकों द्वारा आर.टी.आई. का तथाकथित रूप से दुरुपयोग किया जाता है, लेकिन वे आर.टी.आई. को लेकर स्वयं अपने अधिकारियों के रवैये के बारे में कभी आत्मचिंतन नहीं करते हैं। यही वे अधिकारी हैं जो लोक प्राधिकरणों की श्रमशक्ति, धन और समय का दुरुपयोग कर रहे हैं। ऐसा करते हुए, वे निश्चित तौर पर आर.टी.आई. आवेदकों को परेशान कर रहे हैं और इससे भी महत्त्वपूर्ण बात यह है कि यह अनैतिक है और आर.टी.आई. कानून की मूल भावना के पूर्णतः विरुद्ध है।

11 पत्रकार किस तरह आर.टी.आई. का इस्तेमाल करें और बदलाव लाएं

सवाल जितने अधिक होंगे और जांच जितनी गहरी होगी और तह तक जाएगी, व्यवस्था की निगरानी उतनी ही बेहतर ढंग से हो पाएगी।[1]

– आर.टी.आई. पर भारतीय प्रेस परिषद द्वारा 10–11 अगस्त 1996 को आयोजित कार्यशाला की राय

आर.टी.आई. कानून लागू होने के बाद पिछले 12 वर्ष में मैंने यह अनुभव किया है कि जहां लोगों ने यह कोशिश की है कि वे इसके विभिन्न अनुच्छेदों और उप-अनुच्छेदों का उपयोग करके सूचना हासिल करें, वहीं अधिकारी पहले ही यह सीख चुके हैं कि सूचना देने से इनकार कैसे किया जाए। ये अधिकारी डी.ओ.पी.टी. और राज्य सरकार के संबंधित विभागों के विभिन्न परिपत्रों, केंद्रीय और राज्य सूचना आयोगों के आदेशों, तथा उच्चतम न्यायालय और विभिन्न उच्च न्यायालयों के आदेशों का इस्तेमाल करके सूचना से छूट मिलने का दावा करते हैं। इसके अतिरिक्त, वे अक्सर ही बहुत भ्रमित करने वाली जानकारी देते हैं, या फिर सूचना देने के लिए शब्दों का ऐसा जाल बुना जाता है कि इसे समझा ही नहीं जा सके। हालांकि आवेदन दाखिल करने का कोई प्रारूप नहीं है और आवेदन का जवाब जन सूचना अधिकारी की कुर्सी पर बैठे व्यक्ति की मानसिकता पर निर्भर हो सकता है। इसीलिए, पत्रकार अपनी स्टोरी के लिए आर.टी.आई. का इस्तेमाल करते समय, यहां पर दिए गए कुछ बिंदुओं की मदद ले सकते हैं। ये बिंदु देश भर के तमाम सरकारी कार्यालयों में कई हजार आर.टी.आई. आवेदन दाखिल करने के मेरे अनुभवों के आधार पर तैयार किए गए हैं।

1. **स्टोरी आइडिया की रूपरेखा तैयार करना**: आर.टी.आई. का इस्तेमाल करने की तकनीकों से कहीं अधिक महत्त्वपूर्ण बात यह है कि पहले स्टोरी आइडिया की रूपरेखा तैयार की जाए या आइडिया को आकार दिया जाए। हमें यथासंभव यह सुनिश्चित करना चाहिए कि सार्वजनिक दायरे में पहले से उपलब्ध सूचना के लिए आर.टी.आई. का इस्तेमाल नहीं करें। सबसे पहले, सूचना के सभी उपलब्ध माध्यमों का सावधानी से अध्ययन करें ताकि आपके दिमाग में सही सवाल पैदा हो सकें। वार्षिक रिपोर्टों, बजट के भाषणों, सरकारी दस्तावेजों और प्रकाशनों, विभिन्न विभागों की वेबसाइटों, संसद और विधानसभा के प्रश्नों, और संबंधित विभागों में

[1] *फ्यूचर ऑफ प्रिंट मीडिया*, भारतीय प्रेस परिषद, नई दिल्ली, 132.

संपर्क सूत्रों के साथ बातचीत करके सूचना प्राप्त की जा सकती है। आर.टी.आई. का इस्तेमाल करने वाले लोग अक्सर बहुत छोटे-मोटे और अप्रासंगिक विषयों से संबंधित सूचना मांगने के लिए आवेदन दाखिल करते हैं। इसलिए, आर.टी.आई. के साथ दो-दो हाथ करना शुरू करने से पहले, इस बात का अनुमान लगाएं कि व्यापक जनहित में इसका क्या संभावित असर हो सकता है। यानी उस पर माथा खपाना कितना ज़रूरी है।

2. **आर.टी.आई. के बिना ही उपलब्ध सूचना प्राप्त करने से शुरुआत करें:** सबसे पहले यह देखें कि क्या आर.टी.आई. का इस्तेमाल किए बिना सूचना प्राप्त की जा सकती है या नहीं। इंटरनेट के इस्तेमाल की सबसे अच्छी बात यह है कि हम सार्वजनिक दायरे में मौजूद समस्त सूचना की पड़ताल कर सकते हैं। जब प्राप्त की जा सकने वाली समस्त उपलब्ध सूचना मिल जाए, सिर्फ तभी हमें आर.टी. आई. आवेदन का मसौदा तैयार करना चाहिए ताकि वह सूचना मिल जाए जो सार्वजनिक दायरे में उपलब्ध नहीं है। आर.टी.आई. आवेदन दाखिल करने से पहले, आर.टी.आई. कानून पढ़ना अच्छा रहता है ताकि यह समझने में मदद मिल सके कि उसके तहत किसी आइडिया को उसके मुकाम तक पहुंचाने के लिए किस तरह आगे कदम बढ़ाए जाएं।
3. **सवाल नहीं पूछें, सिर्फ सूचना मांगें:** आर.टी.आई. कानून हमें सूचना का अधिकार देता है और आप किसी भी प्रारूप में उपलब्ध किसी भी सूचना को मांग सकते हैं। सिर्फ उस सूचना को पाने पर ध्यान केंद्रित करें। यह ध्यान रखना चाहिए कि हमें सवाल पूछने का अधिकार नहीं, बल्कि सूचना पाने का अधिकार है। आर.टी. आई. कानून के अनुच्छेद 2(च) में दी गई सूचना की परिभाषा पढ़ें।[2] हम आर.टी. आई. पर प्रधानमंत्री नरेंद्र मोदी की उन टिप्पणियों का उल्लेख भी कर सकते हैं जो उन्होंने आर.टी.आई. के वार्षिक सम्मेलन में 16 अक्टूबर 2015 को दिल्ली स्थित विज्ञान भवन में की थीं। उन्होंने कहा था कि "नागरिकों को न सिर्फ दस्तावेजों की प्रतिलिपियां प्राप्त करने का अधिकार है बल्कि उन्हें लोक प्राधिकरणों से सवाल पूछने और जवाबदेही की मांग करने का अधिकार भी है, क्योंकि सवाल पूछना लोकतंत्र की बुनियाद है और इससे लोकतंत्र में उनकी आस्था सुदृढ़ होगी।"[3]
4. **सरल और स्पष्ट प्रारूप अपनाएं:** सूचना का अनुरोध करने वाले आवेदन-पत्र का मसौदा तैयार करते समय ध्यान रखें कि इसका प्रारूप सरल हो। सूचना तलाश

---

[2] अध्याय 1 की टिप्पणी संख्या 29 देखें।

[3] "Open up for trust, learn from RTI," *The Indian Express* (New Delhi, October 17, 2015). Available at: http://indianexpress.com/article/india/india-news-india/open-up-for-trust-says-narendra-modi-learn-from-rti/, accessed February 20, 2017.

कर रहे पत्रकार के लिए अपने मूल आइडिया को जाहिर नहीं करना हमेशा अच्छा रहता है और आप संबंधित अधिकारी से जो सूचना चाहते हैं सिर्फ उसका अनुरोध करें। कुछ राज्यों और विभागों ने अपने खुद के प्रारूप तैयार किए हुए हैं और यदि उनके प्रारूप में अर्जी तैयार नहीं की गई हो, तो वे अर्जी को खारिज कर देते हैं। इसीलिए, अनुरोध दाखिल करने से पहले हमें उन खास विभागों से पता कर लेना चाहिए कि क्या इसके लिए उनका कोई प्रारूप है। साथ ही, इस बात के प्रति भी सतर्क रहें कि जिस अधिकारी को आवेदन भेजे जाते हैं उसके पास सूचना देने से किनारा कर लेने के ढेरों बहाने होते हैं। मसलन, अनुच्छेद 7(9) के तहत कहा गया है, "किसी सूचना को सामान्यतः उसी प्रारूप में उपलब्ध कराया जाएगा जिसमें वह मांगी गई है, बशर्ते कि वह लोक प्राधिकारी के स्रोत-संसाधनों को अननुपातिक ढंग से प्रभावित नहीं करता हो या प्रश्नगत अभिलेख की सुरक्षा या संरक्षण के लिए प्रतिकूल न हो।" लेकिन, चूंकि लोक प्राधिकारी अक्सर आर.टी.आई. कानून के अनुच्छेद 7(9) की शरण लेते हैं, इसलिए सी.आई.सी. ने कई मामलों में यह फैसला दिया कि इस अनुच्छेद के तहत सूचना देने से इनकार नहीं किया जा सकता है। निर्णय संख्या CIC/OP/A/2009/000204-AD दिनांक 12 जनवरी 2010 गौरतलब है: "कानून का अनुच्छेद 7(9) सूचना देने से इनकार करने की अनुमति नहीं देता है बल्कि यह उस रूप में सूचना देने से इनकार करता है जिस रूप में इसे मांगा गया है बशर्ते कि उस रूप में सूचना प्रदान करना लोक प्राधिकरण के स्रोत-संसाधनों को अननुपातिक रूप से प्रभावित करता हो।" अपील संख्या CIC/OK/A/2008/01256 दिनांक 9 जनवरी 2009 को दिया गया फैसला कहता है:

> कानून के अनुच्छेद 11 और अनुच्छेद 7(9) के आधार पर सूचना देने से इनकार करने का कोई कानूनी आधार नहीं है। सिर्फ अनुच्छेद 8(1) या अनुच्छेद 9 के तहत ही सूचना देने से इनकार किया जा सकता है। अनुच्छेद 11 में तृतीय पक्ष को अपनी आपत्तियां प्रदान करने का अवसर देने की प्रक्रिया का भी वर्णन है और अनुच्छेद 7(9) में सिर्फ आवेदक द्वारा मांगे गए प्रारूप में सूचना देना संभव नहीं होने की बात कही जा सकती है। परंतु, अनुच्छेद 7(9) को लागू करते हुए पी.आई.ओ. को किसी वैकल्पिक प्रारूप में सूचना देने की पेशकश करनी चाहिए।

इसके अतिरिक्त, दिनांक 7 जनवरी 2010 का मद्रास उच्च न्यायालय का फैसला ज्यादा स्पष्ट है:

> 4. याचिकाकर्ता अभिलेखागार और साथ ही सेंट्रल सर्वे ऑफिस को नोटिस के बाद, आयोग यह निश्चित करता है कि अभिलेखागार कोई भी सूचना देने से इनकार नहीं कर सकता है बशर्ते कि यह सूचना का अधिकार कानून के अनुच्छेद

> 8 और 9 द्वारा कवर नहीं हो.... 13. अन्य आपत्तियां कि वे 45 विभागों से संबंधित दस्तावेजों की भारी संख्या का रख-रखाव कर रहे हैं और उनके पास मानव संसाधनों की कमी है, को सूचना प्राप्त करने के नागरिकों के अधिकार में कटौती करने के तर्क के रूप में सही नहीं ठहराया जा सकता है। यह उनका काम है कि आर.टी.आई. कानून के लिए आवेदकों के आ सकने वाले अनुरोधों के लिए अतिरिक्त कर्मचारी प्रदान करने के लिए सरकार से कहें। यह पूरी तरह से याचिकाकर्ता अभिलेखागार और राज्य सरकार के बीच का मसला है। सूचना के अधिकार को संसद ने कानून बनाकर गारंटी दी है, इसलिए सूचना प्रदान करने में प्रशासनिक दिक्कतों की बात जायज नहीं है। ऐसे अनुरोध सूचना तक पहुंच बनाने के नागरिकों के अधिकार को ठेस पहुंचाएंगे।

हमें उच्चतम न्यायालय के न्यायाधीशों आर.वी. रवींद्रन और ए.के. पटनायक द्वारा दिनांक 9 अगस्त 2011 के अपने आदेश में की गई टिप्पणी भी याद रखने की ज़रूरत है जिन्हें व्यापक रूप से उद्धृत करके आजकल लोक प्राधिकरण सूचना देने से इनकार कर रहे हैं। आदेश में कहा गया है: "राष्ट्र ऐसी स्थिति नहीं चाहता है कि लोक प्राधिकरणों के कर्मचारी अपने समय का 75 प्रतिशत हिस्सा अपने नियमित दायित्वों का निर्वहन करने के बजाय सूचना एकत्रित और प्रदान करने में खर्च करें।" हमें जन सूचना अधिकारियों को यह याद दिलाना चाहिए कि उसी उच्चतम न्यायालय ने दिनांक 9 अगस्त 2011 के अपने उसी आदेश में यह भी कहा था कि, "सूचना का अधिकार एक पोषित अधिकार है। सूचना और सूचना का अधिकार का उद्देश्य जिम्मेदार नागरिकों के हाथ में ऐसे अजेय अस्त्र प्रदान करना है जिनसे वे भ्रष्टाचार का मुकाबला कर सकें और पारदर्शिता और जवाबदेही ला सकें।" हम जन सूचना अधिकारियों को दिल्ली उच्च न्यायालय के न्यायाधीश एस. रवींद्रन भट्ट द्वारा दिनांक 3 दिसंबर 2007 को की गई यह टिप्पणी की याद भी दिला सकते हैं कि:

> कानून के अनुच्छेद 3 के तहत सूचना उपलब्ध कराना नियम है और अनुच्छेद 8 के तहत दी गई छूटें अपवाद हैं। अनुच्छेद 8 को, इस मौलिक अधिकार पर एक प्रतिबंध होने के कारण, यह ज़रूरी है कि इसे बिल्कुल सही ढंग से समझा जाए। इसका अर्थ इस ढंग से नहीं निकाला जाना चाहिए कि इससे स्वयं सूचना के अधिकार पर ही ग्रहण लग जाए।

साथ ही, हमें डी.ओ.पी.टी. के एक परिपत्र को भी ध्यान में रखना चाहिए, जो कहता है कि:

> कानून के तहत सिर्फ वही सूचना दी जा सकती है जो पहले से मौजूद है और जन प्राधिकरण के पास या उसके नियंत्रण में है। लोक सूचना अधिकारी से सूचना

गढ़ने; या सूचना की व्याख्या करने; या आवेदकों द्वारा उठाई गई समस्याओं का समाधान करने; या काल्पनिक प्रश्नों के जवाब देने की अपेक्षा नहीं की जाती है।

इन सबसे यह सबक मिलता है कि इनकार से बचने के लिए, सरल, सतर्क और विषय पर केंद्रित रहें।

5. **अधिकार का इस्तेमाल करने से पहले छूटों के बारे में जानें:** अपने सूचना के अधिकार का इस्तेमाल करने से पहले, हमें आर.टी.आई. कानून के अनुच्छेद 8(1) को सावधानी से पढ़ और समझ लेना चाहिए। यह कहता है:

> इस कानून में निहित किसी बात के बावजूद, किसी भी नागरिक को निम्नलिखित सूचना देने की कोई बाध्यता नहीं होगी: (क) सूचना, जिसके प्रकटन से भारत की संप्रभुता और अखंडता, राज्य की सुरक्षा, रणनीतिक, वैज्ञानिक या आर्थिक हितों पर, विदेश से संबंध पर प्रतिकूल प्रभाव पड़ता हो या कोई अपराध करने के लिए उकसावा मिलता हो; (ख) सूचना, जिसके प्रकटन को किसी न्यायालय या अधिकरण द्वारा अभिव्यक्त रूप से निषिद्ध किया गया है जिसके प्रकटन से न्यायालय की अवमानना होती है; (ग) सूचना, जिसके प्रकटन से संसद या किसी राज्य के विधानमंडल के विशेषाधिकार का उल्लंघन होगा; (घ) सूचना, जिसमें वाणिज्यिक विश्वास, व्यापारिक गोपनीयता या बौद्धिक संपदा सम्मिलित है, जिसके प्रकटन से किसी तृतीय पक्ष वाले व्यक्ति की प्रतिस्पर्द्धी स्थिति को नुकसान पहुंचता हो, बशर्ते कि सक्षम प्राधिकारी इस बात से संतुष्ट नहीं हो जाता है कि ऐसी सूचना का प्रकटन व्यापक जनहित में है; (ङ) किसी व्यक्ति को उसके विश्वास पूर्ण रिश्ते के तहत उपलब्ध सूचना, बशर्ते कि सक्षम प्राधिकारी इस बात से संतुष्ट नहीं हो जाता है कि ऐसी सूचना का प्रकटन व्यापक जनहित में है; (च) किसी विदेशी सरकार से विश्वास में प्राप्त सूचना; (छ) सूचना जिसको प्रकट करना किसी व्यक्ति के जीवन या शारीरिक सुरक्षा को खतरे में डालेगा या जो विधि प्रवर्तन या सुरक्षा प्रयोजनों के लिए विश्वास में दी गई किसी सूचना या सहायता के संपर्क-सूत्र की पहचान करेगा; (ज) सूचना, जिससे अपराधियों की खोजबीन, पकड़े जाने या अभियोजन की प्रक्रिया में अड़चन पड़ेगी; (झ) मंत्रिमंडल के कागजात, जिसमें मंत्रिपरिषद, सचिवों और अन्य अधिकारियों के विचार-विमर्श के अभिलेख सम्मिलित हैं: बशर्ते कि मंत्रिपरिषद के निर्णय, उनके कारण तथा वह सामग्री, जिसके आधार पर वे निर्णय लिए गए थे, निर्णय लिए जाने और विषय के पूरा या समाप्त होने के पश्चात जनता को उपलब्ध कराए जाएंगे, पुनः बशर्ते कि वे विषय, जो इस धारा में विनिर्दिष्ट छूटों के अंतर्गत आते हैं, प्रकट नहीं किए जाएंगे; (व्) सूचना, जो व्यक्तिगत सूचना से संबंधित है, जिसका प्रकटन किसी लोक क्रियाकलाप या जनहित से संबंध नहीं रखता है या जिससे व्यक्ति की निजता का अनावश्यक अतिक्रमण होगा, बशर्ते कि, स्थिति के अनुसार, केंद्रीय

> जन सूचना अधिकारी या राज्य जन सूचना अधिकारी या अपील प्राधिकारी इस बात से संतुष्ट नहीं हो जाता है कि ऐसी सूचना का प्रकटन व्यापक जनहित में न्यायोचित है: बशर्ते कि ऐसी सूचना के लिए, जिसे संसद या किसी राज्य विधानमंडल को देने से इनकार नहीं किया जा सकता है, किसी व्यक्ति को दिए जाने से इनकार नहीं किया जा सकेगा।

इस संदर्भ में, उच्चतम न्यायालय की एक टिप्पणी सूचना प्राप्त करने की इच्छा रखने वाले लोगों के लिए बहुत मददगार है। भारतीय रिजर्व बैंक बनाम जयंतीलाल एन. मिस्त्री और अन्य के मामले में, 16 दिसंबर 2015 को उच्चतम न्यायालय के न्यायाधीशों एम.वाई. इकबाल और सी. नागप्पन ने कहा कि:

> लंबे समय से हमारे ध्यान में है कि आर.टी.आई. कानून के अनुच्छेद 8 के तहत दी गई छूटों की आड़ में जन सूचना अधिकारी आम जनता को वह उचित सूचना देने से बचते रहे हैं जिसे पाने के लिए वह अधिकृत है।

6. **एक ही सूचना के लिए कई संबंधित लोक प्राधिकरणों को आजमाएं:** यदि एक ही सूचना कई अलग-अलग प्राधिकरणों के पास उपलब्ध है, तो एकाधिक प्राधिकरणों से इसे मांगा जा सकता है। अक्सर यह होता है कि एक प्राधिकरण सूचना देने से इनकार कर देता है जबकि दूसरा बिना किसी किंतु-परंतु के वही सूचना प्रदान कर देता है। उदाहरण के लिए, 2009 में जब मैंने गृह मंत्रालय से अफजल गुरु मामले (अध्याय 8 में यह दिया गया है) में दिल्ली सरकार के साथ हुए इसके पत्राचार की प्रतियों का अनुरोध किया, तो मुझे नहीं दी गईं। लेकिन दिल्ली सरकार के एक जन सूचना अधिकारी बहुत मददगार साबित हुए क्योंकि मेरे द्वारा छाया प्रतियों का शुल्क भुगतान कर दिए जाने के बाद उन्होंने मुझे सूचना भेज दी।
7. **जन सूचना अधिकारियों से संपर्क बनाएं:** आर.टी.आई. आवेदन भेजने से पहले, हमें संबंधित जन सूचना अधिकारियों से मिलने और चर्चा करने का प्रयास संभव हो तो, अवश्य करना चाहिए। सरकार में ऐसे कई पी.आई.ओ. हैं जो सूचना साझा करने को तैयार रहते हैं। सामान्यतः, पी.आई.ओ. केंद्रीय सचिवालयी सेवाएं या सी.एस.एस. जैसे कनिष्ठ संवर्ग से ताल्लुक रखते हैं और उनमें आई.ए.एस. आदि सेवाओं से आने वाले अपने वरिष्ठ अधिकारियों के साथ नाराजगी की प्रवृत्ति पाई जाती है। चूंकि सरकार में महत्त्वपूर्ण फैसले लेने की स्थिति संयुक्त सचिव स्तर से आरंभ होती है, इसलिए यदि आर.टी.आई. के तहत वरिष्ठ अधिकारियों को परेशान करने वाली कोई सूचना जारी हो जाती है, तब भी अनुभाग अधिकारी, अवर सचिव, उप-सचिव जैसे कनिष्ठ पद के जन सूचना अधिकारियों के लिए दांव पर बहुत कुछ नहीं लगा होता है। आवेदक के साथ परिचय हो जाने पर और यह

यकीन हो जाने पर कि सूचना का इस्तेमाल जनहित में किया जाएगा, ये अधिकारी अक्सर स्वयं ही स्टोरीज के अच्छे आइडिया भी सुझाने लगते हैं। महत्त्वपूर्ण जानकारी की पड़ताल करने और इसे एकत्रित कर जनहित में और प्रशासन-शासन में सुधार के मकसद से उसका उपयोग करने के लिए हमें सरकारी अधिकारियों के बीच की इस तनातनी का लाभ उठाना चाहिए।

8. **लक्ष्य बदलते रहें:** हमें किन्हीं खास सरकारी विभागों या जन सूचना अधिकारियों को यह नहीं अहसास होने देना चाहिए कि हम सिर्फ उनसे संबंधित आर.टी.आई का ही इस्तेमाल करते हैं। उन्हें यह भी न लगे हम किसी के पीछे पड़े हैं और हमें "ना काहू से दोस्ती, ना काहू से बैर" का दृष्टिकोण रखते हुए काम करना चाहिए। इसलिए, हमें हमेशा नए विभागों, सरकारों (जैसे राज्य सरकारों), और मंत्रालयों-विभागों में मिलने-जुलने जाते रहना चाहिए, और नई स्टोरी से जुड़े आइडिया के लिए उनसे निरंतर संपर्क बनाए रखना चाहिए क्योंकि यह सच है कि स्टोरी के आइडिया हर जगह मौजूद होते हैं।

9. **पत्रकार की अपनी पहचान उजागर करने की आवश्यकता नहीं है:** यदि लगता है कि कोई खास विभाग या अधिकारी यह जानने के बाद अनुकूल प्रतिक्रिया नहीं देगा कि आप एक पत्रकार हैं, तो अपनी पहचान से बचें। कई बार, कुछ लोक प्राधिकरण डरते हैं कि उनके द्वारा दी जाने वाली सूचना मीडिया में प्रकाशित हो जाएगी और फिर इसका असर पड़ेगा, इसलिए वे सूचना देने में संकोच करते हैं। सूचना का अधिकार देश के प्रत्येक नागरिक के लिए है, इसलिए हमें अपने आवेदन में यह जाहिर करने की ज़रूरत नहीं है कि हम क्या हैं। लेकिन कई लोक प्राधिकरण आवेदकों के बारे में पूछताछ किए बिना सवालों के जवाब दे देते हैं, इसलिए यह आप पर निर्भर करता है कि आप अपनी पहचान जाहिर करने की ज़रूरत महसूस करते हैं या नहीं और यह कि आप अपने आवेदन में अपने कार्यालय का पता देते हैं या घर का पता।

10. **किसी भी तरह के जवाब के लिए तैयार रहें:** कुछ जन सूचना अधिकारी शुरुआत में किसी–न-किसी बहाने से आवेदनों को खारिज करके आवेदक को भ्रमित कर सकते हैं। वे समय बढ़ाने और हमारी सूचना को विलंबित करने का प्रयास कर सकते हैं। कई बार अगर हम अपने समाचार संस्थान की ओर से भी अनुरोध दाखिल करते हैं, तब भी पी.आई.ओ. इसे ठुकरा सकते हैं जैसा कि मेरे साथ आई.आई.टी. खड़गपुर और आई.आई.एम. अहमदाबाद के मामलों में हुआ। उन्होंने मेरे आवेदनों को यह कहकर ठुकरा दिया कि आर.टी.आई. कानून "सभी 'नागरिकों' को सूचना का अधिकार प्रदान करता है, सभी 'लोगों' को नहीं।

'नागरिकता' सिर्फ प्राकृतिक रूप से जन्म लेने वाले व्यक्ति की हो सकती है।" ऐसी स्थिति में, सी.आई.सी. के दिनांक 17 सितंबर 2007 के आदेश की शरण लें, जो कहता है कि "कंपनियों के निदेशक, फर्मों के साझीदार, और लोगों के एसोसिएशन के पदाधिकारी भी क्रमशः कंपनियों, फर्मों और एसोसिएशनों की ओर से सूचना मांग सकते हैं।"

11. **याद रखें कि नहीं का अर्थ हमेशा इनकार नहीं होता:** जब आर.टी.आई. का निबटारा करने वाले अधिकारी सूचना प्रदान नहीं करें, तो यह ज़रूरी नहीं कि इसका अर्थ यह है कि वे सूचना प्रदान नहीं करना चाहते। कई बार, उनसे एक अनौपचारिक, व्यक्तिगत मुलाकात से बात बन जाती है, जबकि आवेदन के जवाब के बाद फाइल की गई पहली अपील से भी उन पर आवश्यक सूचना प्रदान करने के लिए दबाव पड़ता है। हमें याद रखना चाहिए कि जन सूचना अधिकारी कई वरिष्ठ अधिकारियों के मातहत काम करते हैं और यह भी कि वे अपने विभागों की ओर से जवाब देते हैं। कई बार पी.आई.ओ. स्वयं तो सूचना देने की इच्छा रखते हैं, परंतु उनके वरिष्ठ अधिकारी सूचना नहीं देने के लिए उन पर दबाव बनाते हैं। अक्सर जब हम उनके साथ व्यक्तिगत तौर पर मुलाकात करते हैं, तो वे खुद ही बता देंगे कि इन मुश्किलों से कैसे निबटा जाए। मेरे साथ ऐसा बहुत बार हुआ है जब औपचारिक तौर पर सूचना देने से इनकार कर दिया गया, लेकिन ऐसा करने वाले अधिकारियों ने बाद में खुद ही मुझे वही जानकारी अनौपचारिक तौर पर दे दी।

12. **वक्त बर्बाद न करें, ऑनलाइन या डाक से दाखिल करें:** महाराष्ट्र और दिल्ली जैसे कुछ राज्यों, और केंद्र सरकार के पास हम आर.टी.आई. आवेदन ऑनलाइन दाखिल कर सकते हैं और फिर किसी भी लोक प्राधिकरण के पास डाक सेवा के जरिए भी आवेदन किए जा सकते हैं। हमें हर जगह खुद ही आवेदन दाखिल करने के लिए जाने की ज़रूरत नहीं है; बल्कि समय बचाने का सबसे अच्छा तरीका है कि आवेदन ऑनलाइन करें या फिर डाक के जरिए भेज दें। इसमें ज्यादा लागत नहीं आती है और बहुमूल्य समय की बचत होती है। हालांकि ओडीसा और मध्य प्रदेश जैसे राज्य इसे अभी भी नहीं स्वीकार करते पर, पोस्टल ऑर्डर के जरिए शुल्क देना सबसे आसान है और इसे किसी भी डाकघर से खरीदा जा सकता है। साथ ही, डाक विभाग ने केंद्र सरकार के विभागों के नाम पर ई-पोस्टल ऑर्डर भी जारी करना शुरू कर दिया है जिसकी प्रति ऑनलाइन भुगतान करने के बाद डाक विभाग की वेबसाइट के जरिए ली जा सकती है।

13. **धैर्य रखें, प्रयास जारी रखें:** आर.टी.आई. का रास्ता बहुत श्रमसाध्य और उबाने वाली प्रक्रिया है और इस दौरान हम अक्सर हताशा महसूस करते हैं। लेकिन हमें

धैर्य नहीं खोना चाहिए क्योंकि जिस तरह की स्टोरी आर.टी.आई. का इस्तेमाल करके मिल सकती है वह सामान्यतः खोजी पत्रकारिता के पारंपरिक तरीकों से संभव नहीं होतीं। इसलिए, जब स्टोरी अंतिम रूप ले लेगी, प्रकाशित हो जाएगी और इसका असर पड़ने लगेगा, तो हमें गर्व और खुशी महसूस होगी। कई बार, ऐसी स्टोरी को पुरस्कार जीतने वाली प्रविष्टियों में भी स्थान मिलता है। इसलिए अपने प्रयास निरंतर जारी रखें। मेरे खुद के बहुत-से आवेदन महज समय की बर्बादी साबित हुए, लेकिन मैंने कभी इसकी परवाह नहीं की क्योंकि मैंने हमेशा ही इन प्रयासों के परिणामों पर अपना ध्यान केंद्रित रखा। वैसे, जब कोई पत्रकार आर.टी.आई. के बिना भी किसी बड़ी स्टोरी की पड़ताल करता है, तो अक्सर इसमें बहुत सारा वक्त लगता है और बहुत-से प्रयास बेकार भी जाते हैं, तब फिर यदि आर.टी.आई. में भी ऐसा होता है तो क्या हुआ? इसीलिए, एक पत्रकार को एक अच्छी स्टोरी की तलाश में ऐसे प्रयास करने के लिए तैयार रहना चाहिए।

14. **प्राप्त सूचना पर और अधिक काम करें:** हम आर.टी.आई. के जरिए जिस सूचना तक पहुंच हासिल करते हैं वह शायद ही अंतिम रूप में प्रकाशित होने वाली खबर के लिए पर्याप्त होती है। बहुत कम खबरें हैं जो सिर्फ एक आर.टी.आई. के जवाब से पूर्ण होती हैं। प्रायः उसके बाद भी बहुत माथापच्ची करनी होती है। यह पूरी तरह हम पर निर्भर है कि बार-बार प्रयास करके हम अंततः किस सूचना को हासिल करना चाहते हैं और इससे भी महत्त्वपूर्ण यह है कि हम अपने आइडिया को सूत्रबद्ध करने और स्टोरी लिखने में उनका किस सर्वोत्तम ढंग से इस्तेमाल करते हैं। आइडिया और सूचना को अच्छी स्टोरी में बदलने के लिए हमें अक्सर ही इसके बहुत सारे मसौदे तैयार करने होते हैं और कई हफ्तों या महीनों तक काम करके हासिल की गई सूचना को एक जबर्दस्त स्टोरी में बदलना होता है। हालांकि, कई आर.टी.आई. कार्यकर्ता और गैर-सरकारी संगठन (एन.जी.ओ.) पत्रकारों को सूचनाएं देते हैं, लेकिन इनमें से कुछ ही असरदार होती हैं क्योंकि ये सूचनाएं पत्रकारिता के तरीके से सही और कारगर ढंग से तैयार की हुई नहीं होती हैं।
15. **आर.टी.आई. अधिकारियों के प्रति संवेदनशील रवैया रखें:** आर.टी.आई. का इस्तेमाल करते समय, पत्रकारों को कुर्सी की दूसरी तरफ बैठे इनसान के प्रति भी संवेदनशील होना चाहिए। हमें ध्यान रखना चाहिए कि सूचना प्रदान करने के लिए उस व्यक्ति को कोई अतिरिक्त मानदेय नहीं दिया जाता है और यदि कोई भूल हो जाए तो उसे इसके परिणाम भी खुद भुगतने पड़ सकते हैं। यानी अगर जुर्माना लगा तो भी उसे अपनी जेब से देना पड़ता है। साथ ही, हमें यह भी याद रखना चाहिए कि इन अधिकारियों को जनता के पैसे पर रोजगार दिया गया है और उन्हें अपने

अन्य सरकारी दायित्वों के साथ आर.टी.आई. आवेदनों का भी निबटारा करना होता है। बहुत-से अधिकारियों के पास काम का बहुत बोझ होता है। इसलिए, हमें एक ही विभाग में एक ही सूचना के लिए कई सारे आवेदन दाखिल करने से यथासंभव बचना चाहिए। और सार्वजनिक दायरे में पहले से उपलब्ध सूचना के लिए आवेदन नहीं करना चाहिए। अपने अनुभव से मुझे अहसास है कि आर.टी. आई. के आवेदनों को निबटाने वाले अधिकांश अधिकारियों को यदि विश्वास हो जाए कि आवेदक ने सिर्फ जनहित में आवेदन किया है, तो वे बिना किसी अड़ंगे के सूचना प्रदान कर देते हैं। इसलिए, हमें उनका भरोसा जीतना चाहिए और उन्हें अहसास दिलाना चाहिए कि हम व्यवस्था में सुधार के उद्देश्य से सिर्फ अपना काम कर रहे हैं, किसी दूसरे इरादे से नहीं।

16. **सूचना आयुक्तों की मदद लें:** चूंकि अधिकांश सूचना आयुक्त सेवानिवृत्त नौकरशाह होते हैं, इसलिए वे सरकारी तंत्र की कार्यप्रणाली को समझते हैं और प्रायः जानते हैं कि कौन-सी सूचना किस विभाग में रखी गई है। यह हो सकता है कि कुछ सूचना आयुक्त कुछ खास लोगों को बचाना चाहते हों, लेकिन ज्यादातर स्वयं को पारदर्शिता और खुलेपन का पक्षधर दिखाना चाहते हैं, भले ही उनका पूरा पिछला करियर सूचना छुपाने में बीता हो। हमें उनके अनुभव का लाभ उठाना चाहिए और इसका इस्तेमाल नए आइडिया पाने के लिए और आर.टी.आई. को कैसे, कब और कहां दाखिल किया जाए, इसे समझने के लिए करना चाहिए। जहां तक मेरा सवाल है, मैं तो अपने मामलों को सी.आई.सी. में ले जाने से बचता हूं क्योंकि इसमें बहुत समय खर्च होता है। मैं अधिकारियों से मिलना और भाषा बदलकर दूसरी आर.टी.आई. दाखिल करना ज्यादा पसंद करता हूं ताकि मुझे सूचना जल्दी मिल जाए। लेकिन आर.टी.आई. का इस्तेमाल करने वाले सभी लोगों के लिए यह कोई सूत्रवाक्य हो, ऐसा ज़रूरी नहीं। यदि पी.आई.ओ./ एफ.ए.ए. सूचना देने से इनकार करें, तो हमें सी.आई.सी./एस.आई.सी. के पास जरूर अपील करनी चाहिए।

17. **दस्तावेजों का निरीक्षण:** आर.टी.आई. कानून के अनुच्छेद 2(व) के अनुसार:

> सूचना के अधिकार में निम्नलिखित का अधिकार शामिल है: कृति, दस्तावेजों, अभिलेखों का निरीक्षण; दस्तावेजों या अभिलेखों के नोट्स, उद्धरण या प्रमाणित प्रतिलिपियां लेना; सामग्री के प्रमाणित नमूने लेना; डिस्क, फ्लापी, टेप, वीडियो कैसेट के रूप में या किसी अन्य इलेक्ट्रॉनिक तरीके से या प्रिंटआउट के माध्यम से सूचना प्राप्त करना, जहां ऐसी सूचना किसी कंप्यूटर या किसी अन्य तरीके से संग्रहीत है।

दस्तावेजों के निरीक्षण के इस प्रावधान का इस्तेमाल पत्रकारों को अवश्य करना चाहिए क्योंकि इसकी सहायता से हम आसानी से किसी भी सरकारी कार्यालय में अपनी पैठ बनाकर किसी खास सूचना को प्राप्त कर सकते हैं और साथ ही नई खबरों के लिए वहां अपने संपर्क-सूत्र तैयार कर सकते हैं।

18. **जमीनी स्तर से मिलने वाली खबरें:** जमीनी स्तर पर विकास की असली स्टोरीज जिला प्रशासन के पास, जिला स्तर पर काम करने वाली अन्य सरकारी एजेंसियों के पास, पंचायतों और धरातल पर काम करने वाले अन्य अधिकारियों के पास मिलती हैं। अब भी, बहुत सारी बातें सामने नहीं आई हैं, हालांकि हिंदी और क्षेत्रीय भाषाओं के कुछ मीडिया संस्थानों द्वारा कई अच्छे प्रयास किए गए हैं, लेकिन जान पड़ता है कि आइडिया को सही ढंग से तैयार करने और प्रशिक्षण के अभाव में यह प्रक्रिया अभी व्यापक नहीं हुई है। केंद्र और राज्यों के अधिकांश मामलों की तरह, जमीनी स्तर पर काम करने वाले पत्रकार भी गैर-सरकारी संगठनों और एक्टिविस्ट्स द्वारा हासिल की जाने वाली सूचना पर निर्भर करते हैं। सही ढंग से आइडिया को परिपक्व बनाने और जनहित में आर.टी.आई. के कारगर इस्तेमाल के लिए, जमीनी स्तर पर काम कर रहे पत्रकारों को इसके लिए प्रशिक्षित किया जाना चाहिए। दिल्ली से बाहर काम करने वाले मीडियाकर्मियों को इस संबंध में दिलचस्पी लेने की ज़रूरत है। केंद्र सरकार से सूचना प्राप्त करना आसान है, लेकिन जिला प्रशासन और सरकार के जमीनी स्तर के कार्यालयों से सही और समयबद्ध ढंग से सूचना प्राप्त करना बहुत कठिन होता है और बहुत चुनौतीपूर्ण भी होता है, लेकिन अपनी पत्रकारिता को प्रासंगिक और प्रभावकारी बनाने के लिए यह करना है बहुत ज़रूरी।

19. **राज्य-स्तरीय खबरें:** राज्य के स्तर पर भी यही स्थिति है। व्यापक जनहित के मुद्दों पर केंद्र सरकार की ओर से बहुत-सी अच्छी खबरें सामने आई हैं, लेकिन राज्यों का मामला ऐसा नहीं है। हालांकि राज्यों में कुछ पत्रकार आर.टी.आई. का इस्तेमाल करते रहे हैं, लेकिन समाचार संस्थानों में आर.टी.आई. का इस्तेमाल करने वाले किसी रिपोर्टर को पूरी तरह से इसी काम में जुटा देने की ज़रूरत है जो अपने अन्य सहकर्मियों के साथ आर.टी.आई. आधारित खबरों पर यथासंभव ताल-मेल कर सके और उनके आइडिया को आगे बढ़ाने में सहायता कर सके। मीडिया द्वारा जनहित में आर.टी.आई. का सक्रिय होकर इस्तेमाल नहीं किए जाने की वजह से, अनेक राज्यों में आर.टी.आई. अपनी चमक खोता जा रहा है, और उ.प्र., मध्य प्रदेश, छत्तीसगढ़, बिहार, गुजरात और ओडीसा जैसे कुछ राज्यों में यह आर.टी.आई. का इस्तेमाल करने वाले की किस्मत पर निर्भर करता है कि

उसके अनुरोध का जवाब मिलेगा भी या नहीं और सूचना दी जाएगी या नहीं या फिर जवाब मिलने में कितने महीने का समय लगेगा। कुछ राज्य सरकारें आर.टी.आई. को लेकर साल-दर-साल अधिकाधिक नकारात्मक हो गई हैं और उन्हें इस बात की जरा भी फिक्र नहीं कि किसी आर.टी.आई. अनुरोध का जवाब देने की कोई समय-सीमा होती है।

20. **फॉलोअप करें, फॉलोअप करें:** आर.टी.आई. कानून की खूबसूरती यह है कि हम लोक प्राधिकरणों को किसी भी मसले पर हमेशा सतर्क रहने के लिए बाध्य कर सकते हैं। यह उन सभी को जवाबदेह बनाने की दिशा में बड़ा कदम था, जो सरकारी पैसा खर्च करते हैं। स्टोरी प्रकाशित हो जाने पर हमें उस मसले को भुला नहीं देना चाहिए। मैं बहुत सारे मामलों में अपनी स्टोरी के प्रकाशित होने के बाद, उसका असर जानने के लिए आर.टी.आई. आवेदन दाखिल करता हूं। इससे हमारे काम का असर पड़ता है और अगर असर पड़ चुका है तो उसका पता चलता है। इसलिए, जनहित के किसी मुद्दे पर खबर प्रकाशित हो जाने के बाद, हो सकता है कि हम फॉलोअप स्टोरी नहीं करें, यदि हम इस संबंध में सूचना मांगें कि स्टोरी के प्रकाशित होने के बाद संबंधित प्राधिकरणों ने क्या किया, तो इससे आर.टी.आई. आवेदन स्वयं में एक असर डाल सकता है।

लेखक के बारे में

श्यामलाल यादव खोजी पत्रकारिता के लिए आर.टी.आई. कानून को प्रभावी तरीके से इस्तेमाल करने वालों में अग्रणी हैं। प्रदूषित नदियों पर उनकी खोजी रिपोर्ट (स्ट्रीम्स ऑफ फिल्थ, *इंडिया टुडे*, 30 दिसंबर 2009) को यूनेस्को ने दुनिया की 20 बेहतरीन खोजी रिपोर्टों के संग्रह में छापा है। वे इंटरनेशनल कन्सोर्शियम ऑफ इन्वेस्टिगेटिव जर्नलिस्ट्स (आई.सी.आई.जे.) द्वारा सबसे बड़े पत्रकारीय खुलासे *पैराडाइज पेपर्स* की टीम का हिस्सा थे। *इंडियन एक्सप्रेस* के खोजी ब्यूरो के सदस्य श्यामलाल की कई रिपोर्टों का व्यापक असर हुआ है जिनमें मंत्रियों-नौकरशाहों की विदेश यात्राएं, सांसदों द्वारा करीबी रिश्तेदारों को निजी सहायक बनाने, जीरो बैलेंस वाले जन-धन खाते कम करने के लिए बैंक अधिकारियों द्वारा खुद पैसा जमा करने, प्रिडेटरी रिसर्च जर्नल्स के प्रकाशकों, जीवन बीमा की बंद पॉलिसियों, मंत्रियों-अधिकारियों की संपत्ति की घोषणा शामिल हैं। वे खोजी पत्रकारिता श्रेणी में प्रतिष्ठित रामनाथ गोयनका उत्कृष्ट पत्रकारिता पुरस्कार दो बार जीतने वाले इकलौते पत्रकार हैं। उन्हें कई अन्य राष्ट्रीय और अंतरराष्ट्रीय पुरस्कार भी मिले हैं जिनमें यूरोपियन कमीशन फॉर डेवलपमेंट, ब्रुसेल्स का लोरेंजो नटाली जर्नलिज्म प्राइज; एशियन डेवलपमेंट बैंक इंस्टीट्यूट, टोक्यो का डेवेलपिंग एशिया जर्नलिज्म अवार्ड; एशियन कॉलेज ऑफ जर्नलिज्म, चेन्नई का उत्कृष्ट खोजी पत्रकारिता पुरस्कार; एन.डी.टी.वी.-पी.सी.आर.एफ. का राष्ट्रीय आर.टी.आई. पुरस्कार; *स्टेट्समैन*, कोलकाता का रूरल रिपोर्टिंग अवार्ड; माखनलाल चतुर्वेदी राष्ट्रीय पत्रकारिता विश्वविद्यालय, भोपाल का गणेश शंकर विद्यार्थी सम्मान प्रमुख हैं। उन्होंने कोलंबिया विश्वविद्यालय, न्यूयॉर्क के रियो डे जेनेरो, श्रीलंका प्रेस इंस्टीट्यूट के कोलंबो, पेराडेनिया विश्वविद्यालय के कैंडी और मैनेजमेंट एंड रिसोर्स डेवलपमेंट इनिशिएटिव के ढाका में हुए आयोजनों के अलावा कीव और जोहानसबर्ग में हुए वैश्विक खोजी पत्रकारिता सम्मेलनों; ब्रुसेल्स में आयोजित यूरोपीय खोजी पत्रकारिता सम्मेलनों; काठमांडू और सीओल में एशियाई खोजी पत्रकारिता सम्मेलनों को संबोधित किया है। नवंबर 2018 में वे पेरिस में यूनेस्को के सस्टेनेबल डेवलपमेंट गोल्स को लेकर आयोजित विमर्श में शामिल हुए। *जनसत्ता*, *अमर उजाला* और *इंडिया टुडे* में काम कर चुके श्यामलाल इस समय *इंडियन एक्सप्रेस* में वरिष्ठ संपादक हैं।

अन्य संबंधित पुस्तकें जिनमें आपकी रुचि हो सकती है

2019
ISBN 978-93-532-8222-6

2019
ISBN 978-93-532-8225-7

2018
ISBN 978-93-528-0859-5

2018
ISBN 978-93-528-0786-4

हमारी मेल-सूची से जुड़ें और विशेष ऑफ़र्स का लाभ उठाएं।
marketing@sagepub.in पर लिखें।

हमारी विभिन्न पुस्तकों के लिए देखें **www.sagebhasha.com**

Made in United States
North Haven, CT
04 November 2026

21770475R00150